문예신서
137

구조주의의 역사

전성기: 60년대

프랑수아 도스

김웅권 옮김

東文選

구조주의의 역사

전성기: 60년대

FRANÇOIS DOSSE

Histoire du structuralisme · I

le champ du signe, 1945-1966

차 례

II **1960년대: 전성기**

22. 도전받는 소르본: 신구 논쟁 ———————————— 9

23. 1964년: 기호학적 모험을 위한 돌파구 ———————— 24

24. 형식적 사유의 황금시대 ————————————— 35

25. 커다란 투쟁 —————————————————— 52

26. 의미 작용적인 연쇄 ——————————————— 73

27. 신화의 지구는 둥글다 —————————————— 88

28. 아프리카: 구조주의의 한계 ———————————— 106

29. 잡지주의 ——————————————————— 118

30. 울름 혹은 생클루: 알튀인가, 투키인가? ——————— 132

31. 알튀세 이론의 폭발 ——————————————— 143

32. 마르크시즘의 두번째 바람 ————————————— 164

33. 1966년: 빛의 해 / I 구조의 해 ——————————— 173

34. 1966년: 빛의 해 / II 작은 빵 같은 푸코 ——————— 191

35. 1966년: 빛의 해 / III 줄리아가 파리에 도착할 때 ———— 207

III **프랑스의 열기**

36. 포스트모더니티의 시대 —————————————— 217

37. 니체-하이데거적 뿌리 —————————————— 233

38. 사회과학의 성장 위기 —————————————— 254

원주/참고 문헌/색인 ——————————————————— 271

II

1960년대: 전성기

22

도전받는 소르본: 신구 논쟁

60년대가 시작될 때에만 해도 오랜 전통의 소르본대학은 여전히 정신 세계를 절대적으로 지배하고 있었다. 이러한 지배 때문에 이 대학이 정한 방향에 이의가 제기되는 경우는 거의 없었다. 문학의 차원에서 보면 소르본은 하나의 방법을 물려받아 유지하고 있었는데, 그것은 역사적이고 문헌학적인 명확성에 초점을 맞춤으로써 19세기에 이미 엄격하고 현대적인 것으로 제시되었던 것이다. 그러나 이미 오래된 이러한 단절로 인해 박식한 대학 교수들이 50년대에 나타나기 시작했던 인식론적 도전에 귀를 막고 있었다. 승리를 구가하는 실증주의에, 그리고 이 이론이 내세우는 방법의 원자주의에 도전하여 궐기한 구조주의의 목소리가 이윽고 들리게 된다. 구조주의는 과학성과 전체론적 영감을 지닌 보다 참신한 모델들의 구축을 무기로 하여 특권 지식 계급에 반대하는 진정한 참호전을 펼치게 되는 것이다.

이 투쟁은 낡은 체계가 붕괴되는 1968년 5월에 절정을 맞이한다. 소르본의 영향력은 이의를 제기하는 도전자들을 주변부로 몰아붙임으로써, 이들로 하여금 특권층으로 자리잡은 지식인들을 포위하고 빛나게 하며, 지위에서 끌어내리기 위해 지지층과 봉합점을 찾지 않을 수 없게 만들었다. 뿐만 아니라 그것은 이들로 하여금 학문들간에 새로운 연대를 추구하고, 전체 유권자를 대비(對比)해서 가능한 한 최대한 폭넓은 독자층 및 야심적인 프로그램의 규정을 모색하지 않을 수 없게 만들었다. 이러한 이유로 해서 제도적인 차원에서 "구조주의 언어학은 지배적인 모델에 이의를 제기하는 도전과 현대성으로 나타났다."[1] 지배적인 모델은 언어에 대한 고찰을 초보적인 것은 아니라 할지라도 전적으로 부차적인 역할로 내몰았다. 왜냐하면 그와 같은 차원은 초등학교 하급 학년에서 언어 습득 정도의 수준으로 격하되었기 때문이다. 언어의 숙달은 이미 획득된 것으로 간주되었기 때문에 최고의 경지는 본격적인 문학 연구를 통해 도달될 수 있었다. 그러나 이러한 문학 연구는 언어의 기능적 메커니즘과 단절되었을 뿐더러 순전히 미학적 고찰에 속한 것이었다. 그리하여 양자간에 철저한 분리가 이루어져 언어학적 지식은 문학적 수련으로부터 비롯되는 고귀함에 대립되었다. 그것은 외국어에 입문할 때 엄밀하게 획득될 수 있었고 기술적인 단순한 도구의 역할을 했던 반면에, 문학적 고귀함은 이러한 도구와 교만스럽게 대립하면서 창조적 천재의 순수한 산물로 간주되었다. "문학 연구의 전통적 체계에서, 언어에 대한 작업은 문학 텍스트에 대한 작업에 비해 종속적이고 하위적인 처지에 있었다."[2]

앙드레 마르티네의 귀국

유서 깊은 소르본식 제도에서 주목할 만한 유일한 예외는 앙드레 마르티네의 일반언어학 강의였다. 마르티네는 국제적인 명성을 업고 1955년 미국에서 돌아왔지만 고전적인 인문학자들에 의해 의심을 받았고, 겨우 인정되고 있었다. 이들은 처음에 마르티네를 장차 망각되고 말 것이라고 생각한 조그만 고립 영역 속에 가두었다. 그는 옛 언어연구소에 있는 강의실, 30여 명밖에 수용할 수 없는 그런 조그만 강의실에서 한 강좌를 맡는다. 이처럼 강의실은 너무 비좁은데 수강 신청은 신속히 쇄도했다. 그리하여 즉시 앙드레 마르티네는 자신들의 언어를 기술하는 방법을 찾고 있었던 아프리카 학자들의 30여 편의 학위 논문을 지도해야 했다. 벽을 허물 수 없었기 때문에 대학 당국은 매년 앙드레 마르티네에게 보다 넓은 강의실을 제공해야 했다. 그래서 소르본 울타리 내에서 그의 도정은 60년대에 언어학에 대한 점증하는 열정을 확실하게 반영했다. 다음해 기조 강당〔계단식 교실〕이 그에게 제공되었는데, 이것도 2년밖에 그에게 적합하지 않았다. 1960년에 그는 4백 명까지 수용할 수 있는 데카르트 강당에서 수업을 했다. "1967년이 되자 데카르트 강당은 너무 작았다. 그래서 부대 시설을 끌어들여 6백 명까지 수용할 수 있는 리슐리외 강당이 나한테 주어졌다."[3]

리슐리외 강당에서 강의했다는 것은 참으로 대단한 일이 아닐 수 없다! 설사 마르티네가 비인간적일 정도로 부담스럽다고 불평했다 할지라도, 그의 강의는 현대기호학의 의무적인 과정이 되었다. 왜냐하면 누구나가 인정한 교육학자로서의 자질 이외에도 그는 프랑스에서 예외적 존재였기 때문이다. 한무리의 수강생 전체가 그의 강의에서 특권 지식 계급에 반대하는 비판, 다시 말해 60년대 내내 전개될 그 비판의 무기들을 찾아냈던 것이다. "우리는 젊었고, 우리는 구세대에 반대했다. 그런데 아방가르드 운동은 구조주의였다. 따라서 우리는 구조주의를 위해 나아가자라고 외쳤다."[4] 이 때문에 구조주의 프로그램은 젊은 세대에게 쇄신적인 역할을 했고, 데카르트식으로 일시적으로 잠정적인 도덕으로 확립되었다.

이처럼 특권 지식 계급에 반대하는 도전 속에서 공격의 표적은 또한 전통적 역사학 전문가들의 막연한 심리주의 형태들 전체에 집중되었다. 이 전통적 역사학은 "문학자들뿐 아니라 철학자들을 포함한 프랑스 대학계의 진정한 매독이었다."[5]

고립된 혁신자: 장 클로드 슈발리에

프랑스어 문법 강좌의 젊은 조교였던 장 클로드 슈발리에는 1968년에 〈문법학자들에게 나타난 보어의 개념〉[6]이라는 박사 학위 논문을 발표한다. 그는 이 논문의 서문에서 인식론이라는 용어를 인용 부호를 찍어 신중하게 도입한다. 마치 자기 세계에서 아직은 의심스러운 낱말을 사용하고 있는 것처럼 말이다. 이 논문에서 단절의 시대였던 그때의 중심 개념이 재발견된다. 장 클로드 슈발리에가 '건강에 유익했던 즐거움'[7]으로서 환기하는 그 반체제적 행복감은 이론적인 측면에서 개념적 단절의 추구, 새로운 영역의 개척과 맞물려 있었다. 다가올 단절에 대한 이러한 사유는 과거의 단절들에 가치를 부여하게 만들었다. 그리하여 장 클로드 슈발리에는 1750년대를 전후로 문법학자들에게서 불연속성을 간파해 낸다. 이들은 그 당시까지 기원이라는 용어만을 사용했는데, 그 이후부터 보어라는 개념을 사용하게 된다는 것이다. "통사법의 형태론적 체계로부터 의미론적 체계로 이동이 이루어진다. 이는 중대한 변화를 나타내고 있다."[8]

그러나 장 클로드 슈발리에는 당시에 자신이 혁신자라고 느끼지 않았다. 그는 역사적 문법에 대한 성실한 작업을 수행했다고 생각했다. 이 작업의 결과가 나오고 나서야 비로소 사람들은 그 속에서 루이 알튀세나 미셸 푸코의 저작에서 나타나는 것과 동일한 인식론적 고찰을 읽을 수 있었다. 이 시기부터 줄리아 크리스테바는 《비평》지에 장 클로드 슈발리에의 작업을 전위적인 모든 지적 영역을 사로잡은 단절의 장치에서 본질적인 부품으로 부각시킨다.

무(無)에 직면한 토도로프

언어의 기능 양태를 가르치는 데 그쳤던 마르티네의 고립된 영역을 제외하면, 구조언어학의 새로운 방법들에 입각한 문학에 대한 고찰은 소르본에 전혀 존재하지 않았다. 젊은 불가리아인 츠베탕 토도로프가 1963년 봄 프랑스에 도착했을 때 경험한 그 혼란은 그런 부재에 대한 훌륭한 증거이다.

소피아대학에서 박사과정을 마치고 온 토도로프는 그가 이미 문학의 이론이라 불렀던 것에 대한 연구, 다시 말해 심리학적이든 사회학적이든 문학 외적인 요소들로부터 출발하지 않는 문학적 주제에 대한 고찰을 전개하기 위한 제도적 환경을 파리에서 찾고 있었다. 사실 그런 일은 건초 더미에서 바늘을 찾는 일과 같은 것이었다. 소피아 문과대학장의 추천서를 소지하고 긍정적인 답변을 얻으리라 확신했던 그는, 소르본의 이 분야에서 무엇이 이루어졌는지 정보를 얻기 위해 소르본의 학장과 접촉한다. "학장은 마치 자신의 대학에서는 문학 이론을 연구하지 않고, 그런 연구는 할 수 없다는 듯이 나를 바라보았다."[9] 그래서 당황한 토도로프는 오해가 있다고 생각하고, 그런 게 없다면 문체론 교육과정이 있는지 물었다. 그러나 학장은 어떤 언어를 말하는지 분명하게 말해 달라고 요구하려 했다. 귀머거리들의 대화가 계속되었고, 토도로프는 점점 더 불편함을 느꼈다. 왜냐하면 "나는 그 앞에서 서투른 프랑스어로 더듬었으므로 그에게 프랑스어 문체론이라고 말할 수가 없었다. 내가 말을 했다면 그는 나에게 우선 언어를 공부하러 가라고 대답했을 것이다."[10] 문제가 된 것은 물론 일반문체론이었고, 소르본의 학장은 토도로프에게 그런 연구 분야는 없다고 되풀이했다.

사람들이 장차 시학이라 부르게 될 측면에 대한 고찰을 중심으로 토도로프가 마침내 파리에서의 연구 활동을 하게 된 것은 전적으로 우연적인 상황의 도움이 있었기 때문이다. 소피아대학 도서관 사서였던 아버지의 추천서 덕분에, 소르본의 여(女) 도서관장과 우호적인 접촉을 하게 되었던 토도로프는 책 속에 파묻힘으로써 위안을 얻으면서 공부를 시작할 수 있었다. 이 도서관장은 그녀의 조카가 수행하는 작업을 알려 주었는데, 이 조카가 파리 학계의 현대성이 지닌 불확실한 회로에 그를 입문하게 해줄 수 있을 것으로 생각했던 것이다. 토도로프는 소르본에서 심리학 조교였던 프랑수아 조들레라는 이 조카의 집을 방문한다. 조들레는 문학 분야에서 일하고 있는 소르본의 또 다른 조교인 제라르 주네트라는 친구를 그에게 소개해 준다. "그래서 나는 주네트를 만났다. 그는 내가 추구하는 것을 즉시 이해했고, 누군가가 이 방향에서 작업을 하고 있다고 알려 주었다. 롤랑 바르트였고, 따라서 바르트의 세미나를 수강해야 했다."[11]

문학자들의 불만

소르본에서 영어학자가 되는 교육과정은 구조주의를 알게 해주었다. 그리하여 마리나 야겔로는 낭시대학의 조교였던 앙투안 퀼리올리가 교수로 임명되던 1963년에 영어연구소에 도착했다. 오래된 영어와 모음의 변화에 대한 퀼리올리의 작업은 공시적 방식에 접근하게 해주었을 뿐 아니라, "하나의 모음이 움직일 때 그것은 전체 체계를 끌고 간다는 의미에서 구조주의적인 보어"[12]를 알게 해주었다.

그러나 이러한 언어학적 교육은 소르본의 프랑스 문학에 등록하는 학생들 전체를 대상으로 한 것이 아니었다. 그래서 문학에 등록한 프랑수아즈 가데가 당시 문학 수업에서 이루어진 교육 내용에 극히 불만족을 느껴 앙투안 퀼리올리의 강의를 듣게 된 것은 더할나위없이 큰 우연이었다. 그녀는 이 강의에 출석할 수 없었던 친구를 위해 강의 내용을 노트하기 위해 갔던 것이다. 그런데 강의는 그녀에게 하나의 계시와도 같았다. "그야말로 엄밀성과 엄격함이 있구나라고 나는 생각했다."[13] 그녀는 문학사 수준에서 언어학 이수를 선택했고, 마르티네와 다시 만나게 되었으며, 문학에서 구조언어학으로 갈라져 나갔다. 프랑수아즈 가데에게 구조주의는 엄밀함의 선택이었다. "60년대에 소르본의 분위기 속에서 살았던 자들은 가야 할 다른 곳이 없다는 것을 알아차렸다. 얼마나 소르본이 묘지와 같았는지 깨달은 자들은 구조주의에 대한 열광을 이해했다."[14]

당시의 문학 교수들은 특히 제라르 카스텍스, 프레데릭 들로프르, 아폴리네르 전문가로서 여류 시인인 마리 잔 뒤리, 비교문학을 가르쳤던 아르메니아의 왕자 샤를 데데얀이었다. 이들은 모두 성실한 교수들이었지만, 단 한 번의 첫 강의 이후로 강당이 비었다. "나는 이런 일을 데데얀의 강의에서 경험했다. 첫 강의에 1백50명 정도가 있었는데 두번째 강의에는 세 사람밖에 없었다"[15]라고 필립 아몽은 이야기한다. 아몽 역시 그의 세대의 많은 학생들처럼 60년대 중반에 언어학을 선택했다. "이른바 인문과학이 일종의 엄밀성을 획득할 수 있었던 것은 처음이었다. 강의는 분명하고, 입증할 수 있고, 반복할 수 있고, 복제할 수 있는 담론이었다."[16] 문학 연구 앞에서 느꼈던 그 불만족은 1964년에 소르본에서 문학 연구를 시작했던 엘리자베트 루디네스코에 의해서도 강하게 체험되었다. 그녀는 자신의 중심적 관심이 그녀가 받는 교육에서는 전혀 지속될 수 없다는 사실에 곧바로 직면했다. "문학 공부를 할 때 전공자를 가르는 것은, 너는 바르트의 최근 작품을 읽었니?라는 질문이었다. 두 진영이 있었다. 게다가 우리가 배운 것은 시시한 것들이었다."[17] 따라서 소르본대학의 문학에는 두 언어, 두 유형의 주요 관심 사이에 매우 뚜렷한 단절이 있었고, 교수들과 수강생들 사이에 깊어지는 구덩이가 있었는데, 이는 많은 불만의 원천이었을 뿐 아니라 조만간 폭발하게 될 화약고와 같았다. 더욱이 이러한 불만족의 상태는 문학 전공 학생들에게만 특유한 것은 아니었다. 철학도들도 그것을 공유하고 있었다. "소르본은 절대적인 공허였다"[18]라고 당시의 교수들에 불만을 느꼈던 프랑수아 에발드는 이야기한다. 특히 그 가운데 장 폴 사르트르의《변증법적 이성 비판》에 대해 냉소적이고 오만한 미소를 던졌던 레이몽 아롱 교수가 있었다.

막막한 공허감은 너무도 컸기 때문에 프랑수아 에발드는 심지어 친구 프랑수아 조르주와 함께《분석을 위한 연구 Cahiers pour l'analyse》지를 모델로 하여《환원을 위한 연구 Cahiers pour l'époché》지를 창간할 계획까지 품었으나 결국은 내놓지 못하게 된다. 그는 역사의 종말이 왔다는 감정과, 저물어 가는 한 세계의 표현을 나타내야만 했다. 저물어 가는 이 세계는 그가 신속하게 관계를 맺게 되는 새로운 구조주의적 감성에 전적으로 부합한다. 왜냐하면 그는《분석을 위한 연구》지에 참여하는 울름 가[1]의 사람들을 알았고, 소르본에서 이들 가운데 한 사람인 자크 알랭 밀러의 강의와 라캉의 세미나에 나갔기 때문이다. "이런 이유로 나는 구조주의의 산물이다. 나는 바

---

1) 울름 가의 고등사범학교를 말한다.

쉴라르, 캉길렘, 프랑스의 인식론을 읽으면서 성장했다."[19)

따라서 60년대 사회과학의 역동성과 진정한 급성장은 어떤 심층적인 기대에 부합했다. 사회과학은 문학자·역사학자·철학자들이 가로채고자 하는 대상이 된다. 그렇다고 해서 우리가 이런 현상이 가장 엄격한 형식으로 포장되려고 애쓰면서 제도화에 고심하는 일부 학문의 유치(幼稚)한 성장 위기를 드러냈다고 보아야 할 것인가? "나는 그보다는 사회과학의 노화병에 대해 말하고 싶다. 왜냐하면 나는 사회과학이 어떤 면에서 창시적인지 알지 못하기 때문이다"[20)라고 로제 폴 드루아는 대답한다. 그가 구조주의의 야망에서 보는 것은 사회학과 인류학이 추구한 하나의 뒤르켐 이론이 다다른 정점이다. 그에 따르면 이 이론은 사반세기나 뒤늦게 가서야 30년대의 언어학에서 객관화의 도구들을 찾아내고 있다는 것이다. "따라서 사회과학이 현대성의 표현으로서 아마 무언가를 발견했을 어떤 후진적인 역사를 언급해야 한다."[21) 물론 그러한 혁신의 욕망이 보다 오래된 뒤르켐적 요구와 연관될 수 있다. 하지만 이런 전통이 반밖에 성공을 거두지 못했다는 점에서, 언어학에 의해 혁신된 이 욕망의 프로그램은 본질적으로 변화에 무심한 채 있었던 소르본과 맞서는 현대화의 깃발처럼 나타났다.

현대성의 진원지

60년대가 흐르는 동안 대학 중심의 제도를 포위하는 전략으로서 우리가 참여하는 특별한 열광이 있다. 혁신은 주변부로부터 왔다. 그것은 지방을 통해서 파리를 포위하거나 수도의 변방 고립 지역에 자리잡는다. "이 대학은 자체 내부에서 무언가 새로운 일을 할 수가 없었다."[22) 철학자 쿠르노가 제2제정에서 확인한 바에 따르면 프랑스는 르네상스까지 대학의 융성기를 맞이했으며, 이로부터 궁극적으로 북유럽 대학들의 발전을 가져온 종교개혁이 분출하는 상황으로 나아갔다. 그후 호모 아카데미쿠스의 특징적 양태

(habitus)를 뒤흔들기 위해서는 매번 새로운 제도를 창조해야만 하게 된다. 그래서 콜레주 드 프랑스, 고등사범학교, 고등연구원, 국립과학연구센터 등이 생겨난 것이다. 따라서 60년대에 일어난 일은 체계를 궁극적으로 개혁시키기 위해 혁명을 하지 않을 수 없게 만드는 이러한 유산을 다시 떠안게 된 것이다. 출판계·잡지·언론에 한덩어리가 되어 낸 소리가 잡지 구조주의적 패러다임의 절정기에서 나온 것이라 할지라도, 전통적인 제도가 계속해서 정통성의 중심적 위치를 차지하고 있었다는 점을 잊게 해서는 안 된다. "구조주의는 결코 지배한 적이 없었다. 지배했다고 말한다면 잘못일 것이다. 특히 문학 분야에서는 말이다."[23]

그러나 단절된 일단의 연구 전체가 새로운 방향 설정을 경험하는 집중적 작업을 공동으로 수행하기 위해 제도적인 틀을 만나게 된다. 텍스트의 구조성이 발생의 연구를 점점 더 근본적으로 대체하였고, 기능이 작품의 개념을 대체하였다. 그리하여 문학 분석에서는 내재성의 개념을 중심으로 러시아 형식주의자들의 관점이 채택되었다. 당시까지 창조자인 주체의 역할, 중요하다고 간주된 그 역할을 박탈함과 동시에 텍스트의 구조적 총체성에 우선권을 부여하기 위해서, 하나의 동일한 프로그램이 언어학적 모델에 공통적으로 의지하는 다양한 연구들을 결집시켰다. 이 구조적 총체성의 내적 합리성은 작가의 주관성을 벗어날 수밖에 없다는 것이다. 왜냐하면 그것은 그가 모르는 사이에 서술되기 때문이다. 비평적 기능은 논리학이나 미학의 이름으로 하나의 목표 속에 흡수되는 경향을 드러냈다. 무엇보다도 이 목표는 유사와 대립의 다양한 층위의 관계화라는 의미에서 문학 작품을 기술하는 것으로, 특유하게 언어학적인 작업을 말한다. 그러므로 1960년에 시작된 10년은 프랑스에서는 특히 강렬한 열광의 시기였다. 이 시기에 "사람들은 언어학적 모델(특히 구조주의적인 모델)과 이 모델의 방법론적 노력을 발견했다."[24]

이와 같은 구조주의적 혁신의 성소들 가운데 하나가 스트라스부르이며, 중심 인물은 로망어 문헌학 교수인 조르주 스트라카였다. 그레마스의 친구인 그는 특히 1963년에 창간되어 클랭크시에크사에 의해 1천 부 가량씩 배포되는 잡지인 《언어학 및 문학 연구 Les Travaux de lingustique et de littéra-ture》(약자로 Tralili)에 기호학 논문들을 발표한다. 스트라카는 스트라스부르에서 학회들을 개최하고, 프랑스와 외국 학자들을 불러모았다. 그리고 이들의 연구를 클랭크시에크사를 통해 출판함으로써, 또 스트라스부르대학의 명성을 통해서 알렸다. 스트라스부르대학은 1929년에 이미 《아날》지가 이룩한 역사 기술(記述)의 대변혁에 참여한 바 있었다.

혁신과 집중의 또 다른 장소는 브장송대학이었다. 이 대학이 생명력을 지녔던 이유들은 전적으로 우발적이다. 그것들은 단순히 다음과 같은 사실에 기인한다. 즉 가장 젊은 사람들은 중심권에서 벗어난 대학으로 순례를 떠나라는 부름을 받았다는 점이다. 그런데 브장송은 특별히 멀리 있고 고립된 장소를 대표했다. 바로 이곳에서 함께 작업을 하지 않을 수 없는 젊은 연구자들이 다시 만나게 되었다. 베르나르 케마다 · 조르주 마토레 · 앙리 미트랑 · 루이 에 등이 그들이다. 여기서 방향은 의도적으로 학제간이었고, 인문과학에 실험실의 방법들을 적용하기 위해 문과대학 교수들과 다른 학문 교수들 사이에 다리들이 구축되었다. "학제간의 대화는 기차나 레스토랑 등 도처에서 이루어졌다. 언제나 실천적 정신을 지니고 있었던 앙리 미트랑은 《특급 열차 59의 연구》지를 출간해야 할 것이고, 이 잡지는 대부분의 정규 잡지들보다 훨씬 우수할 것이라고 말하곤 했다."[25] 현대성을 배우고 그것에 동참하려는 대단한 욕구가 있었는데, 이 욕구는 브장송의 그 교류센터에 있었던 젊은 세대에게 특유한 것이었다. "우리의 관심을 끌었던 것은 갑자기 들이닥치는 모든 새로운 것들이었다."[26] 바르트 · 그레마스 · 레비 스트로스의 작품들은 지적인 긴장이 매우 높았던 당시에 특히 열광적인 환대를 받았다. 이 활기찬 대학에서 독어학자 루이 에의 곁에는 문법학자이자 문헌학자인 앙리 미트랑이 있었는데, 그는 장 뒤부아의 박사 학위 논문 《1849년부터 1872년까지 프랑스에서 정치적 · 사회적 어휘》(라루스, 1962)가 출간된 때를 중요한 순간으로 기억하고 있다. 이 논문은 일단의 세대 전체로 하여금 계급 구조와 어휘 구조를 넘어 담론 구조들의 대조나 유사를 연구하도록 고무시

컸다. 브장송의 활기로 인해 이 대학은 고립 상태로부터 벗어나게 되었고, 진출의 중심지가 되기 전에 파리 사람들과 외국인들이 지적인 일족을 이루며 서로 약속을 하는 집결의 중심점이었다. 그리하여 그것은 릴에 있었던 장 클로드 슈발리에, 루앙에 있다가 파리에 와 있었던 장 뒤부아, 푸아티에에 있었던 그레마스 등, 많은 사람들 사이에 존재하는 지리적 분산을 뛰어넘어 버렸다.

물론 각자의 연구들 사이에 뉘앙스는 컸다. 당시에 대단하게 원용되었던 바르트는 하나의 작품에 문제되는 코드들의 작용에 보다 관심이 있었다. 반면에 그레마스의 목표는 인간 정신의 작용 양태를 조정하는 체계를 텍스트의 이면에서 재발견하고자 하는 것이었다. 그러나 차이를 넘어서 "내재성의 탐사자로서 비평가의 입지 설정"[27]이 이루어졌다. 입지 설정이라는 개념은 코펜하겐대학 교수였던 루이스 옐름슬레우의 제자인 너드 토제비로부터 비롯된 것인데, 그는 1965년에 《프랑스어의 내재적 구조》를 출간한 바 있다. 그것은 곧바로 신비평을 추구하는 일단의 젊은이들 전체를 집결하는 중심점이 된 용어이다.

요컨대 프랑스의 동부는 매우 흡족했고, 바람은 강하게 불었다. 왜냐하면 낭시 또한 1960년부터 베르나르 포티에가 자동번역학회를 창설함으로써 연구의 활기찬 중심점이 되었기 때문이다. 자동 번역은 1961년부터 과학자들과 언어학자들을 이 주제를 다룬 학회에 끌어들였다. 언어 분석의 이와 같은 지류는 직업 과학자들을 언어학으로 전향시키게 된다. 60년대 초반에 모리스 그로스가 그런 경우이다. 그로스는 무기중앙연구소의 엔지니어로서 전산센터에 배속되어 있었다. "나는 언어학자가 무엇인지 아무런 개념도 없었다. 나는 그런 직업이 있는지조차도 몰랐다."[28] 자동 번역은 엔지니어인 모리스 그로스를 언어학자가 되게 했고, 1961년 하버드로 떠나게 해주었다. 하버드에서 그는 노엄 촘스키를 알게 된다. 그 시기는 연구 그룹들에 유리하게 작용했고, 중심의 결여를 외곽에서 메우려고 했던 연구센터들의 폭발적 설립에 상서로웠다.

60년대초 당시에 프랑스 공산당은 여전히 영향력 있는 정치 세력이었고, 공산당의 대열에서 투쟁하거나 동지의 역할에 만족해하는 지식인들이 많았다. 그런데 공산주의자로서 중요한 언어학자인 마르셀 코앙은 일단의 마르크스주의적 연구 그룹을 이끌고 있었는데, 이 그룹에는 상당수의 구조주의 언어학자들이 참여하고 있었다. 이 그룹은 집집마다 돌아가면서 정기적으로 회합을 가졌는데, 마르셀 코앙을 중심으로 장 뒤부아 · 앙투안 퀼리올리 · 앙리 미트랑 · 앙드레 조르주 오드리쿠르 등의 모습이 보였다. 그러나 마르셀 코앙의 언어학적 작업의 발상, 다시 말해 너무 제한적이라고 간주된 그 발상과 정치적 변화는 마르크스주의적 연구 그룹의 고찰들을 아주 신속하게 해체시킨다. "코앙은 사회학적이고 뒤르켐적인 마르크시즘의 관념을 지니고 있었다……. 마르셀 코앙은 미국인들을 언제나 매우 좋지 않게 보았다."[29] 한편 앙드레 조르주 오드리쿠르는 이 그룹의 중요성을 인정하면서도 코앙의 분파주의적 성격을 부각시켰다. "선량한 코앙은 매우 전체주의적이었다. 그에게는 당과 타자들이 있었다."[30] 그룹의 관심은 구조주의적 야심과 일치하지 않는 언어사회학의 관점에서 20년대의 러시아 형식주의, 다시 말해 비노그라도프의 언어학인 소련 언어학으로 방향을 잡았다. 이 때문에 유익한 만남의 구심점으로서 그룹의 중요한 역할에도 불구하고 그것은 아주 신속하게 사라진다.

점증하는 열기

호기심의 진정한 폭발이었던 이런 다양한 형태의 열광이 공식적인 파리 언어학회(SLP)에서 항상 표현될 수 있었던 것은 아니다. 그것은 다른 표현 통로들이 필요했다. 그래서 바로 이런 기대에 부응하기 위해서 1960년에 프랑스어학회(SELF)가 설립되었다. 이 학회는 로베르 레옹 와그너의 강의를 들었던 세 사람, 즉 장 클로드 슈발리에 · 장 뒤부아 · 앙리 미트랑에 의해 파리에서 만들어졌다. 고등연구원의 교수였던 로베르 레옹 와그너는 프랑스에서 구조언어학의 보급에 결정적인 역할을 했다. 문헌학교에서 교육을 받은 중세 연구가인 그는 벤베니스트 · 야콥슨 · 옐름슬레우를 자신의 세미나를 통해 알게 해준 최초의 인물이었다. "그는 씨앗을 심는 역할을 했다."[31]

프랑스어학회는 미국에서 연구원으로서 활동했던 리파테르가 장 클로드 슈발리에의 개인 장서 앞에서 매우 실망하여 내놓은 빈정대는 지적에 대한 반작용으로, 그리고 또 어떤 필요성에 부딪쳐 태어났다. 그리하여 슈발리에는 자신들이 발견한 것들을 공유하기 위해 조그만 친목 그룹을 만들기로 결심했다. 매달 작은 그룹이 모여 그레마스와 같은 의미론 연구가들, 길베르나 뒤부아와 같은 어휘론 연구가들, 슈발리에 같은 통사론 연구가들, 메쇼닉 같은 문체론 연구가들의 발표를 들었고 논문들도 곧바로 나왔다. 그런데 '가난뱅이들로 이루어진 이 구세군위원회'[32]는 이윽고 규모가 커지게 된다. 그것이 1968년이 사라진 이유는 실패했다는 결산 때문이 아니라, 그 반대로 이제 참여 운동의 폭이 그것에 의해 수행되어야 했던 촉매 역할의 단계를 뛰어넘었기 때문이다.

60년대 중반의 여타 모임들 가운데 고등연구원에 개설된 사회인류학 연구를 위한 교육(EPRAS)과정의 역할을 언급해야 한다. 여기서 1966년에 그레마스는 오스발트 뒤크로, 크리스티앙 메츠, 그리고 1964년에 창립된 국제응용언어학회(AILA)의 도움을 받아 2-3년 단위의 박사과정용 실험적 교육과정을 개설했다. 이 교육과정의 세미나에는 2백 명까지 참여했다. "1967년에 낭시대학의 세미나는 수많은 연구자들을 이동시켰다. 뱅센대학의 미래 그룹 거의 전부가 그 세미나에 있었다."[33]

혁신의 또 다른 진원지는 특히 1964년에 음식에 대한 강의를 한 롤랑 바르트의 세미나가 열리는 고등연구원의 제6분과였다. 바르트는 1962년에 '기호 및 상징의 사회학과 기호학'이라는 연구 분야의 지도교수로 임명된 참이었다. 문학연구자들의 매우 왕성한 활동 이외에도 레비 스트로스의 작품 또한 새로운 탐구를 자극하는 지렛대의 역할을 수행했다.

1958년에 《구조인류학》의 출간은 열기에 휩싸인 문학계에 3중의 영향을 미쳤다.[34] 이 영향은 우선 인문과학의 한 학문에 나타난 음운론적 모델의 풍요성, 다음으로 오이디푸스 신화의 탈시대적인 읽기, 마지막으로 이 신화의 변형적 표현으로 나타났다. 2년 후인 1960년에 레비 스트로스는 '블라디미르 프로프의 콩트 형태론'에 관한 큰 반향을 일으킨 논쟁적인 논문을 써 문학의 영역에 개입했다.[35] 이어서 1962년에 그는 로만 야콥슨과 함께 보들레의 소네트 〈고양이〉에 대한 문제의 연구를 발표한다. 이 연구에서 그들은 이 시가 보들레르가 지녔던 음성학적 가능성들에 의해 전적으로 지배되고 있음을 보여 준다.[36] 레비 스트로스가 문학 영역에서 행한 이와 같은 외도는 일반기호학을 내세워 방대한 영역을 해석할 수 있다는 방법 능력을 드러냈다. 그것은 언어학으로 새롭게 전향한 문학연구자들에게 과학성의 확인이자 자신들의 프로그램이 지닌 가능성의 확인이었다.

1962년 그해에 또 하나의 저작이 문학적 혁신자들의 내재주의적 방향을 강화시켰다. 그것은 장 루세의 《형태와 의미 작용》이었다. 이 저서는 구조의 개념을 작품의 제사(題辭)로서, 부제로서 제시하고 있다.[37] 새로운 미학의 주요한 문학적 원용 대상이 된 폴 발레리의 사상과 글쓰기의 계보 속에서 장 루세는 형태가 관념들로 풍요롭다는 착상을 받아들인다. "창조적인 것은 작품의 구조이다."[38] 장 루세는 형식적인 구조들을 판별해 내는 데 보다 집중하기 위해, 자신의 비평 작업을 작품에 대한 모든 주관적 판단과는 거리가 먼 것으로 기술했다. 그는 자신이 받은 가르침을 끌어들였는데, 이 가르침은 문학적 구조주의 프로그램, 다시 말해 언어학의 프로그램이 아니라 새로워진 수사학에 대한 고찰 및 문학 비평의 프로그램 속에서 훌륭하게 평가되어 나타난다. 그것은 레오 스피처 · 가에탕 피콩 등으로부터 받은 것이다. 그는 레오 스피처의 독일어 문체론에 대한 연구로부터 60년대 문학에서 구조주의에 대한 주요 견해들 가운데 하나를 빌려온다. 이 견해에 따르면 하나의 분리된 작품은 내적 정연함을 통해 포착되고 스스로 자족하는 완벽한 유기체처럼 간주되어 연구되어야 한다. "《보바리 부인》은 그 자체에 의해 이해되고 설명되는 하나의 독립적인 유기체, 하나의 절대, 하나의 전체를 구성한다."[39]

장 루세는 작품을 넘어선다고 자처하는 비평과는 단절했다. 이런 비평은 작품 자체의 존재를 제외하고는 모든 것이 수용될 정도로 작품의 맥락과 생성 속에 그것을 해체시켜 버렸기 때문이다. 그리하여 작품의 문학성을 복원하는 일은 전통적인 문학사의 지지자들에 대항하여 단호하게 요구된다. 이와 같은 새로운 비평의 수단들은 바슐라르부터 폭넓게 영감을 받으면서 우선 작가에 대한 융(Jung)적인 정신 분석, 작품에 나타나는 원형들(archétypes), 그리고 작가의 상상적 세계라는 측면에서 추구된다. 다음으로 그것들은 장 피에르 리샤르가 주도하는 테마 비평의 측면에서, 그리고 조르주 풀레에게서 보여지듯이 시간성에 대한 고찰의 체계화 측면에서 추구된다. 두번째 단계로 이 새로운 비평은 언어학의 측면에서 새로운 수단들을 탐구하게 되는데, 이 수단들은 비평으로 하여금 과학적이고 엄밀한 프로그램의 틀을 갖추도록 해주게 된다.

23

1964년: 기호학적 모험을 위한 돌파구

1964년은 소르본의 절대적 지배에 균열이 생긴 해이다. 주변적이고 변방적인 구조주의의 열기가 최초로 큰 승리를 거두었다. 이 승리는 '베이비 붐'의 결과로 문학과 인문과학의 학생수가 60년대 중반 현저하게 증가한 덕분에 가능했다.

바로 그해 1964년에 낭테르대학이 설립되었다. 이는 많은 혁신자들에게 있어서 파리와 인접해 대학 교수의 자리를 차지할 수 있는 계기가 되었다. 그리하여 언어학자 베르나르 포티에와 장 뒤부아는 제도권의 중심에 들어가게 되었다. 이는 고등연구원과 같은 주변부로부터 문과대학들로 이끌어주는 이동, 점점 더 두드러지게 되는 그런 이동의 시작이었다. 이미 스트라스부르와 브장송에서 인지될 수 있었던 이런 현상이 물론 파리 지역에서는 전혀 다른 규모를 드러냈다. 그것은 또한 이런저런 언어학과나 전통적 문헌에 비해 종속적인 상태에 있었던 일반언어학의 제도화가 이루어지는 계기가 되었다. 이런 성공 때문에 언어와 관계가 있는 모든 사람들의 공통적인 관심사로 나타난 언어학의 일반 독자층이 엄청나게 확대되었으며, 그리하여 언어학의 전문가들로 이루어진 좁은 영역을 넘어 방대한 청중이 확보되었다.

장 뒤부아는 3중의 요직에 있었기에 주요한 역할을 수행하게 된다. 그는 라루스사의 편집진에 참여했고, 파리의 한 대학 교수였으며, 국립과학연구센터의 임명위원회에서 선출직에 있었던 것이다. 이런 위치 때문에 그는 루이 길베르 · 로베르 레옹 와그너 · 알지르다스 쥘리앵 그레마스 · 베르나르 케마다 등과의 접촉을 다양화시킬 수 있었다. 그리하여 그는 연구 과제들을 지도할 수 있었고, 낭테르대학의 언어학과에 교수들을 임명할 수 있었고, 일단의 한 세대 프랑스어학자들을 임명할 수 있었다. 뿐만 아니라 그는 자신의 동생 클로드 뒤부아와 요양소에서 알게 되었던 롤랑 바르트와 밀접한 관계를 유지했다. 정치적 견해차나 학문적 수련의 차이를 넘어서——베르나르 포티에는 우파이면서 스페인어 연구자였고, 반면에 뒤부아는 프랑스 공산당에 가입해 있었으며 프랑스어 연구자였다——구조주의 언어학자들의 공동체에 참여한다는 소속감이 지배했다. "어느 날 포티에는 마르티네가 소르본에서 위험에 처해 있다고 말하면서 우리를 찾아왔다. 뒤부아와 나는 그를 구하러 떠났다."[1]

장 뒤부아는 클로딘 노르망 · 장 바티스트 마르셀시 · 드니즈 말디디에 등과 같은 언어학자들이 참여하는 활기찬 연구팀들을 지도했고, 다른 학문들의 전문가들을 언어학으로 전환시키는 데 성공했다. 그가 사회언어학을 연구하기 위해 1967년에 낭테르대학 언어학과 조교로 차출한 조제프 숨프가 그런 경우이다. 숨프는 1963년 이후부터 국립과학연구센터에서, 그리고 그가 릴리안 이잠베르의 지도를 받았던 사회학연구센터에서 교육사회학을 공부했다. 그 당시 그는 구조의 개념에 접근하기 위해 형식화할 필요성이 논의되었던 피에르 나빌의 세미나에 참여했었다. 이 세미나에는 사회학자들뿐 아니라 클로드 메야수와 콜레트 피오 같은 인류학자도 있었다. "나빌에게 나타난 형식화의 개념은 소쉬르와 피아제로부터 온 것이다. 그러나 그것이 그의 주요 관심사였다고는 말할 수 없다."[2]

조제프 숨프의 연구 주제는 프랑스 학교 제도에서 철학 수업의 기능 연구였다. 그는 이런 관점에서 많은 양의 대담과 복사물로 이루어진 하나의 온전한 자료체를 만들었고, 이 자료들을 분석하는 방법을 알기 위해 장 뒤부아의 집을 방문했다. "장 뒤부아는 나를 언어학, 다시 말해 해리스의 언어학으로 안내했고, 그리고 이런 기반으로 해서 그는 나를 낭테르대학에 차출했다."[3] 여기서 구조주의는 내적 정연함을 발견하게 해주어야 할 흔적들 전체, 기호들 전체, 자료체를 분석하는 특별한 시도로 정의되었다.

이런 정의는 미셸 푸코가 1965년에 튀니지의 청중 앞에서 있는 그대로 자료의 내적 구속 요소들에 대한 분석으로 규정한 것, 즉 '데익솔로지 (deixologie)'와 같다. "중요한 것은 자료로서 자료의 결정 체계를 찾아내는 것이다."[4] 인문적 실천 방법의 본질적 수준으로서 이 '데익솔로지'는 '구조 주의의 방법론적 중요성, 인식론적 중요성, 철학적 중요성'[5]을 정당화시킨다. 이와 같은 변혁의 특징들 가운데 하나는 비평이 분류하여 인준한 문학 작품에 속한 것과 나머지 글쓰기 현상들 사이의 전통적 단절을 문제삼는다는 것이다. 모든 흔적이 그것을 별도의 완전한 자료로 만들어 주는 관계 속에서 고려된다. 신성한 성격이 박탈된 작품은 언어의 현상에 불과하고, 또 다른 글쓰기 현상이 추가되는 글쓰기의 단순한 주름에 불과하다. 이러한 담론적 경제에서 학문들 사이의 경계는 흐려져 특유하게 언어학적인 분석에 자리를 내주게 된다. 이 분석은 소쉬르의 이론이 지닌 기본적 원리들을 되찾으면서, 문학적 분석에서 시간적 접근을 희생시키고 공시적 접근을 부각시킨다. 작품은 더 이상 시간의 표현으로 이해되는 것이 아니라, 기능 작용 양태의 내적 논리 속에서 공간적 단편으로 파악된다. 이 내적 논리는 더 이상 외부에서 오는 맥락적인 인과 관계로부터가 아니라, 통합체적 혹은 계열체적 인접 관계의 영역으로부터 드러난다. 후자의 관계가 끌어들이는 것은 이제 인과 관계가 아니라, 일정 수의 극점들을 중심으로 한 다양한 코드들의 단순한 소통이다.

《코뮈니카시옹 4》: 기호학의 선언

문학의 영역에 구조언어학의 모델을 보급하는 일은 1964년 그해에 《코뮈니카시옹 Communications》지 4호에서 미래의 프로그램으로 제시되었다. 바로 이 기회를 통해서 츠베탕 토도로프는 프랑스어로 자신의 첫 논문인 〈문학에서 의미 작용의 기술(記述)〉을 썼다. 그는 이 논문에서 분석 수준들의 층위학(stratigraphie)을 개척한다. 그리고 그는 한편으로 내용의 수준이 영향을 미치지 않는 음소적 배분과, 다른 한편으로 그가 내용의 형태 차원으로 규정하는 문법적 차원을 구분한다. 이 문법적 차원은 문학에서 의미 작용에 결정적 역할을 한다. 내용의 실체의 수준은 의미론의 영역에 속한다. 이러한 접근 방법은 철저하게 형식주의적이고자 한다. 토도로프가 사회적 혹은 민족적 삶으로부터 파생되는 다른 체계들의 흔적들을 문학에서 인정한다 할지라도, "이 체계들의 연구가 엄밀하게 말해서 문학 분석의 밖에 머문다는 점은 틀림없다."[6]

한편 클로드 브레몽은 블라디미르 프로프의 작품, 《민담의 형태론》이라는 구체적 예로부터 형식적 연구의 장래성과 한계에 대해 탐구한다. 그는 프로프에 의거함으로써 내용 분석의 전통적 방법들을 대체하게 되는 이야기의 자율적 기호학의 토대를 옹호한다. 블라디미르 프로프는 러시아의 민담약 1백 개의 자료체에 입각해, 31개의 기능으로 된 목록을 토대로 하여 각각의 민담을 옮겨 적었다. 그에 따르면 이 기능들은 연구된 자료체의 민담들 전체의 행동들을 완벽하게 설명해 준다. 클로드 브레몽은 전통적 문학사가들을 지지하는 자들에 대항해 기술적(記述的) 목표를 내세운 형식적 분석 방법을 옹호한다. "발생적 계보의 문제들을 해결하려는 강박관념 때문에 그들이 망각하는 것은 다윈이 린네 다음에야 가능하다는 점이다."[7]

프로프의 방법은 그것을 일반화시키는 조건들을 생각하는 데 전념했던 클로드 브레몽에게는 특별히 암시적이었다. 그러나 그는 레비 스트로스가 1962년에 표명했던 비평들의 일부를 받아들이고, 프로프의 궁극 목적론적인 가설을 거부했다. 물론 프로프는 브레몽을 연구된 자료의 보다 완성된 모델화로 이끌었지만, 이 모델화는 민담의 동기들을 불변하는 기능으로 환원시킴으로써 부분들을 전체에 희생시키는 큰 대가를 치러야만 했다. 클로드 브레몽은 서술의 방법적 접근을 위해 분석의 단계들을 차별화하라고 권고한다. 다시 말해 한편으로 분류적 작업, 즉 서술성의 다양한 형태들을 비교 연구하는 작업을 해야 한다는 것이다. 그리고 다른 한편으로 형태들 사이의 관계화 작업이 아니라, "메시지의 서술적 층위를 의미 작용의 다른 층위들과"[8] 관련시키는 작업을 해야 한다는 것이다.

바로 《코뮈니카시옹》제4호에 롤랑 바르트의 〈기호학 요강〉이 실렸다. 이 논문은 바르트가 고등연구원의 제6분과에서 이끌었던 하나의 세미나 내용을 옮긴 것이다. 그것은 보다 광범위한 연구자들을 독자로 삼았다. 따라서 그것은 위상이 바뀌면서 기호학이라는 새로운 과학을 위한 선언처럼 보였다. 게다가 그것의 이론적인 소개는 바르트 자신이 행한 연구의 틀처럼 제시되었다. 왜냐하면 그는 《모드의 체계》를 동시에 집필했기 때문이다. 그 당시는 바르트가 진정한 '방법론적 도취'[9]를 경험했고, 과학적 작업이고자 하는 하나의 연구를 위해 자신의 글쓰기 작업을 소홀히 한 시기였다. 이때는 바르트가 기호학과 작가 사이의 이와 같은 긴장 속에서 작가로서의 자신의 천성, 즉 자신의 주관성을 가장 강력하게 부정한 시기이다. 이 천성은 과학의 이름으로 희생되었던 것이다. "롤랑 바르트에게는 두 단계가 있었다. 첫 단계에서 그는 하나의 인간과학을 만들어야 할 필요성과 가능성을 믿었다. 자연과학이 19세기에 구축되었듯이, 20세기는 인간과학의 세기가 되지 않겠는가?"[10]

《코뮈니카시옹》제4호에 실린 〈기호학 요강〉은 이와 같은 새로운 과학을 구축하기 위해 소쉬르와 옐름슬레우의 가르침을 소개하는 변증법적 설명을 제시하고 있다. 바르트는 랑그/파롤, 기표/기의, 통합체/체계라는 소쉬르의 이원적 쌍들을 받아들였다. 이런 관점에서 그는 구조주의의 엄격한 원리 속에 들어가 있었다. 그는 이와 같은 이분법에 소쉬르 용어들의 옐름슬레우식 재분배, 즉 3개의 서로 다른 차원을 추가했다. 도식(소쉬르가 사용하는 의미에서 랑그), 규범(물질적 형태로서의 언어), 그리고 사용(주어진 한 사회의 습관들 전체)이 그것이다. 이러한 3요소는 옐름슬레우로 하여금 언어의 개념을 철저하게 형식화하게 해주었고, 랑그/파롤이라는 소쉬르의 쌍을 도식/사용이라는 쌍으로 대체하게 해주었다.

바르트는 새로운 과학을 구축하기 위해 이러한 혁신의 일반적 중요성을 받아들인다. 이런 관점에서 그는 언어학 발전의 지평으로서 기호학에 대한 소쉬르의 제안을 전복시킨다. 반대로 그는 기호학의 프로그램을 언어학의 부분 집합으로 규정한다.[11] 그리고 언어학의 효율성을 확실히 보여 주기 위해 다양한 학문들 속에서 이루어진 모든 노력들을 원용한다. 구축해야 할 미래의 과학으로서 기호학은 다음과 같이 의미가 부여되는 한 사회에 대한 훌륭한 과학으로 나타난다. 즉 "랑그/파롤이라는 개념의 사회학적 중요성은 명백하다"[12]는 것이다.

그러나 바르트는 기호학의 실현을 나타내는 최초의 긍정적 징후들을 사회학 속에서 보지 못했다. 사회학은 내재성의 개념에 여전히 저항하고 있었던 것이다. 그는 그보다 오히려 페르낭 브로델의 후원 아래 《아날》지에 의해 이루어진 역사 속에서, 언어의 무의식적 성격에 대한 소쉬르의 가정을 받아들인 레비 스트로스의 인류학 속에서, 그리고 "욕망 자체가 의미 작용의 체계로서 구축된다고 생각하는"[13] 라캉의 정신 분석 속에서 그런 징후들을 보았다. 관습의 보편적 의미화는 이해 가능한 것으로 규정되는 하나의 현실계를 낳는다. 이때 사회학은 하나의 사회-논리학(socio-logique)과 동일화되며, 의미 작용은 기표와 기의를 결합시키는 과정으로부터 비롯된다. 이 과정이 소쉬르적 해석으로 이루어지든, 옐름슬레우적인 해석으로 이루어지든 말이다.

구축해야 할 이와 같은 기호학에서 바르트는 4개의 학문에 주동적인 역할을 부여했다. "경제학·언어학·민족학 그리고 역사학은 현재 선도 과학의 네 과목을 형성하고 있다."[14] 기호학은 그것의 경계선, 즉 한계를 그어야 했다. 그것은 관여성의 원리를 중심으로, 다시 말해 내재성의 상황에 입각해 대상 자체 안에서 분석되는 대상들의 의미 작용의 영역을 중심으로 조직화되게 된다. 이런 관점에서 자료체는 동질적이어야 하고, 심리학적·사회학적 등의 성격을 지닌 다른 체계들을 원칙상 배제해야 한다. 기호학이란 학문의 다른 방향은 반역사주의가 된다. "자료체는 통시적인 요소들을 최대한 배제해야 한다. 그것은 하나의 체계 상태, 역사의 한 절단면과 일치되어야 한다."[15] 의미의 연구에서 사용되는 도구에 대해 말하자면, 바르트는 그것을 무엇보다도 공시(共示)언어학에서 찾아냈다. 이 언어학은 옐름슬레우가 외시(dénotation)/공시(connotation) 사이에 제시한 대립, 《오늘의 신화》에서 이미 사용된 그 대립을 받아들였다.

그해 1964년에 바르트는 기호학적인 프로그램의 야심찬 구축 계획에 보다 중요성을 부여하기 위해 1953년부터 1963년까지 자신이 전개한 연대기 작가적 활동의 주요 내용들을 《비평적 에세이》라는 제목의 모음집에 담아냈다. 우리는 이 저서에서 시행착오를 거치면서 개척되고 있으며, 구축 상태에 있는 하나의 기호학을 읽어낼 수 있다. 이 기호학은 진정한 과학적 뜯어맞추기 작업(bricolage)으로서 초기에 씌어진 그의 글들보다 더욱 기호의 문제들에 집중하고 있는데, 이 문제들은 야콥슨의 이원주의, 투르베츠코이의 차별적 위치들을 통한 분석과 같은 일정 수의 모델을 통해 풍부하게 다루어진다. "따라서 1962년과 1963년 사이에 바르트의 내적 변혁이 나타났다."[16]

바르트가 정의한 구조주의적 활동

위에서 언급한 모음집에서 바르트는 그가 구조주의란 용어를 통해 무엇을 말하고자 하는지 규정하고 있다. 우리는 구조주의 현상을 하나의 학파 속에 가둘 수 없다. 왜냐하면 학파는 하나의 연구 공동체와, 그 모든 저자들에게 다 존재하는 것은 아닌 어떤 유대감을 전제하기 때문이다. 그렇다면 어떻게 구조주의를 규정할 수 있는가? "구조주의는 무엇보다도 하나의 활동이다……. 모든 구조주의적 활동의 목표는 (…) 하나의 대상을 재구성하여, 이 재구성 속에 대상의 작용 법칙들이 나타나게 하는 것이다. 그러므로 사실상 구조는 대상의 흉내이다."[17] 따라서 구조적 인간의 탐구에 참여하는 학문들의 다양성과 개별적 연구자의 특성을 넘어서 이 활동에 공통적인 지평이 분명히 있다. 이 구조적 인간은 그가 의미를 생산한다는 사실에 의해 규정된다. 따라서 활동 방식은 무엇보다도 의미의 내용 자체보다는 의미의 생산 행위에 관심을 갖는 데 있다. 이러한 구조주의적 활동은 '모방의 활동'[18] 으로서 구상되었다. 실체의 유사성이 아니라 기능의 유사성에 근거해 확립된 미메시스로서 말이다. 그리하여 바르트는 이처럼 연구를 이동시킨 선구자들로서 클로드 레비 스트로스 · 니콜라이 투르베츠코이 · 조르주 뒤메질 · 블라디미르 프로프 · 질 가스통 그랑제 · 장 클로드 가르댕 · 장 피에르 리샤르의 작품을 원용했다. 뿐만 아니라 이러한 활동 덕분에 예술적 · 문학적 작품과 과학적 작품 사이의 구분이 초월되었다. 이런 관점에서 바르트는 구조의 과학을 확립하기 위해 언어학을 이용하는 이와 같은 활동과 뷔토르의 글쓰기, 불레즈의 음악, 몬드리안의 회화를 동일한 차원에 위치시켰다. 이들 예술들의 창작이 기호학적 작업과 마찬가지로 대상의 동일한 흉내에 참여하고 있기 때문이다.

바르트는 매우 소쉬르적인 접근을 통해서 구조주의를 있는 그대로의 세계를 단순히 재현하는 것으로 규정하는 것이 아니라, 현실계로도 합리적 세계로도 환원되지 않는 새로운 범주를 발생시키는 것으로 규정했다. 구조주의적 활동은 기능적인 것으로 귀결되었고, 의미의 특이한 내용이 아니라 의미를 가능하게 하는 것, 사유 가능한 것의 조건들에 대한 연구로 귀착되었다. 의미는 길들여져 당연시되는 경향이 있는 문화 현상이다. 그리고 기호학이 해독하려는 것은 바로 그 과정이다. 이러한 프로그램은 사회적 이데올로기를 철저히 비판하는 기능을 지정하고, 그 목표를 이른바 당연한 부동의 의미를 불안정하게 만드는 것으로 삼았다.

따라서 기호학의 임무는 연구되는 작품 속에 이미 존재하는 숨겨진 의미를 해독하는 것이 아니라 의미 제작의 구속 요건들, 다시 말해 이 의미를 유효하게 만드는 조건들을 설명하는 것이다. 이데올로기 및 고정된 의미의 이러한 해체, 그리고 이 해체의 다원화는 모두 미셸 푸코의 작품 속에 체계화되어 나타나는 급진적 역사주의, 다시 말해 공시적 가설에 고유한 반역사주의와 결합된 그런 역사주의의 형태들이다. 구조주의는 바르트에게 진정한 학파가 아니라 그 이상이며, 의식의 진화에서 진정한 단절이었다. "역사적으로 구조주의는 상징적 의식으로부터 패러다임적 의식으로의 이동으로 규정될 수 있다."[19] 이와 같은 새로운 패러다임적 의식은 실체를 통한 충만한 의미들로부터가 아니라, 이 의미들의 형태라는 차원에서 비교주의적 접근을 통해 나타난다. 그런데 패러다임적 의식의 대표적 과학, 바르트에게 모델들의 모델인 그 과학은 음운론이다. "클로드 레비 스트로스의 작품에서 구조주의의 개시를 규정하는 것은 이 음운론이다."[20]

비판적 소명

60년대 동안 이와 같은 의식의 전환이 학문들 사이에서 일어난 사회과학 영역으로의 이동으로 축소될 수는 없다. 그것 역시 지식인, 즉 작가가 전쟁 직후와 동일한 방식으로는 자신의 비판적 시선, 자신의 반항을 의미할 수 없는 한 시대의 표현이었다. 반항의 대상은 바뀌었고, 그것은 더 이상 사회질서의 총체적 전복이 아니었다. 이제부터 반항 "그것은 진정 우리가 지닌 명백한 것들의 전체와 조직, 다시 말해 우리가 서양 문명이라 부를 수 있는 것이다."[21] 바로 지배적인 서구 가치들을 불안정하게 만들면서, 다시 말해 소부르주아 계급의 이데올로기 · 여론, 즉 독사(doxa)[1]에 대한 철저한 비판을 가하면서 바르트와 구조주의자들 전체의 비판이 이루어지게 된다. 독사를 전복시키는 것을 목적으로 하는 이와 같은 패러다임적 의식 혹은 역설의 의식은, 이데올로기적 구축물들의 실제 및 외양의 양태들 · 논리들과 모델들을 고려하고 내적으로 분해하는 작업을 통과한다. 그러므로 비판의 대상이 되는 것은 지배적 합리성의 논법들이 간직한 초자아, 즉 이 논법들이 내포하는 것 바로 그것이다. 그래서 이런 일은 언어의 기능 작용 양태에 대한 엄격한 지식을 전제한다.

---

1) 독사는 과학적 인식인 에피스테메(epistémé)와 대립되는 것으로, 외양에 치우친 열등한 인식을 함축한다.

이와 같은 공격의 각도는 자리가 잡힌 체계 안으로 매우 신속하게 통합되지 않을 수 없었던 전위적인 문학 원칙의 이름으로 행해진 과거 가치들의 단순한 거부보다 더 효율적으로 보였다. "모든 전위는 매우 쉽게, 그리고 매우 신속하게 수용되었다. 특히 문학에서."[22] 50년대에 확산된 소비 사회는 상품을 회전시키는 능력이 매우 컸기 때문에 문화적 재화들도 이런 법칙을 벗어날 수가 없었고, 근본적 단절로부터 상업적 대상으로 가는 그 회로는 그토록 신속한 적이 결코 없었다. 동화는 이 회로의 자동 조절 메커니즘이다. 그래서 "헤르메스와 라파예트 백화점 진열장에는 초현실주의적인 것이 있었다."[23]

따라서 문화가 대중적으로 소비되는 기술 중심의 사회는 어떤 외침 · 저항 · 거부를 표현하는 데 있어서, 이 사회의 그물을 벗어날 수 있는 가능성을 더욱 어렵고 더욱 환상적으로 만든다. 이것이 과학적이고 비판적인 소명을 지닌 담론으로서의 기호학이 자유의 피난처로 나타났던 이유들 가운데 하나였다. 이런 자유의 해안 덕분에 구조주의자들은 랭보 · 바타유 · 아르토와 같은 인물이 되지 않더라도 지배의 메커니즘을 해체할 수 있었고, 따라서 과학적 실증성의 이름으로 외부의 위치, 즉 치외법권적 성격을 지닌 공략 불가능한 어찌할 수 없는 위치를 차지할 수 있었다. 그리하여 언어의 전복은 언어 자체를 통과했고, 소설 · 시 · 비평 등 장르들 사이의 다양한 경계를 획정했던 칸막이들을 쳐부수어야 했다. 이 모든 표현 형태들은 텍스트성에 속하고, 따라서 동일한 분석 방법, 즉 패러다임적 의식에 속한다. "나는 이제 우리가 예전보다 더 심층적인 반항에 접근한다고 생각한다. 왜냐하면 분명 이 반항은 처음으로 언어라는 반항의 도구 자체로 향하고 있기 때문이다."[24] 이런 의미에서 바르트는 자신을 다른 수단을 통해 작가의 작품을 계승하는 후계자로 느꼈던 것이다. 그러므로 우리가 그에게서 간파해 낼 수 있는 작가와 기호학자 사이의 그 긴장은 문학적 지평을 결코 사라지게 하지 못하게 된다. 설사 그의 분석 대상들이 한때 음식이나 의복이었고, 그의 언어가 언어학의 기술적 언어였다 할지라도 말이다. 기호학은 20세기 후반기에서 문

학을 하는 현대적 수단으로 나타났던 것이다. 그해 1964년에 이 프로그램
은 점증하는 열광을 야기시켰다.

24

형식적 사유의 황금시대

기호학적 구조주의는 구조주의의 가장 형식화된 분과로 나타남과 동시에, '엄격한' 과학인 수학 언어와 가장 가까운 과학으로 나타났다. 물론 그것의 야망은 가장 컸다. 왜냐하면 프로그램의 지휘자격인 알지르다스 쥘리앵 그레마스가 말하는 의미에서 기호학은 언어학이란 몸체의 단순한 가지가 되는 것에 만족하지 않고, 인간과학의 모든 영역을 포괄하지 않을 수 없었기 때문이다. "나는 언어학을 넘어서는 기호학, 언어학이 일부분에 지나지 않는 그런 기호학의 계획을 처음부터 줄곧 지녀왔다."[1] 이런 측면에서 그레마스는 소쉬르의 발상에 여전히 충실했다. 그런 만큼 그는 이런 기치 아래 인류학·의미론·정신 분석·문학 비평 등 다양한 분야를 결집시킬 생각을 했다.

일부 언어학자들의 경우 수학자들 및 논리학자들과의 인접성은 제도적 차원에서 파리 과학대학의 푸앵카레 연구소 강좌에 참여하는 것으로 나타났다. 1963년부터 그곳에서 형식언어학의 세미나를 이끌었던 앙투안 퀼리올리가 그런 경우이다. 알지르다스 쥘리앵 그레마스도 베르나르 포티에·장 뒤부아·모리스 그로스와 더불어 그곳에서 강의를 했다. 그레마스의 세미나는 의미론을 대상으로 했는데, 의미론은 그 당시까지 언어학의 전통적 영역으로부터 벗어난 것으로 간주되었다. "바로 그곳에서 니콜라 뤼베·오스발트 뒤크로·마르셀 코앙, 이어서 츠베탕 토도로프가 차츰 서로 만나게 되었다. 또한 뤼시앵 세박이라는 중요한 인물이 있었는데, 불행하게도 그는 우리가 공동으로 세미나를 개최하려고 구상했던 여름에 타계했다. 우리는 인류학·의미론 그리고 정신 분석 사이의 연결을 확립해야만 했다. 그는 자살했고,

나는 이 점에 대해 라캉을 용서하지 않았다."[2]

　그레마스의 《구조적 의미론》은 구조주의의 모든 것들이 성공한 1966년에 출간되었는데, 사실은 그가 푸앵카레 연구소에서 1963년부터 1964년까지 이끌었던 세미나로부터 비롯된 것이다. 그레마스가 모든 의미 작용 체계들을 포괄하는 일반기호학을 옹호하고자 한 그 집요함은 결국 다른 모든 영역에 대한 언어학적 작업을 개시하게 만들었다. 마르티네와 그레마스라는 프랑스 언어학의 두 거장 사이의 귀머거리 대화는 방향의 대립을 분명히 드러냈다. "그레마스를 읽을 때 나는 갈피를 못 잡는다. 기호학 역시 온갖 방향으로 표류한다."[3] 마르티네는 언어의 기능 작용을 묘사하겠다는 자신의 야심을 구축하려 했고, 그렇기 때문에 언어학적 작업에 분명하게 획정된 한계를 부과했다. 이런 측면에 그레마스는 이렇게 대답했다. "누군가 음악이나 회화를 연구하고자 할 때, 나는 마르티네의 집으로 보냈다. 그러면 마르티네는 그에게 이렇게 말했다. '음성학을 공부한 뒤 1년 후에 다시 오시오.' 별로 흥미를 끌지 못하는 관점이었다."[4]

　《기호학의 요소들》을 쓸 당시의 롤랑 바르트가 일반기호학이라는 그레마스적 관점을 택하고 있음은 아주 분명하게 나타난다. 설령 그가 고등연구원의 제6분과에서 알렉산드리아의 이 스승보다 제도상으로 선임의 자리에 있었다 할지라도 말이다. 1965년에 그는 레비 스트로스의 도움을 얻어 그레마스를 고등연구원에 부임하도록 했던 것이다. 일단 연구의 지도적 위치에 서고, 또 《구조적 의미론》이 나오자 프랑스에서 기호학은 다시 한 번 레비 스트로스의 지원 덕분에 제도적 기반을 갖추기 시작한다. 레비 스트로스는 구조주의 프로그램의 개발에 있어서 선구자일 뿐 아니라 이미 권력이 있는 지위에 보다 단단하게 자리잡고 있었던 것이다.

　1966년에 그레마스를 중심으로 하나의 연구팀이 고등연구원 및 콜레주 드 프랑스의 사회인류학연구소 내에서, 다시 말해 레비 스트로스와 그의 인류학팀 안에의 기호-언어학분과의 이름으로 결성되었다. 그 팀에는 오스발트 뒤크로 · 제라르 주네트 · 츠베탕 토도로프 · 줄리아 크리스테바 · 크리스티앙 메츠 · 장 클로드 코케 · 이브 장티옴므가 참여했다.[5] 연구 작업과 병행하여 수준 높은 기호학 강의가 일반언어학 · 수학 · 논리학 · 문법 · 의미론을 토대로 베풀어졌다.

구조적 의미론: 그레마스 이론

이 구조적 의미론은 그것의 대상과 특수한 방법을 구축하는 데 특별히 어렵다는 점과 그것이 19세기말에 뒤늦게 나타났다는 점이 고려되어, "언제나 언어학의 빈약한 유사 학문이 되어왔다."[6] 이러한 불리한 조건들을 임시방편적으로 극복하기 위해 그레마스는 가장 형식적인 영역, 즉 '언어학이 고려하지 않을 수 없는'[7] 집단이었던 논리학자들과 수학자들의 영역에 의미론을 고정시키게 된다. 그가 자신의 구조적 의미론을 구축하기 위해 사용하는 언어학적 모델은 소쉬르의 가장 형식주의적 후계자인 옐름슬레우에게서 찾아졌다. "클로드 레비 스트로스는 매번 집필을 하기 전에 마르크스의 《공화력의 두번째 달 18일》을 3페이지씩 읽곤 했다고 말했다. 나는 옐름슬레우의 책을 몇 페이지씩 읽었다."[8]

그레마스는 수학에서 불연속성의 개념을 빌리면서 상이한 2개의 분석 층위를 대립시킨다. 그것들은 연구의 대상인 언어, 그리고 하나의 메타언어학을 나타내는 언어학적 도구들을 말한다. 옐름슬레우적인 관점에서 모든 것은 2개의 메타언어(기능)의 수준에 위치하게 된다. 하나는 의미 작용이 언어로 표명되는 묘사적 메타언어이고, 다른 하나는 방법적 메타언어이다. 언제나 옐름슬레우의 계보 속에 있는 이러한 접근은 소쉬르의 구분들과는 비교되는 새로운 도구들, 새로운 명칭들을 함축한다. 그레마스는 기표의 음소(phèmes)와 기의의 의소(sèmes)가 상이한 두 차원에 속한다고 생각함으로써 그것들을 구분한다. 그리하여 기표/기의의 단위는 문제가 제기되고, 이질적인 2개의 수준으로 쪼개진다. "그러므로 기의와 기표의 연결은 일단 소통에서 실현되고 나면, 우리가 언어의 두 측면 가운데 하나의 분석을 다소라도 전진시키려 하는 순간부터 해체되지 않을 수 없다."[9] 이와 같은 최소한의 변별적 단위, 즉 의소의 단위로부터 어휘소 · 유사 어휘소 · 통합체 등이 구축되게 된다.

논리학으로부터 빌린 또 다른 개념으로 동위원소군(isotopie)의 개념은 언어적 표현의 구조적 현실들로 해석될 수 있는 여러 동질적인 의미론적 층위들에 텍스트 전체가 속한다는 소속성을 나타나지 않을 수 없게 한다. "이러한 기교들의 가치는 인문과학으로 볼 때 자연과학에서의 산식적 형식화에 비교될 수 있다."[10] 따라서 이와 같은 모델은 인간과학으로 하여금 이른바 엄격한 과학과 동일한 과학성의 정도에 도달하도록 해야 한다. 이러한 수준에 다다르기 위해서 구조적 의미론은 인본주의적인 모든 관점과 분리되어야 하고, 직관으로부터 벗어나 이 직관에 검증과정을 대체해야 한다. 이런 일은 발화자의 의도를 문맥적인 얽힘의 위계 질서 속에 해체시킴으로써 이 의도의 표준화를 유발한다.

소쉬르가 이미 끌어들였지만 그레마스가 강화시킨 또 다른 개념은 의미된 내용과 문맥적인 범주가 어떠하든, 현실로부터 비시간적이고 조직적인 구조적 실재를 도출하려는 방식의 반역사주의이다. "우리는 서로간의 관계가 매우 먼 영역들에서 내용의 비시간적인 조직 모델을 만난다. 우리는 이 모델이 일반적인 가치를 지니지 않을 수 없다고 가정할 권리가 있다. 투여된 내용에 대해 그것이 드러내는 냉담은 우리로 하여금 그것을 메타언어적인 모델로 간주하지 않을 수 없게 만든다."[11] 이렇게 하여 그레마스는 모든 경험적 흔적으로부터 벗어난 구조적 역사를 위해 인류 역사의 우발성, 사실(史實)만을 기록하는 그 우발성을 뛰어넘을 수 있다고 생각했다. 구조주의의 과정에서 가장 과학주의적인 이러한 기호학적 계획에서 수학적 용어들은 도처에 나타나고 엄격성의 모델처럼 기능한다. '과정의 연산' '등치 성립의 법칙' '환산의 법칙' 등이 그런 것들이다.

뿐만 아니라 논리 추종적이고 과학적인 그 모든 과정은 이러한 과학주의적인 구조주의와 가장 가까운 두 계획, 즉 레비 스트로스와 라캉의 프로그램들 속에 다시 나타난다. 단절이라는 개념은 구조주의 패러다임에서 자주 나타나는데, 기호학에서 중심적이다. 왜냐하면 그것은 상이한 두 현실에 속하는 두 구조 사이의 분할을 확립하기 때문이다. 그러나 "어떻게 언어의 내재적 이론으로부터 의미 일반의 이론으로 넘어갈 수 있는가? 달리 말하면 어떻게 기호의 이원주의로부터 의미 작용의 이원주의를 도출해 낼 수 있는가?"[12]

클로드 브레몽[13]은 이런 본질적인 문제들에 대한 대답을 가져다 주었다. 그는 블라디미르 프로프를 읽으면서 그레마스의 두 분석 단계를 구분한다. 첫번째 계기는 프로프의 《민담의 형태론》이 제시하는 모델에 입각한 귀납적 시점이다. "그레마스는 프로프가 제안한 기능들의 시퀀스를 도출해 내기 위해 이 시퀀스에 대해 심사숙고한다. 보다 잘 구조화된 기본적 대립 체계라는 착상은 칭송할 만하다."[14] 그레마스의 기여는 이 수준에서 일정 수의 유용한 분석 도구를 제공하는 것이 된다. 예컨대 그는 프로프의 인물들 가운데 그들의 작용적 수준에 입각해 행위자들을 행위소들과 구분해 낸다. 이런 작업은 그로 하여금 프로프의 일곱 인물로 된 도식보다 더 효율적인, 6개 항으로 된 행위소 모델을 구축하게 해준다.

그러나 그레마스는 이론 개발의 이와 같은 1차적 단계에 머물지 않는다. 그는 연역적인 추상화라는 두번째 단계로 신속하게 넘어간다. 이 단계에서 그는 어떤 초월적인 원리의 존재를 선험적으로 제시한다. 이 초월적인 원리에 입각해, 이 원리가 텍스트로 구체화되어 나타나는 그 발현으로 이끄는 상이한 움직임들을 따라 내려갈 수 있다. 이러한 연역적 접근은 2개의 주요한 개념을 중심으로 명확히 표현된다. 하나는 의미 작용의 기본적 단위인 기호 사각형이고, 다른 하나는 의미적 대상들의 기호학적 생성이다. 클로드 브레몽에게 이 사각형은 '전혀 무익한 것이고' 사실상 '신비적인 관념, 초월적원리'[15]에 속한다. 그가 보기에 프로프의 모델이 모든 텍스트 일반에, 그리고 문어이든 아니든 가능한 모든 텍스트에 모델들의 모델 구실을 하는 것처럼 내세워 그것을 확대하여 일반화시키는 작업은 그 어떤 것에 의해서도 정당화될 수 없다. "세계 전체의 풍요로움을 결국은 보잘것없는 하나의 단순한 가정에 근거지우는 꼴이다."[16]

이 기호 사각형은 아리스토텔레스의 사각형——대립되는 것들과 모순되는 것들의 사각형——을 되찾은 것인데, 무수한 서술 구조들을 설명하는 모태의 구실을 한다. "이것은 포퍼가 말하는 의미에서 반박할 수 없는 이론의 가장 명백한 경우이다."[17] 대개의 경우 이 사각형의 사용은 영화이든 텍스트이든 이야기에 하나의 출발 구조를 강제했는데, 이 출발 구조는 우리가 검증의 과정 없이 사각형의 네 귀퉁이에 원하는 것을 놓을 수 있다는 점에서 능숙하게 운신할 수 있도록 해준다. "나는 그것이 분석의 목적으로 사용될 수 있다고 생각하지만, 특히 시작에서는 사용될 수 있다고 생각지 않는다."[18] 기호 사각형은 기호화된 모든 현실의 주요한 비가시적 열쇠로서 주어지는, 명료함의 핵을 위해서 경험적 세계와 거리두기를 첨예화하도록 만든다. 이때 의미는 의미에 내재된 구조로부터 파생된다.

역설적인 일이지만 프로프의 가르침, 레비 스트로스의 신화 분석, 그리고 옐름슬레우의 《전제 원리들》이 결합된 이 기호학적 프로그램은 가장 포괄적인 것으로 자처했지만 기대한 만큼의 결과를 가져오지는 못했다. 그 반대로 그레마스의 이론은 점점 더 은밀한 추상화 속에서 신속하게 그 자체에 폐쇄되어 버렸던 것 같다. 그것은 세심한 논리적 전개의 더할나위없이 기교적인 수단들을 동원하면서, 점점 인적이 끊기는 예배당 안의 교리처럼 기능함으로써 매우 실망스럽고 흔히 동어반복적인 결과에 이르고 말았다. "나는 그레마스의 제자 한 사람이 결혼에 관해 쓴 매우 두터운 박사 학위 논문의 보고 책임자였던 기억이 있다. 그의 결론은 결혼이 이항적 구조라는 것이었다. 어떻게 보면 그것은 맞는 말이다. 그러나 그것이 1천 페이지에 달하는 논문에서 불가피하게 분석되는 결론이란 말인가?"[19] 그레마스의 이론이 대단한 운명을 지니지는 못했다 할지라도, 그는 60년대의 구조주의 열풍에서 희망의 주요한 원천 가운데 하나가 되었다. 장 클로드 코케에게 "《구조적 의미론)은 아이디어들이 넘치는 매우 훌륭한 책이었고, 그 당시 하나의 지배적인 저작이었다."[20] 장 클로드 코케는 그레마스와 푸아티에대학에서 1년 동안 함께 가르치면서 알게 되었는데, 바로 그해 그레마스는 그곳을 떠났다.

그레마스가 푸아티에를 떠날 때, 그는 박사 논문 제출 자격증(DEA)을 준비하는 제자 한 사람을 그곳에 남겨두고 장 클로드 코케에게 그를 맡긴다. "프랑수아 라스티에는 자신을 정신적 후계자처럼 생각한 그레마스와 매우 가까웠다. 구조적 의미론이 무엇인지 나에게 가르쳐 준 사람은 라스티에였다. 그렇게 해서 나는 그레마스를 알게 되었고 그의 지적 능숙함에, 그가 지닌 신념의 힘에 매료되었다."[21] 그 당시 가장 많이 이야기되었던 언어학은 주체와 역사를 공격하는 언어학이었다. 따라서 이러한 차원에서 그레마스는 가장 급진적으로 나타났으며, 이런 이유로 가장 과학적인 인물로 나타났다. 이같은 성공은 에밀 벤베니스트가 권고한 구조언어학의 상이한 방향을 어둠 속에 묻어 버렸다. 그레마스가 채택한 옐름슬레우의 모델은 사실 이른바 '표준화되고' '객관화된' 텍스트의 생산에 근거한다. 이러한 정화에 이르고 하나의 과학적 대상의 제시에 이르기 위해서 그레마스는 모든 대화체적 표명들, 즉 주체(나, 너 등)와 관련된 모든 형태들을 제거한다. 따라서 이러한 단계에서 그는 3인칭으로 된 규범적 언술들을 획득한다. 그는 또한 일률적인 현재를 위해 시간에 속한 모든 것을 제거함으로써 텍스트들을 표준화시킨다. 선행성과 후행성을 해체시키기 위한 기준은 먼 과거로의 막연한 귀결이 된다. "이로부터 작업하기가 보다 수월한 설화나 신화적 이야기에 기울이는 그레마스의 관심이 비롯되었다."[22] 그러나 나, 주체, 주체 상호간의 대화, 시간에서의 지금과 공간에서의 여기라는, 이와 같은 4중적 부정은 비싼 대가를 지불했다. 그리고 그것은 구조를 실체로서 존재화(ontologisation)시킨다는 구실로, 설명해야 할 서술적 현실을 빈곤화시키는 암초에 곧바로 부딪쳤다.

기호학은 인간과학들을 통합시킨다는 그 프로그램을 실현시킬 능력이 있을 것인가? 그것의 과학적 제국주의는 의심할 여지가 없었지만, 그것이 또 다른 종합적 기도의 학문인 구조인류학과 동일한 연구소에서 동거하는 기간은 얼마 가지 못했다.

기호학자 바르트

1960년부터 1964년까지 그레마스는 이미 무시 못할 명성을 얻은 제자가 하나 있었는데, 다름 아닌 롤랑 바르트라는 인물이었다. 그 당시에 바르트는 자신 안에 있는 작가적 소명을 억누르기 위해 그레마스 이론에서 자양을 얻고 있었다. 이는 엄밀한 과학적 담론을 구축하기 위한 것이었다. 무엇보다도 직관력이 뛰어났던 바르트는 자신의 생각을 합리화시키는 것이 필요했고, 이런 관점에서 그는 그레마스를 합리화의 측면에서 가장 진보적인 인물로 생각했다. "그가 아무리 대단한 추상화를 통해서 추론한다 할지라도, 이런 측면이 사실은 정서적 선택들을 포함하고 있다는 점을 우리가 이해하지 못한다면, 바르트의 아무것도 이해할 수 없다."[23] 이런 이유로 소쉬르의 이원주의적 모델은 장갑처럼 그에게 맞아떨어졌다. 왜냐하면 그의 사유는 언제나 이분법적이었기 때문이다. 실제 그것은 가치가 부여된 하나의 중심점과 가치가 평가 절하된 하나의 중심점을 대립시키고 있다. 좋은 것과 나쁜 것, 그를 즐겁게 하는 것과 불쾌하게 하는 것, 취향과 반감, 작가와 어설픈 글쟁이를 말이다. 그러나 그가 장차 자신의 감정을 자유롭게 표현하게 된다 할지라도, 그가 그레마스의 주장들과 근접하는 기호학적 프로그램의 원칙들을 표명하는 60년대 초반에 이 감정은 여전히 묻혀 있었다.

그 당시 바르트의 이론주의적이고 과학주의적인 단계는 또한 대학계의 존경을 받고자 하는 염려로 설명될 수 있다. 그가 명성을 얻으며 훌륭하게 성공했지만, 그는 대학의 전통적 학위를 통해 정식으로 인정받은 적이 없다. 그래서 그러한 인정의 추구는 그로 하여금 진정한 노동 윤리를 확립하게 만들었고, 전문가들이 그에 대해서 보내는 학문 애호가의 이미지 뒤에는 일에 바쳐진 깊은 금욕주의가 감추어져 있었다. "그는 전형적으로 소시민적인 삶의 방식과, 예기치 않은 사건들에 흔들리지 않고자 하는 절대적 욕망을 드러냄으로써 근본적으로 보헤미안과 반대되는 인물이었다."[24] 60년대 초기에 바르트는 자신의 국가 박사 학위 논문으로 집필하고자 했던 연구인 《모드의 체계》에 매달렸다. 그는 논문을 지도할 인물을 찾으며, 그레마스를 동반하고 앙드레 마르티네의 집을 방문한다. "나는 《모드의 체계》를 학위 논문으로 지도할 뻔했다. 나는 이건 언어학이 아니라고 말하면서 그에게 동의를 해주었다."[25] 마르티네가 별로 열성을 보이지 않자, 바르트는 레비 스트로스를 만나러 가 자신의 작업을 지도해 주기를 부탁한다. 이번에도 그레마스가 그를 동반했고, 불안한 아버지의 모습으로 이웃 카페에서 면담의 결과를 기다렸다. "바르트는 반 시간 후에 나와서 레비 스트로스가 거절했다고 말했다."[26] 의견의 불일치는 연구 계획의 범위가 너무 협소하다는 데 있었다. 레비 스트로스가 보기에 바르트의 작업은 유행 일반에 관한 것이 아니라 오직 글로 씌어진 유행의 체계에 관한 것이었다. 바르트는 글로 씌어진 것을 빼면 이 분야에 의미 있는 게 아무것도 없다고 생각했다. 바르트가 대학에서 인정받고자 했던 희망에 종지부를 찍은 것은 바로 이와 같은 견해차였다. 그러나 책은 1953년부터 1963년까지 오랜 작업 끝에 얻어진 결실로서 1967년 쇠이유사에서 간행되었다. 바르트는 이 저서에 특별히 애착을 느꼈다. 그것은 박사 학위 논문이라는 인증을 받지 못했지만 학위 논문의 가치가 있었다. "우리는 그의 텍스트를 세 번 함께 읽었으며 매번 수정했다"[27]라고 그의 정신적 아버지는 털어놓았다.

따라서 그 책은 이론적이고 동시에 정서적인 측면에서 그레마스와의 관계를 강하게 나타낸 시절의 표현이다. 그것은 이에 대한 흔적을 간직하고 있으며, 우선 착용된 의복이 아니라 말해진 의복에 대해 적용된——이 때문에 레비 스트로스와의 견해차가 생겼던 것이다——방법론적 저작으로 제시되었다. 바르트는 무엇보다도 이 유행의 체계를 옐름슬레우적인 관점에서 메타언어로 가공해 냈다. 실제적인 의복에서 의복-이미지를 지나 글로 씌어진 의복으로의 이동은 바르트가 야콥슨에게서 빌린 연동소(shifters, embrayeurs)

라는 개념을 수단으로 해서 이루어진다. 그러나 이 개념은 특별한 의미에서 사용된다. 왜냐하면 그것은 어떤 특이한 메시지로 귀결되는 것이 아니기 때문이다. 이 연동소는 "하나의 구조를 다른 하나의 구조로 바꾸고, 말하자면 하나의 코드에서 다른 하나의 코드로 이동시키는 데 사용된다."[28] 그렇게 하여 바르트는 하나의 코드로부터 다른 하나의 코드로 이동할 수 있는 3개의 조작자를 규정한다. 주요 연동소는 '의상실 경영자'이고, 두번째는 '여성 맞춤복 프로그램'이고, 세번째는 "도상적(圖像的) 구조에서 말해진 구조로, 의복의 재현으로부터 의복의 묘사로 넘어가게 해주는"[29] 이동이다.

언어의 기능적 사용을 표준화시키는 형식주의적 전제들은 바르트를 글로 씌어진 의복을 우선시하도록 이끌었다. 글로 씌어진 의복만이 모든 기식적인 실제적 기능과 거리를 두고 내재적 연구를 야기할 수 있다는 점 때문이다. "이런 이유들로 해서 우리가 여기서 탐구하려고 선택하는 것은 언어적 구조이다."[30] 그래서 그는 1958년부터 1959년의 신문들에 의해 구성된 자료체를 정하고, 《엘》지와 《유행의 정원》지를 철저하게 검토한다. 바르트는 랑그/파롤이라는 구분을 의복-이미지와 글로 씌어진 의복 사이의 대립을 통해 재생함으로써 소쉬르의 엄격한 이론 속에 자신의 연구를 집어넣었다. 의복-이미지는 파롤 쪽에 위치하고, 따라서 과학적 시선에 부적합하다. 반면에 글로 씌어진 의복은 랑그 쪽에 위치하며, 따라서 과학의 가능한 대상이 되는 것이다.

바르트가 행한 분석의 토대는 옐름슬레우가 확립한 대립 속에 위치한다. "단 하나의 언술 속에 2개의 의미론적 체계가 동시에 발생함으로써 생기는 문제는 특히 옐름슬레우에 의해 접근되었다."[31] 따라서 바르트는 관계(R-relation)에 의해 결합된 표현의 차원(E-plan de l'expression)과 내용의 차원(C-plan du contenu) 사이의 분할을 받아들인다. 이런 수용은 외시의 층위와 공시의 층위, 언어-대상과 메타언어의 차원과 같은 여러 층위에서의 분석을 야기시킨다. 유행은 형식화, 따라서 탈실체화의 과정 속에 붙들려 있다. 이 탈실체화를 통해 바르트는 유행의 본질에 접근한다. 유행은 기의와 단절된 분류적 활동인 기표 체계로 나타난다. "그리하여 유행은 기호의 직접적인 신성화 같은 것을 수행한다. 기의가 그것의 기표로부터 분리되기 때문이다."[32] 유행은 2중의 가설로부터 기능한다. 한편으로 자연주의적 체계인 그것은 논리적 체계로 제시될 수 있다. 한쪽에는 이용할 수 있는 꿈으로 변모된, 세계의 단편들을 풍부하게 받아들인 자연스러워진 유행을 대중적 간행물들이 만들어 낸다. 다른 한쪽에는 보다 '품격 있는' 간행물들이 모든 이데올로기적 기반에서 벗어난 다분히 순수한 유행을 만들어 낸다. 이와 같은 긴 연구 끝에, 바르트는 충만한 기의가 소외의 기표를 나타낸다는 점을 분명히 밝힘으로써 사회학 만능주의에 떨어지지 않으면서 사회학적 성격의 결론들을 되찾는다. 유행의 체계는 하나의 분류학 개발에 의해 특징지어지는 한 기호학의 표현이다. 새로움은 주체를 언어 속에 해체시키기 위한 그 분류 노력의 전개 속에 있다.

바르트의 저서가 나오자 그의 주장을 다음과 같은 삼단논법으로 설명하는 장 프랑수아 르벨의 아이러니가 맞이한다. 쥐가 치즈를 갉아먹는다. 그런데 쥐는 하나의 음절이다. 따라서 음절이 치즈를 갉아먹는다. "구조주의적 쥐에게 물론 불가능한 것은 아무것도 없다. 그러나 문자화된 쥐가 아직도 치즈를 먹을 수 있을까? 이를 답변해 줄 사람은 사회학자들이다."[33] 그러나 책에 대한 반응은 전반적으로 매우 우호적이었다. 레이몽 벨루르는 《프랑스 문학》지[34]에서 바르트와 대담을 한다. 그리고 줄리아 크리스테바는 바르트의 저작에서 탈신화화, 다시 말해 기호과학 자체에 의한 기호과학의 내생적(內生的) 탈신화화의 새로운 일보가 이루어졌음을 본다. "바르트의 작업은 현대 과학을 지배하는 흐름인 기호에 대한 사유를 전복시키고 있다."[35]

줄리아 크리스테바는 바르트의 책에서 한편으로 깊이의 형이상학 모두에 대한 근본적 문제 제기에, 다른 한편으로 기표들 사이의 관계를 위해 기표와 기의 사이에 확립된 단절에 찬사를 보낸다. 게다가 이 관계는 라캉이 자신의 기표적 연쇄로 실행한 소쉬르 읽기 방식과 유사성을 지니고 있다. 《모드의 체계》는 일단의 한 세대로 하여금 동일한 방식이 특별히 방대한 하나의 영역에 적용될 수 있다는 생각을 하게 해주었다. 바르트가 문자화된 유행과 묘사된 유행에서 의복소들(vestèmes)을 분리시킬 수 있었다면, 사회적 관행의 모든 층위에서 미각소들(gustèmes)과 다른 변별적 단위들을 발굴해 내지 말란 법이 있는가?

따라서 바르트가 1967년 그해에 눈부신 반향, 다시 말해 그의 기호학적 프로그램을 점령하는 진정한 집단적 열기를 일으켰다 할지라도, 이 프로그램의 지도자는 이윽고 자신의 언술 및 야망과 거리를 유지하게 된다. 바르트는 그레마스에게 기호학의 영역을 차지하도록 하면서 신속하게 자신의 작가적 소명을 되찾는다. 그는 자신의 시도가 궁극적으로 과학적 언어를 내부로부터 전복시키지 못한다면 의미가 없을 하나의 구조주의를 위해 미래적으로 이 소명을 제시한다. "구조주의의 논리적 연장은 분석의 대상으로서가 아니라 글쓰기 활동으로서 문학과 합류하는 것일 수밖에 없다. (…) 따라서 구조주의자에게 남아 있는 일은 자신을 작가로 변모시키는 것이다."[36] 바르트가 1967년에 자신의 방법적 요구로부터 다시 나타나게 한 이와 같은 문학적 지평은 바르트적 글쓰기의 원칙 자체, 즉 즐거움의 원칙이 되게 되는 또다른 르네상스를 전제한다.

1967년에 바르트와 조르주 샤르보니에가 나눈 대담에서, 샤르보니에는 형식적 사유에 대한 독자의 열광이 아주 크기 때문에 인문과학 자체가 아주 신속하게 탕진될 것이고, 인문과학의 도래는 과도적 성격만을 구성할 것이라고 말하면서 올해의 책은 수학적 저서가 되지 않을까 자문한다. 그러자 바르트는 이렇게 대답한다. "넘어야 할 마지막 단계는 인문과학이 그것의 언어를 문제삼는 것이고, 그것이 차례로 글쓰기가 되는 것이다."[37] 바르트가 일반화된 형식화의 해방적인 측면, 모든 지시 대상을 무의미로 쫓아 버리는 추방, 글쓰기와 형식화 사이의 말라르메적인 직접적 관계 속에 일과 운명의 결합과 같은 것들을 부인하지는 않지만, "문학적 글쓰기는 이 글쓰기를 감미롭게 해주는 일종의 지시적 환상을 간직한다"[38]는 점을 인정한다. 현실계가 아니라 지시 대상의 환상에 입각한 이러한 감미로움, 타자의 욕망을 표현하는 문체로서의 글쓰기, 언어의 에로틱한 측면, 바르트의 글쓰기가 지닌 이 모든 미학은 이미 1967년부터 근본적 전환을 준비하고 있으며, 이 전환은 68년 사건 이후의 바르트의 작품에서 개화되게 된다.

엄밀함의 이데올로기

따라서 옐름슬레우는 프랑스에서 기호학적 프로그램을 불러일으켰으나, 다른 영향들도 형식적 사유의 이 황금시대 속에 조우하러 왔다. 그리하여 수학의 특이한 인식론, 즉 부르바키의 이론이 대단히 눈부신 성공을 거두었다. 그런데 부르바키에게 나타난 수학적 구조는, 수학적 지식의 역사적 · 경험적 의미에서 기원의 은폐 양식처럼 반교육적인 형태로 제시된다. "설명의 논리와 정당화의 맥락이 발견의 맥락이나 암중모색 혹은 탐구의 맥락보다 압도적으로 우세했다. 수학의 경험적이고 모색적인 모든 차원은 순전히 형식주의적인 제시를 위해 철저하게 제거되었다."[39] 이러한 새로운 접근의 결과는 교육적 차원에서 60년대초에 수학 교육에서 이른바 현대수학을 동반한 커다란 개혁을 가져왔다. 그러나 이 개혁은 그러한 접근의 창안자가 부인한 재앙적 개혁이었다.

물론 부르바키의 이러한 이데올로기는 구조주의적 사고 방식과 활동, 피에르 레이몽이 엄밀함의 이데올로기라 규정하는 것을 형성하는 데 강력하게 기여했다. 부르바키의 이론은 수학적 체계를 눈부신 구축물로 나타나게 했는데, 이 눈부심 자체가 그와 같은 구축물이라는 성당을 방문할 능력이 있는 개인들을 물리치고 선별한다. "이 구축물에서 정리(定理)들의 연쇄 · 결합 · 삽입은 주체가 없는 객관적인 일종의 필연성으로 주어지며, 이 필연성의 내적 테시투라(tessiture)를 분석하는 것이 중요하다. 그렇지만 수학적 발견의 특유한 역사적인 과정을 생각해서는 안 된다."[40] 이러한 모델에 대한 열광은 특유하게 프랑스적이다. 그것은 파리의 기호학파에게 중요한 언어학자인 루이 옐름슬레우가 수학에 부여한 위상과 합류한다. 그리하여 기호학은 발신의 극점들을 중심으로 교환되는 코드와 메시지에 대한 연구에서, 소통 현상을 끊임없이 더욱더 형식화하려고 고심하면서 부르바키의 이론과 공모 관계에 놓인다.

이러한 차원에서 구조주의가 그 개념들과 방법들을 끌어들였던 또 다른 모델은 인공두뇌학의 모델이다. 이 모델은 매스케뮤니케이션의 시대에 점점 더 강하게 호소하게 되었고, 구조주의 프로그램에 고귀한 품격을 부여해 주었다. 이 인공두뇌학 모델은 특별히 방대한 탐구에 하나의 근간을 제공했다. 대수학·논리학·정보 이론·놀이에 동시에 속하는 개념들을 문제삼는 학제간의 진정한 교차점으로서 말이다.

따라서 그것은 수학과학과 인문과학 사이를 이어 주는 가능한 다리로서, 기호학적 프로그램 속에 구현되는 명료함의 공통적 이상이 실현되는 장소로서 나타났다. 그러므로 수학적 언어에서 지시 대상과 단절되는 표현 자체를 찾아낸 형식화의 그 욕망과, 회화·음악·문학·건축에서 형식주의적인 연구의 진전——동구권에서 온 그 진전——사이에 삼투 현상이 있었다. 이로부터 더할나위없이 형식화된 저작들의 대대적 보급이 이루어졌다. "그 당시는 산 안토니오의 작품과 마찬가지로 라캉과 촘스키의 작품도 잘 팔렸다. 나는 뇌유 다리의 복합 상업 구역에 책을 사러 가곤 했다. 바로 그곳에서 나는 드상티의 《수학적 관념성》과 라캉의 《에크리》 등을 샀다."[41]

이와 같은 형식적인 모델화의 가정은 수학적·논리적 형식화와 인간과학 사이의 모든 경계를 제거하는 것이었다. 특히 장 피아제는 수학 속에 뿌리를 내리는 직접적 계통, 불연속이 없는 계통 속에 심리학을 포함시키려는 그 의지를 대표했다. 이를 위해 그는 수학·물리학·생물학·심리학 사이의 관계를 가능하게 해주는, 진정한 순환에 의해 연결된 다양한 학문들의 상호 의존적이고 통일적인 견해로 귀착되는 과학적 지식의 순환적 도식을 구축했다.[42] 기호학자들에게는 그들이 언어에 적용했던 논리적 형식화에 대한 진정한 열광이 있었다. 논리주의로부터 이와 같은 차용, 다시 말해 언어학의 영역으로 패러다임의 이와 같은 이동은 논리학자들이 언어와 관련된 문제들에 전념하고 있었기 때문에 그만큼 더 큰 유혹이었다. 일단의 고찰 전체가 언어의 작용에 대해 이루어졌기 때문에 접속자들과 논리학자들은 거의 완벽한 형식화에 다다른 이점이 있었다. "따라서 이러한 논리적 형식화를 언어에 적용하고자 하는 유혹은 대단했다. 그러나 나는 그것이 일종의 포기라고 생각한다."[43]

오스발트 뒤크로는 형식화시키고 모델화시켜야 할 필요성을 배척하지 않은 채, 예컨대 언어에서 참과 거짓으로 추론을 끌어내는 데 한정되어서는 안되는 언어학에 고유한 개념화에 입각해 그러한 목표가 실현되어야 한다고 생각했다. 언어가 진정한 명제들을 구축하려 하고 그것들을 어떤 추론 속에 연결시키려 하는 경향을 나타낸다면, 또한 언어 속에는 논리학자들이 물리쳤지만 고려해야 할 다른 차원들도 분명히 있다. "이러한 측면에서 나는 어느 날 진리를 알지 못한다고 말한 앙투안 퀼리올리의 말에 깊은 영향을 받았다."[44]

라캉의 논리학자적 전환

정신분석학이라는 또 다른 영역에서 논리주의가 소쉬르의 언어학적 모델을 이어받게 되는 때는 60년대 중반인 1965년이었다. 자크 라캉의 텍스트 〈과학과 진리〉는, 고등사범학교와 자크 알랭 밀러의 영향으로 적응한 새로운 상황을 보여 주고 있다. 밀러는 접합(suture)에 대한 라캉의 개념에 적용할 수 있는 토대를 제공하기 위해, 알튀세가 마르크스를 읽으면서 제시한 구조적 인과 관계의 개념을 프레게[1]로부터 재발견하려고 애쓰고 있었다. 고틀로브

---

1) 프레게(1848-1925)는 독일의 수학자·논리학자·철학자로서 현대수학 논리를 확립함으로써 논리학을 혁신시켰다.

프레게는 《산술의 토대》라는 저서를 통해 경험주의적인 방법을 비판하면서 현대의 상징적 논리를 확립했다. 상징적 언어는 의식적 주체에 대한 모든 지시로부터 분리되어야 한다. "모든 직관으로부터 벗어나 사유되거나 구축된 것은 논리적이다. 일반성이 결여된 언어는 생각될 수 없는 만큼 모든 언어(langage)에 속할 정도로 일반적인 것은 논리적이다."[45] 우리는 심리적 주체를 배제하는 한 논리학자의 작품이 어떤 면에서 라캉의 흥미를 유발했는지 알 수 있다. 설사 앵글로색슨계의 분석철학자들이 언어철학자의 선구자로서 프레게를 더 많이 고려하고 있었다 할지라도 말이다.

엘리자베트 루디네스코에 따르면 자크 알랭 밀러는 제로에 대한 프레게의 개념을 부각시키면서, 그리고 그의 계승자들로부터 라캉의 기표 이론으로 가면서 정치적이고 이론적인 두 결과를 지닌 라캉 이론을 개정하게 된다. "이론적인 측면에서 보면 이 개정은 라캉 이론을 하나의 프로이트 이론, 그 자체로서 심리학의 이상을 벗어날 수 있는 그런 프로이트 이론의 모델로 만드는 것이다. (…) 정치적인 측면에서 보면, 그것은 전능한 특성을 통해 과학적 표준화를 나타내는 하나의 독트린과 관련해 비주류로 규정되는 적들을 지시하게 해준다."[46] 라캉은 소쉬르의 언어학을 이용해 주체를 탈중심화시키기 위해서 인문과학의 비약적 발전에 의지한 후, 충만한 주체의 인본주의를 재확립할 위험을 안고 인문과학을 구축하는 주동자로 자신이 변모되어 나타나는 것을 피하기 위해 프로이트에 대한 자신의 독서를 다시 급진화시킨다.

쿠르트 고델의 논리학은 불완전성의 정리(定理)로 인해 진리의 개념을 완전한 형식화로부터 벗어나는 것처럼 파악하게 해주었다. "그는 데카르트적 회의에 대한 경험이 지식과 진리를 분할시키는 주체의 존재를 나타낸다고 추론해 낸다."[47] 이와 같은 논리주의적 전환은 자아소(moi-thème)로부터 수학소(mathème)로의 이동을 예고했고, 다양한 위상적(位相的) 조작의 출발점에 위치했다. 어떤 사람들에게 이러한 형식화가 노리는 것은 정신 분석의 실천보다는 그것의 전달로 보였다. 특히 방법적인 엄밀한 구축에 대한 학술적 고심처럼 보였다. "라캉이 이런 대상들을 수학적 대상들처럼 사용하지 않는다는 것은 분명하다. 그것들의 지위는 순전히 은유적이다."[48] 또 다른 사람들에게 위상적 전환은 훨씬 더 본질적이었다. 그것은 라캉에게 주체의 구조를 재포착하게 해주었다. "그에게 주체의 구조는 위상적이다. 그는 그 점을 말했다."[49]

여러 세기 동안 사람들이 구(球)의 형상을 통해, 완전성을 통해 나타냈다고 믿었던 이 구조는 사실 비(非)구형적인 것과 불완전성에 속한다. 주체에 대한 이러한 견해로부터, 구를 뒤집어 보고 더욱 깊이 파들어가기 위한 그 다양한 조작들이 비롯되었다. 이는 매듭들의 위상 내에 근본적으로 균열이 생긴 듯한 주체의 진정한 구조에 접근하기 위한 것이었다.

60년대 중반에 클로드 레비 스트로스, 알지르다스 쥘리앵 그레마스, 그리고 자크 라캉은 그들의 차이를 넘어서 숨겨지고 은폐된 심층적 구조의 연구로 가장 급진적으로 방향을 잡은 가장 과학적인 구조주의의 트리오를 형성했다. 레비 스트로스의 경우처럼 구조들의 구조로서 정신적 울타리가 되었든, 그레마스의 경우처럼 기호 사각형이 되었든, 또 라캉의 경우처럼 주체의 비구형적 구조가 되었든 말이다. 이들은 절정에 다다른 형식적 사유의 세 봉우리였다. 그들은 자연과학과 동일한 토대를 가지고 인문과학을 학문의 성(城) 속에 정착시키려는 동일한 모험에 참여했다.

25

커다란 투쟁

바르트 대(對) 피카르

신비평을 구소르본에 대립시킨다는 의미에서 시대의 쟁점들을 가장 잘 드
러내는 역사적 투쟁은 논쟁과 스캔들의 대상이 된, 고전 가운데 고전인 라
신에 관해 롤랑 바르트와 레이몽 피카르가 벌였던 싸움이었다.

오랜 전통의 소르본이 신문의 잡문과 보석 같은 프랑스 문학 사이에 아무
런 구별도 설정하지 않는 그런 사람들한테 유산을 빼앗기고만 있겠는가? 반
응을 하지 않고 있기에는 도발이 너무 컸다. 프랑스 문화의 고유한 특성이
모욕받았던 것이다. 대결은 60년대 중반의 특별한 시기에 비극이라는 특히
애호되는 분야에 관해 이루어졌고, 상반된 지위를 지닌 두 주인공을 대립시
켰다. 유서 깊은 소르본의 레이몽 피카르와 현대적이지만 변방적인 한 교육
기관에 몸담고 있는 바르트가 그들이다. 따라서 대결이 라신의 위대한 극작
품들이 낳은 후예들과 연결되도록 모든 요소들이 결집되었다. 이 싸움은 획
기적인 사건이 되었고, 각각의 진영은 참호를 파기 위해 이 싸움을 전면에
내세우게 된다. 이 싸움은 연루의 장소가 되고, 이제부터 서로가 낯선 두 언
어의 대결에 사로잡힌 문학사의 균열된 정체성의 원천이 된다.

롤랑 바르트가 한편으로 프랑스 서적 클럽에서 《라신적 인간》을 출간하고,
다른 한편으로 《아날》지에 라신에 관한 소논문을 싣게 되는 시기는 1960년
부터이다.[1] 그러나 이 두 연구와 동일한 주제에 관한 세번째 연구는 특히
1963년에 이것들을 묶어 《라신에 관하여》라는 제목으로 쇠이유사에서 출간

되었을 때 대중적 성공을 거둔다. 신비평이 신소설에 관심을 보였을 때, 이것은 소르본의 관점에서 볼 때 아직은 용인할 만한 것이었다. 그러나 소르본이 언어학적 방법, 정신분석학적 시선, 그리고 인류학적 야심이 뒤섞인 그 나름의 분석 도구를 적용하는 유독한 실험을 하기 위해 고전주의와 전통의 시인 라신을 점령하자 스캔들이나 다름없게 되었다. 게다가 바르트는 조심하지 않고 전면에서 전통을 공격했다. "문학사를 하고 싶다면, 라신이라는 개인을 단념해야 한다."[2]

《아날》지에 발표한 논문에서 바르트는 문학적 실증주의의 주창자들에 반대하는 뤼시앵 페브르를 원용함으로써 문학사에 대한 자신의 접근이 어떤 계보 속에 위치하고 있는지 드러낸다. 그는 뤼시앵 페브르의 투쟁, 다시 말해 문학적 기능의 역사와 문인들의 역사 사이의 불가결한 분리를 옹호하기 위해, 역사 기술적인 역사에 대항하고 사실(史實)만을 중시하는 태도에 대항하는 투쟁을 받아들였다. 이를 위해 바르트는 뤼시앵 페브르에 의해 윤곽이 잡힌 문제 제기들을 수용했다. 뤼시앵 페브르는 작가가 독자와의 관계에서, 그리고 보다 일반적으로 집단적 사고 방식의 현상들——그는 이것들을 한 시대의 정신적 도구들이라 불렀다——과의 관계에서 처한 환경에 대한 연구를 하겠다고 표명하면서 이런 문제 제기들을 보여 주었다. "달리 말하면 문학사는 그것이 사회학적이 될 때에만, 그것이 개인들이 아니라 활동들과 제도들에 관심을 보일 때에만 가능하다."[3]

바르트는 비평가의 적극적 활동에 대한 《아날》지의 견해를 받아들인다. 이에 따르면 비평가는 자료들과 기록들을 모으고 수집하는 데 만족하지 않고, 그것들에 문제를 제기하고, 그것들을 새로운 가정들에 적용해야 한다는 것이다. 역사는 문제라는 점을 설파했던 뤼시앵 페브르에게 역사가 단순히 주어진 소여가 아니었듯이, 바르트에게 문학비평가는 역설적이어야 하고, 작품을 그것이 제기하는 동시대적 질문들에 회부해야 하고, 그 자신 역시 문학 작품의 무한한 중요성을 공유해야 한다. 따라서 바르트는 라신에 대한 분석적이면서 동시에 구조주의적인 독서를 시도한다. 이때 작가는 더 이상 찬양의 대상이 아니고, 새로운 접근 방법론의 유효성을 연구하는 영역이다.

바르트는 라신적 인간의 구조를 연구하는데, 이 구조는 특히 공간의 면밀한 변증법을 통해서, 장소들의 논리를 통해서 드러난다. 그리하여 그는 내적 공간, 즉 위반의 대상인 비극적 대상(문)에 의해 대기실——소통의 무대적 장소——과 분리된 신화적 장소로서 방의 공간과 3개의 공간——죽음의 공간, 도주의 공간, 그리고 사건의 공간——을 포함한 외적 공간을 대립시킨다. "요컨대 라신의 위상학은 수렴적이다. 모든 것이 비극적 장소로 집중된다. 그러나 모든 것이 그 속에 걸려든다."[4]

이러한 장소-논리학으로부터 바르트는 라신의 인물들이 지닌 개인적 특이성 속에서가 아니라 주인공을 유폐된 자로 규정하는 기능 속에서 비극적 통일성이 실현되는 것을 본다. "그는 벗어나면 죽을 수밖에 없는 자이다. 그의 한계는 그의 특권이고, 갇힌 상태는 그를 구별시켜 주는 모습이다."[5] 내적 공간과 외적 공간을 획정하는 이러한 기능적 이항 대립은 또한 두 에로스 사이의 구분을 가능하게 해준다. 하나는 어린 시절 속에 뿌리 내린 사랑, 즉 평화롭게 나타나는 누이의 사랑이다. 다른 하나는 불길하고 파괴적인 결과를 동반하는 난폭하고 갑작스러운 사건으로서 에로스이다. 이것은 소외의 원천이고, 바르트에 따르면 라신적 진정한 주제이다. "라신적 무질서는 본질적으로 하나의 기호, 다시 말해 하나의 신호와 하나의 위협이다."[6]

라신의 주인공들에 생명력을 불어넣는 싸움, 어둠과 빛의 그 싸움 속에서 인접 관계와 계층 질서로 위치들의 논리가 변증법적으로 발전되는 현상이 전개된다. 라신의 주인공은 단절의 능력을 통해 자신을 나타내야 한다. 그는 그의 불충으로부터 태어난다. 그리하여 그는 신의 피조물처럼, 하느님 아버지와 그의 아들 사이의 속죄받을 수 없는 싸움의 산물처럼 도래한다. 바르트가 정확하게 보여 주는 것은 라신이 무대 밖에서 일어나는 활동(praxis), 즉 사건에 로고스, 즉 언어적인 소통을 대체한다는 점이다. 이 언어적 소통은 혼란의 원천이고, 무대에서 전개되고 소진되는 비극의 장소 자체이다. 그러므로 바르트는 라신의 작품에서 구조주의에 고유한 언어의 그 자율화를 되찾아낸다. "따라서 비극의 근본적 현실은 이 파롤-행위이다. 그것의 기능은 분명하다. 그것은 힘의 관계를 매개하는 것이다."[7]

라신의 비극에 대한 이와 같은 분석은 프로이트의 범주들과 마찬가지로 야콥슨의 이원주의, 혹은 구조적인 공시적 접근을 동원하는데, 소르본대학에서 가장 박식한 라신 전문가인 레이몽 피카르의 매우 격렬한 반응을 불러일으킨다. 피카르는 《장 라신의 생애》의 저자이자 '플레야드' 판 《라신 전집》의 편집자이며 라신 연구의 대가이다. 그는 1965년에 《신비평 혹은 새로운 협잡》이란 환기적 제목의 저서를 출간한다. 피카르의 반격은 특히 바르트가 라신의 극을 설명하기 위해 사용하는 정신분석학적인 해독에 지나친 지위가 부여되고 있다는 관점에 따른 것이다. 바르트는 주인공들의 저지된 은밀한 성적 정념을 꿰뚫었는데, 피카르는 이들에게 정숙한 베일을 서둘러 다시 씌운다. "그는 결국 라신의 인물들이 D. H. 로렌스의 인물들과 다르다는 점을 확신하기 위해서 라신을 다시 읽어야 한다. (…) 바르트는 고삐 풀린 성욕을 발견하기로 결심을 했다."[8] 피카르는 바르트의 방식이 드러내는 체계주의(systématisme)를 맹렬히 공격하고, 바르트가 라신에 대한 진실을 언급할 수 없는 자신의 무능을 인정한 고백을 규탄한다. 따라서 그는 바르트가 전문가가 아니기 때문에 한 작가에 대해 그 무엇이 되었든 언급할 권리가 없다고 말한다. 피카르가 보기에 바르트는 생물학적·정신분석학적·철학적 등의 지식을 내세워 어리석음과 부조리 등 온갖 것을 표현하기 위해 가짜 과학적인 전문어로 치장한 "뻔뻔스러운 비평의 하수인이다."[9] 피카르는 연구를 뒤죽박죽으로 만드는 이러한 비평적 놀이가 보편적 성격을 띤 하나의 범주를 위해 특이한 구체적 경우를 채택하여 일반화하는 경향이 있다고 비난한다. 그가 보기에 인상주의와 독단론이 뒤섞인 리듬, 현대주의적인 불확정을 띤 그런 리듬에 맞춘다면 "우리는 아무것이나 말할 수 있다"[10]는 것이다.

따라서 라신에 대한 바르트의 연구는 피카르와 같은 특정 개인을 노린 것이 아니지만, 피카르 쪽에서 벌인 정정당당한 역공인 셈이었다. 그는 구조주의의 선동에 화가 난 일부 소르본 사람들의 대변인이 되었고, 우상이 된 바르트가 공시대에 끌려 나와 폐기 처분되기를 바랐다. 게다가 바르트는 그에 대항해 시작된 격렬한 논쟁의 대상이 되었다. "나는 피카르의 공격을 예상하지 못했다. 나는 강단 비평을 결코 공격해 본 적이 없었다. 나는 단순히 그것을 구별했고 명명했을 뿐이었다."[11] 그는 이러한 공격을 대학의 문학 전공 시험들이 대변하는 쟁점으로 돌렸다. 이런 관점에서 신비평은 위험했다. 왜냐하면 그것은 가치와 방법에 대한 확신을 가지고 확립된 규범화된 지식을 선별하는 고정된 기준의 절대적이고 신성한 성격을 문제삼기 때문이었다. 바르트가 보기에는 사람들이 영원히 확립된 진리의 척도에 따라 통제할 수 있고 측정할 수 있는 지식을 방어하기 위해 자신에게 생트집을 잡았다는 것이다.

물론 구조주의를 신봉하는 세대 전체가 바르트의 편에 섰고, 오랜 전통의 소르본에 대항해 그를 지지했다. "인간적인 차원에서, 우리는 언제나 바르트의 편에 서 있었다. 지금은 피카르가 지적인 차원에서 전적으로 틀렸다고는 말하지 않을 것이다. 하지만 그는 호전성의 차원에서 전적으로 잘못했다. 대학 교수 자격증이 없었던 바르트와 그레마스는 대학에 들어올 자격이 없었다. 바르트의 박사 학위 논문은 거부되었다. 언어학자들로 말하면, 그들은 대학 교수의 직업을 가질 가능성이 없었고, 많은 언어학자들이 이 때문에 고통을 받고 있었다. 그들은 진정한 금지의 희생자들이었다. 그 당시 프랑스어학·문학자들은 특히 우파였고, 교수 특유의 조심성에 의해 지배되었다."[12] 따라서 피카르의 응대는 아카데믹한 담론의 폐쇄성을 나타냈고, 새로운 탐구에 개방되는 것을 거부하겠다는 표시를 다시 드러낸 것이다.

미학 교수였던 올리비에 르보 달론은 쟁점들을 고찰했고, 모든 논쟁자들이 옳다는 통합주의적인 접근 속에서 자신의 입장을 밝혔다. 그는 뤼시앵 골드만의 사회학적 관점, 샤를 모롱의 정신분석학적 관점, 레이몽 피카르의 전기적 관점, 그리고 롤랑 바르트의 구조주의적 관점 사이에서 분명한 선을 그으려 하지 않았다. "그들 모두가 옳다. 《페드르》에는 그 모든 것이 있다. 아마 이를 통해서 우리는 위대한 작품들을 알아보는 것일 게다. 이들 작품들은 아도르노가 사용한 지질학적 은유를 빌린다면 여러 층들을 지탱하고 있다."[13] 루이 장 칼베가 지적했듯이, 당장에는 피카르가 언론에 의해 환영을 받았다. 자클린 피아티에는 《르 몽드》지에서 그를 지지하면서 "롤랑 바르트가 라신의 비극에 대해 부여한 놀라운 해석"을 환기시켰다."[14] 한편 《르 주르날 드 주네브》지는 "1백50페이지로 롤랑 바르트 KO패"[15]라고 쓰면서 피카르의 역공을 즐겼다. 당장에 바르트는 이런 공격을 비난했다. 왜냐하면 그는 논쟁을 견디지 못하고 자신의 친구 필리프 르베이롤에게 이렇게 털어놓고 있기 때문이다. "자네는 이해하겠지만 내가 쓰는 것은 유희에 속하네. 그러니 내가 공격을 받는다면 더 이상 아무것도 없을 것이네."[16] 그러나 피카르가 공적인 자리에서 야기한 공격적 논쟁이 부메랑이 되어 오랜 소르본에 불리하게 작용하게 된다.

바르트가 구조주의적 프로그램이 절정에 이르게 되는 해인 1966년에 《비평과 진실》을 출간함으로써 피카르에게 답변을 하자, 한 세대의 열광적인 학생들이 아카데믹한 지식에 이의를 제기하는 기회를 신속하게 잡는다. 게다가 이 책의 출간은 요란스럽게 예고되었다. 그것은 "바르트를 화형시켜야 하는가?"라고 씌어진 띠가 둘러쳐져 있었다. 따라서 사건을 극화시키는 작업은 절정에 이르렀고, 바르트는 화형대에 용감하게 맞서는 동정녀의 역할을 하며 다시 나타났다. 기회는 《기호학의 요소들》에 나타난 야심적 프로그램을 중심으로 일단의 지적 집단을 열광케 하여 이 책이 방대한 독자층을 확보할 수 있도록 선택된 것이었다. 바르트는 이번엔 논쟁을 이용하면서 답변을 했다.

그는 "문학이라는 국가에서 비평이 경찰처럼 유지되지 않을 수 없게 되어 있다"[17]는 사실을 고발한다. 그는 피카르의 비평을 가장 전통적인 문학사의 표현으로 받아들였다. 이 문학사는 당연하고, 따라서 입증을 통해 뒷받침될 필요가 없는 '비평적 그럴듯함'이라는 막연한 개념에 집착했다. 이 개념은 비평가의 객관성, 그의 취향, 그리고 세번째로 설명의 명쾌함에 대한 준거들을 포함한다. 바르트는 그처럼 구성된 문학사를 구비평이라고 규정했다. "이러한 법칙들은 우리 시대에 속한 것이 아니다. 첫번째 법칙은 실증주의의 세기로부터 왔고, 나머지 2개는 고전주의의 세기로부터 비롯되었다."[18] 또한 그는 문학 비평이 문학적 차원에 머물러야 한다는 전제를 공격했다. 이 영역에서 바르트는 다소 내재주의적 주장들에서 벗어나 내용과 외부적 요소들의 방어자가 되었다. 이 요소들은 문학 텍스트의 일반적 경제를 밝혀 주고, 역사 · 정신분석학 그리고 인류학적 교양에의 의존을 필연적으로 만들어 주는 것들이다. 바르트가 실증주의적 방법에 대립시키는 것은 언어에 대한 작업으로서, 전적인 의미에서 글쓰기 행위이다. 이런 이유로 그는 작가와 비평가의 모습이 합류하도록 하면서, 별개의 서로 다른 글쓰기 장르들의 구성을 확립한 울타리 · 한계 · 금지들을 무너뜨린다.

피카르의 공격에 직면하여 바르트가 친 방어선은 이중적이다. 그는 작가로서, 의미의 전달자로서, 그리고 작품의 능동적 독서를 통한 진정한 창조자로서 비평가의 권리를 요구한다. 뿐만 아니라 그는 글쓰기를 더 이상 사치가 아니라 진실의 원천으로 간주하는 보다 과학적 담론의 대변자가 된다. 이러한 관점에서 바르트는 모든 구조주의적 흐름에 의거하고 라캉 · 야콥슨 · 레비 스트로스 등 많은 사람들의 작업을 환기시킨다. 인문과학의 해체 작업을 통해 전통적 문학사에 '문학과학'[19]을 대체시키고, 또 이것의 대변자가 된다. 이 문학과학은 내용의 과학으로 규정되는 것이 아니라 내용의 조건들, 즉 내용의 형태들의 과학으로 규정된다. 바르트가 언어학에서 이 과학의 모델을 찾아내는 것은 놀랄 일이 아니었다. "그것의 모델은 분명 언어학이 될 것이다."[20] 따라서 언어는 작가의 개념을 대체하는 진정한 주체이다. 작품의 숨겨진 궁극적 의미를 탐구하는 일은 헛된 것이다. 왜냐하면 그것은 사실, 부재하는 주체의 개념에 의거하기 때문이다. "문학은 오로지 주체의 부재만을 표현할 뿐이다."[21]

글쓰기의 통일성과 진실에 토대한 새로운 역사적 시대의 도래를 예고하면서, 바르트는 인문과학의 비판적 담론의 폭발에서 고유하게 문학적인 창조와 합류하는 글쓰기 방식을 보는 한 세대 전체의 야망을 표현한다. 그는 점점 더 요구가 까다로운 언급에 귀를 막고 있고자 하는 대학의 담론을 분명하게 드러내고 불안정하게 만든다. 이 투쟁과 들뜬 흥분이 멀리까지 미친 파장은 그해 1966년을 넘어서도 들리게 되었고, 르네 포미에[22]의 폭력적인 발언은 바르트가 아카데믹한 지식에 성공적으로 침입했음을 드러냈다. 이 침입은 1968년 봄을 예고하는 진정한 제비였다.

레비 스트로스 대(對) 귀르비치

60년대의 또 다른 대결이 레비 스트로스를 사회학의 일부 세력과 대립시켰다. 당시 사회학은 구조적 틀 속에 용해되는 것에 저항했고——설사 구조의 개념이 사회학에 낯설지 않았다 할지라도 말이다——조르주 귀르비치라는 노골적인 인물의 영향을 받고 있었다. 이 대결은 당시의 또 다른 전선이었다. 그것은 레비 스트로스에게 절대적으로 필요했다. 왜냐하면 그가 구조적이 된 하나의 인류학을 중심으로 모든 인간과학들을 연합시키려 하는 한, 반드시 사회학자들을 성공적으로 참여시켜야 했기 때문이다. 따라서 논쟁은 귀르비치와 레비 스트로스 사이에 신속하게 이루어졌다. 왜냐하면 이론적이고 제도적인 쟁점이 결정적이었기 때문이다. 논쟁은 구조의 개념을 중심으로 집중되었다.

귀르비치는 1955년 사회 구조에 대한 자신의 견해를 설명했다.[23] 그는 그것을 머독과 같은 방식으로, 사회 제도들의 어떤 정연함에 대한 관념을 지칭하는 현상으로 규정했다. 현상으로서 구조의 개념은 다른 용어들과 대립 상태로 관련될 수 있다. 그리하여 귀르비치가 보기에 사회 계급들이 구조화되어 있고 조직화되어 있는 한 그것들을 구분해야 한다. 이와 같은 사회적 구조들은 탈구조화 및 재구조화 과정의 대상이다. 그러므로 그것들은 하나의 과정, 하나의 변증법에 참여하고 있다. 귀르비치에게 사회적 현상은 구조를 넘어서고, 따라서 구조로 환원되어서는 안 된다. "그것은 구조보다 훨씬 더 풍부하다. 그것의 충만함은 한층 더 예기치 않은 것을 함축한다."[24] 따라서 귀르비치는 구조주의를 현실계의 풍요로움을 빈곤하게 만드는 환원주의로, 동시에 사회의 내재적 운동을 무겁게 짓누르는 정역학(靜力學)으로 비난한다.

레비 스트로스의 반응은 매우 강경하다. "어떤 권리로, 어떤 자격으로 귀르비치 씨는 우리의 검열관으로 나서는가? (…) 그는 순수한 이론가이기 때문에 우리 업적의 이론적인 부분에만 관심이 있다."[25] 사건의 특이한 성격과 구조의 영속성 가운데 어느것을 우위에 두어야 할 것인가? 사회학에서 되풀이되는 이 논쟁은 뒤르켐과 타르드 이후로 이미 자리를 잡고 있었는데, 레비 스트로스와 귀르비치가 벌이는 대결의 중심으로 되돌아왔다. 그것은 60년대에 폭넓게 인용되었던 논문인 질 가스통 그랑제의 논문 속에 설명된다.[26]

인식론자 질 가스통 그랑제는 세계의 감각적 포착과 과학적 도식의 관념적 개념을 대립시키는 것 같은 양자택일을 아주 분명히 표현한다. 이런 관점에서 그는 귀르비치의 방법과 레비 스트로스의 방법을 대립시킨다. "귀르비치에게 하나의 구조는 어떤 식으로든 하나의 존재이다. 반면에 레비 스트로스에게 그것은 하나의 모델에 불과하다."[27] 귀르비치는 수학적 도구, 형식화를 거부하면서 구조를 하나의 현상으로 간주한다. 반면에 레비 스트로스에게 그것은 인식의 도구이다. 그랑제는 귀르비치의 방법을 아리스토텔레스주의로 규정한다. 반면에 레비 스트로스는 '인간을 표현하는 하나의 수학 진영'[28]을 대변한다. 물론 그랑제는 사회과학에서 인식의 도구가 인식의 대상 자체로 변모될 수 있는 범주 전환의 위험성에 주의를 환기시킨다. 그러나 이러한 암초가 가능하다는 인식에도 불구하고 내기는 시도할 만하다. "그와 같은 위험을 감수해야 한다."[29] 따라서 그랑제는 구조적 시도의 편을 든다. 비록 그가 레비 스트로스를 비난하는 비판적 거리를 간직하고 있긴 하지만 말이다. 그는 레비 스트로스가 분석의 모델들로부터 보편적 성격의 도식들로 이동하는데, 이는 개념화의 도구들을 실체로서 존재화시키는 형식을 재도입하는 방법이라고 비난한다.

이 논문이 씌어진 지 30년이 지난 후, 그랑제는 귀르비치가 "레비 스트로스에 비하면 무한히 작았고 공허한 스콜라 철학 같은 것을 지니고 있었다"[30]고 생각한다. 그는 30년 전 당시보다는 더 자유롭게 생각한다. 왜냐하면 그 당시에는 그가 귀르비치의 자존심 강한 성격을 상하게 하고 싶지 않았기 때문이다. 레비 스트로스에 관해서 말하자면, 다만 그랑제는 구조들을 존재하는 것으로 포착하려 하고, 플라톤처럼 현실보다 더 실제적인 존재들로 파악하려 하는 위험성에 대해 경계토록 했을 뿐이었다. 그렇지만 그는 사회 속에서 인간을 과학적으로 이해하게 해주는 열쇠를 가져다 줄 훌륭한 사회학이나 구조인류학의 확립을 레비 스트로스로부터 기대했다. 그런데 이런 관점에서 볼 때 그랑제는 레비 스트로스의 프로그램의 중요성에 대해 오늘날 덜 낙관적이다. "나는 레비 스트로스의 업적이 내가 희망했던 것을 주지 못했다고 생각한다."[31]

귀르비치에 관한 그랑제의 언급은 냉혹하고, 귀르비치가 한 세대 전체의 사회학자들과 인류학자들에 미친 영향력을 설명하지 못한다. 물론 귀르비치는 약간 과대망상적 인물이었으며, 거의 자연적인 허영에 사로잡혀 자신의 작품만이 진지하게 받아들여져야 한다고 생각했다. 뿐만 아니라 이 점은 그의 조교가 되는 로제 에스타블레가 연구하게 될 대상이 된다. "나는 그의 작품에 대해 강의를 해야 했다."[32] 귀르비치는 그의 독단론으로 유명했다. "그가 심층적으로 14개의 계층이 있다고 말했을 때, 13개도 15개도 아니었다. 그는 다만 3개의 계층을 찾아낸 뒤르켐 같은 인물을 빈정거리며 환기했다."[33] 그러나 이와 같은 독단적 주장 뒤에 숨겨진 모습은 역사에 의해 상처받고 끝없는 정열로 활기에 넘치는 감동적인 인물을 드러낸다. 보노 프랑스가(街)에 살았던 그는 파리에 추방된 자의 상태에 있었다. 그는 소련으로 되돌아갈 수 있다는 끊임없는 현재적 희망을 간직한 채 책들만을 수집했다. 그가 소련 당국과 계속적인 협상을 하면서 귀국에 내세운 조건들은 그를 매우 호의적으로 만들었다. 그는 공장에서 나오는 노동자들을 상대로 러시아어로 자신의 견해를 표명하고 싶었고, 뿐만 아니라 그가 인민 위원으로 있었던 바로 그곳에서 러시아 혁명사를 쓰기 위해서 러시아의 고문서들을 아주 자유롭게 참고하고 싶었다. 따라서 그는 그가 개척하고 싶었던 영역과 영원히 단절되는 사회학자이다. 그래서 그가 마침내 1964년에 귀국 허가를 얻었을 때(그러나 이 허가는 그가 그의 부인의 충고에 따라 러시아어어로 노동자들에게 호소하는 것을 포기함으로써 이루어졌다), 죽음이 그의 소망을 실현시키는 것을 막아 버린다.

귀르비치는 그 기간 동안 내내 구조주의의 유행에 다소간 망설이는 하나의 조직에서 약간은 카리스마적인 리더로 있었다. 이 소모임에서 장 뒤비뇨나 피에르 앙사르 같은 철학자들, 뤼시앵 골드만이나 앙리 르페브르 같은 사회학자들, 조르주 발랑디에 같은 철학자들이 서로 만났다. 게다가 대부분은 레비 스트로스와 직접적인 대결을 하고 싶지 않았다. 그보다는 레이몽 아롱과 조르주 귀르비치라는 사회학의 상징적 두 인물 사이에 양자택일이 놓여 있었다. 그러나 귀르비치의 이 그룹에서조차도 구조주의의 파급이 연구 작업들을 야기시켰고, 방법론적 선택에 대한 영향을 미쳤다.

물론 뤼시앵 골드만은 그가 발생적이라고 규정한 구조주의, 다시 말해 역사에 개방된 그런 구조주의를 받아들이는 수용성을 보였다. 그러나 이러한 영향은 또한 그룹 내에서 피에르 앙사르 같은 사회학자들 사이에서도 감지된다. 그러나 앙사르는 귀르비치의 지도 아래 박사 학위 논문을 준비하면서도 구조주의의 기여에 민감했다. "나는 내가 구조주의에 대해 말하는 것을 들었던 첫날을 아주 잘 기억하고 있다. 조르주 다비가 레비 스트로스의 박사 학위 논문 발표회에 참석한 후 우리에게 해주었던 강좌였다. 그때 그는 《친족의 기본 구조》에 관한 매우 흥미 진진한 강의를 해주었다. 그는 우리에게 이 작품을 예외적인 지적 가능성으로 제시했다."[34] 그런데 무정부주의의 탄생에 대한 보조 논문을 써야 했던 피에르 앙사르는——게다가 그는 이 논문을 귀르비치가 죽은 이후인 1966년에 발표했다——의도적으로 구조주의적인 문제 제기를 채택했다. 뤼시앵 골드만의 방법으로부터 영감을 얻은 그는, 실제적인 경제적 구조들 및 자기 시대의 세계관들과 상동적 관계에 있는 사상의 구조화를 전개하는 설명을 무정부주의를 토대로 구축하려고 시도했다. "우리 나름의 길을 찾고 있었던 우리에게 구조주의는 작업의 관점에서 비상하게 풍요롭게 나타났다."[35]

구조주의가 좌파 사회학자들로 구성된 이 그룹에 실질적인 영향을 미치기는 했지만, 비인간화되어 가고 있는 기술 문명을 드러냄으로써 격렬한 비판의 대상이 되었다. 특히 1960년 로요몽에서 열린 심포지엄이 그런 경우이다. 이 심포지엄에서 구조주의에 대항해 귀르비치가 이끌었던 비판을 중심으로 한 의견의 일치는 자닌 베르데스 르루ㆍ소냐 다얀ㆍ피비달ㆍ트리스타니, 그리고 클로드 르포르 등을 규합시켰다. 구조주의의 표명 장소와 구조주의가 상관 관계가 있다는 점은 특히 귀르비치와 가까웠던 장 뒤비뇨에 의해 분석되었다. "많은 사람들이 이와 같은 갈등 속에 말려들었다. 왜냐하면 겉으로 드러난 것과는 다른 것이 있었기 때문이다. 문제는 하나의 사회가 내부로부터 변모될 수 있는지를 아는 것이었다."[36] 장 뒤비뇨가 볼 때, 이데올로기적 구조주의가 대학과 지식 계급의 공식적 독트린이 될 수 있도록 그것에 고귀한 품격을 인증하는, 문제의 인식론적 단절은 기술구조주의의 지배적 법칙들과 우발적인 전체적 변화 사이의 단절을 재생산한다. "그래서 나는 레비 스트로스의 사상이 진실이 되고 나아가 명백하게 되었다고 말하고자 한다. 왜냐하면 그것은 미개성으로 우회를 한 후, 제2기 산업 구조들을 재발견했기 때문이다."[37] 장 뒤비뇨는 레비 스트로스의 작품에서 역사가 고려되지 않은 사실이 열대 지방의 이른바 차가운 사회에서 재생산 관계, 곧 시간성의 냉각이 우선시된다는 확인에서 비롯된 것이 아니라, 그 반대로 소통이 변화보다 우선하는 시기에 후기 산업 사회 문명에서 진행중인 변화들에 대한 직관으로 비롯된다는 가설을 내놓았다.

화제의 책: 《야생적 사고》

또 다른 큰 지적 대결이 프랑스 지식 계급의 두 존엄한 괴물, 장 폴 사르트르와 레비 스트로스를 대립시켰다. 우리가 기억하다시피 후자는 《변증법적 이성 비판》의 출간에 관심을 나타냈다. 그러나 그는 당시에 사르트르의 철학에 전혀 반론을 제기하지 않았다. 그 이유는 그가 어떤 말을 하든 철학의 영역으로부터 벗어났기 때문이 아니라, 반대로 인류학이라는 자신의 영역을 토대로 한 냉혹하고 매우 논쟁적인 응답을 준비하고 있었기 때문이다. 바로 이 응답을 그는 인류학 역사에서 명작으로 여겨지는 《야생적 사고》 속에 집어넣었다. 이 저서는 《오늘날의 토테미즘》과 같은 해, 즉 1962년에 출간되었으며, 마지막 장(章)의 제목은 '역사와 변증법'이다. 레비 스트로스는 사르트르의 주장에 대답하는 것에 그치지 않는다. 특히 그는 차가운 사회들의 사유 방식에 대한 설명을 추구한다. 이번에는 내용의 차이들을 넘어선 사유 메커니즘의 보편성을 입증하는 데 집중함으로써, 그는 《인종과 역사》에서 개괄적으로 제시했던 논거를 심화시킨다. 이런 관점에서 그는 뤼시앵 레비 브륄의 주장으로부터 결정적 이동을 실현한다. 레비 브륄은 원시 사회에 나타나는 논리 이전의 사고 방식——참여의 원리에 의해 특징지어지는 사고 방식——과 문명인들의 논리적 사고 방식——모순의 원리에 의해 통제되는 사고 방식——을 대립시켰다.

인류학의 전통과는 반대로 레비 스트로스가 주장하는 것은 "야생적 사고가 우리의 사고와 동일한 의미로, 그리고 동일한 방식으로 논리적이다"[38]라는 점이다. 정서의 1차적 표현으로 오랫동안 제시된 야생적 사고가 여기서는 그것이 담당하는 목적들의 풍요로움, 종합적이고 분석적인 그 풍요로움을 통해 이해된다. 그것은 서양인의 사고와 마찬가지로 지적 능력의 길들을 통해 작동하고, 극도로 다양한 구별 및 대립으로 이루어진 온전한 하나의 체계에 근거한다.

그러나 2개의 사유 방식이 분명 존재하지만, 그것들을 어떤 계급적 체계에 관련시킬 수는 없다. 그것들은 2개의 전략적 수준들에 입각해 규정된다. 야생적 사고는 감각적인 것의 논리에 속하고, 개념들이 아니라 기호들 속에서 실현된다. 그것은 일정 수의 주어진 법칙들에 의해 통제되는 닫혀진 완결된 체계이다. 물론 레비 스트로스는 야생적 사고의 닫혀진 순환적인 체계를 자연과의 상이한 관계를 나타내는 과학적 사고의 열려진 체계에 대립시킨다. 야생적 사고는 낱말들과 사물들이 중복 관계 속에서 연결된 사고와 유사하다. 그것은 구체적인 것의 지식이지만, 그렇다고 그것이 오랫동안 사람들이 믿었듯이 자연발생적이고 막연한 것은 아니다. 그것이 선호하는 영역은 원시 사회의 일상적 활동의 영역이다. 사냥 · 채집 · 고기잡이 같은 것들 말이다. "추상적 단어들이 풍부하다는 점은 문명화된 언어들만의 전유물이 아니다."[39] 그리하여 레비 스트로스는 인디언 종족들이 지닌 지식의 총체 앞에서, 그들이 동물 세계와 식물 세계를 구분하고 식별하고 나타내는 능력 앞에서 민족학자들이 드러낸 혼란을 이야기한다. 호피족 인디언들은 3백50개의 식물들을 집계했고, 나바로족은 5백 개 이상의 식물들을 집계했던 것이다! 구체적인 것에 대한 이와 같은 사고는 면밀하게 식별하려고 고심하면서 분류 작업을 함으로써, 이 지식이 하나의 온전한 처방 및 금지 체계를 중심으로 일상 생활에서 작용하도록 만든다.

　레비 스트로스는 같은 해 《오늘날의 토테미즘》이란 다른 저서를 출간함으로써 《야생적 사고》의 중심적 주장을 해설한다. 그는 당시까지 인류학자들이 동물 혹은 식물 세계와 인간 세계 사이의 유사성을 토테미즘 속에서 확인하는 데 그침으로써 논리적 궁지에 부딪쳤음을 보여 주고 있다. 반대로 토템적 분류의 가치는 하나는 자연적이고, 다른 하나는 사회적인 두 계열 사이의 구조상의 상동 속에 있다. "토템적 환상은 우선적으로 동일 유형의 현상들이 속하는 의미론적 영역의 왜곡으로부터 비롯된다."[40] 토테미즘은 이원적 대립들을 통합시키는 역할을 한다. 그것의 기능은 통합에 장애물로 나타날 수 있는 것을 긍정적으로 만드는 것이다. 자연적인 종들이 선택되는 것은 그것들이 먹기 좋기 때문에 아니라 생각하기 좋기 때문이다.[41] 따라서 방법과 현실 사이의 삼투가 있고, 인간의 사고와 그것이 적용되는 대상 사이에 상동 관계가 있다. 그래서 기술(記述)민족학적 연구는 논리적 구축으로 변모되고 인류학의 수준에, 즉 인간 정신의 근본적 법칙들의 탐구에 다다를 수 있다.

레비 스트로스는 여기서 말리노프스키의 기능주의적인 해석과 차별화된다. 말리노프스키의 설명에 따르면, 원시 사회에서 동·식물의 세계에 집중된 흥미는 근본적 관심이 식량이다라는 점을 반영한다. 이때 그는 공리적이고 정서적인 유일한 자연주의적 수준을 선택하고 있다. 레비 스트로스가 볼 때 설명은 동일성의 단순한 메커니즘보다 더 심층적 수준에서, 다시 말해 자연과 문화의 상호 간섭에 입각해 추구되어야 한다. "토테미즘은 자연적 종들의 사회와 사회적 집단의 세계 사이에 논리적 등가를 제시한다."[42] 그러므로 언제나 자연과 문화 사이의 경계선 위에서 구조주의가 발전하고, 그것의 계획이 수립된다.

《야생적 사고》는 즉각적으로 눈부신 환영을 받았으며, 인류학의 범위를 넘어서 구조주의 프로그램의 전파에 기여했다. 그것의 성공은 매우 컸기 때문에 《프랑스 수아르》지의 한 여기자는 책표지에 '야생적 사고'라 명명되어 나타난 3색의 제비꽃에 이끌려 이 책을 사고 싶었던 독자들을 경계시켜야 할 정도였다. 서점의 진열장에 전시된 그 아름다운 꽃다발은 그것이 식물학에 관련된 책이라고 생각하게 할 수 있었다. 그렇기 때문에 이 여기자는 그 책이 매우 어려운 에세이라는 점을 알려 주었던 것이다. 보다 진지하게 클로드 로이는 레비 스트로스의 저서를 프로이트의 《일상 생활의 정신병리학》만큼 중요한 책으로 간주했다. "프로이트는 우리의 비이성적 측면들은 의식이 확인할 수 없는 그 나름의 이유들이 있다는 점을 탁월하게 입증했다. 그런데 이제 레비 스트로스는 원시적 신화들과 의식(儀式)들이 드러내는 외관상의 무질서가, 사실은 여태까지 보이지 않았던 하나의 질서와 원리들을 따르고 있음을 심층적으로 새롭게 입증하고 있다."[43]

에드몽 오르티게스는 《비평》지에 실린 자세한 연구에서 레비 스트로스와 폴 발레리 사이의 방법적 유사성으로부터 출발하고 있다. 동일한 형식적 고심이 시인과 민족학자의 작품에서 나타나고 있다는 것이다. "동일한 정신 계보: 역사에 대한 유사한 망설임, 감정의 지성에 반대해 지적 능력의 감성을 옹호하려는 동일한 집요함이 나타난다."[44] 장 라크루아는 《르 몽드》지에서 레비 스트로스가 엄밀하게 과학적인 작품을 구현한 점을 환영하지만, 그가 '이 시대의 가장 엄격하게 무신론적인 철학'[45]이라 규정하는 측면에 대해서는 거리를 유지한다. 그가 보기에 이런 측면은 수학의 여건들이 정신의 자유로운 작동의 반영이고, 대뇌피질의 세포들이 그 나름의 법칙을 따르면서 벌이는 활동이다라고 주장하는 통속적 유물론과 유사하다. 《르 몽드》지는 이 책의 출간에 아주 중요한 위치를 부여했다. 왜냐하면 1962년 11월에 씌어진 장 라크루아의 기사에 같은 해 5월에 씌어진 이브 플로렌의 기사와, 역시 같은 해 7월 14일에 이루어진 레비 스트로스와의 대담을 덧붙여야 하기 때문이다. 한편 《르 피가로》지에서는 클로드 모리악이 이 저서에 대한 서평을 했으며, 《르 피가로 리테레르》지에서는 로베르 캉테르가 흥분에 사로잡혀 "오늘날 인간과학은 내일의 예술을 낳는 원천이다"[46]라고 적절하게 지적했다.

구조주의 공동체는 바르트가 1962년에 출간된 레비 스트로스의 두 저서에 대해 쓴 서평에 의해 모습을 드러낸다. 그는 상징의 사회과학에 기호의 사회과학을 대체시킨 점과, 총체적인 기호학적 계획과 합류하는 사회-논리학의 도입을 찬양한다. 바르트가 보기에 레비 스트로스의 공적은 당시까지 인간의 자유 영역으로부터 벗어나 있던 분야로 이 영역을 확장시켰다는 점이다. "클로드 레비 스트로스가 초대하는 사회학은 본질적으로 인간적인 것의 사회학이다. 그것은 인간에게 사물들을 기호로 나타낼 수 있게 하는 무한한 능력이 있음을 인정한다."[47]

레비 스트로스 대(對) 사르트르

《야생적 사고》는 하나의 책이 세계와 타자들에 대한 우리의 비전을 변모시키는 능력과 그 중요성을 통해서 돌이킬 수 없는 실질적 사건으로 나타나는 드문 계기들 가운데 하나이다. 바로 구조주의 장치 가운데 이 중심적 부품 속에 레비 스트로스는 사르트르에 대한 자신의 공격을, 다시 말해《변증법적 이성 비판》에 대해서 그가 연기해 온 유달리 논쟁적인 진정한 반격을 끼워넣는다. 이 공격이 목표로 하는 것은 사르트르의 카리스마일 뿐만 아니라 학문의 여왕으로서 철학의 위상이고, 역사철학, 즉 구조적 지평에서 쫓겨난 모습을 드러낸 역사주의에 부여된 특별한 위치이다. 역사는 개별적 기술(記述)일 수밖에 없는 하나의 이야기에 불과하다. 레비 스트로스는 사르트르가 통일시키고 총체화시키는 전망에서 역사를 구축하는 방법을 공격한다. "사르트르의 체계에서 역사는 하나의 신화가 하는 역할을 매우 분명하게 수행한다."[48] 체험된 것, 사건들, 역사적 재료, 이 모든 것은 이 신화에 속한다. 이러한 전제로부터 레비 스트로스는 왜 사르트르를 필두로 한 철학자들이 역사에 그러한 우선권을 집요하게 부여하는지 이해하지 못한다. 이러한 홀림은 공간적 불연속성 속에서 전개되는 민족학자의 방식과는 반대로 집단적인 시간적 계속성을 복원하려는 시도로 비판된다. 레비 스트로스가 볼 때, 그러한 내용은 순전히 신화적이고 환상적이다. 설사 그것이 어떤 지역이나 어떤 시기를 전공한 역사가를 매개로 전제한 선택에 의한 것에 지나지 않는다 할지라도 말이다. 따라서 그것은 어떤 의미 있는 총체성을 결코 획득하지 못하고 복수의 역사들만을 구성할 수 있다. "하나의 총체적 역사는 그 스스로를 무력화시킬 것이다. 그것의 산물은 제로와 같을 것이다."[49] 그러므로 역사적 총체성은 존재하지 않고, 하나의 중심적 주체, 즉 인간에 연결되지 않는 역사들의 다양성이 존재한다. 따라서 역사는 편파적일 수밖에 없고 '부분적'[50]으로 머문다.

이는 역사철학을 공격하는 당당한 독설이다. 이 철학이 주장하는 "이른바 역사적 계속성은 사기성이 있는 노선들을 수단으로 해서만 확보된다."[51] 역사는 초월적 인본주의의 마지막 도피처에 지나지 않는다는 것이고, 그렇기 때문에 레비 스트로스는 역사가들에게 인간이라는 중심적 위치로부터 헤어나고, 심지어 역사적 학문 자체로부터 벗어나라고 권유한다. "역사는 모든 것으로 통하지만, 역사로부터 벗어나는 조건을 전제한다."[52]

레비 스트로스는 인류와 동일화된 역사에 야생적 사고를, 다시 말해 공시적 차원에서 되찾은 총체적 세계에 대한 비시간적 사고를 대립시킨다. 사르트르는 이러한 공격에 직접적으로 응대하지 않지만, 그의 잡지에서 피에르 베르스트래턴은 〈클로드 레비 스트로스 혹은 무의 유혹〉이라는 제목으로 레비 스트로스의 저서를 분석한다. 그는 "레비 스트로스가 기호학의 영역들과 의미론(혹은 언어학)의 영역들을 의도적으로 뒤섞으면서 의미론의 원리들을 모든 기호론적 영역에 일률적으로 적용하고 있다"[53]고 생각한다. 레비 스트로스는 변증법의 힘을 부정적으로 입증한다. 왜냐하면 그는 변증법 속에서 역사적 시간성이 나타내는 무용성을 간파하기 때문이다. 따라서 베르스트래턴은 레비 스트로스가 사르트르의 철학에 신화의 위상을 부여하듯이, 레비 스트로스의 상상적 세계를 그 자신의 연구 대상으로 귀결시킨다. 당시의 두 존엄한 괴물들 사이에 벌어진 이 숨겨진 싸움은 1962년에 구조적 프로그램을 구현하는 인물인 레비 스트로스의 승리로, 따라서 사르트르가 구현한 역사주의의 실패로 나타난다.

리쾨르 대(對) 레비스트로스

《야생적 사고》는 당시에 《에스프리》지와 또 다른 큰 논쟁을 불러일으켰다. 이 잡지는 주체의 철학을 대변하고 있었기에 즉각적으로 관련되고 반박되고 있음을 느꼈다. 편집장 장 마리 도므나크는 레비 스트로스의 저서에 할애된 특별호를 준비하기 위해 이 저서의 연구에 여러 달 동안 매달린 일단의 철학 그룹을 이끌었다. 이 특별호에서 장 퀴즈니에 · 니콜라 뤼베 등의 글들이 《야생적 사고》를 조망하고, 레비 스트로스와 그의 작품을 연구한 팀 사이의 토론이 끝맺음을 하고 있다. 일부 언급들은 토론이 옮겨 씌어질 때 레비 스트로스에 의해 삭제되었다. 예컨대 이런 것이다. "나의 표명은 루아예 콜라르의 표명이다. 간이 담즙을 분비하듯이 뇌는 사고를 분비한다."[54] 외국의 여러 잡지가 여러 번에 걸쳐 이 토론의 재수록을 요구했지만 레비 스트로스는 모두 반대했다. 그러나 장 마리 도므나크는 그가 이와 같은 모순적 대면에 응한 것에 대해 특별히 감사를 표했다. "나는 그가 이 토론에 참여해 준 것에 대해 감사한다. 왜냐하면 나는 그의 지적 능력을 대단히 찬양하기 때문이다."[55]

특히 이 논쟁은 폴 리쾨르가 그의 글 〈해석학과 구조주의〉에서 설명하는 2개의 상이한 방향을 대립시켰다. 폴 리쾨르는 언어 · 신화에서 사용되는 코드들에 대한 구조적 작업의 과학성을 부인하지 않는다. 그러나 그 대신 그는 근거를 대지 않고 일반화, 즉 체계화의 단계로 넘어가는 궁극적 이동에 이의를 제기한다. 그가 보기에 2개의 접근 수준을 구분하는 것이 마땅하다. 첫번째 수준은 언어학적 법칙들에 의거하고 하나의 범주적 명령인 무의식적이고 비반성적인 층위를 형성한다. 이때 이 수준을 의식적 주체와 관련시킬 필요가 없다. 이 수준은 음운론의 이항 대립들에 의해서뿐 아니라, 폴 리쾨르로 하여금 레비 스트로스가 행한 분석의 유효성을 인정케 하는 친족의 기본 체계들에 나타나는 이항 대립에 의해서도 설명된다. "구조주의적 시도는 나에게 완벽하게 합당하게 보였고, 그것이 유효하기 위한 조건들과 이에 따른 한계들을 의식하고 있기만 한다면 오랫동안 어떤 비판도 피할 수 있다고 생각되었다."[56]

레비 스트로스는 《야생적 사고》을 통해서 방법을 일반화시킨다. 그 이유는 이 방법이 온대와 열대에서 똑같이 기능하고 논리적 사유와 상동 관계에 있다는 점 때문이다. 그런데 폴 리쾨르는 성서적 사유에 토템적 사유를 대립시킨다. 후자가 통시성과 공시성 사이의 전도된 관계를 함축하기 때문이다. 그는 형식화된 의미의 객관성에, 의미의 주관주의의 의미가 아니라 그가 해석학의 대상이라 부르는 것을 대립시킨다. "다시 말해 계속적인 반복을 통해 열려진 의미의 차원들을 말이다. 그래서 제기되는 질문은 모든 문화들이 반복하고, 재언급하고, 재사유할 그만큼 많은 것을 제공하고 있느냐이다."[57] 폴 리쾨르는 구조적 과학으로부터 구조주의적 철학으로의 이동을 "초월적 주체가 없는 칸트 철학, 나아가 절대적 형식주의"[58]로 규정했다. 그런 만큼 이 이동은 하나의 해석학을 대안으로 제시하는데, 이 해석학이 이런 형식적 해독 단계를 고려하면서 목표로 삼는 것은 의미의 해석적 국면을 거쳐, 다시 말해 끊임없이 사유되고 재사유되는 사유를 거쳐 자신에 대한 이해와 타자에 대한 이해를 일치시키는 것이다.

레비 스트로스는 '초월적 주체가 없는 칸트 철학'이라는 수식을 폴 리쾨르에게 한 대답에서 수정하여 수용한다. 그는 이 수식의 용어들을 받아들이면서도 의미의 의미 탐구는 인정하지 않는다. "우리는 안과 밖의 사물들을 동시에 이해하려고 시도할 수 없다."[59] 레비 스트로스는 자기 작업의 과학적 단계를 사회들의 필요한 분류 단계에 위치시키는데, 이런 측면이 요구하는 것은 아직은 충분히 표지가 설치되지 않은 다른 영역들로의 전진을 스스로 금하는 일이다.

따라서 큰 논쟁들이 벌어진 시기는 분명히 시작되었고, 이 시기와 더불어 학문들 사이의 경계는 폭넓게 의문시되고 문제가 제기되었다. 학문들 사이의 대조 유희에 말려들어 하나의 영역에서 다른 하나의 영역으로 이동하고, 자신들의 분석 도구들과 전문 분야들을 확대시키는 사람들이 많았다. 그리하여 학문의 상호 연관성은 새로운 종교가 된다. 훌륭한 구조주의자가 되기 위해서는 최소한의 정신분석학 및 마르크스주의 이론을 지닌 언어학자와 인류학자가 되어야 했다. 그 당시는 인간들과 개념들이 경계를 침범하고 세관을 벗어나면서 휴대용 물건들로 변모하는 강력하고 풍요로운 시대였다. 이는 과학주의적이라기보다는 이데올로기적인 구조주의를 예고하는 징후였다. 이러한 유연성은 권력 있는 지위들을 정복하고 오랜 전통의 소르본을 뒤흔드는 데 유용할 수 있었다. 그것의 추진적 힘은 콜레주 드 프랑스에서 1969년 11월에 미셸 푸코에게 패배한 폴 리쾨르의 실패에서 상당한 영향력을 발휘했다.

  이러한 교차·만남·논쟁의 증가가 학문들로 하여금 스스로를 복원하고 스스로의 위치를 재설정할 수밖에 없도록 하는 경우가 종종 있었다. 앙드레 그린이 정신분석학에 대해 실행한 것이 그런 경우이다. 그는 역사와 구조에 존재하는 현행의 대립에 입각해 정신분석학의 실천 방법을 검토한다.[60] 그는 정신분석학에 어떠한 이론적 토대도 인정하기를 거부하는 사르트르와, 물리적-화학적 구조 이외의 인간의 어떤 것도 고려하지 않는 범리론(汎理論)을 주장하는 레비 스트로스를 맞대면시킨다. 프로이트 이론의 옹호자였던 앙드레 그린은 정신분석학의 실천에서 구조와 역사의 분리할 수 없는 성격을 보여 준다. "역사는 반복을 벗어나서는 생각할 수 없고, 반복 자체는 구조로 귀결된다. 인간과 관련해 구조는 역사의 차원을 함축하는 시간적-비시간적 관계를 도입하면서 상징계를 구성하는 부모와의 관계를 벗어나서는 생각할 수 없다"[61] 배격과 배타적 모델의 원천인 이와 같은 불화와 마찰의 합창 속에서 매우 온건한 구조주의에 대한 앙드레 그린의 관점은 주장이 과격되는, 것이 문제가 되는 시점에서 결단을 내리는 현자의 위치처럼 보인다.

26
의미 작용적인 연쇄

분 열

1953년에 분열될 때부터 1963년에 제명될 때까지, 라캉은 비약적으로 확장되는 구조주의적 패러다임에 자신의 입장을 위치시킴으로써 그것을 강화시킬 수 있었다. 그의 이론에서 고정점(point de caption)은 1953년에 설립된 프랑스정신분석협회가 국제정신분석학회의에 가입하기 위한 협상이 실패하는 시점에서 매우 중요하게 된다. 가입하는 데 요구 조건은 곧바로 라캉의 방법을 포기해야 하고, 전체적인 화합을 이루는 데 주요 장애물이 되었던 라캉 자신을 완전한 제명하라는 것이 된다.

라캉은 추방되자, 자신을 따르는 자들을 규합하고 1964년에 프랑스정신분석학파를 설립한다. 곧바로 이 학파는 장 라플랑슈를 중심으로 한 프랑스정신분석협회(SFP)의 다른 분파가 프랑스정신분석학회의 이름으로 국제정신분석학회에 가입하게 될 때, 파리 프로이트학파가 된다. 트로츠키파의 운동처럼 분열과 해체는 라캉파 운동의 요인이 된다. 그러나 10년 동안 같은 조직(SFP) 속에서 살아왔던 사람들 사이의 분열은 국제정신분석학회의로부터 받으려고 추구한 인정 이외에도 일정 수의 불화들로부터 비롯된 것이다.

한편으로 짧은 진료 방법은 대기실에 사람들이 차는 비율에 대해 불안한 반응을 증가시켰다. 다른 한편으로 이른바 변증법적인 개인적 분석과 교육을 혼합시킴으로써 방식의 혼합에 따른 위험에 대한 다소간의 불안이 야기되었다. "그러나 특히 라캉이 그런 방법을 어떤 면에서도 포기할 마음이 없었다는 사실은 그것의 중요성을 갑자기 드러내 주었다. (…) 그리하여 우리 의(나의) 순진한 눈으로 볼 때 부수적인 것으로 보였던 것이 주요한 목표가 되었다."[1] 따라서 라캉의 이론적 주장을 추종하는 상당수의 제자들이 그의 조직과는 다른 조직 내에서 길을 개척하게 된다.

그리하여 고립, 즉 소외의 위험은 자신과 함께 하지 않는 자는 누구든 자신에 반대한다고 생각한 라캉의 주요한 관심사가 되었다. 이는 나를 좋아하는 자는 나를 따르라는 전략이었다. 그러나 이 전략이 성공하게 하기 위해서는 자신의 카리스마를 강제하기 위한 우월함을 지닐 필요가 있었다. 자신의 교회에서 유배되고, 추방되고, 결정적으로 배제되자, 라캉은 두 번에 걸쳐 동일한 파문의 희생자였던 스피노자와 자신을 단순히 동일시한다. 스피노자는 1656년 7월 27일 불가항력의 파문을 나타냈던 케렘의 파문을 당했고, 이어서 훗날에 샤망타의 파문을 당해 암스테르담의 유대인 공동체에 되돌아올 수가 없었다.[2] 순교자의 이미지를 완벽하게 하기 위해 라캉은 생트안 병원에서 자신이 교육하던 환경을 떠난다.

이때 라캉은 홀로였고, 피난처로서 콜롱베이레되제글리즈도 없었다. 그러나 로마 강연의 당사자는 영웅이 되어 무대에 되돌아와, 1964년 6월 21일 프랑스정신분석학파의 창립을 예고하면서 새로운 모험의 개막을 알렸다. "나는 내가 정신분석학의 대의와 나와의 관계에서 언제나 홀로였던 것처럼 홀로 프랑스정신분석학파를 설립한다." 그는 고등사범학교에 고등연구원 제6분과의 지부 사무소를 설립하기 위해 페르낭 브로델과 루이 알튀세의 지원을 얻는다. 이와 같은 지리적 이동은 그에게 자신의 독자층을 확대하게 해주었고, 철학자들의 후원에 힘입어 지식의 장에서 주요한 전략적 위치를 차지하게 해주었다. 그는 자신의 청중을 재조직해야 할 절대적인 필요성을 의식하고, 프랑수아 발의 집요한 요청에 따라 자신의 업적 가운데 핵심적인 부분을 책으로 출간하는 것을 받아들인다. 사실 그는 이런 출간을 항상 거절해왔으며, 1966년 쇠이유사에서 이 책이 나오게 된다.

라캉의 이론적인 전략은 보증인들을 찾는 것이 필요했다. 폴 리쾨르에게서 실패한 후,[3] 라캉은 고등사범학교의 뒤산 강의실에서 이루어진 첫 수업에 레비 스트로스를 초대했다. 레비 스트로스는 라캉의 스타일에 대해 별로 취향이 없었음에도 불구하고 초대에 응했다. 따라서 라캉은 국제정신분석학회와의 관계에서 자신의 실패를, 다시 말해 분열 이후에 자신이 전개한 운동의 약화를 고등사범학교에서의 수업이 상징하는 영광된 순간으로 변모시키는 데 성공한다. 5년 동안 파리의 모든 지식인들이 현대의 샤먼의 모습으로 비쳐진 인물을 보고, 그의 강의를 듣기 위해 이곳에 몰려들었다. "따라서 라캉의 업적은 국제정신분석학 운동으로부터 배척되었지만, 프랑스 구조주의의 모험에서 중심적 위치를 차지하게 된다."[4]

기 표

무의식에 대한 라캉 이론에서 구조주의의 이와 같은 흔적은 특히 이 이론에서 기표가 수행하는 중심적 역할을 통해 인지될 수 있다. 이미 우리는 어떻게 50년대에 라캉이 소쉬르의 기호 개념을 수용했고, 어떤 면에서 그가 기의와 기표의 개별적 위상을 수정해 후자에 가치를 부여했는지 살펴보았다. '정신병' (1955-1956)에 대한 세미나에서 라캉은 기의가 기표와의 관계로부터 해방되지 않았음을 분명히 밝힌다. 기의는 이른바 고정점이라는 결합 지점(point de nouage)에 다다를 때까지 기표 밑으로 슬며시 이동한다. 바로 이것을 통해서 "기표는 의미 작용의 점진적인 변동, 아주 무한정한 그 변동을 정지시킨다."[5] 따라서 소쉬르와 라캉에게 기표의 유사성은 없다. 설사 소쉬르의 기표가 "라캉의 기표와 동음이의어일 뿐 아니라 이 용어를 제공한 시조라 할지라도 말이다."[6] 기표의 개념은 기의의 개념으로부터 자율화된 후, 60년대초에 라캉에게 더욱 중요하게 된다. 이때는 기의의 개념이 다른 기표에 대해 주체를 나타내던 때이다. "그러므로 바로 1961년 12월 6일 '동일화'에 대한 세미나에서 라캉은 처음으로 기표에 대한 자신의 정의를 표명한다.

그때부터 기표를 기호와 분명하게 구분함으로써 말이다."[7] 기표가 이제 그것을 통해 알아볼 수 있는 다른 기표에 대해 주체의 자리를 진정으로 차지하기 위해서는 1964년(《정신분석학의 네 가지 근본적 개념》)을 기다려야 한다.

그래서 기표는 주체를 대신하고 주체의 역할을 한다. 그런데 주체의 존재는 기표의 결과에 대해, 즉 기표를 이해할 수 있게 만드는 의미 작용적인 연쇄에 대해 부재하는 원인으로 주어진다. 주체는 아무것도 아닌 것으로 격하된 것이 아니라 비존재의 지위로 격하된 것이다. 그것은 기표들의 의미 형성에 있어서 비(非)의미 작용적인 토대이다. 즉 그것은 기표들의 존재 조건 자체이다. 그러므로 분석가의 작업은 이처럼 의미 작용적인 연쇄의 내적 논리를 복원하는 일에 토대를 두는데, 이 연쇄의 요소들 가운데 어떤 것도 그 자체로는 의미의 시간을 나타낼 수 없다. 그러므로 기표는 다른 기표에 대해 주체이고, 새로운 기표에 자리를 내주기 위해 끊임없이 스스로를 지우는 기능만을 수행한다. 라캉은 이와 같은 연쇄를 다음과 같은 방법을 통해 나타낸다. 즉 S라는 약자를 의미 작용적 연쇄를 나타내는 S2와 이 연쇄를 전진시키는 추가적 기표인 S1으로 나누는 것이다. 주체로 말하면, 그것은 기표의 자리에 있지 않고는 아무곳에도 없다. 그것은 아무곳에도 없는, 기표의 자리를 받는다. 그것은 횡선이 그어진 S, 즉 $ 로 옮겨 표기되며, 그 자체와 어긋나 있고 영원히 분열되어 있다. 욕망의 주체인 나는 자아로부터 영원히 분리되어 있다. 기표 구조의 네번째 항은 대상에 의해 차지되는데, 이 대상 역시 진술되는 것으로부터 벗어나 있다. 그것은 대상(소문자) a로 표현된다.

그러므로 라캉에게 기표의 이와 같은 개념의 이점은 중심적인데, 60년대가 되어서야 구조주의의 유행에서 주요한 목표로 솟아오른다. 이러한 맥락은 장 다비드 나지오가 한 개념의 '중심적' 의미라 부르는 것, 다시 말해 한 개념의 탄생 조건 및 변화를 드러낸다.[8] 이러한 의미 작용적 구조로부터 하나의 온전한 변증법이 장소들과 힘들의 이중적 논리에 따라 펼쳐지게 된다. 따라서 기의보다 기표의 우위를 설정하는 이 변증법은 세계를 환상으로 제시하며, 사물들의 질서를 언어에 종속된 것으로 규정한다. 이러한 의미에서

의미 작용적 연쇄는 소쉬르의 견해를 제멋대로 받아들였다 할지라도 구조
주의에 고유한 보다 일반적인 견해를 공유한다. 이 견해는 담론의 영역을 자
율적으로 만들고, 낱말들의 질서로부터 사물들의 질서를 확립한다. 세계는
결핍의 기표를 통해서만, 다시 말해 라캉이 지구, 하늘, 인간적인 것, 그리고
신적인 것이라는 4개로 된 구성물을 지칭하기 위해 하이데거로부터 빌리는
'대문자 사물(la Chose)'을 통해서만 함께 유지된다. "대문자 사물은 세계를
결집시킨다."[9] 그러나 하이데거에서처럼 대문자 사물이 "네 개로 된 구성물
을 지탱하는 것은 그것이 무엇보다도 공허에 의해 구성되기 때문이다."[10] 따
라서 세계의 망상 조직은 그것의 통일성의 조건인 중심적 결핍으로부터 나
타난다.

대상 (a)

라캉에게서 의미 작용적 구조의 주요 술어들 가운데 하나는 대상 (a)로 표
현된다. 세르주 르클레르에게 그것은 주요한 과학적 발견이다. 그것은 "노
벨상을 받을 만한 발견, 진정한 발견이다."[11] 이와 같은 혁신은 두 시기에 걸
쳐 이루어진다. 라캉은 우선 횡선이 그어진 주체와 영상적 기능 속에 위치
한 대문자 타자(l'Autre) 사이를 매개하는 요소로서 '작은 타자'를 언급한다.
두번째 의미에서 그것[작은 타자]은 결핍의 대상, 욕망의 환유적 대상, 욕망
의 단순한 기표로서 대상 (a)가 된다. 그런데 이 욕망은 그것이 욕망하는 주
체를 지시한다는 사실과 단절되어 있고, 또 이 지시가 무의식적 기의를 상징
적으로 지시하고 있음을 나타낸다는 점과도 단절되어 있다. 그래서 대상 (a)
는 더 이상 영상계와 결부되지 않고, 라캉이 사용하는 의미에서 실재계와 결
부되어 있다. 그것은 현실에 결부된 것이 아니라 의미 작용에 저항하는 것에
결부되어 있다. "실재계는 불가능한 것이다."
  이 부분적 대상(이른바 a)에 주요한 위치를 부여하는 라캉은 그것[대상]을

폐기물의 기능 수준에 위치시킨다. 그는 쓰레기통으로 가게 될 태반과 영원히 분리된 태아의 그 최초 분리를 활성화시킨다. 그리하여 그는 리비도를 욕망들의 확장된 연쇄로 지칭하는데, 이 욕망들은 최초 분리를 대신하려 하지만 헛된 일이다. 대상 (a)는 '의미를 일으키는 작용에서 폐기물의 자리에'[12] 위치하게 된다. 그것은 폐기물·이동·분리의 기능과 연결될 수 있는, 육체의 모든 부분들과 관계가 있다. 대상 (a)는 영원히 되살아나고 끊임없이 결핍되는 욕망의 대상으로서 라캉의 체계에서 점점 더 중심적 위치를 차지하여 정신분석의 대상 자체를 구현하게 된다. "정신분석의 대상은 (…) 대상 (a)가 수행하는 기능에 대해 이미 제시한 것에 다름 아니다."[13] 그것은 욕망의 법칙이 작용하게 하는 충동의 대상이고, 환상의 대상이다. "대상 (a)는 육체의 음화(陰畫)이다."[14] 그러나 우리는 그것이 라캉의 장치에서 그 중요성이 어떠하든 고립된 대상으로서 그것을 환기시킬 수 없다. 그것은 실재계로부터 상징계와 영상계에 그것을 연결시키는 결합을 통해서만 존재하기 때문이다. 그런데 이와 같은 결합의 양식을 제공하고 욕망이 나타나게 해주는 것은 거세이다. "거세는 인간의 욕망을 부분적 진실로 조정하는 그 법칙이다."[15] 그것은 아버지의 이름(Nom-du-Père)에 연결된, 다시 말해 실제적 아버지의 모습과 상징적 아버지의 모습으로 분리될 수 있는 모습에 연결된 율법 질서에 들어가게 만든다.

이런 이유로 라캉은 프로이트의 부정적 비전을 뒤집는다. 이 비전은 율법을 욕망의 실증성을 이루는 요소로 만들기 위해 금지된 것으로 포착한다. 라캉의 핵심적 가르침이 파롤이던 60년대 초반에, 그는 자크 데리다가 훗날에 그렇듯이 문자를 우선시하고, 매우 소쉬르적인 계보를 드러내며, 기표를 글자(《도둑맞은 편지》)와 동일시한다. 라캉은 이렇게 말한다. "대문자 사물은 쉿!이란 의미에서 낱말을 만든다. 그것은 파롤일 뿐 아니라 침묵, 파롤을 아연실색케 하고 숨을 가쁘게 만드는 그런 침묵이다."[16] 실제 분석에서 대상 (a)는 일부 정신분석학자들에게 없어서는 안 되는 도구이다. "대상 (a), 그것은 도움이 된다. 선택된 대상에 따라서 이런저런 충동이 추론될 수 있다고

까지 말하는 분석가들도 있다. 대상 (a)는 욕망이 다시 일어나게 해주고, 그렇게 하여 절망에 빠지는 것을 피한다."[17]

라캉은 대상 (a)를 정신분석의 폐기물 같은 돌의 위상에서 초석의 위상으로 이동시켜야 한다고 말했다. 라캉은 근본적으로 비관적인 핵심을 간직하면서 하나의 과학 법칙들을 확립하고 있는데, 이는 이 과학이 의지하고 있는 것, 다시 말해 그것을 지탱해 주는 대상이 되찾을 수 없는 상실의 동의어이기 때문이다. 그것은 의미 작용적 연쇄에서 추락 지점이다. 그러므로 동시에 라캉은 정신분석학자가 영원히 상실된 것을 되찾을 수 있는 능력에 대해 어떤 환상도 품지 않고 의미 작용적 연쇄의 탐구 법칙들을 제시하고 있다. 정신 분석 치료법은 기왕증(旣往症)의 실증주의적 작업으로 귀결되지 않는다. 상실된 대상을 대신하여 '기표들로 된 구축물'이 온전하게 개발된다. "그런데 이 구축물은 무엇에 의해 명령을 받는가? 상실된 것으로서의 대상에 의해."[18] 세르주 르클레르가 보기에 부분적 대상은 필요한 평형추이다. 왜냐하면 그것은 순수한 대문자 기표(le Signifiant)로부터, 다시 말해 영상계의 차원들을 배제한 하나의 상징계로부터 벗어나기 위해 어떤 불안정한 것을 불러일으키기 때문이다. 따라서 그것은 라캉의 본질적 가르침의 하나이다. 그것은 그 자체로서 독단적인 폐쇄성을 막는 미덕을 지니고 있다. "무언가 흥미 있는 것을 진정으로 가져다 준 모든 정신분석가들은 대상에 대해 이야기했다. 프로이트는 물론이고 멜라니 클라인 · 위니코트, 혹은 라캉이 되었든 말이다."[19]

라캉에게 의미 작용의 문제는 의미 작용적 시퀀스의 개념으로부터 제기된다. 발화와 그 이후의 해석 사이에는 언제나 지연된 관계가 있다. 그런데 이 시간적 차이는 기표/기의의 관계라는 의미에 대한 초연의 대체물로서 대상 (a)에 의지하는 것을 필요하게 만든다. 우리는 데리다가 이 (a)를 라캉으로부터 단순히 빌렸고, 그것이 그로 하여금 차연이라는 개념을 자신의 해체 작업에서 중심으로 구축하게 만든 것이 아닌지 자문할 수조차 있다. 어떻게 보면 라캉에게 대상 (a)는 의미 작용적 연쇄에서 기의 비우기를 되찾는 수단이라 할 것이다. "욕망의 대상-원인으로서, 그리고 있는 그대로의 욕망의 대상으로서 이 대상 (a)는 욕망의 좌절이다. 이 좌절이 주체로 하여금 이야기하게 만들고, 동시에 주체는 그것으로부터 영속적으로 벗어나면서 그것에 대해 이야기하게 된다."[20] 그러므로 임상 의사는 환자의 청취를 이 대상 (a)들에 연결시킬 수 있다면 행복한 것이다.

그러나 모든 정신분석가들이, 설사 라캉의 가르침에 강하게 영향을 받았다 할지라도 대상 (a)에 이와 같은 중요성을 부여하는 것은 아니다. "나는 대상 (a)와 함께 일하는 것이 전혀 아니다."[21] 그러나 이 주요한 문제에 관해 가장 비판적인 자는 앙드레 그린이다. 그는 1966년 《분석을 위한 연구》지에 대상 (a)에 대한 글을 실었는데, 당시에 그것은 이 문제에 관한 라캉의 관점, 그리고 프레게의 견해에 입각해 자크 알랭 밀러가 (a)와 봉합점의 관계에 대해 제시한 관점을 설명했다. 당시는 앙드레 그린이 국제정신분석학회 산하 파리정신분석협회에 남아 있으면서 라캉의 작업에 매혹되어 있었다. "라캉에 대한 나의 사랑은 7년 동안 지속되었다."[22] 현재 파리정신분석협회장인 앙드레 그린은 극히 흥미 있고, 특이하게 개방적인 이력을 지녔다. 왜냐하면 그는 라캉과 제도적이고 이론적인 거리가 있는 위치에 머물면서도 그에게 강한 영향을 받았기 때문이다. 그의 입장은 이론적인 이유들 때문에 라캉의 입장들에 대해 점점 더 분명한 비판으로 변해 갔다. "시간이 흐르면 흐를수록, 나는 라캉과 덜 일치했다. 그가 나에게 깊은 영향을 미쳤지만 말이다."[23]

앙드레 그린은 1961년 1월 라캉의 세미나에 드나들기 시작했는데, 그렇지만 그는 같은 해 7월에 열린 에딘버러 학술대회에서 만난 위니코트에 동시에 매혹되었다. 앙드레 그린이 대상 (a)에 개념적으로 기울어졌지만, 그는 오늘날 라캉 이론의 이와 같은 측면에 관해 매우 비판적이다. "나는 정신 분석 이론이 부분적 대상의 이론에 만족할 수 있다고 생각지 않는다. 이른바 총체적 대상을 없앰으로써 하느님에 다름 아닌 대(大)타자(le Grand Autre), 즉 대(大) A의 필요성이 재도입되었다."[24] 앙드레 그린은 라캉 이론이 근원적으로 지닌 성 아우구스티누스의 측면, 특히 파스칼이 읽은 아우구스티누스(《은총에 대한 글》)에 대해 검토하게 된다. 파스칼은 여기서 종교와 수학적 형식화에 2중적으로 몰두해 있다.[25] 앙드레 그린은 이와 같은 2중적 집중이 라캉의 작품에서도 작용하고 있음을 본다. 라캉은 그가 비판했던 교회가 아니라 교회의 신부들에게 혁신의 기회를 제공할 수도 있었다는 것이다. "('필리오크(Filioque)'에 대한 문제[1]의) 구조적 이해가 우선되어야 하며, 그것만이 이미지들의 기능을 정확하게 평가토록 해준다. 여기서 《삼위일체론 *De Trinitate*》은 "한 이론서의 모든 특징들을 담고 있으며, 우리는 그것을 하나의 모델로 채택할 수 있다."[26] 프로이트를 다시 읽은 라캉의 입장은 종교적으로 읽을 수 있는 하나의 순수한 대문자 기표로 귀결된다. 프로이트가 불안으로서 제시한 거세를 라캉은 아버지의 이름으로부터 파생된 존재론적 위상을 지닌 거세로 대체하고 있는 점, 실재계/상징계/영상계라는 주체의 삼위일체적 질서 등, 일련의 기독교적 주제 전체가 라캉에게서 재발견될 수 있다. 더욱이 라캉은 성서에 대한 전문적 지식이 풍부한 인물이었다. 대(大)타자에 대해 말하자면, 그는 충동적 연쇄와 관련해 외부에 있는 치외법권적인 순수한 대문자 기표, 영혼의 진정한 등가물을 언급하며 불확정적인 입장을 취한다. "라캉은 《토템과 터부》에서 괴테에 대한 프로이트의 지지——'태초에 행동이 있었다'——를 뒤집으면서 성 요한으로부터 파생된 표현, 즉 '태초에 언어가 있었다'를 더 좋아한다고 고백했다."[27]

라캉에 대한 또 다른 독서도 가능하다. 철학자 알랭 쥐랑빌의 독서가 그런 경우이다. 그 역시 순수한 대문자 기표의 모습에서 하느님의 모습을 인정한다. 이 신은 종교의 신이 아니라 절대적 이성의 신이다. 그러나 구체화된 대문자 기표로서 대문자 사물(la Chose)이 세계에 외재하는 상황은 성 아우구스티누스의 작품에서 세계의 울타리를 넘어서 신의 즐거움으로서의 충

---

1) 그리스도의 신성을 부인한 아리우스파에 대항해 신성은 하느님 아버지와 아들로부터 동시에 비롯된다는 주장과 관련된 논쟁을 말한다.

만함으로 귀결된다. 따라서 라캉의 입장에 근본적인 관념론이 있음이 분명하다. 설사 이 관념론이 변증법적으로 전개되고 있다 할지라도 말이다. 우리는 그가 세계를 환상으로 제시할 때, 그가 세계의 통일성을 최초의 결핍에, 다시 말해 인과적 벌어진 상태(béance)에 연결시킬 때 이와 같은 관념론의 긍정과 다시 만난다. 지배적인 대문자 기표(le Signifiant-maître)는 도처에 있으면서도 아무 데도 없고, 세계 내의(intra-mondain) 세계를 벗어나면서도 동시에 그 속에서 식별된다. 하느님으로서 그것은 하나의 대문자 이름(un Nom)에 불과하다. 이 이름은 본질적인 이름이다. 왜냐하면 인간이 상징적 작용으로서 거세를 견뎌냈어야 한다는 점에서 그것은 이 세계에 존재하는 데 필요한 조건이기 때문이다. 따라서 라캉이 수행하는 탈문맥화, 프로이트 이론의 기관적(器官的) 부분과의 거리두기, 주지주의적이고 형식화할 수 있는 접근 방법들로서 언어학과 위상학에의 의존과 같은 그 모든 작업은 대(大)타자로 이끌지 않는 모든 출구들과 모든 통로들을 막아 버린 후 자신의 구원을 얻은 수도(修道) 성직자의 법칙, 즉 율법에 다다르기 위한 세속적 노력으로 분석될 수 있다.

라캉에 대한 이와 같은 기독교적 독서는 미셸 드 세르토나 프랑수아 루스탕과 같은 유명한 예수회 수도사들, 프랑수아 돌토 같은 가톨릭교도 등 많은 기독교인들이 라캉의 모험에 참여했다는 점을 확실히 설명할 수 있을 것이다. "내가 보기에 라캉의 사상에는 삼위일체 문제에 대한 각성이라는 의미에서 후기 삼위일체적이고 신학적인 가톨릭 지성과의 재회가 있다"[28]라고 철학자 장 마리 브누아는 인정함으로써 필립 솔레르스와 같은 생각을 한다. 이들은 둘 다 라캉을 후기 삼위일체적 개시, 다시 말해 바로크적 사상의 개시를 가능하게 만든 인물로 간주한다. 따라서 많은 기독교도들은 "라캉이 그 자신만을 위해 지지자들을 모집했다는 것을 알아차릴 때까지, 그가 하느님을 위해 그런 일을 했다고 생각하면서"[29] 그를 추종했다.

이와 같은 종교적 차원은 과학·이론·형식화만이 문제되었던 구조주의의 시기에 조심스럽게 은폐되었다. 그러나 종교사 전문가들은 세미나에 많이 참석했다. 베르나르 시셰르는 라캉이 프로이트에 대한 가톨릭교적 읽기를 우선시하려 했다고 생각지 않는다. 그보다 그는 실질적으로 라캉이 서양 형이상학의 목을 비트는 것만이 중요하게 되었을 때, 서양이 더할나위없이 광적이고 무서운 형태로 억압된 것의 회귀와 착란 속에 무너지지 않는 한, 종교적인 문제를 비켜갈 수 없다고 생각한 유일한 사람이었다고 간주한다. "정신분석학이 종교적이 되어야 한다고 말하자는 것이 아니다. 왜 프로이트의 마지막 위대한 텍스트들 가운데 하나가 바로 《모세와 일신교》였는지 아는 문제를 제기하자는 것이다."[30] 이러한 차원에서 프로이트는 라캉과 마찬가지로 종교를 수 세기 동안 금지와 성적(性的) 현실 사이를 효율적으로 매개하는 기능으로 보고 있으며, 어떤 담론이 현대 사회에서 이와 같은 위치를 차지하고 있는지 아는 문제를 제기한다. 그런데 라캉은 그 어떤 것도 종교적인 담론의 매개적 역할을 대신하러 오지 않았다는 상징적 혼란에 직면한다. 정치적 담론도, 과학적 담론도 지배적이고 조직적인 허구들을 대신할 수 없다. 그렇기 때문에 라캉은 환상을 품지 않고 정신분석학에 이 역할, 이 대리자의 역할을 부여하려 하는지 모른다. "이상적으로 말이다. 왜냐하면 정신분석학은 종교가 될 수 없기 때문이다."[31]

정 서

의미 작용적 연쇄가 노리는 효과는 무의미하다고 간주되는 차원, 즉 정서의 차원을 버리는 것이다. 이것이 바로 앙드레 그린이 라캉에게 가하는 비판의 또 다른 주안점이다. 1960년 본느발에서 그는 무의식에 관한 장 라플랑슈와 세르주 르클레르의 보고에 참여하고, 무의식의 언어학적 개념에 관한 라플랑슈의 망설임에 공감을 표한다. 같은 시기에 라캉은 로요몽의 학회에서 정서에 대해 이렇게 선언한다. "프로이트의 영역에서 말에도 불구하고 의식은, 정서가 원(原)감정적(protopathique) 주체의 역할을 유지할 능력이 없는 것과 마찬가지로, 무의식(이 무의식은 성 토마스로 거슬러 올라간다)을 무의식의 부정 위에 설정하는 데는 무기력한 특징을 나타낸다."[32] 그리하여 장 베르트랑 퐁탈리스는 앙드레 그린에게 《현대》지에서 정서를 다루어 달라고 요청한다. 논문은 1961년에 게재되고, 앙드레 그린은 1970년에 출간되는 저서에서 보다 폭넓게 이 문제를 다시 다룬다.[33] "나에게 라캉은 무의식에 대한 반프로이트적인 해석이다."[34]

앙드레 그린에게 프로이트 이론이 지닌 풍요로움은 기표의 이질성에 토대를 두고 있다. 프로이트는 기표를 언어에서처럼 상호 교환할 수 있는 동질적인 단어들의 세트로 생각하는 것이 아니라, 문제의 재료들이 상이한 성격을 지니는 일련의 수준들로 생각한다. 앙드레 그린에 따르면 프로이트의 방식대로 충동의 심적 표상체들로 이루어진 재료(신체 내적 흥분), 무의식의 재료(사물들의 표상), 그리고 전의식(사물들에 대응하는 낱말들의 표상을 동반한 사물들의 표상)을 구별해야 한다. 이 수준들은 매우 다르다. 그래서 때로는 흐름이 하나의 수준에서 다른 하나의 수준으로 이동하지 않는다. "그 증거는 바로 표상의 어려움으로 고통을 받는 정신 신체 장애들이 있다는 것이다."[35] 그런데 앙드레 그린에 따르면, 라캉은 사물들을 일종의 언어적 본질과 결부시키는 플라톤적인 발상으로 우리를 데리고 간다. 프로이트가 이질화시키는 반면에, 라캉은 균질화시켜 지식인들에게 고유한 하나의 무의식을 제시한다. 그런데 앙드레 그린에 따르면 정신분석의 작업은 복잡성을 설명하는 것이다. 정화된 대문자 기표를 위해 정서를 이처럼 제거하는 것은 왜 소쉬르가 그렇게 현대적 의식의 서광처럼 간주되었는지를 설명해 준다. 왜냐하면 소쉬르 역시 언어학의 과학적 성격을 제시하기 위해 지시 대상, 파롤, 특이한 것, 통시성 등을 제거해야 했기 때문이다. 언어 활동이 지닌 의미의 생명력을 제거하는 것은 현대언어학이 탄생하기 위해 지불한 대가였다. 그런데 그것은 라캉의 정신분석학에서 그 짝을 만난다. 라캉의 정신분석학은 감정적인 것에서 더 많이 영감을 얻었던 가능한 다른 언어학적 원천들을 모호하게 내버려두면서, 정서를 부정하기 위해 소쉬르적인 단절에 의거할 수 있기 때문이다. 소쉬르의 제자 샤를 발리[36]가 보여 주는 원천 같은 것 말이다.

구조언어학과 라캉의 정신분석학 둘 다 끊임없이 보다 진전된 형식화를 추구함으로써 정서의 차원은 밖으로 밀려났다. 지배의 감정은 우리가 영역을 제한하고 균질화시키면 더욱더 가능성이 커진다. 그런데 "정서는 우리가 진정으로 마음대로 할 수 없는 무엇이다. 그것은 달아나고, 소멸하고, 산만하고, 신비하고, 무질서와 소음으로 가득 차 있다. 그렇기 때문에 그것은 나에게 본질적인 것으로 보인다."[37] 게다가 히스테리에 관한 자신의 연구와 관련해 프로이트는 상처를 주는 기억들뿐 아니라 이 기억들을 동반했던 정서를 되찾아야 할 필요성을 강조한다. 세르주 비데르만은 구조주의자들에게 매우 귀중한 수정(水晶)의 메타포를 재언급하면서 정신 분석에서 우리가 수정보다는 연기에 보다 더 가까이 있다고 생각한다. 정서의 이와 같은 부정, 다시 말해 횡선이 그어진 그 작은 (a)는 라캉이 사용해야 했으나 동시에 억압까지 대비하고자 했던 정신분석 치료법의 한 본질적 차원, 즉 전이의 결과물일 수도 있다.

한편으로 라캉은 형식화하고 분석적 상황을 정화시키려고 고심하는 가운데 전이를 최소한으로 축소시켰다. 왜냐하면 전이는 가장 비정상적이고 가장 어렵게 이성화할 수 있는 감정들의 원천이기 때문이다. 특히 라캉은 분석가의 욕망의 이름으로 중화된 역전이(逆轉移)라는 용어를 추방했다. "그는 역전이에 대해 언급하고, 이 용어를 사용하는 것을 금지했다."[38] 이런 측면은 프로이트 자신이 역전이에 대해 대단한 것을 말하지 않았다는 구실을 내세워 라캉의 정화 방식을 수월하게 해주었다. 또한 그것은 넘치는 감정에 대한 개인적인 성향에 대비하려는 것이었을까? 그가 자신의 정서적인 충동을 억제하기 위해 사후(事後)에 이론적인 근거를 개발해 냈을 가능성이 없지 않다. 전이가 치료에서는 억제되어야 한다 할지라도, 반면에 그것은 정신 분석의 보급과 가르침에서 라캉에 의해 권장되었다. 프로이트학파의 최초 연감은 정신 분석의 가르침이 작업상의 전이와 같은 길들을 통해서만 가능하다

고 분명히 밝힌다. 그러나 이 전이는 과학의 매개체로서 성격이 변한다. 그
것은 감정이 없다. 그것은 '안다고 생각되는 자'에게 귀결된다. 라캉의 주
체는 육체에서 벗어난 주체이다. 우리는 구조주의에 고유한 부정, 다시 말
해 개별성 · 특이성의 부정이란 주제를 다시 만난다. "라캉의 작업은 이중적
이지 않을 수 없다. 다시 말해 그것은 완벽하게 모순적일 수밖에 없다. 한편
으로 그것은 주체성을 유지해야 하고(…), 다른 한편으로 그것은 이러한 주
체성에서 모든 구현(incarnation) · 인간화 · 감수성 등을 비워내 그것을 수학
적 대상으로 만들어야 한다."[39]

장 클라브뢸이 볼 때, 앙드레 그린이 정서의 문제에 대해 가하는 비판은
진정으로 합당한 것이 아니다. 물론 라캉은 사람들이 서로 증오하고 사랑하
는 상호 주관성의 환희에 빠져 만족하는 것을 언제나 거부했다. 그러나 정
서를 소홀히 한 것은 아니었고, 끊임없이 사랑 · 증오, 사랑과 증오의 양면성
(hainamoration)[2]에 대해 이야기했고, 심지어 불안에 대해 세미나 하나를 온전
히 할애했다. "그러나 라캉이 보여 주는 것은 기표들의 유희에 정서가 이를
테면 종속되어 있다는 점이다."[40]

세르주 르클레르 역시 라캉이 정서를 축출한 것에 대해 앙드레 그린이 가
하는 비판을 납득하지 못한다. 라캉은 정서가 너무 모호하다고 간주하고 정
서보다는 경제, 즉 충동적 운동이라는 개념을 더 좋아한다. "나는 앙드레 그
린과의 토론을 기억하고 있다. 나는 이 토론에서 사람들은 어떤 직위에 누군
가를 임명하고(affecte), 또 임명된다(reçoit son affectation)고 말하면서[3] 다른
표현들을 제안했다. 정서를 하나의 초석으로 만든다는 것은 반대한다."[41]

그러나 라캉은 제자들과 갖는 작업상의 전이 관계, 그가 위상을 높이는
그 관계에서 정서를 사용할 줄 알게 된다. 이런 관점에서 그는 기법들을 뒤

---

2) 증오(haine)와 사랑(amour)을 가지고 만든 합성어로 라캉 이론에서 사랑 안에 내재하는
공격적 긴장을 압축하며, 거울 단계의 특징을 나타낸다.

3) 정서를 의미하는 프랑스어 단어 affect가 철자상으로 affecter(임용하다)와 affectation(임
용)을 상기시키고 있음을 말한다.

섞는 데 주저하지 않는다. 왜냐하면 개인적 분석으로부터 얻은 지식은 교육적 전달의 절대적 필요성의 이름으로 힘과 지식의 조직 회로 속에 곧바로 재주입되기 때문이다. 이러한 경향에 대한 반작용으로 "프랑스정신분석학회는 교수법 전문가가 없고, 분석이 개인적인 일로 간주되는 세계의 유일한 학회이다."[42]

그러나 라캉이 정착시킨 연결적 체제들의 이점은 분석적 지식을 역동적으로 만드는 것이었고, 이 지식을 분석가들 사이에 계속되는 작업으로 자극함으로써 그것이 도그마 속에 고정되는 것을 막는 것이었다. 이동 시간(la passe),[4] 통제, 카르텔[5]의 증가는 모두 도구이고 관측실과 같다. "나는 이동 시간이 전이적 상황의 관측실과 같다고 말했다."[43] 카르텔로 말하면, 두 유형이 있다. 그것들은 최소 세 사람, 최대 다섯 사람으로 이루어진 작업조이며, 여기에다 덤으로 한 사람('추가 한 사람')이 붙던가 혹은 '최고 1인'(le 'plus un')[6] 형태를 취한다. 다시 말해 후자의 경우 추가적 인물이 아니라 조 가운데 한 개인이 차례로 '최고 1인'을 구현하며, 이 개인에게 전이가 이루어진다. 이러한 장치들은 무엇보다도 끝나지 않은 것으로 간주된 분석적 작업을 계속하는 데 도움이 된다. 클로드 뒤메질에게 라캉은 그가 사용하는 장난감들을 점차적으로 부숴 버리는 가장 어렵고 가능한 유일한 길을 나타내게 된다. 그리고 그것은 분석적 연구의 가능성들을 열어 놓는 유일한 방식이다.

---

4) 라캉의 용어로서 피분석자의 위치로부터 분석자의 위치로 이동하는 시간을 말한다.
5) 라캉 이론에서 작업 그룹을 지칭한다.
6) 조에서 전이의 마지막 단계에 있는 자를 말하며, 그에게 최종적으로 전이가 이루어진다.

27

신화의 지구는 둥글다

라캉에게서 의미 작용적 연쇄는 무의식의 작용 수준에 위치한다. 레비 스트로스의 경우 그것은 신화의 의미에 접근하게 해주는, 신화들 사이의 끊임없는 상호 물림 속에 있다. 의미들의 모태는 무의식에서 압축과 전위(dé-placement)의 방법들과 유사한 변형들로부터 나타난다. 레비 스트로스에 따르면, 신화의 구조는 변형들의 진정한 통사법으로부터 비롯된다. 레비 스트로스가 《신화학 *Mythologiques*》이란 제목으로 신화에 할애한 4부작[1]은 20세기 초에 지배적이었던 이론, 다시 말해 신화적 이야기의 각 용어에 감추어진 의미를 찾으면서 이 신화적 이야기를 환경과 단절된 대상으로 간주했던 상징주의적 이론과 거리를 두고 있다. 또한 레비 스트로스의 방식은 말리노프스키의 경우에서 나타나는 기능주의를 넘어선 것으로 제시되는데, 이 기능주의는 특수한 맥락 속에서 신화들의 사회적 기능에 대한 설명을 목표로 하고 있다. 레비 스트로스는 신화 연구를 하나의 상징적 체계 속에 통합시키지만, 체계·배열·구조의 개념을 강조하고 신화를 최저 단위들, 즉 신화소들로 잘라서 패러다임들로 분류한다. 따라서 그의 시도는 본질적으로 신화들의 담론을 내적으로 해독하는 것이다. 이 신화들은 상호 관련지어지고, 기능주의자들의 경우와는 반대로 소통의 조건들 및 이것들의 기능으로부터 매우 자율적인 상태에서 연구된다. 이 시도의 목적은 다양한 신화들의 연구

---

1) 《날것과 익힌 것》, 《꿀에서 재까지》, 《식사 예절의 기원》, 그리고 《벌거벗은 인간》을 말한다.

를 통해 모든 신화들에 공통되는 구조를 복원하는 것이다. 신화들의 명료성은 그것들의 차이들, 다시 말해 그것들의 변주들을 대조하는 작업으로부터 비롯되어야 한다. 이러한 방향 설정은 이미 1928년 블라디미르 프로프에 의해 암시되었다. 레비 스트로스는 신화 분석을 페넬로페의 작업에 비교하면서 해독 작업의 무한한 성격과, 이 작업으로부터 끌어낼 수 있는 가르침의 상대성을 지적한다. "그것은 광학 현미경으로 이루어질 수 있으므로 (…) 우리는 여러 배율들 가운데 선택하기만 하면 된다."[1]

탈현실화의 양식으로서 신화

레비 스트로스는 신화를 하부 구조와 무의식적 정신 현상 사이의 대조를 끌어내기 위한 재료로 간주하는 것이 아니라, 인간 정신의 불변 요소들과 꿈의 열쇠에 다다르는 수단으로 생각한다. 신화는 외부적 결정론과 사회적 제약들을 가장 잘 벗어나 있는 훌륭한 대상이다. 이런 관점에서 그것은 인간 정신의 구조 자체에 다다르는 데 친족의 조직보다 더 유리한 탐구 영역이다. "그것은 인간 정신의 작용 방식들을 도출하게 해준다. 이 방식들은 시간 속에서도 매우 한결같고, 매우 일반적으로 확산되어 있기 때문에 근본적인 것으로 간주될 수 있는 것들이다."[2] 그러므로 신화의 의미는 의미 작용적 연쇄의 결과물이 되는 것이다. 그리하여 무의식에 대한 라캉의 견해에서 보듯이, 기의는 배제되지는 않지만 이 연쇄 밑으로 미끄러져 들어가게 된다. 현실 세계에 대해 저항하는 가운데 자체 내에서만 기능하는 이 의미 작용적 체계 속에, 신화적 메시지의 소통을 국지적으로 주재하는 환경의 부정이 진정으로 존재하는 것은 아니다. "신화적 통사법은 (…) 또한 지리적·기술공학적 하부 구조의 제약을 받는다."[3] 그러나 신화들은 그것들을 낳은 사회의 다양성을 넘어 그것들끼리 사유가 통한다. 그것들은 탈현실화의 양식으로, 내적 변주들 속에서 포착해야 하는 재현들의 끊임없는 흐름으로 이해된다.

"결국 신화들은 모두가 동일한 것을 말한다."[4] 그것들은 이중적 통일성, 즉 그것들이 통합되는 체계의 통일성과 그것들이 지시하는 메시지의 통일성으로 귀결된다. 이 메시지와 신화 자체 및 다른 메시지와의 관계 속에서 신화는 반복적으로 강조되며 의미를 띤다.

신화의 의미 작용적 연쇄

레비 스트로스는 아메리카 인디언 신화 속에서의 이러한 모험을 상당히 일찍이, 다시 말해 1951-1952년에 '영혼의 내방'을 연구하는 고등연구원의 종교학 분과에서 최초로 강의를 할 때부터 시작한다. "신화에 대한 나의 사상이 형태를 갖추는 것은 고등연구원에서이다."[5] 다음으로 1955년 〈신화의 구조〉[6]라는 논문에서 그는 방법론적 원리를 설명한다. 이 원리에 따르면 신화를 구성하는 단위들이 고립된 관계들이 아니라 관계의 다발들이고, 의미 작용적 기능을 획득하게 해주는 것은 그것들의 결합이다. "이 체계는 실제 통시적이고 공시적인 2개의 차원으로 되어 있다."[7]

인류학자는 궁극적 의미, 불변 요소로서 신화의 본질을 더 이상 추구해서는 안 되고, 각각의 신화를 의미 작용적 연쇄를 구성하는 설명들 전체를 통해 규정해야 한다. 이 연쇄만이 최초의 혼돈 상태에 해석적인 질서의 시작을 대체할 수 있다. 신화의 구조는 바로 반복 속에서 나타나며, 그렇기 때문에 이 구조는 메시지의 신화적 질서를 드러내는 하나 혹은 여러 개의 코드에 속한다.

1962년에 출간된 《야생적 사고》는 장차 나올 4부작의 서막이나, 전체적 서문처럼 나타난다. 이 저서에서 레비 스트로스는 신화적 사고를 과학적 사고와 마찬가지로 구조화되어 있고 유추와 일반화의 능력이 있는 것처럼 제시한다. 그는 융의 원형 이론, 집단 무의식의 개념을 공격하고, '상부 구조(superstructures)의 이론'[8]을 개략적으로 구축하겠다는 야심을 드러낸다. 이 이론의 토대는 여러 개의 설명 체계를 연관시키는 작업이고, 신화를 다른 신화들의 의미 작용적 연쇄 속에 재유입시키는 작업이다. 여기서 이 신화는 다른 신화들의 전반적 변형 과정의 한 요소에 불과하다. 이런 의미에서 음운론에서 원용한 이항 대립, 유표 혹은 무표항들 사이의 대립, 그리고 특히 의미는 위치로부터 비롯된다는 사실은 모두 언어학에서 빌린 신화 분석의 도구들이다. 언어학은 그 어느 때보다도 발견에 도움이 되는 모델로 부각되었다. 의미 작용적 신화 연쇄에서 하나의 요소를 다른 하나의 요소로 대체하는 일은 신화적 체계에서 내적 이동들을 하지 않을 수 없게 만든다.

따라서 인류학자의 작업은 "한 신화의 알려진 모든 변형들을 일련의 연쇄로 정돈하는 것"[9]을 목표로 한다. 강조, 즉 반복은 특별한 위상을 차지한다. 그것은 신화의 구조 자체를 통시적이고 공시적인 이중적 차원으로 나타낸다는 점에서 무엇보다도 중요하다. '임기응변적 작업(bricolage)의 지적 형태'[10]인 신화적 사고는 지속적인 과정 속에서 사건들의 파편들을 되찾는다. 그렇기 때문에 레비 스트로스는 궁극적 기원의 탐구를 공격한다. 분석의 목표는 각각의 신화를 모든 설명들 전체를 통해 규정하는 것이기 때문이다. 그리하여 그는 끝없는 무한한 탐구로 초대하고 있다. 왜냐하면 신화적 사고는 끊임없이 자극을 받는 풍요 속에서, 점점 더 복잡해지는 결합 관계들에 통합된 개념들의 새로운 배열들 · 도치들 · 대체들을 통해서 지속적으로 다시 활기를 띠기 때문이다.

그러나 이와 같은 유희에서 우리가 헤아릴 수 있는 것은 인류학적 시선의 맹목적 관점이 지닌 폭이다. 이 시선은 의미 작용적 연쇄 아래로 미끄러져 들어간 나머지 분석의 지평으로서 사라져 버린다. 그 폭은 사회적 현실의 수준이다. 생태계, 사회 조직에 대한 참조가 의미를 지니는 것은 그것이 의미 작용적 연쇄, 다시 말해 언제나 거리가 유지되는 관련 현실로부터 본질적으로 떨어져 구축되는 그런 의미 작용적 연쇄 속에 편입될 때뿐이다. 변별적인 대립들은 의미 작용적 연쇄의 구조성을 구성하면서 구조 내에 위치한다.

"주체는 인식론적 장애물을 구성한다"[11]고 생각하는 소쉬르에게 주체가 과학적 관점으로부터 배제되듯이, 레비 스트로스에게 "나는 생각한다"는 말은 자리가 없다. "신화들은 작가가 없다."[12] 그래서 레비 스트로스는 주체가 모르게 주체 내에서 이야기하는 신화적 세계에 의해 지배되는 주체의 탈중심화 작업을 지속적으로 추진한다. 인간은 그의 사유 방식에 내재하는 유기적 제약들을 드러내기 위해서만 분석의 수준으로서 적절하다. "그래서 문제는 이러한 정신적 울타리들을 규정하고 분류 정리하는 것이다."[13] 사실 다른 연구 대상들을 이용해 레비 스트로스는 친족 관계의 분석 이후로 동일한 목표를 추구한다. 그러므로 매우 논리 정연한 작업에서 의미적 단절은 없다. 이 작업은 문화의 자연적 토대를 설정하기 위해(그리하여 인류학을 되풀이되는 논쟁과 조소의 대상으로서 매단계마다 부정되는 그런 철학의 후견으로부터 해방되고 자유로워진 자연과학으로 만들기 위해) 자연과 문화의 접합점에 위치한다.

기준 신화

레비 스트로스는 방법의 토대를 제시한 후, 1964년에 출간된 《날것과 익힌 것》과 더불어 아메리카 인디언의 방대한 신화적 분야에서 탐구를 시작한다. 그는 하나의 기준 신화, 즉 브라질 중부의 보로로족의 신화인 이른바 '새들을 찾아내는 자'의 신화로부터 출발한다. 이 신화는 20여 개 부족에 속하는 1백87개의 신화 연구에 토대 구실을 하고, 이들 신화들은 모두가 음식 익히기와 요리의 기원에 관한 문제에 대답하는 하나의 시리즈를 형성한다. 기준 신화의 이야기는 다음과 같다.

아버지는 어머니와 근친상간의 죄를 지은 한 아들을 죽은 자들의 영혼과 대결하도록 내보냈다. 아들은 착한 할머니 한 분과 몇몇 동물들의 도움으로 임무를 완수한다. 자신의 계획이 좌절된 데 대해 격분한 아버지는 아들한테 바위 옆구리에 둥지를 튼 금강잉꼬들을 잡으러 가자고 말한다. 두 사람은 암벽 아래 도착한다. 아버지는 긴 장대를 올리고 아들에게 기어오르라고 명령한다. 아들이 둥지에 다다르자마자 아버지는 장대를 쓰러뜨리고, 썩은 고기를 먹는 독수리들이 아들에게 달려든다. 아들의 엉덩이를 먹고 난 후 배가 부르자, 이 새들은 그를 구해 준다. 아들은 마을에 돌아오자, 복수를 한다. 그는 사슴으로 변신한 후 아버지를 공격하여 뿔로 꿰뚫어 버린다. 죽음의 축제로부터 남은 것은 물 속에 잠긴 앙상한 뼈다귀와, 수생 식물의 형태로 떠다니는 허파들뿐이다. 아들은 또한 아버지의 부인들에 대해서도 복수를 하게 되는데, 그 가운데는 자신의 어머니도 끼여 있다.

해독(解讀): 요리의 매개

  레비 스트로스의 방식은 꿈에 대한 프로이트의 분석과 유사하다. 왜냐하면 각각의 시퀀스는 그것의 맥락으로부터 잘려지고, 다른 신화들에 있는 다른 시퀀스들과 비교되기 때문이다. 그러나 문제 제기의 방식은 근본적으로 정신 분석과 다르다. 왜냐하면 해석은 감각적 자질들의 위치들을 이항적으로 조직하는 데서 출발해 이 자질들 사이의 대립들을 개발하는 데 집중함으로써 아들의 죄, 즉 근친상간에는 무심한 것으로 드러나기 때문이다. 이 신화에서 보로로족은 근친상간의 죄에 대해 초연한 것 같다. 진정한 죄인은 주인공으로 여겨지는 근친상간의 당사자가 아니라, 아들에게 복수를 하려 했기 때문에 죽음의 벌을 받게 되는 아버지이다. 레비 스트로스에 따르면 신화의 의도는 다른 곳에 있다. 그것은 그것이 명료하게 말하는 바의 내용 속에 있는 것이 아니라, 음식 익히기——그러나 그 동기는 외관상 부재한다——의 기원에 대한 설명 속에 있다. 왜냐하면 요리는 하늘과 땅, 자연과 문화 사이의 훌륭한 매개이기 때문이다. 불의 기원 신화들은 날것과 익힌 것, 신선한 것과 썩은 것 사이의 이중적인 이항 대립을 나타낸다. 날것과 익힌 것을 결합시키는 중심축은 문화에 속한다. 반면에 날것과 썩은 것을 결합시키는 중심축은 자연에 속한다. 요리의 탄생에 불가결한 매개자인 불은 두 가지 방식으로 기능한다. 그것은 태양과 지상의 결합을 통해 분리를 피한다. 그것은 인간을 썩은 것으로부터 보호해 줄 뿐 아니라, 타버린 세계가 비롯될 수 있는 결합의 위험을 물리쳐 준다. 레비 스트로스의 해석이 지닌 근본적 법칙은 신화의 내적 조직에 해독을 집중시키고, 그렇게 하여 다양한 신화소들로부터 패러다임적 집합들에 이르는 것이다. 기준 신화의 의미를 밝히기 위해서는 긴 일련의 신화들에서 나타나는 기호 체계들의 교대적 집합들과 결합들에 대한 연구에서 보다 심층적인 합리성을 작동시켜야 한다. 이 때문에 의미 작용적 연쇄에 대한 그처럼 자세한 비교적·구성적 탐구가 필요한 것이다.

레비 스트로스가 익힌 것, 날것, 썩은 것, 탄 것과 같이 경험적이고 관찰할 수 있는 범주들로부터 출발하여 기술(記述)민족학적 관찰을 통해 복원시키는 것은, 원시 사회들의 사고 방식을 밝혀 주는 개념적 도구들이고 추상적 개념들이다. 레비 스트로스는 기술민족학적 관찰을 진지하게 고려하지만 이론적 지평을 우선시한다. 신화적 담론에서 식별할 수 있는 감각적 자질들은 5개의 근본적인 코드를 통해 오감을 중복시키는 논리적 존재로 승격된다. 신화적 사고는 라캉이 무의식을 연구하는 방식으로 언어처럼 구조화되어 있다. "신화적 사고는 자연 속에서 재료를 채취함으로써 자연적 소리들 가운데 음소들을 선택하는 언어처럼 작동한다."[14]

하부 요리와 상부 요리

《신화학》을 이루는 두번째 저서인 《꿀에서 재까지》를 통해 레비 스트로스는 감각적 자질들 사이의 대립들로부터 형태의 대립들로 이동한다. 빈/가득 찬, 포함하는/포함된, 내적/외적과 같은 대립들 말이다. 그리하여 우리는 분석이 복잡화되는 현상을 목격한다. 왜냐하면 분석은 동일한 것을 말하지만 더욱더 우회적인 방법을 통해 보다 덜 투명한 신화들을 대상으로 하기 때문이다. 이 신화들은 새로운 차원, 즉 문화에서 사회로, 구석기적 경제로부터 신석기적 경제로, 채집 사회로부터 농경 사회로의 이동이라는 차원을 반영한다. 꿀과 담배를 가지고 레비 스트로스는 동일한 영역, 즉 요리의 영역을 탐사한다. 그러나 주변을 중심으로 탐사한다. 왜냐하면 꿀과 담배는 '요리적 역설'[15]처럼 나타나기 때문이다. 인디언들은 꿀을 완전히 준비된 음식으로, 자연이 베푼 것으로 간주한다. 따라서 그것은 하부 요리적 성격을 띤 자연적 산물인 것이다. 자연으로의 하강을 상징하는 꿀은 맛있을 수 있으나, 또한 독이 있을 수 있다. 그러므로 그것은 양면성을 지니고 있다. 이런 이유로 그것은 그 안에 '꿀에 미친 딸'이라는 신화가 예시하는 위험을 지니고 있다. 이 신화는 자연 질서가 인간 문화에 행사하는 유혹과, 인간 문화의 해체 위험으로 귀결된다. 반대로 상부 요리적 성격의 산물로서 담배는 꿀이 해체시킬 수 있는 관계, 다시 말해 자연 질서와 문화 질서 사이의 그 관계를 재확립하는 기능을 지니고 있다. 소용돌이치며 상승하는 연기를 통해서, 그것은 꿀이 문화 쪽으로 부상함으로써 해체시키는 것을 상승적 양식으로 재구성한다. 레비 스트로스가 실현하는 두번째 이동은, 즉각적으로 지각할 수 있는 이미지들의 상징적 차원과 상상계의 새로운 범주를 구별하는 것이다. 이 범주는 상징 체계가 포함하지 않는 이미지가 필요할 때 개입한다. "우리는 모든 큰 신화적 주제들을 뒤집어서 이해한다. (…) 다소간은 마치 뒤쪽에 나타나는 얽히고설킨 실들을 통해 태피스트리 작품의 주제를 해독해야 하듯이 말이다."[16]

그러므로 인간의 삶은 문화 없는 자연과 자연 없는 문화가 나타내는 두 위험 사이에 불안정한 균형을 찾아내야 한다. 이 두 방식은 모두 빈곤의 위험으로 귀결되기 때문이다. 자연/문화라는 관계의 이러한 변증법적 발전은 《친족의 기본 구조》에서 우선적으로 하나의 사실로서, 세상의 이치로서 포착된 것인데, 여기서는 문화가 자연과 더불어, 그리고 동시에 자연에 반하여 형성되기 위해 필요한 신화처럼 이해되고 있다. "나는 동물심리학의 진보, 그리고 자연과학에 문화적 성격의 개념들을 개입시키려는 경향의 영향을 받은 이후로 적지않게 변화했다."[17] 그래서 자연/문화의 대립은 이동하여 내재적인 속성의 지위로부터 인간 정신에 고유한 모순을 지닌 현실로 넘어간다. "대립은 객관적이 아니다. 인간들이 대립이 객관적이라고 표현할 필요를 느끼고 있는 것이다."[18] 기술민족학적 맥락은 하나의 배경, 고찰의 출발점에 불과하다. 고찰은 신화가 비롯되는 민중의 믿음, 의식(儀式)과 같은 관습으로부터 벗어나 보다 높은 추상적인 수준에 도달해야 한다. 그 결과 "각 신화의 맥락이 점점 더 다른 신화들 속에 있도록"[19] 해야 한다. 그리하여 꿀과 담배는 날것과 익힌 것의 정태적인 개념과는 달리 역동적인 불균형들과 대립들을 공간의 용어들이 아니라 시간적 용어들로 나타낸다.

요리의 도덕

레비 스트로스는 《식사 예절의 기원》이라는 세번째 저서에서 남아메리카와 인접한 곳까지 자신의 공간적 지역을 확대한다. 그는 자신의 비교 연구에 북아메리카 인디언들의 신화들을 통합시킨다. 그래서 그는 용어들의 연구에 다양한 예절들 사이의 대립을 대체하면서 보다 높은 복잡화의 수준에 다다른다. 용어들은 예절들에 따라 사용되고, 예절들과 결합되어 있거나 분리되어 있다. 우리는 도덕의 출현이라는 새롭고 중심적인 대상과 더불어 요리적 매개의 영역이 있다. 감각적인 것의 설명, 형태들의 설명 다음으로 논리들의 설명이라는 세번째 수준에 와 있다. 여기서 문제되는 것은 명제들의 논리이다.

규칙적인 세계는 경계선이 조금만 이동되고, 적절한 거리가 조금만 위반되면 위협받는 세계가 된다. 올바른 관용(慣用)은 이 수준에서 매개적 역할을 한다. 그래서 자연적이든 문화적이든 모든 세계가 겪는 위반은 어떤 것이든 동요를 감당해야 한다. 레비 스트로스는 2개의 윤리를 대립시킨다. 하나는 개인으로서 보호받기 위해 위생 수단을 존중하는 서구인의 윤리이다.

반면에 원시 사회에서 이 수단이 존중되는 것은 자신의 불결로 인해 다른 사람들이 희생자가 되지 않도록 하기 위해서이다. 그리하여 '개화된 인간'과는 반대로 '야생인'은 세계의 질서 앞에 더욱더 겸손을 나타낸다. 따라서 요리의 기원과 요리의 주변적인 것들 다음으로 레비 스트로스는 요리의 외형적인 면들, 즉 음식을 준비하고 소비하는 다양한 방식들을 식별하는 데 집중한다. 각각의 단계가 보여 주는 것은 "문화가 하나의 영역이 아니라 하나의 작용으로, 즉 대자연을 하나의 진정한 세계로 만드는 작용으로 규정된다는 사실이다. (…) 이러한 작용은 분리시키면서 동시에 결합시키는 매개이다."[20] 따라서 자연은 끊임없이 문화화되고, 문화는 반대로 자연화된다. 신화적 사고는 여기서 두 방향으로 작용체의 역할을 한다.

4부작

1971년에 4부작의 네번째이자 마지막 저서인 《벌거벗은 인간》이 출간됨으로써 7년 동안 지속되면서 《신화학》이라는 예외적 작품을 낳았던 모험 전체가 막을 내린다. 언론 출판계는 사건을 격에 맞게 환영한다. 《르 몽드》지는 관련된 글들을 싣는다. 그 속에서 우리는 레비 스트로스가 레이몽 벨루르와 한 대담 외에도 엘렌 식수의 글 〈한 작가의 시선〉, 마르셀 데티엔과 장 피에르 베르낭의 〈에우리디케, 여자-꿀벌〉, 언어-음악학자 니콜라 뤼베의 〈누가 유산을 남겼는가?〉, 그리고 카트린 바케스 클레망의 글을 읽을 수 있다.

텔레비전은 《르 피가로》지가 〈학구적인 일요일〉이라 규정하는 프로, 즉 〈일요 초대석: 레비 스트로스〉를 시청자들에게 방영하기까지 한다. 레비 스트로스는 그가 창립한 사회인류학 연구실에 주역은 남겨두기로 결정한다. 그래서 프랑수아즈 조나벤드 · 피에르 클라스트르 · 모리스 고델리에, 그리고 프랑수아즈 이자르가 현장에서 수행한 일련의 조사가 화면에 전개된다. 레비 스트로스의 《벌거벗은 인간》과 4부작 전체는 모두에 의해 확고하게 인정된다. 그리하여 그는 사회과학의 영역에서 바그너와 유사하다.

우선 보기에 이 네번째 책은 더 이상 요리나 요리적 메타포가 문제되지 않는다는 점에서 이전의 세 저서와 어긋나 있는 것 같다. 그러나 사실은 심층적 통일성이 4부작 전체를 결합시키고 있으며, 《신화학》의 첫번째 용어가 '날것'이었다면 마지막 용어는 '벌거벗은'이 될 것이라는 점은 레비 스트로스에게 처음부터 분명했다. 왜냐하면 그가 이 신화적 여정을 마쳤을 때 브라질 보로로족의 기준 신화에 상응하는 것을 재발견하기 때문이다. 뿐만 아니라 "열대 아메리카 인디언들에게 자연에서 문화로의 이동이 날것에서 익힌 것으로의 이동에 의해 상징된다면, 북아메리카 인디언들에게 그것은 패물·장신구·의복의 창조와 나아가 상업적 교환의 창조에 의해 상징되고 있다."[21] 열대 아메리카의 자연 상태——다시 말해 날것의 상태——로 되돌아간 주인공에게 북아메리카에서 벌거벗은 상태로 되돌아간 주인공이 대응한다.

이 네번째 저서는 경제적 하부 구조의 고유한 결정론들로 회귀하고 있다. 4부작은 《벌거벗은 인간》과 더불어 마감된다. "그리하여 하나의 방대한 체계가 닫히는데, 이 체계의 불변하는 요소들은 불을 정복하기 위한 지상과 하늘 사이의 싸움 형태로 끊임없이 재현될 수 있다."[22] 따라서 창설적인 결정적 사건은 지상의 주인공이 자발적이든 아니든 하늘에서 모험을 감행하여 불을 정복하는 것이다. 지상의 화덕은 익히는 요리 기술을 통한 불과 물의 이중적 정복에서 주요한 조작자처럼 나타난다. 신화적 이야기들의 진정한 중심축인 지상의 화덕은 중심적 조작자로서 형식적인 구조의 역할을 한다. "지상의 화덕에 대해 예견된 이미지는 (…) 자연 상태로부터 사회 상태로의 이동을 결정짓는다."[23]

《벌거벗은 인간》의 '피날레'는 음악 모티프식으로 제1권의 서두에 대응하는데, 여기서 레비 스트로스는 신화의 구조에 접근하기 위해 주체의 소멸이라는 방법론적 필요성을 상기시킨다. 그리하여 그는 주체를 공격함으로써 그가 철학적 담론의 주장들에 대항해 끊임없이 벌여 온 논쟁을 다시 시작한다. 인간의 세계를 메마르게 하고 빈곤하게 만든다고 자신에게 가해진 비판에 대해, 그는 그가 연구한 사회들에 의해 표현된 메시지들의 형식적 환원을 통해 이렇게 답변한다. "철학은 인문과학으로 하여금 의식을 위해 의식 자체 이외에는 다른 연구 대상을 인지할 수 없게 만듦으로써 너무나 오랫동안 인문과학을 하나의 고리 속에 가두어 놓는 데 성공했다. (…) 루소·마르크스·뒤르켐·소쉬르, 그리고 프로이트 이후로 구조주의가 수행하려 하고 있는 바는 의식에 다른 대상을 드러내는 것이다. 따라서 인간 현상과 관련해서 의식을 자연과학이 보여 준 위치——이 위치만이 인식으로 하여금 작용할 수 있게 해주었다——에 비교될 수 있는 위치에 갖다 놓아야 한다."[24] 이와 같은 비판의 지평에는 무엇보다도 인류학적 지식에 힘입어 인간 정신의 작용 조건들에 접근함으로써 자연과학의 지위에 다다르려는 희망이 있다. 자연과 문화 사이의 내적 긴장은 한편으로 인간 뇌에 있는 뉴런의 본성이 지닌 신성한 법칙들에 다다르겠다는 야심과, 다른 한편으로 예술 작품을 만들기 위해 인문과학의 탐구 영역을 선택했던 창조자의 결코 숨길 수 없는 의지 사이에서 레비 스트로스의 담론 자체가 내적으로 일으키는 긴장으로 배가된다.

이와 같은 긴장은 《신화학》의 구성 자체에서 감지될 수 있다. 이 구성은 바그너의 4부작을 모델로 해서 구상되었다. 카트린 바케스 클레망이 보여 주듯이 단 한 가지 예외를 제외하면 말이다.[25] "《날것과 익힌 것》은 요리의 기원을 다루고, 그렇게 하여 《라인 강의 황금》의 세계 창조, 즉 율법의 주제를 반복한다. 《식사 예절의 기원》은 친족 관계, 근친상간, 그리고 근친상간의 회피를 다룸으로써 《발키리》에 대응한다. 《꿀에서 재까지》는 야만성의 문화적 적응으로서 《시그프리드》에 대응한다. 《벌거벗은 인간》은 '피날레'에 다다르기 위해 구축된 체계가 사라진 다음 기원으로 회귀함으로써 《신들의 황혼》에 분명하게 대응한다. 음악적 유사함은 레비 스트로스가 수직적으로, 그리고 수평적으로 읽혀져야 하는 오케스트라 악보에 신화적 대상을 비교하는 〈신화의 구조〉에서 신화 연구 계획을 규정한 이래로 한결같다. 《날것과 익힌 것》은 음악에 헌정되고 있고, 둔주곡의 형태를 취하고 있다. 음악의 참조는 《벌거벗은 인간》에서 더욱 명료하다. "내가 음악이 소리들을 가지고 창조하는 작품들에 비교될 수 있는 작품을 의미들을 가지고 만들려고 했다는 점은 분명한 것 같다."[26]

레비 스트로스에게 음악과 신화는 신화적 이야기 속에 그 구성법이 재발견되는 둔주곡의 창조 이후로 서로의 뒤집어진 이미지들처럼 나타난다. 음악은 신화의 뒤를 잇는다. "신화가 죽을 때 음악은 예술 작품들이 그렇듯이 신화적이 된다."[27] 한쪽에는 구조인류학의 프로그램이 드러내는 과학만능주의적은 아닐지라도 과학적인 관점이 분석 능력에 대한 증대된 낙관론과 더불어 끊임없이 반복된다. "구조주의는 인문과학이 이전에 지녔던 모델들과는 비교가 안 되는 힘을 발휘하는 인식론적 모델을 인문과학에 제안한다."[28] 타깃으로 삼은 것은 분명 철학이다. "너무나 오랫동안 철학적 무대를 차지했던 견딜 수 없는 그 응석둥이"[29]인 주체에게 언제나 특권을 부여해 왔던 철학 말이다.

자연주의적 구조주의

레비 스트로스가 인간을 재발견한다면 인간성으로서 재발견하는 것이다. 그래서 《벌거벗은 인간》에서 그는 지각의 여건이 이항 대립의 형태로 되풀이되는 것을 보여 주는 연구들, 다시 말해 시각과 대뇌피질에 대한 연구들에 의거하고 있다. 따라서 이원주의는 현실에 접목된 단순한 외부적인 논리적 장치가 아닐 것이다. 하지만 사실 그것은 인간 육체의 작용 성격을 재현시킬 뿐이다 할 것이다. "그래서 그것이 우리의 신경 및 뇌 조직의 직접적인 특성을 구성한다 할지라도, 또한 그것이 피상적으로 서로 환원될 수 있을 것 같은 인간 경험들을 일치시키게 만드는 데 가장 적합한 공통점을 제공한다고 할지라도 놀랄 일이 못될 것이다."[30]

그러므로 레비 스트로스는 자신이 전개한 모험의 지평을 바라보며 최종 판결일에 자연과학들 가운데서 깨어나기를 희망하고 있다. 이러한 상승을 위해 지불해야 할 대가는 의미 작용적 연쇄로부터 신화의 서술적 내용들을 제거하는 것이고, 음소들처럼 신화소들을 하나의 대립적인 가치로 환원시키는 것이다. 그래서 과학적 정복은 양립성 혹은 양립 불가능성의 관계에 토대를 두지만, 레비 스트로스를 하나의 신화 내에서 신화소들의 관계 정립에 기여하는 '논리적 형식주의' [31]로 이끈다. 이 형식주의는 패러다임적 집합들을 구성하는 상이한 신화들에서 취한 신화소들의 통합체적 연결과 겹침을 설정한다. 정신은 자연을 반복한다. 왜냐하면 그것은 자연이기 때문이다. 동형군(l'isomorphie)은 총체적이고, 현실의 이러한 두 질서 사이의 전통적 단절을 문제삼는다. 이런 관점에서 우리는 레비 스트로스의 근본적 유물론에 대해 이야기할 수 있다. 우리가 그에게 그의 의미 작용적 연쇄들이 어떤 궁극적 기의로 귀결되는지 묻는다면, "이 책이 암시하는 유일한 대답은 신화들이 정신을 의미하고, 정신은 그것 자체가 속하는 세계를 이용해서 신화들을 구상해 낸다" [32]라고 그는 밝힌다.

따라서 분명 이 신화적 연쇄들 속에 작용하고 있는 인과론이 존재한다. 그러나 그것은 신경회로망에 속하고, 정의상 신화적 명제들의 의미론적 내용과, 나아가 이 내용이 귀결되는 사회적 지시 대상과 어떤 거리를 함축한다. 물론 《신화학》의 4부작은 레비 스트로스가 갖고 있는 모든 기술(記述)민족학적인 정보들을 통합하고 있기 때문에, 이 사회적 지시 대상이 그 속에 없지 않다. 그러나 그것의 타당성은 단순한 배경으로 한정된다. 다시 말해 사고 방식에 결정적으로 영향을 미치지 않고 사용되는 단순한 기본 재료에 한정된다. 왜냐하면 오직 문법적인 수준에서만 신화는 그것의 발화가 지닌 논리적 제약들을 드러내기 때문이다. 따라서 이 문법적 수준은 신화 필요성의 유일하고 타당한 차원을 나타낸다. 오직 그것만이 정신적 울타리에 접근하게 해주며, 그것이 나타내는 징후를 통해서 그것이 언급을 회피하는 것을 드러낸다. 신화의 진실은 "내용을 상실한 논리적 관계 속에, 보다 정확히 말하면 불변적 속성들을 통해 작동적 가치를 소진시키는 관계 속에 있다."[33] 그리하여 레비 스트로스는 사회적 현실과 신화 사이의 거울적 관계를 피할 수 있다. 당연히 그는 반영의 사상에 고유한 메커니즘들로부터 벗어나지만, 이는 신경회로적인 것 이외의 모든 외부적 제약으로부터 벗어나는 신화의 내부적 논리를 이 반영의 사상에 대체하기 위해서이다.

사회적인 것에 대한 문화적 영역의 필연적 독립은 그 논리가 끝까지 감으로써 사회적인 것으로부터 독립적인 지평이 된다. 음운론적인 모델은 코드를 위해서 사회적 내용, 즉 메시지를 이처럼 제거하는 데 이론적 토대의 구실을 한다. "신화를 구성하는 요소들이 독립적인 의미가 결여되어 있다는 명제는 음운론적 방법을 신화에 적용한 결과이다. 왜냐하면 의미의 부재는 음소들의 특징이기 때문이다."[34] 이런 관점에서 신화와 음악의 유사성은 레비 스트로스의 경우 대상으로부터 벗어난 이론을 구축하겠다는 야심을 뒷받침해 준다. 물론 이로부터 어떤 매혹적인 순간에 레비 스트로스의 작품 자체가 비롯된다. 그러나 모든 해석학적 관점의 원칙적인 포기를 함으로써 손실을 치러야 한다. 논리주의적인 환원은 라캉의 경우와 마찬가지로 의미 작용적 연쇄에서 정서를 피한다. 그리하여 아메리카 인디언 사회의 성(性)은 성적인 목적을 제외하고는 모든 것에 소용된다. 그것은 '개폐(開閉)의 변증법'[35]에 부합한다. 따라서 그것만이 문제되는데도 그것은 성적 특성이 제거된 세계로 열려져 있다. 레비 스트로스와 라캉 사이의 방법의 구조적 유사성은 "성적 관계는 존재하지 않는다"는 라캉의 유사한 단언에 의해 다시 한 번 분명하게 드러난다. 마찬가지로 이러한 회피는 주체, 다시 말해 실재하지 않는 장소로서 이해되어 익명의 사유에 제공된 주체의 부정으로부터 비롯된다. 이 익명의 사유가 그것(사유)에 대한 보다 나은 인식의 약속과 더불어 주체 안에서 전개되지만 말이다. 그러나 주체가 부정되기 위해서는 주체가 "거미처럼 구조적 망 속에 해체되어야 한다"[36]는 조건이 따른다.

시간을 없애는 장치

《신화학》에 나타나는 또 다른 죽은 지평은 역사이다. 그래서 레비 스트로스는 신화들이 시간성과 맺고 있는 특별한 관계를 인식한다. 음악과 신화는 "실제로 시간을 제거하는 장치들이다."[37] 레비 스트로스가 선택한 대상은 철학자들과 가진 논쟁에서, 그가 역사성에 부여된 터무니없는 것이라고 판단하는 특권을 불안정하게 만들기 위한 입증의 가치를 지닌다. 그렇다고 역사가 부재하는 것은 아니다. 우리가 이미 본 바와 같이 레비 스트로스는 기능주의가 역사를 모른다고 비난한다. 그러나 역사는 단순한 우발성의 영역에 속한다는 것이다.

역사의 위치는 "환원 불가능한 우발성으로 당연히 돌아가는 위치이다. (…) 생존할 수 있기 위해서 구조들을 향한 하나의 연구 전체가 사건의 힘과 쓸모없음 앞에서 경의를 표하는 것으로 시작하고 있다."[38] 따라서 레비 스트로스가 배열하는 이분법들——필연성/우발성, 자연/문화, 형태/내용 등——이 구조를 과학 쪽에 위치시키고 사건을 우발성 쪽에 위치시킨다는 점에서, 과학적 방법에 선결되어야 할 것으로 제시되는 클리오[2]의 억압이 있다. 그런데 역사성의 이와 같은 추방은 한대 지방 사회들에 특유한 점이 아니다. 그렇기 때문에 레비 스트로스는 '그리스의 기적'(신화적 사고로부터 철학적 사고로의 이동)을 단순한 역사적 상황으로 이해한다. 이 역사적 상황은 기적이 그곳에서 일어났지만, 다른 곳에서 일어날 수도 있었을 것이다라는 점 이외는 아무것도 의미하지 않는다. 왜냐하면 어떠한 필연성도 이 기적을 불가피하게 만들지 않기 때문이다. 레비 스트로스는 신화적 모험이 끝났을 때, 자신의 탐구에서 궁극적 단계에 도달해 자신의 입장을 급진화시킨다. 신화가 드러낸 시간의 질서는 프루스트적인 되찾은 시간일 뿐만이 아니

---

2) 그리스 신화에서 아홉 뮤즈 가운데 하나로서 역사를 관장한다.

라 '제거된' [39] 시간이다. "신화의 분석이 끝까지 갔을 때, 그것은 역사 자체가 취소되는 수준에 다다른다."[40]

여기서 우리는 구조주의적 패러다임의 주요 특징을 다시 만난다. 그것은 현재에 부여된 특권이다. 그러나 이 현재는 땅바닥에 고정된 정적인 시간성 속에 과거와 미래가 해체되는 정지된 현재이다. 이는 화해된 현재 속에서 시간의 흐름에 대한 관념과 역사적 목적론을 모두 거부하는 사상이다. 레비 스트로스는 마르셀 프루스트로부터 '시간의 질서를 넘어선 인간'[41]에 대한 관념을 빌리고 있다. 시간으로부터 이와 같은 해방, 역사의 이와 같은 거부는 레비 스트로스로 하여금 '현전의 철학을 재정착시키게'[42] 만든다. 이 현전은 역사, 다시 말해 이원적으로 이루어진 기계처럼 기능하는 뇌, 즉 보편적 유전자형의 역사를 몰아낸 자연의 현전에 다름 아니다. 그것은 살아 있는 현재의 물질 속에 인간의 사유를 재편입시킨 것이다.

인간들의 쇠퇴

역사의 이와 같은 종말은 《벌거벗은 인간》의 '피날레'에서 쇠퇴의 주제로 안내한다. 신화적 세계를 밝혀내는 대(大)작품이 끝나갈 때, 레비 스트로스는 독자로 하여금 작업을 시도한 이래로 그에게 활기를 불어넣었던 역사적 비관론을 예감하게 만든다. 정치하게 연구된 그 모든 것은 결국 소멸과 필연적 죽음을 면할 수 없는 한 세계의 일시적 개화에 불과하다. 그러므로 《신화학》은 바그너의 신들의 황혼을 반복하는 인간들의 황혼에 의해 마감된다. 이 신화들은 "서서히 개화되고 닫혀, 마치 결코 존재한 적이 없었던 것처럼 아득히 사라지는"[43] 복잡한 구조물을 투명하게 드러낸다.

시간은 그것이 소멸하는 논리 자체 속에서 흐른다. 시간 자체가 그것의 소멸을 황혼의 분위기 속에 집어넣는다. 그리하여 그것은 그것에 대해 하나의 인류학이 제시하는 최초의 견해, 즉 엔트로피로서 견해를 충만하게 구현한다. "죽음의 서정성은 가장 아름답지만 또한 가장 무섭다."⁴⁴⁾ 그러므로 구조는 매우 복잡한 개념적 장치의 전개라는 대가를 치르고 그 자체에게 모습을 드러냈지만, 죽어야 한다는 메시지를 빼면 우리에게 전달해 줄 메시지가 아무것도 없다. "따라서 그 거대한 노력은 아무 보람이 없는 한계에 다다르고 말았다. 그것은 그 아무것도 아닌 것에 이르렀고, 이 **아무것도 아닌 것**이 그 화려한 '피날레'의 마지막에 우연치 않게 위치한 마지막 말이다."⁴⁵⁾ 그러나 철학자들, 특히 사르트르와 레비 스트로스가 벌인 논쟁, 그리고 철학 일반에 대해 그가 유지한 가볍고 쌀쌀한 톤 때문에 그에게 철학이 없었다고 믿어서는 안 된다.

그는 구조주의를 과학적 방법이나 혹은 문학적 차원에서 어떤 반향을 일으키는 새로운 감성으로서뿐 아니라, 이제 시효가 지나 권리를 상실한 한 역사의 종말에 관한 철학으로서 끊임없이 구상했다. 이런 관점에서 장 마리 도므나크에 따르면 "그는 문화의 그 격렬함, 그 생명, 그 활력을 지식을 통해 죽임으로써 그런 파괴에 기여했다. 끔찍한 것은 이 철학의 파괴적 측면이다. (…) 희망이나 소생을 통해서 위쪽으로 벗어나지 않고, 그는 내가 진혼곡이나 깊은 바닥이라 부른 것을 통해 벗어나고 있다. 이제 남은 것은 글쓰기가 엔트로피 속에 침몰되도록 하는 것밖에 없다."⁴⁶⁾ 분명 인간들의 이와 같은 황혼 속에는 역사 앞에서 물러나는 사임 같은 것이 있다.

구조주의는 그것이 자양을 얻었던 이데올로기들이 해체되는 징후이다. 이런 차원에서 그것은 또한 잔재가 없는 하나의 종합적 이데올로기의 개략적인 재구성이다. 이 종합적 이데올로기는 종합 정신의 전개이자 동시에 현기증나는 장례적 소용돌이 속에 이 정신이 파괴됨을 나타낸다.

28

아프리카: 구조주의의 한계

레비 스트로스와 그의 뒤를 잇는 많은 인류학자들은 원주민들의 사회적 관습이 지닌 무의식을 보다 잘 이해하기 위해 구조적 방법을 사용하면서 아메리카 대륙을 누비고 다녔다. 아프리카로 탐구 영역을 돌린 사람들은 식민지 역사에 직접적으로 부딪친 사회들을 제대로 설명하지 못하는 구조적 패러다임에 대해 더욱더 거리를 둔 것 같다. 뿐만 아니라 연구자들은 민족 말살로부터 살아남은 빈약한 인디언 공동체들보다 훨씬 대규모의 민족들에 대해 작업을 해야 했다. 지역적인 신앙 및 관습과 식민지 제도가 뒤얽힘으로써 아프리카 사회 조직의 이원적 환원이 어렵게 되었고, 따라서 구조적 패러다임을 적용하는 지리적 범위가 상대화되었다. 그러나 아프리카 전문의 구조주의적 인류학자들이 있지만, 레비 스트로스를 추종하는 아메리카 전문가들과 조르주 발랑디에의 제자인 아프리카 전문가들 사이의 탐구 영역을 가르는 경계와 결합될 수 있는 인류학적 분야에서 이원성의 가정을 해볼 수 있다. 설사 그러한 입지가 매우 환원적이라 할지라도 말이다.

조르주 발랑디에: 아프리카학

조르주 발랑디에는 한 세대의 아프리카 전문가들을 입문시킨 자이다. 그는 그의 모델이었던 미셸 레리스에 의해 민족학 교육을 받았으며, 장 뒤비뇨·로제 바스티드 등과 함께 바노 가(街)에 있는 조르주 귀르비치의 집에 모였던 소규모 사회학자들의 서클에 속했다. 그는 검은 아프리카의 사회학을 반식민적인 전투적 관점에서 구상한다. 따라서 그의 작업 지평은 정치적 차원을 정면으로 고려한다. 구조주의의 희생자였던 조르주 발랑디에는 60년대 지배적인 패러다임에 대해 비판적 입장을 취함으로써 비싼 대가를 지불하게 된다. "나는 콜레주 드 프랑스에서 비싼 대가를 지불했다. 클로드 레비 스트로스는 내가 추천할 수 있었던 후보들과 동등한 후보들을 내세우기 위해 수단 방법을 가리지 않았다."[1]

그러나 그는 레비 스트로스가 콜레주 드 프랑스에 들어올 때까지 6-7년 동안 그와 매우 관계가 깊었다. 두 사람 사이의 불화는 하찮은 사건 때문이었던 것 같다. 그것은 다름 아닌 레비 스트로스에게 전달된 심술궂은 말장난이었는데, 이것에 대해 그는 집요하고 깊은 원한을 품었던 것이다. 따라서 두 사람 사이의 결별이 상이한 연구 방법 및 영역의 선택에도 불구하고 필연적인 것은 아니었다. 그들은 무엇보다도 1954년 이후에 유네스코와 관련된 조직인 국제사회과학회의에 같이 참여하고 있었으며, 레비 스트로스는 사무국장이었고, 조르주 발랑디에는 연구실장이었다. "그 모든 것은 사소한 사건, 일종의 험담 때문에 악화되었다."[2] 그리하여 논쟁은 1962년부터 조르주 발랑디에가 제시한 일련의 주장들이 모순적이라고 강력하게 비판됨으로써 시작되었다.[3] 결렬은 결코 극복되지 못한다. 그러나 그것은 돌발적 사태나 구겨진 자존심을 넘어서 상이한 두 방향을 분명하게 상징한다.

사실 조르주 발랑디에는 전후의 실존주의에 강하게 물들어 있었다. 제2차 세계대전 동안 레지스탕이었고 인간박물관 및 미셸 레리스와 관계가 깊었던 그는, 후자에 의해 《현대》지를 이끌고 있었던 사르트르 측근들에 소개되었다. 그러나 그는 전후의 큰 논쟁들에 참여하지 않는다. 왜냐하면 그는 인류학자로서 1946년부터 다카르에서 검은 아프리카로 떠나기 때문이다. 그리하여 그는 《아프리카의 현재》지의 편집장이 된다. 그는 아프리카에서 반식민지 활동에 전적으로 참여하고, "일부 아프리카 지도자들 곁에서 이 활동의 적극적인 행동대원이 된다."[4] 목전에서 이루어지고 있는 역사의 수취인으로서 조르주 발랑디에는 레오폴 세다르 상고르·세쿠 투레·우푸에 부아니·은크루마 같은 지도자들을 거의 매일같이 상대한다. 그래서 그가 상이한 문화로서 주장된 흑인적 특성, 타자 그리고 이타성의 모습을 발견하지만, 즉각적으로 그는 한창 비등하고 있는 하나의 역사에 참여한다는 생각이 들었다. 그는 식민지 간부들에 적대적이었고, 정치적 해방에 대한 욕망이 있었을 뿐 아니라, 식민지적 단절을 넘어서 자신들의 역사를 다시 잇고자 열망하는 민족들의 역사적 주장을 보았기 때문이다.

그의 연구 영역은 한창 변화하고 있었다. 반둥회의 이후로 아프리카 대륙은 봉기하고 있었고, 대립이 증가했다. 동시에 민중들은 빈곤화·빈민굴 등을 경험했다. 정당들과 노동조합들이 당시까지 씨족적이었던 세계에서 출현한다. 따라서 조르주 발랑디에가 발견하는 것은 시간 속에 고정된 사회의 반대이다. "그러므로 나는 이 사회들에서 신화가 모든 것을 만들고, 역사는 존재하지 않는다는 관념에 전혀 동의할 수 없었다. 이 관념이 내세우는 사실은 모든 것이 관계 및 코드화의 체계이고, 여기에 수반되는 하나의 논리, 즉 가능한 교체들의 논리가 사회가 균형잡히도록 해준다는 것이다."[5] 반대로 발랑디에는 혼돈의 움직임과 풍요로움, 통시성과 공시성의 분리할 수 없는 성격을 발견한다. "내가 배우는 것은 사회들이 수동적으로 생성되는 것이 아니라 스스로를 생성한다는 점이다. 그리고 역사가 다르게 이루어지고 복수적이라 할지라도, 어떤 사회도 역사로부터 벗어나지 못한다는 점이다."[6]

프랑스에 돌아오자, 발랑디에는 고등연구원의 제6분과에 들어가 검은 아프리카 사회학 연구부를 설립한다. 동시에 그는 1954년 망데스 프랑스가 이끄는 정부의 앙리 롱샹봉 정무차관실에 들어가 인문과학 분야를 담당한다. 1961년에 그는 장 이폴리트의 부름을 받아 울름 가(街)의 고등사범학교에서 한 세미나를 맡아 1966년까지 이끌게 된다. "구조주의는 그것의 물결 속에 많은 것을 휩쓸어가 버린 후, 모든 것을 적시는 하나의 유체와 같았다."[7] 바로 60년대에 승리를 구가했던 구조주의의 이 명소에서 그는 인류학을 위해서 몇몇 지리학자·역사학자·문학자·철학자들, 예컨대 장 노엘 잔네이·

레지 드브레 · 에마뉘엘 테레 · 마르크 오제 같은 사람들을 해고하는 데 성공한다.

그가 알제리 전쟁에서 싸웠던 한 세대에 대해 발휘했던 매혹은 자신의 이론적인 방법을 역사의 소용돌이와 대면시키고, 과학적 연구소라는 상아탑에 갇히는 것을 피하는 그의 능력과 관련되어 있다. 1962년도 학기가 시작되자, 그는 소르본대학에서 첫 강의를 한다. "내가 설명했던 아프리카학은 구조주의적 유행에 아무것도 양보하지 않았다."[8] 아프리카에 도착했을 때 발랑디에에게 우선적으로 충격을 준 것은 사회적 비참이었다. 그는 곧바로 정치를 해방을 얻는 수단으로 간주했다. 그리고 그에게 이런 차원은 그를 구조주의적 방법과 구별시켜 주는 특별한 연구 대상이 되었던 것이다. 그는 1967년에 《정치적 인류학》을 출간하고 억압적인 힘의 단순한 관리로서의 권력이라는 고전적 비전을 넘어선다. 그는 그 속에 상상계와 상징계의 차원들을 포함시킨다. 그리하여 그는 정치적 권력을 장악한 자의 변모된 육체를 분석의 중심에 놓음으로써, 아프리카 영역에서 마르크 블로크의 《기적을 일으키는 왕들》이란 연구와 합류한다. 그리고 그는 프랑스에서 구조인류학의 사각지대로 남아 있는 정치적인 것을 피해 구축된 구조주의적 전통에서 폭넓게 은폐된 하나의 차원을 강조한다. 발랑디에는 1945년 이래로 영미 계통의 정치 우선적인 아프리카 전문가들, 예컨대 마이어 포티스 · 존 미들턴 · 지그프리드 프레데릭 나델 · 마이클 가필드 스미스 · D. 앱터 · J. 비티 같은 자들의 작업에 의지해야만 했다.

그는 정치 체계의 연구에 적용된 구조주의적 방법에 대해 에드먼드 리치가 표현한 비판을 받아들인다. 카친족[1]의 정치 조직의 경우에서 에드먼드 리치는 귀족적 중심체와 민주적 중심체 사이에 흔들림, 사회-정치적 구조의 끊임없는 변동과 조정을 필요로 하는 그 흔들림을 식별해 낸다. "여러 구조주의적 분석의 엄격성은 외관상에 불과하고 기만적이다."[9] 왜냐하면 그것

---

1) 중국과 인접한 미얀마에 정착한 티베트-미얀마계 종족이다.

들은 균형잡힌 비현실적 상황들에 토대를 두고 있기 때문이다. 레비 스트로스의 것과는 다른 도정을 통했지만, 발랑디에는 서구적 민족중심주의를 문제삼는다는 차원에서 그와 연속선상에 있다. 이 서구적 민족중심주의는 정치적인 것에 관한 고찰의 분야에서 정치적인 것을 국가 기구에 한정시키면서 제한적인 정의를 제시하는 경향을 보였던 것이다. 이미 1940년에 에드워드 에번스 프리차드는 수단의 누에르족(les Nuer)의 경우에서, 그리고 마이어 포티스는 가나의 탈렌시족(les Tallensi)의 경우에서 국가가 없는 분할된 체계들과 국가적 체계들 사이의 이분법을 확립했다.[10]

그러나 발랑디에는 강제의 원칙이라는 유일한 원칙에 근거한 유형학을 문제삼으며 보다 멀리 내다본다. 그가 이 유형학에 대체하는 것은 사회적 층위들과 친족의 법칙들을 함께 정치적인 것으로 포함하여 고려하는 종합적 접근 방법이다. 따라서 그는 변수들을 내생적(內生的) 논리에서 연구하기 위해 그것들을 분리시키는 구조주의적 가정을 인정하지 않고, 이것에 반대해 현실계·상상계[영상계] 그리고 상징계의 다양한 층위들이 역동적이며 본질상 불안정한 균형 속에서 뒤섞이는 총체적인 방법을 내세운다. 이러한 견해는 주창자들에게 선택의 자유를 주는 개방적 전략들과 같은 개념들에 위상과 적합성을 부여하게 해준다. 그것은 결혼을 통한 동맹들, 모두가 정치적 장치의 부분들로 구상된 그 동맹들의 유희를 통해서 권력 관계 속에 친족 관계를 포함시킨다.

그러므로 발랑디에에 따르면, 그때까지 인류학이 주장했던 것과는 달리 정치가 친족 관계가 끝나는 지점에서 시작된다고 주장될 수 없다. 이러한 접근 방법은 역사학적 문제 제기들로 개방되게 해준다. "인류학과 정치사회학 그리고 역사학은 노력을 결속시키도록 유도되어 왔다."[11] 그러한 접근은 역사학자들과의 대화를 가능하게 해주고, 이 대화는 실제로 1968년에 이루어진다. '역사의 월요일'이라는 방송 프로그램이 발랑디에의 저서를 다루었고, 여기서 저자는 자크 르 고프 및 피에르 비달 나케와 토론을 벌였다.[12] 발랑디에의 종합적이고 통시적인 방법은 실제로 역사가들, 특히 중세 전문 역사가들의 연구와 유사하다. 이들이 다루는 무훈시와 같은 일부 원전들은 혈족간의 전쟁을 모두 정치적 목적으로 기술하고 있다. 따라서 발랑디에가 정치적인 것에 대해 부여하는 정의는 폭이 매우 넓다. "인간들의 지배를 확보해 주는 수단으로서의 정치와 인간들이 사용하는 전략들의 도구로서의 정치를 구분해야 한다. 두 수준을 뒤섞는 경향이 지나치게 나타나고 있다."[13]

발랑디에와 레비 스트로스의 후계자들

레비 스트로스와 발랑디에 가운데 누가 더 영향력이 있었는지를 알아보기 위해 이들 각자의 명성을 면밀히 검토해 보았자 아무런 득이 없을 것이다. 분명한 것은 구조주의의 물결이 레비 스트로스를 영광의 정상에 올려 놓았고, 발랑디에를 상대적으로 그늘에 가려지게 했다는 점이다. 그러나 역사의 부당함을 바로잡아야 하고, 수많은 교육 과정과 활동을 조직했던 발랑디에의 결정적이지만 때로는 제대로 평가받지 못한 영향력을 재평가해야 한다. 레비 스트로스의 후계자들이 있지만, 발랑디에의 후계자들, 특히 아프리카 전문가들도 많다. 이들 가운데는 이중적 계보를 스스로 인정하는 '절충자들'도 있다.

이중의 계보를 가진 자들 가운데 사회고등연구원의 현재 원장인 마르크 오제가 있다. 1960년에 그는 고등사범학교에서 문학교수자격시험을 준비하고 있었는데, 철학과 문학에 이중으로 매력을 느껴 어떤 방향으로 나아가야 할 것인지 잘 알지 못했다. 그리하여 그는 레비 스트로스와 발랑디에에 자문을 구하게 된다. 당시에 그는 민족학이 글쓰기에 대한 자신의 취향과 보다 사변적인 고찰에 대한 자신의 욕망을 조화시켜 주는 중간적 길이라고 생각했던 것이다. 발랑디에 덕분에 그는 해외과학기술연구국에 들어갈 기회를 잡는다. 그리하여 그는 1965년에 코트디부아르를 통해 아프리카 대륙에 상륙한다. "발랑디에를 만나 자문을 구해 보라고 말한 사람은 내 친구 피에르 보나

페이다. 그리하여 나는 매우 주의력이 깊고, 또 비정규적 학업과정 때문에 매력이 있는 인물을 만나게 되었다."[14] 마르크 오제가 아프리카 전문가로서의 교육을 받은 것은 발랑디에의 세미나에서였다. 그러나 그는 심상치 않은 균열이 발랑디에가 제시하는 관점과 레비 스트로스의 구조주의 관점을 대립시키고 있다는 느낌을 받는다. "그 당시 발랑디에의 세미나들에서 레비 스트로스에 대한 비판이 모습을 드러내고 있었다는 것은 사실이다. 그러나 내가 그것에 근본적인 중요성을 부여하기에는 너무 미숙했다."[15]

코트디부아르의 현장에서 마르크 오제는 석호 주변에 사는 알라디앙족의 주민들에게 깊은 자국을 남긴 식민적이고 신(新)식민적인 현상에 민감한 반응을 보인다. 그렇게 하여 그는 역사를 고려한다는 점에서 발랑디에와 접근된다. 그러나 그의 최초 연구 대상은 곧바로 그를 레비 스트로스의 편에 위치시킨다. 왜냐하면 그가 작업하는 단독 연구의 목적은 알라디앙족에 나타나는 친족 관계의 논리를 복원시키는 것이기 때문이다. 이 논리는 "변형 체계들이 확실히 존재한다는 점을 아무리 근시안적 인물이라도 알 수 있게 환기시키는 것이었다. (⋯) 많은 변형들이 있지만 이것들은 공간의 점유에서, 주거 방식에서, 권력 이양의 형태에서 공통적인 기준 모델들에 입각하고 있다. 서부 지방 사회들에는 중심적인 권력이 없이 아주 순전히 혈통적인 공동체들이 있다. 그리고 반대편에는 자율적인 정치적 권력의 정상에 절대적 지배자가 있다. 이 둘 사이에 모든 중간적인 체제들이 있다."[16] 마르크 오제가 아프리카 땅에 도착할 때, 친족 법칙의 연구가 그의 최초 관심이었지만 신속하게 그는 정치적인 것과 종교적인 것의 관계, 그리고 권력에 관해 집중적으로 고찰하는 쪽으로 방향을 바꾼다. 이것들은 발랑디에의 연구들과 더 가깝지만 구조주의의 풍요로움을 문제삼지 않는 주제들이다.

단 스페르버 역시 발랑디에와 레비 스트로스로부터 이중으로 학문적 수업을 받았다. 그가 밟은 여정은 전자로부터 후자로 이동한다. 1963년 만델라의 초기 텍스트 하나를 번역했던 단 스페르버를 인류학으로 이끈 것은 제3세계주의적인 호전성이다. 인류학은 제3세계의 정치적 문제들이 지닌 문화적 차원을 이해하기 위한 학문으로 나타난 것이다. "그러므로 나는 우선 발랑디에의 편에 있었다. 당시는 구조주의자들, 특히 레비 스트로스가 나의 지평에 속하지 않았던 시기였다."[17] 그는 1962년 학사과정을 마치고, 석박사과정에 등록하여 발랑디의 지도를 받는다.

1963년 영국으로 떠난 단 스페르버는, 그를 사실상 구조주의에 입문시키는 로드니 니덤과 작업을 한다. "나에게 구조주의에 대한 매우 강렬한 관심을 불러일으켰던 것은 한편으로 니덤이었고, 다른 한편으로 영국의 경험주의적인 분위기였다."[18] 그리하여 단 스페르버는 영국 땅에서 구조주의를 옹호하고 설명하는 발표를 많이 한다. "내가 기억하건대, 드골 장군이 유럽 공동 시장에 영국의 가입을 거부한 시점에서 나는 옥스퍼드의 한 단과대학에서 구조주의를 옹호했다. 그때 교수 한 사람이 이렇게 말했다. '스페르버는 드골이 정치적 차원에 우리에게 한 것을 지적 차원에서 하고 있다.' 당시에 나는 상당히 이국적이고 의심스러운 무언가를 옹호하는 모습으로 비쳤다."[19]

1965년에 프랑스로 돌아오고 나서야 스페르버는 국립과학연구센터에 들어가 레비 스트로스의 세미나에 매우 규칙적으로 참가한다. 오늘날 그는 인류학이 그를 붙잡은 것은 레비 스트로스 덕분이라고 생각한다. "내가 일종의 동의나 확신을 가졌기 때문이 아니라, 그가 일반적 문제들을 과학적으로 제기하게 해주었기 때문이다."[20]

구조주의에 저항한 아프리카학

그러나 많은 아프리카 전문가들은 구조주의에 여전히 저항했다. 클로드 메야수가 그런 경우인데, 그의 범상치 않은 여정은 얼마나 인류학자의 직업이 대학의 단계적 과정보다는 우연과 기회의 복합적 산물인가라는 점을 한번 더 드러내고 있다. 메야수의 경우, 기득권 출신이 아니라 민족학자라는 직업과 관련해 매우 주변적인 활동과 수련을 쌓았던 한 아프리카 전문가를 만난다. 메야수는 정치학과 법을 공부한 후, 1948년에 미시간대학의 경영학 대학원에서 공부하기 위해 미국으로 떠난다. 프랑스로 돌아오자, 그는 루베에서 가족 중심의 한 섬유 회사를 경영한다. 그러나 경영 업무에 별로 만족을 느끼지 못한 그는 생산성 사무국에 고용되어 미국으로 다시 떠난다. 다시 프랑스로 돌아온 그는 미국 전문가들과 프랑스 기업들 사이에 브로커로 활동한다. 50년대초에 신좌파에 가담했던 메야수는 클로드 부르데·피에르 나빌·다니엘 게랭과 함께 CAGI(독립좌파활동본부)에서 싸운다. 실업자 상태에서 그는 일자리를 찾다가 발랑디에 덕분에 기회를 만난다. 발랑디에는 검은 아프리카에 대한 영국 기능주의자들이 쓴 책들을 조사하기 위해 누군가 도움이 필요했던 참이었다. "그렇게 하여 나는 민족학자로서 수련을 쌓았다. 나는 이에나 가(街)에 사무실을 가지고 있었다. 나는 자료 카드들을 만들었고, 조르주 발랑디에와 끝없는 토론을 벌이곤 했다."[21] 발랑디에의 강의를 듣고 수련을 쌓자, 메야수는 1956년에 코트디부아르의 현장에서 해야 할 연구 하나를 제안받는다. 특히 그는 이 연구에서 조사의 경제적 측면들에 관심을 기울이도록 되어 있었다.

60년대에 메야수는 IAI(아프리카연구소)의 후원으로 서부 아프리카에서 무역과 시장에 관한 세미나를 이끌고 난 후, 국제 심포지엄을 개최해 특히 에마뉘엘 테레·미셸 이자르·마르크 피오를 초대한다. 이 심포지엄은 코트디부아르에서 열리기로 되어 있었다. 테레가 이 나라에 체류하는 것이 금지되어 있었고, 또 메야수가 코트디부아르 정부의 명령에 따르고 싶지 않았기 때문에 그것은 시에라 리온에서 열렸다. 이 심포지엄이 있은 후, 미셸 이자르는 아프리카에 대한 세미나를 하나 이끌어 달라고 제안한다. 그러나 이 세미나는 공식적으로 결코 인정되지 않지만, 메야수 세미나로 불리게 된다. 토론과 대면의 이 공간이 그 자체만으로 드러내 준 것은, 현장으로부터 보고된 기술(記述)민족학적 재료에 대한 보다 경험적인 고찰을 위해 이론적 대립은 부차적인 것이 될 수 있다는 점이다. 그러나 발랑디에의 계보 속에 있던 메야수는 인류학에서 위세를 드날리던 구조주의에 대해 언제나 매우 비판적이었다. "온갖 목적을 위해 원시 사회들이 이용되었다. 구조주의는 결국 컴퓨터의 사고인 구조 지향적 사고에 대한 관념을 가치화시키기 위한 재료로서 이 원시적 사회들을 이용했다. 이원주의적 사고는 관료적 사고이다."[22]

레비 스트로스의 구조주의는 빛나는 과학성으로 치장하고 있지만, 메야수가 보기에 유추에 의해 기능하고 있다. 레비 스트로스는 자신의 문제들, 자신의 공리 체계를 구축할 수 없기 때문에 자신의 주장들을 뒷받침하기 위해 이런저런 학문에 계속적으로 의존하고, 그래서 그의 제자들은 언제나 허를 찔린다. 그들은 언제나 그들보다 멀리 앞서가는 스승의 지옥 같은 리듬을 따라가야 한다. "나는 콜레주 드 프랑스에서 레비 스트로스의 강의들을 들었다. 그는 하나의 문을 살짝 여는 마법사였다. 사람들은 화금석을 발견했다고 믿었지만, 그는 곧바로 다음 강의에서 문을 닫아 버리고 다른 것에 대해 이야기했다. 그러나 그의 강의는 매혹적이었다. 왜냐하면 그는 흥미로운 지적 접근들과 결합들을 제안했기 때문이다."[23]

아프리카의 또 다른 지역인 마그리브에서 장 뒤비뇨는 친족 체계들의 복잡성과 변화들을 설명해 내지 못하는 구조주의 모델에 실망한다. "구조주의로부터 나를 멀어지게 만든 것은 내가 체비카(튀니지)에서 작업할 때였다."[24] 체비카에 대한 4년 동안의 그 긴 작업은 1968년에 출간되는데,[25] 베르투첼리에게 《토성》이라는 매우 아름다운 영화를 만들게 해준다. 그러나 뒤비뇨가 친족 구조를 회피했다고 레비 스트로스가 이끄는 《인간》이란 잡지에 의해 비판받은 것은, 레비 스트로스가 밝힌 분석 범주들을 적용하지 않았기 때문이 아니라 적용이 성공하지 못했기 때문이다. 장 뒤비뇨는 귀르비치와 발랑디에를 추종하는 사회학자들의 그룹과 가까웠기 때문에 구조주의적 패러다임의 야망에 대해 매우 비판적이었다. 그는 이 패러다임을 콩트의 실증주의적 유산, '상속인에 대한 일종의 존재론'[26]으로 귀결되는 그런 유산으로 간주한다. 구조주의의 선험성은 사회적 정합성의 실증성을 전제하고, 사회적인 것의 총합적 비전을 제시함으로써 기능주의와 유사하다. "일탈, 전복과 저항의 형태, 관용어법, 비(非)정형, 아노미의 모습과 같은 이의들이 하나의 총체에 통합될 수 있고, 결국은 전체가 살아남는 데 기여한다는 것은 확실하지 않다."[27]

체비카 안에서 장 뒤비뇨가 발견하는 것은 바로 어떠한 목적이나 법칙에도 부합하지 않는 장소이고, 방황과 기다림의 빈 지대이다. 이 지대는 어떠한 환원주의도 배격하고, 어떤 폐쇄된 총체의 격자 구조로도 환원될 수 없는 도전이다. 뒤비뇨에 따르면, 현상학적 관점은 의식을 무언가에 대한 의식으로 규정하려는 의지를 보임으로써 여전히 유효하다. 그것은 형식적인 논리들 뒤에서 체험의 은폐된 차원을 우리에게 상기시킨다. 장 뒤비뇨는 구조주의적 방법의 몇몇 요점들에 대한 유효성을 부인하지 않은 채, 어떤 결정론으로도 환원되지 않는 집단적 경험의 부분에 이러한 인식론을 개방하자고 제안한다.

구조주의가 따라잡은 아프리카

따라서 작업의 암묵적인 공간적 분할 같은 것이 존재한다고 보여진다. 그 결과 1963년에 미셀 이자르가 국립과학연구센터에 돌아와 사회인류학연구소에 들어갔을 때, 그는 아프리카 전문가로서 오히려 예외적인 모습으로 비쳐진다. 아프리카학은 한편으로 발랑디에에 의해, 다른 한편으로 검은 아프리카의 사고 체계에 대한 연구 부문에 의해 지탱되었다. 이 사고 체계는 제르멘 디에테를랭이 마르셀 그리올을 뒤좇아 확립했고, 미셀 카르트리가 받아들인다. 그러나 구조주의의 성공은 1968년에 상황을 변화시킬 정도였다. 그리하여 아프리카학은 레비 스트로스의 사회인류학연구소에 성공적으로 진입했는데, "이것은 레비 스트로스와 가까운 최초의 아프리카 전문가 되어야 했던 타르디츠의 등장과 관계가 있음에 틀림없다."[28] 따라서 아프리카 전문가들이 레비 스트로스의 연구소에 통합됨으로써 드러난 것은 어떤 연구

지정학이 생각하게 할 수 있는 것과는 달리, 구조주의적 방법과 아프리카 영역이 양립할 수 있다는 점이다. 오늘날 프랑수아즈 에리티에 오제와 같은 아프리카 전문가가 이 연구소를 이끌고 있다는 사실은 이러한 차원에서 매우 상징적이다. 아프리카라는 집에는 거처가 많았다. 그래서 레비 스트로스의 계보를 이은 장 푸이용에게 "발랑디에의 아프리카는 그가 아는 아프리카가 전혀 아니었다."[29] 뿐만 아니라 마르크스주의를 추종하는 아프리카 전문의 많은 인류학자들이 구조주의에 보인 관심은, 60년대에 에마뉘엘 테레·모리스 고들리에와 같은 연구자들과 더불어 이와 같은 분석 경향의 영향력을 강화시키게 된다.

아프리카는 구조주의의 끝에, 다시 말해 변방에 위치하는 것인가? 위에서 보았듯이 그것은 그렇게 확실하지 않다. 그러나 아프리카가 사회적 역동성 및 역사를 고찰하고, 정치적 현상들에 대해 보다 관심을 기울이는 분석을 초래했다는 점은 확실하다. 어쨌든 그런 측면들은 모두 구조주의의 흐름에서 억제되지는 않았다 할지라도 소외되었던 관점들이다.

29
잡지주의

그 당시의 특징들 가운데 하나로서, 전적으로 예외적인 지적 열광의 징후였던 것은 잡지들의 활력이었다. 잡지들의 수는 증가했고, 그것들의 영향력은 확대되고 있었다. 그것들은 사회성의 특권적 공간이었고, 구조주의적 패러다임의 힘을 가치화시키는 이상적 배경이었다. 전통적 제도들을 비켜 가는 우회는 잡지들이 가능하게 했던 학제간의 그 재통합을 거쳐 갔다. 잡지들은 합류와 교환의 장소였고, 단단한 방파제로서 이곳으로부터 영향력이 동심원을 그리며 확대되어 나갔다.

잡지의 조직에 내재하는 구조적 유연성, 가장 짧은 기간에 이론적인 토론과 싸움을 반영할 수 있는 능력은 구조주의의 성공을 확대시켜 주었고, 이 성공은 큰 주간지와 일간지를 통해 이어졌다. 우리는 인문과학의 독자층을 수많은 구조주의 신봉자로 변모시키게 되는 잡지들을 세 종류로 구별해 볼 수 있다. 먼저 개별적 학문의 전문 독자층을 대상으로 하는 잡지들이 있고, 다음으로 강력하게 요구된 학제간 연구의 표현 자체로서 제시된 잡지들이 있다. 마지막으로 정치적 흐름에 연결된 잡지들이 있는데, 이것들은 현상에 의해 '부름을 받았다'고 느꼈고, 현상을 대변하는 자들과의 대화에 개방되어 있었다. 우리는 라캉이 주도하는 잡지 《정신분석》의 첫호가 1956년에 나왔음을 이미 상기시켰다. 이 잡지에는 문제의 로마 보고서, 하이데거의 텍스트, 그리고 프로이트의 발견에서 언어의 기능에 관한 에밀 벤베니스트의 중요한 논문이 실려 있다.

정신분석학 잡지에 이처럼 철학자와 언어학자의 주장들이 게재됨으로써 프랑스정신분석협회의 개방적 야심이 드러난다. "정신분석학이 언어 속에 자리하고 있다면 그것은 대화에 개방되어야 한다. (…) 인문과학에 대한 정신분석학의 이러한 개방성은 정신분석학이 오랫동안 누렸던 치외법권적 지위에 종지부를 찍는 행위이다."[1] 따라서 《정신분석》지는 프로이트 이론에 의해 설정된 엄격한 영역에, 그리고 분석적 동업자들 내에서의 토론에 갇혀 있고 싶지 않았고, 다른 인문과학들과의 대화를 통해 프로이트 이론을 재확립할 수 있는 구조적 현대성의 도구로서 나타나고자 했다. 또한 60년대초부터, 즉 1961년에 피에르 구루와 에밀 벤베니스트의 도움을 받아 레비 스트로스가 주도하는 《인간》이라는 잡지의 창간이 언급되었다. 이 잡지가 프랑스의 인류학 잡지로 나타났지만, 그것의 목표 역시 당시에 가장 높이 평가받았던 언어학자인 벤베니스트와 한 지리학자에게 기본 방향을 확대함으로써 직업적인 엄격한 환경을 초월했다.

《언어들》

그러나 구조주의적 혁신의 매체는 언어학 쪽에 있었다. 언어학의 분야에서 60년대에는 새로운 보급 수단들이 태어났다. 1928년과 1958년 사이에 《현대 프랑스어》라는 단 하나의 잡지만이 창간되었다면, 1959년과 1969년 사이의 10년은 특별히 풍요롭다. 7개나 되는 잡지들이 창간되었기 때문이다. 이 잡지들은 일부 특별한 곳들에서 전개되었던 언어학적 고찰의 뜨거운 열기가 낳은 결과물이다.

구조주의가 권좌에 오르는 해인 1966년에는 앙드레 마르티네를 편집장으로 하는 《언어학》[2]이라는 잡지가 태어난다. 그리고 라루스사는 《언어들》[3]이라는 독자적인 언어학 잡지를 내놓는다. 이 잡지는 언어학의 현대성을 대변하는 가장 명성 있는 이름들을 집결시켰고, 작업팀은 대부분 브장송의 세미나와 학회에서 만난 사람들로 구성되었다. 프로젝트의 기획자는 구조적 고찰의 진정한 기수였던 알지르다스 쥘리앵 그레마스였다. 그레마스는 하나의 테마 형식을 제안했는데, 매번 이 형식의 책임은 다루어지는 분야의 전문 언어학자 한두 사람에게 돌아갔다. 예비 모임은 그의 집에서 있었고, 계획은 장 뒤부아의 노력으로 라루스사에서 이루어질 수 있었다.

마르티네의 잡지가 직업적 언어학자들이라는 제한된 독자층을 상대로 했다면, 《언어들》의 야심은 이와는 달랐다. 처음부터 중요한 이슈는 구조주의의 방법을 인문과학의 방대한 영역에 확대하는 것이고, 다양한 학문들의 연구 조직들을 대조하고 통합시키는 것이었다. 창간호는 선도적인 과학으로서 언어학의 원리들 자체를 표명한다. "언어 연구는 인문과학·철학자·정신분석학자·문학자에게 근본적이고, 따라서 이러한 요구는 폭넓은 과학적인 정보를 요구한다——이 연구는 의미 작용을 하는 모든 체계들에 확대될 것이다."[4] 아대륙(亞大陸)으로서의 언어학을 포함해 총체적인 기호학적 계획이라는 매우 폭넓은 구상은 1964년에 롤랑 바르트가 규정한 프로그램에 정확히 부합한다. 게다가 바르트는 잡지의 창간호에 나타난 이와 같은 개방성을 내세운 익명의 당사자였다. "그것은 '언어학' 잡지의 새로운 유형이었다. (…) 이 잡지는 언어학을 커다란 문화적 장 속에 끼워넣었는데, 이는 1966년의 파리에서 매우 강한 호소력을 발휘했던 발상이었다."[5] 계획은 야심적이었고 견고했다. 그것은 이미 여러 해 전부터 이러한 관점에서 작업하고 있는 그룹들에 의거했고, 언어를 중심으로 한 다른 고찰의 영역들에 개방되었다. 음악의 니콜라 뤼베, 논리학의 오스발트 뒤크로, 의학의 앙리 에카엥, 문학의 롤랑 바르트, 정보학의 모리스 그로스가 참여했다.

그러므로 잡지 창간의 준비는 행복감 속에서 이루어지지만, 창간호는 심각한 갈등을 빚어낸다. 왜냐하면 여러 학파들이 이미 언어에 대한 현대적 고찰의 수장임을 다투고 있었기 때문이다. 토도로프는 '의미론적 연구'에 집중된 이 창간호의 책임자였다. 이 연구는 촘스키의 주장에 중요한 위치를 부여하였고, 그러자 그레마스는 화를 내면서("그(토도로프)는 미국 잡지를 만들었다"[6]) 빠져 버렸다. 분열은 극복되지 못한다. 장 뒤부아와 니콜라 뤼베는 점점 더 촘스키의 입장을 채택한다. 그레마스가 떠나자, 바르트는 논쟁에 끼어드는 것을 피한다. "따라서 그는 단 한 가지만 추구했는데, 그것은 달아나는 것이었다."[7] 그러니까 《언어들》의 편집위원회는 그야말로 내부 폭발의 위험에 휩싸여 더 이상 열리지 못했다. 일을 계속 추진할 것인지에 대한 책임은 라루스사에서 편집권을 쥐고 있었던 장 뒤부아에게 떨어졌다. 그는 이와 같은 위기에도 불구하고 구조주의의 유행에 힘입어 라루스사에서 '언어들' 총서를 내놓을 수 있게 된다. 가장 중요한 시기에 잡지는 5천 부까지 찍어내게 된다. 이것은 언어학적 담론이 매우 기술적(技術的)이기 때문에 그만큼 더 놀라운 성공을 나타냈다.

《코뮈니카시옹》

또 하나의 잡지가 구조주의의 주장들을 확산시키는 데 중요한 역할을 하게 되는데, 그것은 《코뮈니카시옹 *Communications*》이다. 이 잡지는 1961년에 태어나는데, 고등연구원의 제6분과에 소속된 CECMAS(매스커뮤니케이션연구소)로부터 비롯된다. 이 연구소는 1960년 1월에 조르주 프리드만의 주도로 설립되었다. 이 잡지에서 중요한 것은 사회학과 기호학의 공생이다. 잡지의 제목은 당시의 주요 관심을 잘 나타내고 있다. 관심은 정보의 현대적 보급 수단들——신문 잡지·라디오·텔레비전·광고와 같이 그 중요성이 점증하는 매체들 전체——이 전달하는 메시지들의 의미를 해독하는 것이다. 따라서 문제는 "기술 문명과 대중 문화가 유기적으로 연결된 현대성을 탐구하는 일이다. (…) 내용과 실체는 변하지만 형태·존재, 따라서 사물의 의미는 남는다."[8]

편집장은 조르주 프리드만이 맡았는데, 구조주의와 편집진의 관계를 볼 때 잡다하게 구성된 편집위원회가 잡지를 이끌었다.[9] 그러나 특히 《코뮈니카시옹》은 롤랑 바르트를 중심으로 한 그룹이 준비한 프로그램적 성격의 두

호를 출간하게 되는데, 구조주의적 야심을 그야말로 종합적으로 나타내고 있다. 하나는 1964년에 나온 4호인데, 여기에는 특히 바르트의 〈기호학의 요소〉가 게재되어 있다. 이와 연속선상에 있는 다른 하나는 1966년에 나온 8호이다. 이것은 이야기의 구조 분석에 할애되었는데, 이 구조 분석은 프랑스 구조주의학파의 선언문으로 여겨지게 된다.[10]

《텔켈》

구조주의가 나타내는 그 종합적 야심을 신속하게 표현하게 되는 《텔켈 *Tel Quel*》이라는 잡지가 1960년 쇠이유사에서 간행된다.[11] 이 잡지는 인간 과학들 가운데 어떠한 개별적 학문으로부터도 비롯되지 않기 때문에 그만큼 더 시대를 종합하려는 고심을 드러냈다. 그것은 작가들에 의해 추진되었고, 전위적인 지적 독자층을 겨냥했다. 계획은 1958년부터 준비되었다. "프랑수아 왈은 그것이 나폴레옹 3세 치하의 파르나스파가 될 것이라고 말했다. 그런데 이 새로운 나폴레옹 3세는 1958년에 드골 장군이었다."[12]

잡지의 제사(題辭)에서 《텔켈》지는 니체의 표현을 빌려 이렇게 말한다. "나는 세계를 원하고 《텔켈》도 세계를 원하고, 또 원하고, 영원히 원한다."[13] 창간호의 권두적 선언은 시를 '정신의 가장 높은 위치에'[14] 올려 놓는 본질적으로 문학적인 의도를 드러내고 있다. 이 그룹 전체가 본질적으로 문학적 목표를 지니고 있다. 그러나 과학이라는 용어가 책표지의 첫머리에 들어가 있다면, 계획은 새로운 글쓰기를 진작시키기 위해 인문과학의 전위적이고 현대주의적인 모든 형태들을 받아들여 전유하는 것을 노리고 있다. 그런데 이 60년대에 이러한 과학적 현대성을 구현하는 것은 구조주의이다. 이로부터 '문학/철학/과학/정치'라는 매우 포괄적인 부제목이 비롯된다. 그러나 목표는 여전히 문학적이다. "그 주기적인 정치적 실현 활동은 언제나 문학적 창조의 이름으로, 그리고 작가들에 의해 이루어졌다."[15] 따라서 목표는 문학적 창조에 영향을 미치고, 구조주의의 기여가 가져온 새로운 문체론을 지지하면서 글쓰기의 방식을 변화시키는 것이다. 그러니까 잡지가 노리는 것은 단번에 훌륭한 교환의 장소로서 학제간의 성격을 띠며, 유일한 원칙은 전위를 반영하는 것이다. 그러나 계획의 초석은 구조주의를 통해 유행하는 지식의 특별한 대륙인 수사학 속에 위치한다.

《텔켈》지는 19세기와 20세기초의 고전적 문학사를 쳐부수어야 할 적으로 지적한다. "전후에 프랑스에서 지배하는 문학관, 다시 말해 심리학적 복원의 문학으로부터 확실하게 벗어나야 하는 것이다."[16] 이러한 의미에서 볼 때, 한편으로 의식 · 주체 · 역사적 지배의 도식들을 공격하는 구조주의적 패러다임과, 다른 한편으로 실증주의적인 조화로운 문학사의 관념을 파괴하기 위해 인문과학에 의존한 《텔켈》지의 계획 사이의 지적인 교감은 분명할 수밖에 없었다. 따라서 잡지는 라캉-알튀세-바르트 경향의 놀라운 폭발성 혼합물로서 하나의 교차로가 된다. 그리하여 《텔켈》지는 구조주의적인 국제적 상상계의 기관지 자체로 통하는 경우가 흔할 정도가 되었다. 60년대에 마르슬랭 플레네는 한 의학 잡지에 의해 잡지의 책임자로서 구조주의에 대한 글 한 편을 써달라는 부탁을 받는다. 무의식과 형식적 구조들에 부여된 특권은 심리주의를 폭발시키기 위한 시한폭탄의 구실을 한다. "문학에서 심리학은 분명히 끝났다고 말하는 가장 좋은 방식은 정신 분석에 관심을 갖는 것이었다."[17]

《텔켈》지의 힘은 어떤 정당에도 어떤 제도에도 종속되지 않는다는 것이고, 게다가 어떤 학문도 옹호할 의도가 없다는 점이다. 《텔켈》지가 주창한 논리는 언제나 전위적인 입장을 견지하는 것이다. 그러나 기존 체제가 이런 입장을 언제라도 가져가 삼키고 소화할 수 있기 때문에——"동지여 달리게나, 노회한 세계가 자네 뒤에 있네"——그 결과 대개의 경우 테러적인 발상이 나타난다. 이 발상은 적(일반적으로 가장 가까이 있는 적)을 쓰러뜨리는 것이고, 자신을 지속적인 음모의 대상으로 생각하는 것이다. 《텔켈》지가 유포시키는 것은 그야말로 공포에 떠는 테러리즘이다. 이 테러리즘은 마르슬랭 플레네의 다음과 같은 표현으로 요약된다. "매번 중요한 것은 포위를 피하는 것이다."[18] 그러나 1960년에 태어난 《텔켈》지는 알제리 문제에 대해 침묵하다가, 마침내 프랑스 내의 가장 친중국적인 중심축 가운데 하나가 된다.

이 잡지의 역사는 매번 귀중한 협력자들을 소외시키는 매우 과격한 노선적 단절의 역사이다. "사실 《텔켈》지의 역사는 배제의 역사가 아니다. 그것은 훨씬 더 큰 연구 분야들을 포함시키기 위한 개인 배제의 역사이다."[19] 최초의 개방은 티보도와 리카르두가 그룹에 참여하도록 한 솔레르스가 신소설에 대한 입장을 결정한 덕분에 이루어진다. 두번째 개방은 드니 로슈와 마르슬랭 플레네를 받아들임으로써 시 분야를 포함한 것이다. 게다가 플레네는 1962년에 장 에데른 알리에가 떠남으로써 공석이 된 잡지의 편집장 자리를 맡는다. 이 결렬은 1971년 마오쩌둥주의가 승리하는 시점에서 "잡지를 독점하려는 우파의 기도가 실패한 것"[20]으로 제시된다.

1962년부터 1967년까지 잡지는 부상하는 구조주의 물결로부터 자양을 얻는다. 이 시기는 사후(事後)에 잡지의 '형식주의적인 시기'[21]로 규정된다. 필리프 솔레르스 및 줄리아 크리스테바와 매우 깊은 우정 관계를 맺었던 바르트는 잡지에 접근한다. "이 일은 주네트·토도로프 그리고 나와 같은 사람들과 《텔켈》지 사이의 균열을 야기시켰다."[22] 그러니까 바르트는 그가 보기에 현대성을 구현하고 있는 《텔켈》지의 그룹에 강한 유혹을 받은 셈이다. 우정 관계는 이 잡지와 바르트의 작품을 출간하는 쇠이유사에 같이 소속됨으로써 강화되었다. 게다가 1966년에는 '텔켈' 총서 속에 바르트의 《비평과 진실》이 출간된다. 바르트에게 "《텔켈》지는 대단히 중대한 시도였다."[23] 자크 데리다 역시 《텔켈》지와 매우 가까웠으며, 이 잡지의 입장을 지지하면서 여러 텍스트들을 발표했다. 라캉의 담론은 그의 세미나를 충실하게 수강했던 솔레르스와 크리스테바의 논문들과 더불어 이 잡지에 두드러지게 나타난다.

알튀세의 이론에 대해 말하자면, 그것 역시 친근하게 TQ라 불렸던 이 그룹 내에서 지배적이었던 마르크스를 다시 읽는 데 영향력을 발휘했다. 특히 그는 1967년부터 프랑스 공산당, 그리고 《신비평》지와 가진 대화에서 영향력을 발휘했다. 이어서 문화 혁명을 지지하는 친중국적 입장은 강경한 알튀세 이론을 표방하게 된다. 마오쩌둥주의를 신봉하는 전환점의 시기인 1963년에 잡지에 들어온 장 피에르 페이는 그룹과 단절한다. 이 단절은 엄청난 비난을 받으며 비극적으로 체험된다. 《텔켈》지가 걸어온 역사의 큰 단절들이 정치적 방향들과 접목되어 있다 할지라도, 이 정치적 방향들은 전략과 궁극 목표가 문학적인 잡지에게 부차적이다.

공산당의 화해 무드

문학적 야심은 공식적인 정치 노선의 적용에 지배되었던 공산당 기관지들의 주요 관심사가 아니었다. 그렇다고 이 점이 여기저기 지식계에서 프랑스 공산당의 지지층을 확대하기 위한 약간의 개방을 막지는 못했다. 긴장이 완화되고 평화적 공존이 이루어지며, 스탈린 노선으로부터 벗어나기 시작하던 그 당시에 프랑스 공산당의 문학 주간지 《프랑스 문학》은 루이 아라공과 피에르 덱스가 이끌었는데, 사실주의-사회주의적 틀로부터 벗어나기 위해 전위적 표현과 형식적 고찰에 개방되었다. "그러므로 《프랑스 문학》지를 중심으로 해서, 다시 말해 프랑스 공산당의 어떤 전위를 중심으로 해서 전위 문학 운동, 구조주의, 그리고 1968년 이전의 대학 사이에 최초 만남이 이루어질 수 있었다."[24]

《텔켈》지의 그룹에 속했던 장 피에르 페이는 《프랑스 문학》지에 규칙적으로 글을 쓰고, 이 주간지의 지도부가 형식주의에 관심을 갖도록 설득시키는 데 성공했다. 그리하여 지도부는 그에게 야콥슨과의 대담을 싣도록 요청할 정도가 되었다. "우리는 야콥슨과 매우 친한 사이가 되었다. 그가 파리에 올 때마다, 그는 나에게 기별했다."[25]

토론에 개방된 프랑스 공산당의 두번째 잡지는 《신비평》이었다. 그것은 코민테른이 형성된 후 전개해야 할 이론적 투쟁을 위한 기관지로, 1948년 12월에 창간된 프랑스 공산당 지식인들의 주간지였다. 따라서 그것은 편집장인 장 카나파를 중심으로 한 진정한 표준화의 도구였다. 당시는 스탈린주의 시대로서 지다노프의 이론과 리센코의 이론이라는 두 학문(부르주아 학문/프롤레타리아 학문)의 시대였다. 이런 잡지는 구조주의적 도전에 낯설 수도 있었을 테지만, 다른 논리가 1966년 3월 아르장퇴유의 중앙위원회 회의 때, 그리고 1967년 1월 라발루아 제18차 대회 때 승인된다. 따라서 지식인들에 대한 새로운 정책이 비롯된다. 포위된 성채의 정치를 '개방의 논리'[26]가 계승한다. 그리하여 《신비평》지는 1967년에 표명된 새로운 방식에 따라 프랑스 공산당 지도부에 대해 상대적인 자율을 누리고 사회과학의 영역에서 연구를 주도하는 역할을 맡게 된다. 새로운 동맹의 이와 같은 추구는 특히 프랑스 공산당 지식인들로 하여금 사회과학에 의해 풍요로워진 역사의 위치에 가치를 부여하도록 만든다. 그래서 앙투안 카사노바는 잡지에서 공동탐구를 활성화시킨다. 그는 이 주제에 대한 많은 글들을 발표하는데, 그것들은 1974년 《오늘의 역사》라는 편저 속에 재수록된다. 이 편저에는 공산주의자 역사가들 이외에도 앙드레 르루아 구랑 · 자크 르고프 · 자크 베르크 · 조르주 뒤비, 그리고 피에르 프랑카스텔의 글들이 실려 있다.

따라서 《신비평》지는 1967년부터 현대성에 개방되고 구조주의와 대면하는 토론의 장소가 된다. 물론 프랑스 공산당의 이 잡지는 구조주의적 주장들을 수용하지는 않지만, 그것들을 논의하고 해설한다. 1967년의 전환점 이전부터도 일부 입장들과 본질적인 토론들은 이미 《신비평》지를 무대로 하고 있었다. 바로 여기에 알튀세는 1964년에 〈프로이트와 라캉〉이라는 문제의 논문을 발표한다. 이 글은 마르크스주의를 정신분석학적 지식과 라캉의 이론에 개방시키고 있다.[27] 또한 이러한 환경 속에서 인본주의와 마르크스주의 사이의 관계에 대한 1965-1966년의 논쟁이 벌어졌다. 알튀세와 그의 추종자들이 마르크스를 새롭게 읽은 내용이 마스페로사에서 출간된 후, 《신비평》지의 이 논쟁은 "가로디와 샤프가 생각했던 것처럼 마르크스주의가 철학적 인본주의에 일치하는지, 아니면 알튀세가 주장하듯이 마르크스주의가 이론적으로 반인본주의적 성격을 지녔는지 우선적으로 단안을 내려야 할"[28] 필요성에 부합했다.

1967년에 쇄신된 《신비평》지는 《텔켈》지로부터 지적 현대화 작업에 공동으로 참여하자는 제안을 받는다. 잡지는 이와 같은 요청에 긍정 이상의 답변을 보낸다. 아주 열정적으로 그것은 당시에 '매우 높은 수준의 문학적ㆍ과학적' 작업을 하고 있는 것으로 인정된 《텔켈》지 그룹의 제안을 받아들인다. 그리하여 공산주의자들은 《텔켈》지 작가들에 귀를 기울이고, 그들 학파에 응대할 준비가 되어 있다고 생각할 정도였다. 그들은 《텔켈》지에 대해 이렇게 분명히 말했다. "그들의 연구는 참으로 우리의 지지를 받을 만하며, 우리는 이 연구로부터 참으로 많은 것을 배울 수 있다."[29]

대화의 시대가 구조주의의 다양한 형태들과 더불어 열리긴 했지만, 프랑스 공산당 잡지가 모든 주장들을 다 받아들인 것은 아니다. 그해 1967년에 《신비평》지는 구조주의를 공격하는 4편의 글을 싣는다. 그렇다고 이것들이 공산당원이었던 알튀세[30]를 직접적으로 공격하지는 않는다. 피에르 빌라르와 자네트 콜롱벨은 미셸 푸코의 저서 《말과 사물》이 역사를 비워냈다고 비난한다. 조르주 무냉은 언어학적 모델이 느슨하고 폭넓게 확산되었다고 비판하고, 뤼시앵 세브는 알튀세 추종자들의 이론적인 반인본주의에 반대해 과학적 인본주의를 옹호한다.[31] 패러다임의 채택은 없었지만, 《신비평》지는 그것을 논의함으로써 알리고 확산시키는 데 기여했다. 이러한 전략은 상당수의 지식인들이 프랑스 공산당에 합류하게 만들었고, 공산당은 대화가 가능한 장소로 체험되었다. 이들 지식인 가운데는 카트린 바케스 클레망ㆍ크리스틴 부시 글럭스만ㆍ엘리자베트 루디네스코 등이 포함되어 있다. 프랑스 공산당과 지식인들의 관계에서 이러한 전환이 국제적인 화해 무드에서 비롯된 것이라 할지라도, 그것은 또한 공산당 지도부에게는 젊은 대학생들의 문화적ㆍ정치적 열기가 나타내는 화합 때문에 필연적이었다. 그러나 젊은 대학생들은 공산당과 단절하게 되고, 그들 나름의 이론적 개발 공간을 위한 기반을 다지게 된다.

마오쩌둥 지지의 중심점

이의를 제기하는 명소는 루이 알튀세를 중심으로 울름 가(街)의 고등사범학교에 위치했다. 바로 이곳에서 철학교수자격시험을 지도하는 이 조교의 몇몇 제자들이 1965년말에 《마르크스-레닌주의 연구 *CML*》지를 내놓는다. CML은 공산당대학생연합에 의해 배포되었는데, 레닌의 다음과 같은 인용문을 제사(題辭)로 올려 놓았다. "마르크스의 이론은 전능하다. 왜냐하면 그것은 참되기 때문이다." 성공은 약속되어 있었고, 수천 부를 발행한 첫호는 품절되었다. 그러나 8호 잡지는 심각한 위기를 야기했고, 로베르 리나르는 출간을 저지했다. 왜냐하면 정치적 투쟁을 우선시하게 되어 있었던 잡지가 아라공 · 보르헤스 · 곰브로비치에 대한 글들을 싣고 문학의 힘에 전적으로 할애된 특별호를 만들어 냄으로써, 그는 이 잡지에서 자신의 존재를 더 이상 알아볼 수 없었기 때문이다. 그는 자크 알랭 밀러를 이렇게 비난했다. "자네가 추구하는 것은 모두가 아카데믹한 경력이고, 권위 있는 부르주아적 위치이다!"[32] 이 울름 가에서 1966년은 이중적 단절의 해이다. 하나는 자크 알랭 밀러가 울름 가의 고등사범학교에 인식론 서클을 만들기 위해 끌어들인 그룹의 단절인데, 이 서클은 《분석을 위한 연구》지를 출간하게 된다. 다른 하나는 1966년 11월에 공산당대학생연합에 타격을 주는 단절이다. 이때는 '친중국적' 부문이 해체되면서 마르크스-레닌주의 청년공산당연합(UJCML)이라는 조직을 설립하게 되는 시점이다. 《마르크스-레닌주의 연구》지의 9-10호부터 출판부장은 도미니크 르쿠르가 되고, 알튀세에 의존하는 정도는 점점 더 두드러진다. 11호는 알튀세에 할애되었으며, 특히 《역사적 유물론과 변증법적 유물론》의 일부가 발췌되어 실렸다.

14호부터 《마르크스-레닌주의 연구》지는 마르크스-레닌주의 청년공산당원들의 이론적·정치적 기관지가 된다. 이 14호는 중국 프롤레타리아 문화 대혁명에 할애된다. 이번에는 중국 노선에 비추어 볼 때, 수정주의로 규정된 프랑스 공산당과의 단절이 완결된다. 그런데 알튀세는 공산당에 남아 있었음에도, 이 14호에 자신의 이름을 명기하지 않은 채 문화 혁명에 관한 글을 한 편 게재함으로써 제자들을 축복해 준다. 한편으로 마오쩌둥주의의 중국에 열광하는·각각의 입장들로부터, 다른 한편으로 구조주의적 입장들로부터 멀어짐을 고려할 때, 이러한 측면이 아무리 모순적으로 보일지라도 그와 같은 공생은 이중적으로, 다시 말해 정치적으로, 그리고 이론적으로 일단의 대학생 세대를 매혹시키게 된다.

《마르크스-레닌주의 연구》지를 이끌었던 도미니크 르쿠르는 당시에 이와 같은 양립적인 이중적 참여를 상징했다. 1965년에 그리스 문명 연구자로서 고등사범학교에 들어왔던 그는 철학으로 전환한다. 60년대초에 프랑스 전국학생연합의 테두리 내에서 알제리 전쟁에 반대해 투쟁하면서, 이와 같은 전투적 행동을 통해 그는 알튀세의 입장에 매력을 느꼈다. 1966년에 그는 마르크스-레닌주의 청년공산당연합을 결성하는 5인 가운데 하나가 된다. "문화 혁명의 주제들 속에는 알튀세가 내세운 상당수 주장들의 울림이 있었다."[33] 도미니크 르쿠르에게 이론적인 관심은 그의 정치적 투쟁에서 본질적 매체를 구성했다. 1967년부터 그는 조르주 캉길렘의 세미나를 열심히 듣는다. 이 세미나는 "나의 수련에 있어서 절대적으로 결정적인 역할을 했다."[34] 라캉은 울름 가에 있었기 때문에 이 광경을 놓치지 않았다. 비록 마오쩌둥주의를 신봉하는 이들 운동가들이 "우리의 프롤레타리아 이상들과는 거의 양립할 수 없는 분위기에 의해 다소 깜짝 놀랐기는"[35] 하지만 말이다.

이들 젊은 고등사범학교생들의 목표는 레비 스트로스가 야생적 사고를 통해 성공적으로 보여 준 것과 같은 불가피한 과학적 엄격성을 마르크스의 해석에서 이룩하는 것이었다. 그러나 이론적 투쟁과 정치적 투쟁이라는 연쇄의 두 끝을 유지해야 했다. 이것이 바로 도미니크 르쿠르와 로베르 리나르를 포함한 상당수의 알튀세 추종자들이 《마르크스-레닌주의 연구》지의 8

호, 자크 알랭 밀러 · 프랑수아 레뇨 그리고 장 클로드 밀너가 준비한 그 8호와 관련해 견디지 못했던 것이다. "우리가 보기에 그것은 총체적인 불가사의 같은 성격을 띠었다. 새벽 3시까지 계속되어야 했던 터무니없는 회합이 끝나자 분열이 일어났다. 우리는 거기서 인식론적 단절과 대문자 기표(le Signifiant)에 대해 논의했다. 나는 특히 로베르 리나르가 장 클로드 미네르와 대문자 기표와 이 기표의 무기의(insignifié)에 대해 토론한, 대단했던 단절의 회합을 기억한다. 토론은 그것들이 어떤 면에서 유물론적인지 알기 위한 것이었지만, 상당한 격조가 있었다."[36]

바로 이와 같은 단절로부터 알튀세를 추종하는 젊은 세대의 잡지인 《분석을 위한 연구》지가 나오게 된다. 이 잡지는 알튀세-라캉적인 성격의 잡지로 규정될 수 있다. 그것은 포괄적 철학으로서 투쟁적 구조주의의 관점에 위치하며, 알튀세 · 라캉 · 푸코 · 레비 스트로스를 동시에 내세운다. 그 속에서 우리는 알튀세와 라캉의 후계자들도 만난다. 왜냐하면 알랭 그로리샤르 · 자크 알랭 밀러 · 장 클로드 미네르 · 프랑수아 레뇨로 구성된 편집위원회의 모든 멤버들이 라캉의 정신 분석 조직인 파리 프로이트학파의 멤버들이기 때문이다.

1966년부터 1969년까지 《분석을 위한 연구》지는 인식론적 작업을 하게 되며, 담론의 이론으로서, 개념의 철학으로서 구상된 단수의 총칭적 과학(la science)을 구축하기 위해 정신분석학 · 언어학 · 논리학의 과학성을 탐구하게 된다. 잡지의 각 호들에 제사로서 조르주 캉길렘을 인용한 글은 공동의 탐구를 열어 준다. 예컨대 다음과 같은 인용이다. "하나의 개념을 갈고 닦는다는 것은 그것의 외연과 내포를 변화시키고, 예외적인 특질들을 통합하여 이 개념을 일반화시키고, 그것을 기원의 영역 외부로 전파시키고, 그것을 모델로 취하거나 아니면 반대로 그것에 모델을 찾아 주고, 요컨대 한 형태의 기능을 통해 조정되는 변형들을 점진적으로 그것에 부여하는 것이다."[37]

울름 가의 고등사범학교라는 그 성소에서 《분석을 위한 연구》지를 대할 때, 우리는 저 60년대 구조주의의 징후를 가장 잘 드러내는 열기의 발산 앞에 있게 된다. 이 잡지는 더할나위없이 과도한 야심을 드러냈고, 가장 급진적인 과학만능주의적인 실험을 했고, 전위/대중의 변증법이라는 극도로 엘리트 중심적인 면모를 보여 준다. 이 변증법은 세계 프롤레타리아의 이름으로 말하고자 하고, 이와 같이 정당화된 이유로 가장 테러적이고 공포적인 이론적 방법이 되고자 한다.

이런 시도는 풍자이고 기괴한 패러디인가, 아니면 반대로 최초의 구조주의를 계승하는 진지한 기도인가? 아마 둘 다일 것이다. 그리고 한 세대 철학자들 전체에게 지적 양식의 구실을 하게 되는 것은 폭발성의 이와 같은 혼합이다.

30

울름 혹은 생클루: 알튀인가, 투키인가?

구조주의 프로그램을 자기 것으로 수용하고, 그렇게 하여 고전인문학이 경험하는 소외를 피하면서 지식계에서 우월적 지위를 보존하게 되는 철학자들은 60년대의 인문과학의 도전에 응했다. 따라서 구조주의는 학문적 정당성의 명소인 고등사범학교에 보급되면서 매우 중요한 계승자들을 만나게 된다. 고등사범학교의 이점은 전통적 대학 기관들에 비해 우회를 가능하게 하고, 보다 높이 상승하게 해준다는 것이다. (고등사범학교가 국가의 간부들을 양성하는 경쟁에서 국립행정학교에 비해 신속하게 그 속도를 잃어가고 있긴 하지만 말이다.)

고등사범학교생들은 울름 가(街), 아니면 생클루 가의 학교로 가느냐에 따라서 이원적인 수련 구조를 밟는다. 한편으로 그들은 생클루에서 학생들로 하여금 다분히 인문과학의 새로운 학문들로 전환하도록 부추기는 장 투생 드상티의 강의를 듣는다. 드상티는 과학적 지식을 쌓고, 경우에 따라서는 철학을 단념하라고 그들에게 권고한다. 반대로 루이 알튀세는 철학에 주요한 위치를 보존해 주는 이론을 구축하고, 학생들로 하여금 개념철학의 기준에 비추어 다양한 인문과학의 유효성을 검증해 보도록 유도한다. 그러므로 알튀세와 드상티는 구조주의적 패러다임을 포함시킨다는 전략을 공통으로 지니고 있지만, 그 형태는 다르다. 왜냐하면 알튀세의 경우 철학의 이름으로 말하라고 요청받지만, 드상티의 경우는 재전환을 요청받기 때문이다.

생클루

장 투생 드상티는 현상학적 계보 속에 위치한다. 1938년부터 그에게 후설을 읽도록 만들었던 메를로 퐁티의 계승자인 그는 전후에 프랑스 공산당에 참여한다. "나를 마르크스와 그의 계승자들로 이끌었던 것은 정치적 투쟁의 경험이다."[1] 울름 출신인 드상티는 1935년 생클루의 고등사범학교에 다시 들어가 장 카바예스를 알게 되었다. 이 만남은 결정적이었다. 왜냐하면 드상티는 자신의 주요 철학적 대상으로서 수학을 택하게 되고, 그렇게 하여 기본적으로 인식론적 작업을 하게 되기 때문이다. 그가 그 결과로서 얻은 관념은 철학이 창설적인 자율적 담론이 아니라 제2의 담론이라는 것이다. "진지하게 철학을 하고 싶다면 실증성의 중심에 자리잡아야 한다. 이 말은 드상티가 한 것이다."[2]

그 당시 60년대에 두 철학자 알튀세와 드상티는 갈등과 경쟁의 상황 속에 있었다. 전자는 마르크스-레닌주의에 점점 더 참여하였고, 후자는 1958년부터 프랑스 공산당과 단절하면서 손을 떼고 있었다. 그러나 드상티는 울름의 교수자격시험 지원자들이 시험에 합격하도록 도왔고, 그 가운데는 알튀세가 있었다. 알튀세가 시험에 통과하자, 그는 심지어 알튀세가 공산당원증을 갖도록 해주었다. "유감스럽게도 그를 당에 가입시킨 것은 나이다."[3] 그는 자신이 50년대말부터 막다른 골목으로 간주한 것의 방향으로 알튀세를 인도한 일을 후회한다. 그는 알튀세의 작업을 마르크시즘을 복잡화시키는 진정한 철학적 작품으로 생각하지만, 그것이 '지연의 기능' 밖에 없었다고 본다. "왜냐하면 마르크스-레닌주의를 유지하려는 매우 고심한 그와 같은 시도는 우리 시대의 문제들에 거의 적용되지 못하기 때문이다. 오늘날 알바니아인들을 제외하면 누가 레닌주의자인가?"[4]

드상티는 수학적 관념성의 연구에서 구조주의와 현상학을 결합한다. 그러나 이 관념성은 세계 밖으로, 경험 밖으로 도피한 결과물이 아니다. "그것은 그런 종류의 대상들, 즉 관념적 대상들의 생산성을 포착하게 이끄는 엄격한 방식이다."[5] 그것은 근원적으로 상징화할 수 있는 영역, 따라서 예지성의 범위에도 감각적 세계의 범위에도 직접적으로 속하지 않고, 이 둘 사이에 속하는 영역 속에 뿌리박고 있다. 드상티가 수학적 대상들에 대한 연구에서 의거하고 있는 것은 19세기 중반 이후로 구조들의 도출이 가져온 기여이고, 그리고 20세기초에 부르바키 그룹이 가져온 기여, 다시 말해 상징적으로 규정된 문제적 대상들을 구축하게 해주었던 기여이다. "그것은 빈약한 구조이지만, 이 구조로부터 매우 힘 있는 정리들, 다시 말해 처음에 구별된 대상들의 영역에서 연쇄적 속성들을 지배하게 해주는 정리들이 획득될 수 있다."[6]

이런 이유로 드상티는 구조·형태·통일성을 도출하고자 하는 욕망에 이끌렸다. 닫힘의 원리들 및 이동의 규칙들과 의미 작용적 연결들을 확립하려는 그의 이론적 계획은 구조주의적 계획과 유사하다. 그러나 그는 의미를 부여하는 행위들을 담넘하지 않는다. 또한 그는 의미가 미리 형성되는 지역, 따라서 의미를 재활성화시켜야 하는 지역의 본질적 탐구를 포기하지 않는다. 이런 측면에서 그는 근본적으로 여전히 현상학자이다. "행위들을 감춰진 구조의 결정에 연결시켜야 한다는 요구는 주체의 문제를 다시 제기한다. 주체는 폐지된 것이 아니다. 왜냐하면 그것이 아무것도 의미하지 않는다면 구조는 없기 때문이다. 체험된 것이 없는 곳에 구조는 없다. 구조는 스스로 이루어지고 수동적으로 이루어지는 것의 구조이고, 우리가 이루고 싶고 이해해야 하는 것의 구조이고, 그 관계이다. 이것이 오늘날 제기되는 문제이다."[7]

드상티의 제자로서 언어과학의 인식론자인 실뱅 오루는 스승에게서 작용하는 철학과 과학 사이에 관계를 드러내는 여정을 경험했다. 1967년에 고등사범학교 입시 준비반에 들어간 실뱅 오루는 그를 구조주의에 입문시키는 드상티의 교육을 받는다. "구조주의는 반문화였고, 우리는 그 속에 잠겼다."[8] 그는 생클루의 고등사범학교에 들어가 교수자격시험에 합격한 다음, 국립과학연구센터에 들어가 언어과학을 연구한다. 따라서 그는 실증적 학문, 여기서는 언어학 내에 자리잡으라는 드상티의 조언을 실현시키고, 이 센터의 언어학자들 사이에서 연구부장이 된다. "나와 같은 사람들은 언제나 알튀세를 이데올로기의 제조자로 생각했다. (…) 그는 마르크시즘에 대한 플라톤적 해석을 제시하는 공적을 이루었다."[9]

그러므로 과학에 대해 비판적인 외재성의 입장에 있는 인식론의 구축과는 반대로, 드상티는 과학 내에서 과학에 대한 인식론 작업을 하도록 유도했는데, 이것을 실뱅 오루가 실현하게 되는 것이다. "그 당시에 드상티가 말했듯이, 수학철학자가 된다는 것은 수학의 영역 속에 위치하는 것이다."[10] 그러나 개별적인 실증적 학문, 즉 언어학으로 실뱅 오루가 전환한 사실이 생클루의 고등사범학교생들이 철학을 버렸다는 것을 의미하지 않는다. 게다가 마르시알 게루가 철학 텍스트의 매우 엄격한 역사에 그들을 입문시켰으니 말이다.

울 름

울름에서 새로운 세대를 후원하는 인물은 루이 알튀세이다. 1948년에 철학교수자격증을 딴 그는 고등사범학교의 철학 조교, 다시 말해 이른바 '카이망'이라는 복습 조교를 맡는다. 드상티 이상으로 알튀세는 철학이 현대사회과학과 관련해 해야 할 역할이 있다고 생각한다. 철학은 이론적 방법의 이론으로서, 실증적 학문들의 과학적 유효성을 검토하여 그 진실성을 테스트한다는 것이다. 그리하여 알튀세가 볼 때, 철학은 최고의 학문이라는 전통적 역할을 포기해서는 안 된다. 비록 그것이 그것의 담론을 혁신해야 하고, 새로운 문제 제기들에 개방되어야 할지라도 말이다.

60년대 구조주의가 위세를 떨치는 가운데 알튀세와 그의 추종자들이 수행하게 되는 주요한 역할은, 엄격한 학문으로 자처하면서 현대성을 갖추게 해주는 인문과학의 도전에 응하는 그 능력에 기인한다. 그러나 그것은 진리를 운반하는 포괄적인 철학적 담론의 전통적 틀 속에 이 인문과학을 유도한다.

그래서 울름은 대학의 수업과정에서 인문학의 중요성에 대한 프랑스 특유의 징후로서 구조주의적 이데올로기의 진앙지가 된다. 이러한 관점에서 울름은 오랜 전통의 소르본을 포위하는 이상적 장소가 된다. 우수함을 나타내는 고등사범학교는 전통적인 학문적 합법성과 가장 예리한 현대적 성격이라는 이중의 이점을 구현하게 된다. "내가 기억하건대, 인본주의와 정신주의의 혼합인 대학철학에 대한 대단한 피로가 있었다"[11]라고 울름 출신인 자크 부베레스는 이야기한다. 따라서 당시에 '훌륭한' 인문과학으로 규정된 것의 출현은 한줄기 활력소처럼, 진정한 지적 해방처럼 체험되었다. 그러나 치유가 모든 인문과학을 자기 것으로 삼는 것은 아니었다. "훌륭한 인문과학의 수는 정신분석학·인류학, 그리고 언어학 셋이었다. 이것들은 구조주의 패러다임을 구성하는 트리오였다. 그래서 이미 전통적 학문으로, 단순한 분류의 경험적 학문으로 간주된 과학인 심리학과 사회학은 극도로 멸시를 받았다.

따라서 철학자들은 이 3개의 혁신적 학문에 대해 공개 매입 같은 것을 시도했다. "그것은 관련 학자들에 의해 받아들여졌다. 흔히 그렇듯이 그 이유는 철학이 비록 멸시를 받고 있지만, 매우 제한적인 독자에 익숙한 학자들이 희망할 수 있는 것보다 방대한 독자층을 확보할 수 있는 이점이 있기 때문이다."[12] 그러니까 철학은 자체 문제들을 새롭게 함으로써 읽을 수 있고, 엄격하고, 형식화할 수 있는 담론을 실어나르는 이점을 지닌 사회과학을 사회화할 수 있는 가능성을 지녔던 것이다. 작업은 매우 성공을 거두었기 때문에 철학자들은 철학의 이름으로 자신들의 시도를 추진하지 않으려 했다. 당시 사람들은 철학을 죽었고 끝장난 것으로 간주하기를 즐겼기 때문이다. 편집장이 바로 알튀세였던 마스페로사에서 내놓은 이론 총서에서 보듯이 철학에 이론이라는 용어가 대체되었다.

그렇다고 인류학자·언어학자 혹은 정신분석학자가 되고자 하는 것은 아니었다. 중요한 점은 이 학문들의 엄격성을 이용하는 것이었고, 그리하여 이 이론적 학문들보다 우월한 이론——이 이론은 철학자들을 위해 이루어진

전유(appropriation)와 내적 전복이 낳은 작품이다——을 내세워 그것들의 과학만능주의를 해체하는 것이었다. 이러한 작업은 가면을 쓰고 전진하는 것을 필요로 했고, 자크 부베레스에 따르면 이를 위해서 큰 대가를 치러야 했다. "당시는 사람들이 아무런 규칙이 없는 게임을 하고 있다는 느낌이 들었던 시기였다. 상당수의 독단적인 전제들이 받아들여진 순간부터 논증적 규칙 없이도 당신은 아무것이나 말할 수 있었다."[13]

울름에 마르크스!

울름의 복습 조교였던 알튀세의 첫번째 혁신은 고등사범학교라는 엘리트 생산의 지성소에서 연구되는 저자들 가운데 마르크스를 집어넣은 것이었다. 그는 1960년에 《포이어바흐의 철학적 선언》[14]을 출간한 후, 제자들의 요청에 따라 1961-1962년에 '젊은 마르크스'라는 제목의 세미나를 시작한다. "몽테스키외에 관한 책은 1959년에 나왔다. 다원결정과 젊은 마르크스에 관한 그의 최초 텍스트들은 1960년에 나왔다. 그는 고등사범학교 내에서 젊은 마르크스에 관한 세미나를 기획해 달라는 요구를 받았다."[15]

알튀세의 세미나에 참석한 자들 가운데는 피에르 마슈레 · 로제 에스타블레 · 미셸 페쉐 · 프랑수아 레뇨 · 에티엔 발리바르 · 크리스티앙 보들로 · 레지 드브레 · 이브 뒤크로 · 자크 랑시에르가 있었다. 아리스토텔레스나 플라톤을 읽듯이 마르크스의 텍스트들을 읽는 것은 당시에 고등사범학교생들에게 전적으로 놀라운 사건이었다. 비록 텍스트를 글자 그대로 설명하는 방법이 잘 알려진 규범에 속했지만 말이다. 알튀세의 제자들을 열광케 만들었던 그 '충격적인 독창성'[16]이 있었다 할지라도, 가로디 노선을 무너뜨려야 한다는 정치적 고심 또한 프랑스 공산당 지도부와 단절 상태에 있던 이 젊은 고등사범학교생들이 몰두하는 일에 속했다. 이와 같은 정치적 차원은 알제리 전쟁에 반대해 투쟁하는 이들 세대에게 매우 중요했다. 뿐만 아니라 일체감은 사범학교의 기숙사가 나타냈던 강렬한 사교적 환경을 통해 부각되었다. "호전적인 공동체였다. 알튀세가 젊은 마르크스에 대한 첫 텍스트들을 출간했을 때, 사람들은 그를 내놓을 만한 엄격한 마르크스주의자라고 생각했다."[17] 또한 고등사범학교 내에서 사회 생활의 강도를 높여 주는 이론적 공동 작업이 교수자격시험을 준비하는 범주 내에서 기획되었다. 그렇게 하여 "교수자격시험에 합격하기 위해 서로 돕기로 결정되었다."[18]

알튀세는 1962-1963학년도를 구조주의적 사고의 기원을 다루는 데 할애한다. 이를 기회로 그는 레비 스트로스 · 몽테스키외 · 푸코에 대해 이야기한다. 자크 알랭 밀러는 데카르트에게 나타난 지식의 고고학을 다룬다. 피에르 마슈레는 언어의 기원을 다룬다. 또한 이 세미나에 자크 랑시에르 · 에티엔 발리바르 · 장 클로드 밀네르 · 미셸 토르도 참여한다.[19]

알튀세가 제자들과 함께 한 자신의 세미나를 마르크스의 《자본론》 독회로 방향을 잡은 것은 1964년이다. "이 모든 것은 출간이 가능하리라는 것을 생각지 않고 이루어졌다. 자유롭고 사심 없는 활동이었다."[20] 그런데 엄격하게 친분적인 소모임에 국한되어 있게 되었던 이 작업이, 1965년 마스페로사에서 《자본론 읽기》라는 공저가 알튀세의 논문집 《마르크스를 위하여》와 동시에 나올 때 놀라운 반향을 일으킨다. "우리는 믿을 수 없는 상황에 처하게 되었다. 추구하지도 않았는데 어느 날 갑자기 유명해졌던 것이다……. 교수자격시험 채점자들이 현대의 위대한 철학자들의 이름처럼 답안지에서 우리의 이름이 인용된 것을 발견했던 시기가 되었다. 우리는 즉각적으로 명성을 얻게 되었고, 이것을 1968년까지 누렸다. 당신에게 확실히 말하지만, 우리는 그 대가를 매우 비싸게 지불했다."[21]

물론 이런 작업과 출간은 프랑스 공산당 내에서 벌어지는 대결의 범주 안에서, 주요한 정치적 목표로서 대학 외적인 논리 속에 들어간다. 공산당에서 알튀세의 입장은 1963년부터 가로디의 강경한 비판의 대상이 되었던 것이다. 따라서 울름은 전통적 대학 기구와 공산당 기구에 대한 이중적 항의 도구가 된 것이다. 구조주의 역시 그곳에서 전통적인 문학사에 직면한 언어학자들에게 그렇듯이 지도적인 권위에 대한 항의의 방식으로서 사용되었다. 이 지도적 권위의 모호함이 엄격함과 과학성의 이름으로 비난되었던 것이다. 울름에서도 구조주의의 개념이라는 그 정화적 수단을 통해 지식의 다양한 영역들 사이의 공생이 이루어졌다. 미셸 페쇠는 단단한 언어학적인 수련을 쌓았다. 많은 사람들이 조르주 캉길렘의 강의를 들었고, 그리하여 인식론에 관심을 보였다. 모두가 레비 스트로스의 작품을 알고 있었다. "나는 윤리학 및 사회학 수료증이 강제한 규범에 대한 약간은 반작용으로 레비 스트로스에 관심이 있었다. 어떤 반문화적인 측면이 있었다."[22] 알튀세는 이와 같은 구조주의적인 패러다임에 수정된 마르크스를 추가하면서, 소쉬르와 프로이트로 '회귀' 하듯이 마르크스로의 회귀를 실천하였다. 그는 제각각 독자적인 사회과학들을 넘어서, 현대적 합리성의 다양한 형태들을 설명할 수 있는 철학적 종합을 마침내 실현시킬 수 있다는 고무된 감정을 느꼈다.

막연한 방식이지만, 알튀세는 마르크시즘의 이름으로 비판적 거리를 두면서 구조주의적 방향을 받아들였다. 제시된 개념들에는 내적 긴장이 단번에 존재했다. 그리하여 그것은 왜 알튀세가 구조주의와 지나치게 '가까웠다' 고 훗날에 말하게 되는지 이해하게 해준다. 당시 문제는 단순한 음운론적 모델에 입각해 총괄적인 기호학 안에서 모든 지식 영역들을 해석할 수 있다고 자처하면서 구조주의의 추진적인 힘을, 다시 말해 다분히 행복한 언어학적 실증주의의 과학만능주의적인 측면을 이용하는 것이었다. 그러나 캉길렘을 거치는 니체적 계보 속에 있었던 알튀세와 그의 추종자들은 그와 같은 메타언어를 스스로 구축할 수 있다고 믿었던 사람들에 대해서도 비판적이었다. 우리는 연합적 테마들을 내부로부터 파괴하면서도 이 테마들에 입각해 구조주의의 파도를 타게 해주는 접목 방법의 그 양면성과 다시 만난다. "주체가 없는 과정의 개념인 구조 대(對) 주체 방식의 다소 투박한 대립은, 사람들이 활동했던 그 개념적 애매성을 덮어 버리는 데 소용되었기 때문에 중요성을 지녔던 것이다."[23]

그러나 알튀세 추종자들은 이론적 개발 작업을 하던 초기에 과학만능주의

쪽으로 기울어져 있었다. 그들이 프랑스 공산당 지도부에 대해 바랐던 정치적 방향 변화는 과학을 거쳐 가게 되어 있었다. "당시에 사람들이 말했듯이 과학을 지도적 위치에 놓아야 했다."[24] 주변의 과학만능주의적인 풍토는 또한 이와 같은 열정을 부추겼다. 그것은 현대적 합리성과 철학적 문제 제기의 종합을 실현시킬 수 있다고 생각하였던 세대에게 해방으로 체험되었다. 1960년에 고등사범학교생이었던 자크 랑시에르는 '알튀세를 중심으로 형성되었던 지적 역동성'[25]에 단번에 매혹되었다. 그런데 사실 그때까지 철학적 교양은 후설과 하이데거에 국한되어 있었다. 랑시에르가 고등사범학교에 도착했을 때, "교수자격시험을 치렀던 세대는 모두가 하에데거의 오랜 친위대였다."[26] 그때는 하이데거의 제자인 장 보프레가 강의하는 마지막 해였다. 알튀세의 새로운 친위대가 등장함에 따라 이루어진 것은 지식의 새로운 영역들에 대한 개방이고, 새로운 대상들로의 철학적 교양의 확장이고, 그리고 고전적 심리학에 속했던 모든 것과의 근본적 단절이었다. "나의 세대에게 이런 현상은 대학의 교양으로부터 일종의 해방에 해당했다."[27]

구조주의 언어학자들이 인간과 작품을 공격하고, 인류학자들과 정신분석학자들이 의식적 모델들을 포위한다면, 알튀세를 따르는 철학자들은 시효가 지난 개선적 부르주아 계급의 낡은 옷처럼 즐겁게 환희를 느끼며 묻어 버리는 인본주의를 공격하게 된다. 인간은 지위를 박탈해야 할 대상이었다. 그는 무기와 영혼을 반납하고 조건화의 다양한 논리들에 자리를 내주어야 했다. 그는 이 논리들의 하찮은 주름들 가운데 하나에 불과한 것이다. 이런 의미에서 알튀세의 시도는 주체의 유효성과 존재 자체에 이의를 제기함으로써 구조주의 운동 전체와 총체적으로 합류한다.

라캉이라는 원군

인본주의와 심리주의에 대항하는 무게 있는 지지자 한 사람이 알튀세 덕분에 울름의 고등사범학교 울타리 안으로 막 들어왔다. 알튀세는 1963년에 그를 이 학교에 자리잡도록 초빙하는데, 그는 다름 아닌 라캉이다. 라캉 역시 또 다른 제도, 즉 정신분석학계 내에서 한창 전쟁중이었다. 내쫓긴 그는 학계 기구로부터 배제된 자였다. 라캉은 알튀세와 함께 부분적으로 알튀세-라캉주의자가 될 세대를 매혹시키는 흥미로운 쌍두마차를 구성하게 된다. 현재 프로이트를 지지하는 학파를 이끌고 있는 자크 알랭 밀러는 알튀세가 1963-1964학년도에 열었던 세미나,[28] 다시 말해 정신분석학의 토대에 할애되었지만 결국은 라캉에 할애되고 말았던 그 세미나에서 그의 자극을 받았기 때문에 라캉을 읽었다고 밝히고 있다. 우리가 이미 본 바와 같이 많은 알튀세 추종자들은 마르크스에서 프로이트로, 알튀세에서 라캉으로 넘어간다. 결국 《분석을 위한 연구》지는 알튀세의 이론에서 나온 울름의 라캉 이론을 표현했다. 따라서 알튀세 추종자들은 한편으로 스승과의 엄격한 계보 속에서 철학의 영역에 남게 되는 자들, 예컨대 에티엔 발리바르 · 피에르 마슈레 · 자크 랑시에르 같은 자들과, 다른 한편으로 하나의 실천 방법, 즉 특별한 실증적 학문의 실천을 선택하면서 정신분석학으로 전환하게 되는 자들로 분열되게 되었다.

그래서 철학은 다시 한 번 활력의 상당 부분을 상실한다. 이 활력은 하나의 새로운 정복적 인문과학을 위해 철학을 떠나게 된다. 알튀세-라캉적인 흐름은 이른바 반수정주의적 입장으로 알려지게 된다. 그것은 소련과 프랑스 공산당 지도부에 의한 마르크시즘의 수정에 반대하고, 동시에 국제정신분석학회의 공식적 후계자들에 의한 프로이트 이론의 수정에도 반대한다. 두 경향 사이의 공생은 이론적이면서도 전략적이다. 그것은 견고한 하나의 도그마에, 신성화된 텍스트들에 의거해 얻어진 것이다. 당시 60년대 중반에 천안문 광장에서 조그만 붉은 책을 흔들었던 중국 인민들은 그들에게 낡은 세계의 종말에 대한 희망을 나타나게 된다. 지배자의 모습은 신속하게 마오쩌둥의 얼굴 모습을 하게 된다. 마오쩌둥은 새로운 세계의 탄생에 경의를 표하는 신중국의 키잡이였다.

마오(Mao) 사상, 라캉 사상, 알튀세 사상, 이 모든 것은 자아(Moa[1]) 사상에 대항해 결합되었다. 60년대말에 대학생이었던 프랑스 젊은이들의 급진화를 맞이하기 위한 화염병은 준비되어 있었다.

---

1) Moa는 Moi(자아)의 발음적 표기인데 Mao(마오)의 아나그람적 유희를 나타내고 있다.

31

알튀세 이론의 폭발

　신도, 카이사르도, 대중 연설가도 아니다. 그럼에도 루이 알튀세는 많은 사람들에게 마르크시즘의 최고 구원자로 나타났다. 그는 하나의 어려운 시도, 다시 말해 현대적 합리성의 중심에 마르크시즘을 위치시키는 진정한 내기를 성공시키고자 도전한다. 그는 기계적인 경제주의에 토대한 통용중인 스탈린식 해석을 넘어서기 위해 마르크시즘을 실천(praxis)과 헤겔적 변증법으로부터 벗어나게 하는 대가를 치르고자 한다.

　이러한 이동을 실현시키기 위해 알튀세는 구조주의에 의거하고, 마르크시즘을 지식의 포괄적 종합을 실현할 수 있고, 구조적 패러다임의 중심에 자리잡을 수 있는 유일한 것으로 제시한다. 따라서 지불해야 할 대가는 체험된 것, 심리적인 것, 의식적 모델들은 물론이고, 소외의 변증법도 배척하는 일에의 동참을 함축한다. 지시 대상의 이러한 배척은 바슐라르가 보여 준 단절의 모델에 따라 '인식론적 단절'의 형태를 띤다. 그것은 한편으로 이데올로기적인 것과, 다른 한편으로 역사적 유물론에 의해 구현된 과학을 구별한다. 따라서 모든 과학은 변증법적 유물론의 철학과 과학적 합리성을 확립하는 것에 입각해 검토되어, 그것이 지닌 이데올로기적 불순물로부터 해방되어야 한다. 지시 대상과 관련한 기호의 자의성 모델에 따라 과학은 '순전히 내적인 요구들을 만족시켜야'[1] 한다. 따라서 진리의 기준은 명제들의 오류 가능성을 거치지 않는다.

　60년대초 이처럼 마르크시즘을 역사적 운명으로부터 벗어나게 하는 작업은 마르크시즘을 과학의 중심에 안착시킴으로써, 신속한 해체로부터 그것을 구제하는 수단이었다. 이 작업은 도그마에 갇혀 있고 음울한 유산을 지닌, 스탈린 이후의 공식적 마르크시즘으로부터 벗어나야 할 필요성에 부합했다. 알튀세는 마르크시즘을 복잡화시키고, 그것의 모험을 도약하고 있는 사회과학의 모험과 교차시키게 해주었고, 그것으로 하여금 담론들의 담론으로, 이론적 방법의 이론 자체로 나타나게 하면서 궁지에서 벗어나게 해주었다. 과학적 마르크시즘, 다시 말해 그것을 표방하는 제도들의 찌꺼기로부터 벗어난 그런 과학적 마르크시즘을 부활시키는 것, 이것이 반식민주의적 투쟁에 가담한 호전적 세대에게 루이 알튀세가 제시하는 열정적인 도전이었다.

예수에서 마르크스로

1918년 10월 16일, 알제리의 비르만드레스에서 태어난 루이 알튀세는 1939년에는 고등사범학교생이었다. 1940년부터 1945년까지 독일 슐레스비히홀슈타인 **XA** 포로수용소에 수감된 그는 그를 마르크시즘에 입문시켰던 르네 미쇼와 서신을 교환한다. 그는 해방된 후 27세가 되어서야 교수자격시험 준비를 다시 시작한다. 그는 1948년에 시험에 합격하는데, 이 해는 그가 프랑스 공산당에 가입하는 해이다. 그는 울름 가의 고등사범학교에 남아 사범학교생들의 교수자격시험을 준비시키는 복습 조교 '카이망'이 된다. 이때 그는 장 이폴리트와 장켈레비치의 지도를 받아 '18세기 프랑스의 정치와 철학'이라는 국가 박사학위 논문 계획을 제출한다.

그러나 알튀세는 원래 성당에 나가는 가톨릭 신자였고, 가톨릭 운동 단체인 악시옹 가톨릭에 참여했고, 1937년과 1939년 사이에 리옹에서 고등사범학교 입시 준비반 스승이었던 장 기통을 통해 종교적 확신을 얻었다. 장 기통이 볼 때 알튀세는 무신론자와 공산주의자로 변모된 모습으로 전쟁에서 돌아오지만, 여전히 종교적 절대의 욕망에 근본적으로 충실한 모습으로 남아 있었다. 알튀세는 사실 이 욕망을 마르크시즘으로 이동시켰다 할 것이다.

두 사람 사이의 깊은 우정은 결코 부정된 적이 없다. 각자의 입장이 거리가 있고, 장 기통이 철학사 교수로 있던 소르본에서 겪을 수 있었던 이론(異論)이 있었음에도 불구하고 말이다. "당신은 하나의 개념, 2개의 개념과 관계를 맺고, 그것들을 조합하고 대립시키고, 통합시키고 분리시키고, 프라이팬의 크레이프처럼 뒤집고 서비스해 먹을 수 있게 하는 방법을 가르쳐 주었습니다."[2] 1945년부터 1948년까지 알튀세는 리옹 출신 가톨릭교도들로 이루어진 작은 모임과 프랑스 공산당에 이중으로 매력을 느꼈다. 이 모임은 모리스 몽튀클라르에 의해 만들어졌고, 파리에 자리를 잡고 있었다.

종교, 다시 말해 신비주의적 순수의 매혹은 알튀세를 끝까지 따라다니게 된다. 왜냐하면 1980년의 비극이 있기 직전에, 그는 교황 요한 바오로 2세를 만날 수 있도록 자기를 위해 나서 달라고 친구인 장 기통에게 부탁하기 때문이다. 그는 가론 추기경과 면담을 했다. 그리고 장 기통은 교황을 알현하면서 만남이 수락되었음을 전달받았다. 그러나 그의 아내 엘렌의 살인이 이 계획을 수포로 돌아가게 만들었다. 따라서 비극적 신비주의의 불안감, 모순의 해결할 수 없는 성격이 파스칼의 열렬한 독자였던 알튀세의 정신을 관통하고 있었다. 그러나 그는 기독교적 길을 포기하고, 절대의 추구를 순화된 마르크시즘 속으로 이동시킨다. 그에게 이 마르크시즘은 종교적 신앙에 대항할 수 있는 수정처럼 투명한 철학이고, 형이상학에 총체적이고 절대적이고 엄격한 하나의 과학을 대체해 줌으로써 형이상학을 뛰어넘게 해주는 도구였다. "나는 그의 방 안에 테레즈 다빌라의 작품과 레닌의 작품이 나란히 있는 게 보인다. 나는 그와 관련해 끊임없이 나를 사로잡았던 문제, 즉 변화의 문제를 제기해 본다. 알튀세의 은밀하고 심층적인 내면은 과연 변화했는가?"[3]

60년대 유행했던 구조의 존재화(실체로서 존재화시킴)는 알튀세로 하여금 통용중인 인과 관계 체계를 공인된 마르크시즘 속으로 이동시키게 해주었다. 그때까지는 설명의 구조들을 반영의 단일한 인과적(monocausale) 견해에 제한하는 것이 문제였다. 모든 것은 경제적인 것으로부터 파생되게 되어 있었고, 따라서 상부 구조들은 하부 구조적 토대의 단순한 발현으로 생각되었다. 순전히 기계적인 이러한 방법과 단절하는 것은, 단순한 인과 관계에 구조적 인과 관계를 대체함으로써 인과 관계의 체계를 복잡화시키는 이점이 있었다. 구조적 인과 관계 속에서 지배를 지시하는 것은 구조 자체였다. 그러나 뱅상 데콩브가 언급하듯이, 알튀세의 분석 모델은 또한 소련의 경제 모델을 구제하게 해주었다. 소련의 경제 모델은 자율화되고 이론의 여지가 있는 정치적·이데올로기적 현실로부터 분리된 사회주의적 모델에 일치하는 것으로 계속적으로 간주되고 있었다. 그리하여 알튀세는 인물 숭배에 대한 단순한 공식적 항의보다 멀리 내다보면서 스탈린주의에 대한 비판을 설명할 수 있었다. 그러나 치러야 할 대가는 미미했다. 왜냐하면 그의 비판은 생산 양식을 결정하는 기관들의 상대적 자율을 내세워 체계의 사회주의적 토대를 보존시켰기 때문이다. 따라서 그는 마르크시즘의 개혁을 위해서, 그리고 소련을 사회주의 국가로 계속해서 간주하기 위해서 구조주의가 나타낼 수 있는 이점을 매우 신속하게 이해한다. "구조주의 독트린은 알튀세의 지도 아래 고등사범학교에서 개발될 뻔했다."[4] 특히 그것은 《분석을 위한 연구》지에 참여한 그의 제자들에 의해 대변될 뻔했다. 구조주의의 전초 기지들 각각은 그때까지 지식의 개별적 영역 내에 위치하고 있었다. 레비 스트로스의 경우는 인류학, 라캉의 경우는 정신분석학, 그레마스의 경우는 언어학 속에 말이다.

알튀세와 더불어 야심을 하나의 구조주의적 철학으로 확대할 수 있는 가능성이 나타났다. 이 구조주의적 철학은 그 자체로 제시될 뿐 아니라 철학의 종말을 나타내는 표현으로, 다시 말해 이론을 내세워 철학을 초월하는 가능성으로 제시되는 것이다. 나아가 알튀세가 과학과 이데올로기 사이에 개념화시킨 분리는 기술 구조(technostructure)와 실행자들 사이의 일반화되고 있는 구분을 검증하게 해주거나 반복하게 해준다. 알튀세 추종자들은 "프랑스 행정 조직을 모방한 것이지만 나름의 교대조와 하부 위원회들을 지닌 참모들로 계층화되어, 학문적 엘리트와 하급 실행자들 사이의 구분을 폭넓게 강화시켰고, 이것을 그들의 잡지에서, 그들의 마오쩌둥주의 운동에서 실현시켰다."[5] 따라서 계획은 철학자들의 세심한 지도 아래 자리잡은 인간과학들의 사유 영역을 통합시킨다는 전망 속에 들어간다. "사회과학의 통일적 문제 제기를 구축하려는 시도가 분명 있었다."[6]

전략적 목표

또한 알튀세의 개입은 또 다른 논리, 즉 정치적 논리 안으로 들어온다. 그것은 프랑스 공산당 지도부가 유지하는 공식적 입장의 유효성에 이론(異論)을 제기하기 위한 것이기 때문이다. 우리가 이미 본 바와 같이 《신비평》지는 1965년 3월부터 1966년 2월까지 마르크시즘과 인본주의의 관계에 대한 공산주의 지식인들 사이에 커다란 논쟁의 장소가 되었다. 그때는 마르크스주의적 인본주의의 주창자인 로제 가로디의 주장과 이론적인 반인본주의를 옹호하는 알튀세의 주장이 대결했던 시기였다. "이 논쟁은 (…) 우리에게 역사적 유물론의 이론적 위상에 관한 본질적 문제들을 분명한 표현으로 제시한 것 같았다."[7] 변증법적 사상인 마르크스의 사상을 단절이란 표현으로 기능하는 알튀세의 사상과 분리시키면서, 알튀세의 입장에 대한 이의를 제기하기 시작한 자는 조르주 상프룅이다. 그가 1843년에 마르크스가 쓴 《헤겔 법철학의 비판》에 의거하여 보여 주는 것은 젊은 마르크스조차 인간에 대한 추상적 견해를 결코 가진 적이 없었고, 반대로 그가 이 시기부터 인간을 전적으로 사회적 존재로 규정하고 있다는 점이다. 미셸 플롱은 마르크시즘과 인본주의의 분리할 수 없는 성격을 강조한다. 비록 그가 소외의 개념이 이데올로기의 막연한 영역을 넘어서 사용되고 있다고 비판하는 알튀세의 입장에 동의하지만 말이다. 그는 부상하는 부르주아 계급의 추상적이고 보편화시키는 인본주의와 마르크스의 입장을 분명히 구분하려고 주의를 기울였다. 하지만 "인본주의는 무언가 바탕 자체가 마르크시즘에 본질적인 것을 지시하고 있다."[8] 피에르 마슈레는 강경한 알튀세의 입장을 옹호하고, 공산당 지도부의 일부 이데올로기 생산자들이 개괄적으로 제시하는 종합적 담론에 단절의 단호한 입장을 대립시킨다. "상프룅의 방법과 알튀세의 방법 사이에는 단절이 있다."[9] 마슈레는 사용되는 개념들에 동일한 의미를 부여하지 않는 두 담론 사이의 가능한 어떤 대화도 인정하지 않는다. 동일한 용어들을 사용하는 겉모습은 기만적이다. 왜냐하면 그것은 대립되는 견해들을 은폐하기 때문이다. 실제(pratique)라는 용어도 마찬가지이다. 상프룅의 경우 그것은 하나의 실제적 대상과 관련되지만, 알튀세의 경우 그것은 이론의 대상이다. 미셸 베레 또한 알튀세의 입장을 열광적으로 지지한다. "알튀세가 특히 강조하듯이, 이 인본주의는 소외의 이론적 운명을 따를 수밖에 없다."[10]

따라서 1963년부터 알튀세에 의해 젊은 마르크스가 침몰되는 것에 경계를 나타냈던 로제 가로디의 입장은 공산당의 많은 지식인들에 의해 강력하게 문제시된다. 그러나 1966년 1월에 알튀세가 참석하지 않은 채 슈아지에서 개최되었던 철학자들의 회합은, 가로디를 중심으로 한 지도부의 이데올로기 생산자팀을 더욱 공고하게 해주었다. 이 회합에서 뤼시앵 세브 · 기 베스 · 길베르 뮈리 · 폴 보카라 · 장 텍시에가 다양한 영역에서 알튀세의 입장에 동의하지 않음을 나타냈다. 이를 기회로 하여 가로디는 알튀세가 가져온 과학의 발상을 단호하게 공격한다. 그는 이 발상을 알튀세의 '살이 없는 교조주의'와 마찬가지로 '구식이고' '천진하고, 교과서적이고, 신비적이다'[11]라고 규정한다.

그렇게 알튀세는 당의 기구 앞에서 고립된 이단적 마르크스주의자로 여겨졌다. 그렇기 때문에 60년대 중반 지식인들의 열광적인 지지를 받았던 구조주의 물결에 자신의 입장을 접합시킴으로써 그가 얻을 수 있었던 전략적 이점이 이해된다. 알튀세는 '분명하고 뚜렷한 관념들로 구성된 데카르트적인 마르크시즘'[12]을 옹호하는 이점을 보여 주었다. 이 마르크시즘은 지식인들에게 공산주의자들이 되었다는 긍지를 돌려 주었다. 순전히 이론적이고 해석적인 접근을 통해서 마르크스로, 토대적 텍스트들로 돌아감으로써 스탈린의 죄악들이 분명하게 발견되었을 때 공산주의자라는 죄의식으로부터 벗어날 수 있게 되었던 것이다. "알튀세의 작업은 진정 갑자기 밀려오는 오염되지 않은 순수한 공기 같았다."[13] 상황은 알튀세의 주장이 성공하는 데 유리했다. 왜냐하면 프랑스 공산당은 스탈린주의로부터 조금씩 벗어나기 위해 50년대말부터 지식인들과 새로운 관계를 설정하려고 시도했기 때문이다. 그것은 그리하여 사회주의적 사실주의와 단절하면서 새로운 예술적 표현 형태, 즉 전위에 열려졌고, 리센코 이론의 망상을 과거로 내던지면서 새로운 이론적 요구들에 개방되었다. 모리스 토레즈는 1959년부터 마르크시즘 연구센터(CERM) 설립을 예고까지 하는데, 이 연구소의 소장을 로제 가로디가 맡게 된다. 따라서 프랑스 공산당은 지식인들과 단절된 대화를 재개함으로써 상처입은 1956년의 상실을 상쇄하고자 한다. 그리하여 알튀세는 60년대초에 시작된 하나의 과정, 스탈린 이후의 새로운 정치를 규정하는 데 있어서 지식인들에게 선택의 입지를 부여하는 그 과정을 마감하듯이 때마침 왔던 것이다. 그러나 그의 주장들은 1966년 3월에 열린 공산당 중앙위원회에 의해 채택되지 않는다. 중앙위원회는 "마르크시즘이 우리 시대의 인본주의이다"[14]라는 결론을 내린 것이다.

가로디 노선의 이와 같은 승리에 입각해, 당 지도부는 알튀세의 업적들을 세심하게 선별하여 그것들을 중앙간부연수원의 도서관으로부터 없애 버리도록 지시한다. 따라서 이러한 실패는 알튀세가 이론적인 주도권을 다시 잡을 수 있었던 장소, 즉 울름 가의 고등사범학교 자체가 최대한의 영향력을 발휘함으로써 상쇄되게 되었던 것이다. 이러한 사실에 힘입어 그는 구조주의에 의해 풍부해지고, 현대적 합리성의 반열에 마땅히 오를 만한 마르크시즘 담론을 당 지도부에 반론으로 내세울 수 있었다.

알튀세의 제자인 미셸 페쉐가 담당 교수였던 1965-1966학년도 철학 수업에서 로제 폴 드루아는 기 라르드로·크리스티앙 장베, 그리고 많은 다른 사람들과 함께 당시 그들에게 개념철학의 화신처럼 보였던 알튀세-라캉 이론에 열광하였다. 오늘날 로제 폴 드루아에게 그 수련의 시기, 철학적 젖을

먹었던 그 시기는 "틀이 갖추어진 시기처럼 나타난다. 규명의 개념적 틀이라는 의미에서 틀(grille) 말이다. 우리는 좋은 틀을 친다는 조건으로, 틀이 없었다면 보지 못했을 것이 돌출하는 모습을 보았다는 생각이 들었다. 구조는 이런 면을 지닌다. 즉 그것은 우리가 보지 못하는 것으로부터, 그리고 현실계의 다양한 채색으로부터 우묵하고 비어 있는 모습으로 나타나는 것의 차원에 속한다."[15]

알튀세 추종자들은 인식론을 유행시키는 공적을 성공적으로 이루어냈다. 그때는 아무것이나 가지고 인식론을 만드는 시기였는데, 이것이 사람들은 이제 철학을 하지 않고 과학을 한다고 말할 수 있게 해주었다. 이러한 상황이 그만큼 역설적이었던 이유는 인식론이 난해한 담론으로 인해, 그리고 다양한 분야에서 요구된 높은 수준의 역량으로 인해 일반적으로 작은 서클들에 한정되었기 때문이다. "나는 심지어 데리다가 자신이 하는 일이 과학에 속하는지 질문을 받자, 과학에 속하지 않지만 그렇게 될 수 있을 것이라고 대답하는 경우를 본 적이 있다."[16] 바로 이러한 과학만능주의적인 시도 속에 알튀세의 계획이 편입된다. 이 계획은 또한 스탈린의 죄라는 짐을 지고 싶지 않았고, 절대에 목말라했던 새로운 세대가 지닌 단절의 욕망에 부합했다. 이런 측면은 한편으로 흔히 착란적인 정치적 의지주의, 다시 말해 필사적인 호전성과, 다른 한편으로 신비주의적 참여와 일치하는 주체 없는 과정의 발상 사이의 역설적인 화해를 가능하게 해주었다. "모든 수도사들에게 그렇듯이, 주체는 과정을 추진시키는 동인(動因)이 되기 위해 주체 자체로부터 벗어난다. 나는 예수회 수사들의 품안에서 성장했다. 분명한 일이지만 대문자 과정(le Processus)이 대(大)주체(le grand Sujet)였고, 우리는 이 대주체 앞에서 더이상 주체가 아니었기 때문에 우리 자신으로부터 벗어나곤 했다. 그렇게 하여 우리는 우리의 영혼을 구제하였다. 완전히 화해가 가능했었다."[17] 일단의 한 세대 전체에게 알튀세는 아카데미즘으로부터 벗어나고자 하는 자들이 결집하는 중심점이 된다. 이들은 그에게서 하나의 기수를, 다시 말해 매달릴 수 있는 지점을 찾아냈던 것이다. "나는 1955-1960년에 공부를 했는

데, 알튀세는 일종의 빛나는 계시를 우리에게 가져다 주었다. 그것은 비상하게 자극적이었다."[18]

마르크스로의 회귀

1965년에 2개의 저서가 나오는데, 이것들은 즉시 당시의 주요한 참고서가 된다. 하나는 알튀세의 논문 모음집인 《마르크스를 위하여》이고, 다른 하나는 공저인 《자본론 읽기》이다. 후자는 알튀세를 중심으로 자크 랑시에르·피에르 마슈레·에티엔 발리바르 그리고 로제 에스타블레의 글들을 모아 놓고 있다. 이 두 책은 마스페로사에서 출간되었다. 성공은 즉각적이었고 대단했다. 왜냐하면 '이론' 총서 속에 출간된 《마르크스를 위하여》는 3만 2천 부가 팔리게 되기 때문이다. 우리는 알튀세가 마스페로사(1959년에 설립)를 선택한 것이 의도적이었는지, 아니면 이 선택이 소시알사가 거부한 결과인지 자문할 수 있다. 기 베스에 따르면, 한편으로 알튀세는 소시알사에서 출간함으로써 공산당 전체가 자신을 등뒤에서 공격하는 일을 원하지 않았다는 것이고, 다른 한편으로 효율성을 고심하다 보니 마스페로사를 선택하게 되었다는 것이다. 마스페로사의 영향력은 프랑스 공산당의 독자보다 훨씬 더 방대한 독자를 접하게 해주었다. 그러나 과감하면서도 동시에 소심한 이러한 태도 뒤에는 당 지도부의 방해가 있었던 것 같다. "1979년에 나에게 단언한 바에 따르면, 알튀세는 한 번 거부를 당한 뒤에서야 마스페로사에서 출간했다."[19]

따라서 알튀세 추종자들은 마르크스 자신에게로의 '회귀'를 이행한다. 그들은 당시까지 그의 작품에 대해 이루어졌던 해설과 주석들, 다시 말해 그의 주장들을 직접적으로 아는 데 방해가 되는 것들을 분리해 내는 작업을 한다. 그들의 최초 이동은 마르크스를 읽는 행위이다. 이런 차원에서 그들은 하나의 닫혀진 체계의 내적 논리와 담론의 영역을 특별히 다루면서 구조적 패러다임에 전적으로 공감한다. 물론 알튀세의 관점은 언어학으로부터 비롯되지 않는다. 그는 읽기라는 새로운 이론에 입각해 접근되어야 하는 논증적 영역의 자율화를 주장한다. 이 이론은 마르크스 자신에 의해 시작되었으나 공인된 일반적 해석에 의해 무시되었다가 알튀세가 복원한 것이다.

읽기의 이와 같은 새로운 방법은 증후적(symptomale) 읽기라 명명된다. 증후적이라는 수식어는 정신분석학에서, 특히 라캉한테 직접적으로 빌려온 것이다. 우리는 이 방법에서 결핍, 즉 부재를 지시하는 비가시적인 것의 보다 본질적인 특징을 만난다. 알튀세는 마르크스가 정치경제학에 관한 고전들을 읽는 두 가지 방식을 구별해 낸다. 우선 그는 자신의 사유 범주들 내에서 리카도·스미스 등 타자의 담론을 읽어낸다. 이는 이 담론 속에서 결핍된 것들을 포착해 구별을 확립하고, 그리하여 옛 학자들이 알아차리지 못한 것을 보여 주기 위한 것이다. 이러한 1차적 독서는 '일치와 불일치의 명세서'[20]를 도출 가능하게 해준다. 이러한 1차적 독서 뒤에서 마르크스의 보다 근본적인 독서, 다시 말해 식별되는 누락들과 침묵들 같은 결핍들을 넘어선 독서가 윤곽을 드러낸다. 그것은 마르크스로 하여금 고전적인 정치경제학이 보면서도 보지 못했던 것을 알아차리게 해준다. 그는 지난날의 학자들이 문제화하지 않고 의문을 제기하지 않은 실증적인 내용들을 분명하게 드러낸다. 그리하여 그는 그 자신이 고전적 정치경제학에서 보이는 것의 보이지 않음을 보는 순전히 텍스트 내적 유희를 통해서, 문제가 없는 곳에서 답변들이 나타나게 한다. "그래서 보지 못한다는 것은 본다는 것의 내에 있다. 그것은 본다는 것의 한 형태이다. 따라서 그것은 본다는 것과 필연적인 관계 속에 있다."[21] 개인은 그가 자신의 행동에서 관찰할 수 있는 것을 이 행동을 유발시키는 것에 연결시킬 수 없는 가운데 상당수의 신경증 징후들을 나타낸다. 그와 마찬가지로 정치경제학은 그것이 수행하는 것을 볼 수도 조합할 수도 없다.

이러한 읽기 방식은 이중의 이점을 만들어 낸다. 한편으로 그것은 텍스트 자체 내에서, 다시 말해 텍스트의 경제 내에서 문제 제기의 열쇠를 탐구함으로써 언어학적 엄밀성의 요구 안으로 들어가게 된다. 다른 한편으로 그것은 프로이트의 분석처럼 가장 본질적인 현실이 가장 감추어져 있다고 생각하는 방법을 제공한다. 이 본질적 현실은 담론의 부재 속에도, 담론의 명료한 것 속에도 위치하지 않고, 담론의 잠재가 나타내는 그 둘 사이에 위치함으로써 그것을 그것 자체에 드러내기 위한 특별한 청취나 읽기를 필요로 한다. 실수가 본다는 것과 관련이 있다면, 시각은 구조적 조건들에, 발언의 존재 조건들에, 발언 및 비발언의 가능성들의 영역에 종속된다. 이와 같은 이동은 모든 것을 미셸 푸코와 라캉에게서 빌리고 있다. "알튀세는 푸코와 라캉의 개념들에서 그들의 표시를 제거할 뿐이다."[22] 가시적인 것과 비가시적인 것의 이러한 변증법적 전개는 《광기의 역사》에서 푸코가 한 작업을 모델로 하고 있다. 이 저서는 《자본론 읽기》의 서두에서 그림자·어둠, 그리고 빛 사이의 내재성 관계와 관련해서뿐 아니라, 지식의 실증적인 내용들을 단위들로 구성하는 외관상 이질적인 조건들에 기울이는 관심과 관련해서 모범으로 원용된다. "이 용어들은 미셸 푸코가 《광기의 역사》의 서문에서 쓴 매우 탁월한 대목들을 수용하는 것들이다."[23]

인식론적 자르기

또한 알튀세는 인식론적 단절(rupture)이라는 개념을 사용한다. 그는 이 개념을 바슐라르에게서 빌렸지만, 단절 대신에 자르기(coupure)라는 용어를 사용해 그것을 급진화시킴으로써 칼 같은 성격을 부각시킨다. 따라서 그는 마르크스의 작품을 읽는 데 사용하기 위해 과학적 인식론에서 분석 모델을 빌려온다. 바슐라르는 특히 이 단절의 개념을 물리학의 영역, 보다 특수하게는 양자역학에 적용해 과학적 인식과 감각적 인식 사이의 괴리를 표현했다.

알튀세는 이런저런 과학적 체계를 구축하게 해주는 불연속성들을 식별해야 할 필요성에 주목하면서, 모든 과학사에 옮겨 놓을 수 있는 일반적 개념의 가치에 이 단절의 개념을 확대한다. 알튀세는 마르크스를 새로운 과학의 운반자로서 제시하겠다는 고심을 하면서, 아직은 헤겔의 관념론에 빠져 있는 젊은 마르크스와 성숙의 단계에 와 있는 과학적 마르크스 사이에 근본적 단절이 있음을 알아차린다. 그런데 "바슐라르는 하나의 과학과 이전의 어떤 철학적 체계 사이의 단절에 대해 결코 말하지 않았을 것이다."[24] 알튀세에 따르면, 마르크스는 그가 물든 철학적·이데올로기적 유산과 단절하는 데 성공했을 때 과학적 수준에 다다른다. 알튀세는 심지어 이 과정의 잉태 단계들을 확립하고 과학적 영역에 다다르게 해주는 그 끊어짐의 순간을 1845년이라고 매우 명확히 추정한다. 이 날짜 이전의 모든 것은 젊은 시절의 작품에, 즉 진정한 마르크스 이전의 마르크스에 해당한다.

그러므로 젊은 마르크스는 소외에 대한, 일반적 인간에 대한 포이어바흐의 주제들에 의해 사로잡혀 있다. 그 시절은 인본주의적이고, 합리주의적이며, 자유롭고, 헤겔보다는 칸트와 피히테에 더 가까운 마르크스의 시기이다. "초기 작품들은 칸트-피히테적인 문제들을 전제한다."[25] 그래서 그의 문제들은 자유에 운명지어진 인간, 다시 말해 그를 소외시킨 역사의 그물 속에 상실된 자신의 본질을 복원시켜야 할 그런 인간의 모습을 중심으로 집중된다. 따라서 극복해야 할 모순은 자유의 주장에 귀를 막고 있는 국가에 의해 구현된 이성의 소외 속에 위치한다. 인간은 자신의 의지와는 상관 없이, 자신의 노동이 낳은 소외된 산물들을 통해 자신의 본질을 실현시킨다. 그래서 그는 이 소외된 본질을 재포착하여 자기 자신에게 투명한 인간, 역사의 끝에서 마침내 이루어지는 총체적 인간이 될 수 있도록 자기 완성을 마감해야 한다. 이러한 전복은 포이어바흐의 작품으로부터 직접적으로 비롯된다. "철학적 문제들의 토대는 포이어바흐적이다."[26]

알튀세에 따르면, 마르크스가 인간의 본질을 토대로 하여 역사와 정치를 구축하는 이와 같은 견해와 단절하여 역사에 대한 과학적 이론으로 대체하는 시기는 1845년이다. 이 과학적 이론은 사회 조직·생산력·생산 관계 등과 같은 새로운 설명 개념들을 토대로 구축된다. 그러니까 마르크스는 주체·본질·소외와 같은 철학적 범주들을 비워내고, 지배 계급 이데올로기의 기만적 위상에 부여된 인본주의에 대한 철저한 비판을 수행한다. 이러한 마르크스, 즉 성숙기의 마르크스는 1845년부터 1957년까지를 포함하며, 성숙기의 위대한 과학적 작품, 즉 생산 양식에 대한, 따라서 인간 역사에 대한 진정한 과학인 《자본론》을 가능하게 만든다.

마르크스의 작품 안에서 포착된 이러한 근본적 단절은 활동(praxis)의 영역으로부터 인식론의 영역으로 마르크시즘을 이동시킴으로써 가능하게 된다. 마르크스는 뉴턴의 《원리》만큼 과학적 기여로서 자리를 차지하는 《자본론》 덕분에 이데올로기와 결정적으로 단절할 수 있었다는 것이다. "우리가 알다시피 순수한 과학은 그것을 끊임없이 정화시킨다는 조건하에서만 존재한다. (…) 이러한 정화, 이러한 해방은 이데올로기 자체와 끊임없는 투쟁을 대가로 해서만 획득된다."[27] 당시까지 마르크스의 작품이 유물론적 관점에서 헤겔의 변증법을 수용한 것으로 인식되었는 데 비해, 알튀세는 헤겔의 변증법과 마르크스의 변증법을 조목조목 대립시킨다. 마르크스는 헤겔의 관념론을 받아들이는 데 만족하지 않고, 모든 점에서 구조가 다른 이론을 구축했다는 것이다. 비록 부정, 반대되는 것들의 동일성, 모순의 초월과 같은 전문 술어들이 방법의 폭넓은 유사성을 생각하게 할 수 있지만 말이다. "전복의 허구를 명백한 엄격함 속에 유지한다는 것은 분명 불가능하다. 왜냐하면 사실 마르크스는 사회에 대한 헤겔 모델의 용어들을 전복했는 바, 보존한 것이 아니기 때문이다."[28]

알튀세가 헤겔과 마르크스 사이에서 간파하는 이러한 불연속성은 그로 하여금 스탈린식 경제 제일주의적 해석과 단절하게 만든다. 이 해석은 헤겔의 정치—이데올로기적인 본질을 본질로서의 경제적 측면의 영역으로 대체하는데 만족했다. 그러나 마르크스주의 사상에서 통용되는 기계론에 대한 이와 같은 비판은 탈문맥화된 순수한 이론의 구축을 내세워 이루어진다. 이러한 이유로 그것은 과학의 지위에 다다른다. 알튀세에게 변증법적 유물론은 역사적 유물론의 과학성을 설정하는 이론이다. 따라서 그것은 끊임없이 그것을 공격하는 이데올로기적 오염으로부터 스스로를 보존해야 한다. "우리가 보다시피 결국 전복은 더 이상 문제가 될 수 없다. 왜냐하면 우리가 하나의 이데올로기를 전복시킴으로써 과학을 획득하는 것이 아니기 때문이다."[29]

그래서 역사적 유물론은 과학의 과학성에 관한 학문이다. 그러니까 하나의 분명한 과학주의가 알튀세의 방법을 관통하고 있는데, 이런 방법에 직면하면 어떤 역사가이든 당혹스럽게 될 수밖에 없다. 피에르 빌라르처럼 마르크스주의적 역사를 구축하는 데 강력하게 집착하고 있는 역사가라 할지라도 말이다. "어떤 단절을 중심으로 결코 설정되지 않는, 마르크스의 사상에는 전진이 있다. 나는 사실상 푸코의 작품에 연결되는 그런 견해에는 전혀 동의하지 않는다."[30] 하나의 정화된 과학적 영역을 자율화시킴으로써 알튀세가 스탈린식 해석, 즉 모든 것을 경제적인 것의 반영으로 이해하는 경향을 드러냈던 해석으로부터 벗어나려고 한 것은 틀림없다. 이러한 이유로 그는 마르크스 사상의 진정한 부흥을 야기시켰다.

그러나 이 사상에 닫혀진 체계를 부여함으로써, 그는 그것의 위기를 재촉했다. "그것은 특정 마르크시즘의 종말을 고했다. 왜냐하면 그처럼 체계를 봉쇄하고 나면 당신은 헛돌게 되기 때문이다. 과학적 개념들을 발굴하는 데 만족한다고 해서 마르크시즘이 살아 있는 것은 아니다. 그런 측면은 그것이 구하고자 했던 마르크시즘을 쇠퇴하게 하는 데 기여했다. 어떻게 본질적으로 비역사적인 방법을 가지고 근본적으로 역사에 대한 사상인 하나의 마르크시즘을 구축할 수 있단 말인가?"[31] 결국 알튀세가 자기 무덤을 팠지만, 마르크스 사상의 두번째 일시적인 바람이 불도록 고무시켰고, 정치적인 만큼 이론적이고 제도적인 급진적 단절을 추구하는 현대주의적인 지적 흐름을 강화시켰다.

구조화된 총체

알튀세가 반영 이론의 기계론적인 해석에 대체하는 것은 구조화된 총체인데, 이 총체 속에서 의미는 생산 양식의 결정 기관들 각각이 차지하는 위치의 기능이 된다. 그리하여 알튀세는 상부 구조에 고유한 효율성을 인정한다. 이 상부 구조는 어떤 경우에 있어서는 지배적 위치에 있을 수 있고, 모든 전형적인 경우에서는 하부 구조와 관련해 상대적인 자율의 관계 속에 있을 수 있다. 이처럼 이데올로기-정치적 영역을 떼어냄으로써 알튀세는 소련의 사회주의적 토대를 보전하게 된다. 왜냐하면 이 토대의 상대적 자율성은 "사회주의적 하부 구조가 상부 구조에 영향을 미치는 그 오류의 기간 동안 피해 없이 발전될 수 있었다는 점을 이론으로 매우 단순하게 설명하기"[32] 때문이다. 당시 회자되었듯이, 갓난아이를 목욕물에 던질 수 없다. [골치 아픈 문제를 송두리째 내팽개칠 수 없다.] 우리가 스탈린의 범죄에 대해서, 권력이 대중에게 저지른 잔인한 억압에 대해서 당연히 말할 수 있다면, 또한 우리는 소련 사회의 상류층에만 영향을 미치는 관료들의 타락 앞에서 하부 구조의 차원에서 근본적으로, 그리고 기적적으로 보존된 한 체계의 개발과 실패에 대해 이야기할 수 있다. 알튀세가 이데올로기-정치적 총체에 대립시켜 내세우는 것은 마르크시즘의 구조화된 총체이다. 이 총체는 경제적인 것이 결국은 결정적이라는 점을 고려할 때, 다양한 결정 기구들(이데올로기적·정치적 등등의 기구들)이 생산 양식에서 차지하는 각각의 위치에 의해 역사적 순간들에 따라 다르게 계층화되는 복잡한 구조이다.

알튀세와 더불어 구조는 복수화되고 단일한 시간성을 다양한 시간성들로 해체시킨다. "일반적인 견지에서 역사는 없고, 역사성의 특수한 구조들만이 존재한다."[33] 따라서 전체와 관련해 자율의 관계에 있는 차별적인 시간성들만이 존재한다. "이 시간들, 이 역사들 각각의 특수성, 다시 말해 그것들의 상대적 자율성과 독립성은 전체 속에서 어떤 유형의 부각에 토대를 두고 있다."[34]

따라서 알튀세는 역사성을 부정하는 것이 아니라, 역사성을 이질적 단위들로 해체함으로써 구조적 패러다임에 고유한 역사의 해체에 참여하고 있다. 알튀세에게 나타나는 구조화된 총체성은, 그가 과학에 다다르기 위해서 이데올로기적인 것으로부터 벗어나야 하기 때문에 그만큼 더 탈역사화되고 탈문맥화되어 있다. 지식(일반성 III)은 경험적인 1차적 재료(일반성 I)에 대해 작용하는 집단적 개념들(일반성들 II)을 매개로 해서만 가능하게 된다. 이와 같은 접근은 마르크시즘이라는 분석 대상을 물리학과 화학의 대상들과 일치시키는데, 이는 주체의 완전한 탈중심화를 함축한다. "그것은 경험과학과 이른바 인문과학을 혼동하는 것이다."[35]

구조적 인과 관계

구조주의는 지나치게 단순한 인과 관계의 체계들로부터 총체적으로 벗어나려고 시도했다. 이러한 관점에서 알튀세는 반영의 이론과 단절하면서 그와 같은 방향에 참여한다. 그는 이 이론에 반대해 생산 양식의 구조에 내재하는 조합 관계를 내세운다. 그러나 그는 자기 이론의 과학적 특징을 제시하기 위해 필수 불가결한 인과 관계 체계의 탐구를 포기하지 않는다. 따라서 그는 그가 구조적 인과 관계, 혹은 환유적 인과 관계라고 규정하는 새로운 결정을 정의한다. "나는 부재하는 원인의 실효성이라는 개념으로 이해된 그 개념이, 고찰된 결과들에서 구조의 직접적 부재를 지칭하기 위해 훌륭하게 적합하다고 생각한다."[36]

부재의 실효성이라는 이 개념, 다시 말해 결과에 부재하는 원인으로 규정된 그 구조는 기표가 기의를 벗어나듯이 그것의 요소들 각각을 벗어난다는 점에서, 라캉의 경우에서 주체(Sujet), 즉 근본적 제1의 대문자 기표의 부재나 상실로부터 구축된 그 주체를 규정하는 비(非)구형적 구조와 유사하다.

비어 있음을 중심으로 한 이와 같은 변증법은 알튀세와 라캉에게서 동시에 발견되며, 분명 위조할 수 없는 설명 원리는 참깨처럼 모든 소스에 적응할 수 있다. 마르크시즘의 정화는 '역시 숨은 신에게 제물을 바치는' 한 형이상학의 가장 높은 경지에 다다르며, "그것도 신학에 대항하는 투쟁의 이름으로 말이다."[37] 따라서 마르크시즘이나 프로이트 이론을 혁신하기 위해 과학성의 온갖 장신구들로 치장하는 이러한 구조주의적 철학은, 구조적 인과 관계라는 개념 덕분에 구조들의 존재화(ontologisation)를 동시에 나타내게 된다. 그래서 "구조들은 심층적 원인들이고, 관찰될 수 있는 현상들은 단순한 표면상의 결과들이라는" 점이 주장된다. "(…) 그런데 이러한 구조들은 애매한 위상을 지닌다."[38] 그것들은 사실 영향을 미칠 만큼 충분히 견고하지 않은 불가사의한 실체들이다. 왜냐하면 구조로서 그것들은 순수 관계들에 지나지 않기 때문이다. 그러나 그것들은 레비 스트로스가 사용하는 의미에서 구조들이 되기에는 너무 견고하고, 그렇기 때문에 관찰될 수 있는 현상들을 인과 관계로 설명하게 해준다.

알튀세의 작품에는 라캉으로부터 빌린 것들이 도처에 존재한다. 그래서 울름 가의 알튀세-라캉파의 강력한 사조가 존재하는 것은 두 방법 사이의 공생을 가능하게 해주는 이론적 모태에 토대를 두고 있다. 두 방법은 증후적 독서로부터, 결과에 부재하는 구조적 인과 관계를 거쳐 가며 결국 알튀세의 이론에서 근본적인 개념적 도구, 즉 정신분석학에서 도입된 다원적 결정(surdétermination)에 이르게 된다. "나는 이 개념을 만들어 내지 않았다. 내가 지적했던 바와 같이 나는 그것을 존재하는 두 학문, 특별히 언어학과 정신분석학으로부터 빌렸다."[39]

이 개념은 중심적이다. 왜냐하면 그것은 마르크시즘의 모순에 특수성을 부여하기 때문이다. 그것은 구체적인 사회 조직에서 구조화된 총체, 하나의 구조로부터 다른 하나의 구조로의 이동을 설명하게 해준다. 다원적 결정과 함께 알튀세는 다른 개념들, 예컨대 마르크시즘의 영역으로 들어오는 압축·전위 같은 개념들을 도입한다. 이러한 침입은 모순을 해소시키지는 않지만 그것을 다원화시키게 만든다. 그것은 "모순의 로고스가 이루어내는 편안한 조정을 (…) 부식시키러 온다."[40]

이론적인 반인본주의와 반역사주의

알튀세의 주장에 대한 열광은 또한 주체가 이론의 지평으로부터 사라지는 사유의 시기에 대응한다. 구조주의적 프로그램은 이미 성공적으로 주체를 축소시켰고, 권좌에서 몰아냈고, 분열시켰고, 무의미하게 만들었다. 그리고 알튀세는 사회과학에 입각해 온갖 형태로 인간의 탈중심화를 실현시키고 확장시키는 사람들 편에 마르크스를 위치시킨다. "이론의 엄밀한 관계에서 볼 때, 우리는 마르크스의 이론적인 반인본주의에 대해 공개적으로 말할 수 있다."[41] 인간의 개념은 모든 의미를 상실한다. 그것은 지배 계급으로서 부르주아 계급의 상승과 동시대적인 철학적 신화나, 이데올로기적 범주라는 지위로 쫓겨난다. 이론적 반인본주의의 관점에서 구상된 《자본론》 읽기는 알튀세의 경우 본질적으로 라캉적인 구조적 범주들을, 에티엔 발리바르의 경우 레비 스트로스적인 구조적 범주들을 작동시키게 된다. "《자본론 읽기》에서 나는 개념들을 구축하는 상당수의 모델들을 다소 모방했는데, 이것들은 레비 스트로스에 속하지 않고도 마르크스의 텍스트에서 비견할 만한 방법을 놀랍게 발견하게 해주었다. 마르크스에게는 아직은 설익었지만 구조주의에 속하는 측면들이 있다."[42]

에티엔 발리바르는 실제로 《자본론 읽기》라는 공저에 아주 중요한 글을 싣고 있다. 그는 여기서 역사적 유물론의 근본적 개념들을 연구한다. 마르크스의 주장들에 대한 설명은 하나의 이론적 장치로부터 출발하는데, 이 장치 속에서 우리는 레비 스트로스의 구조주의가 제시하는 방법론적 전제들과 쉽게 다시 만난다. 마르크시즘의 개념들은 순전히 형식적인 결정들에 입각해 재구성된다. 그것들은 음운론적 모델식으로, 고려된 대상들의 물질적 성격이나 구체적 실체를 배제하는 순전히 공간적인 관여적 차이들의 체계에 따라 변화한다. 중요한 점은 친족의 기본 구조를 연구하기 위한 것과는 달리, 관찰될 수 있는 현실계를 경험적으로 기술하는 것이 아니라 생산 양식을 '형태의 차이적 결정'으로서 규정하고, "하나의 '양식'을 변화의 상태를 나타내는 형태의 체계로서 규정하는 것이다."[43] 따라서 지시 대상과 거리 두기는 접근 방법에 본질적으로 형식적인 성격을 부여하고, 이 성격은 전형적인 모든 예에 있어서 가장 광범위한 적용을 희망하게 해준다. "(…) 이와 같은 결합——거의 하나의 조합 관계——은 여기서 전적으로 기이한 구조주의에 대해 이야기하도록 유도할 것이다."[44] 그러나 형태들, 다시 말해 관여적 차이들의 이와 같은 순수한 조합적인 유희로부터 에티엔 발리바르는 하나의 특별한 결정 기구, 즉 경제적인 것에 결정적인 위치를 인정한다. 이 위치는 관계들의 관계의 위치이고, 구조적 인과 관계의 위치이다.

이론적인 이와 같은 개발로부터 생산 양식들에 대한 하나의 과학이 가능하게 된다. 왜냐하면 그것은 높은 수준의 추상화와 일반화에 다다를 수 있으며, 동시에 인과 관계의 적합한 체계를 확보할 수 있기 때문이다. 이러한 과학에서 주체는 비관여성으로 빛을 발한다. 그것은 단순히 찾아낼 수 없게 된다. 그것은 이데올로기적인 목욕물에 실려 떠내려간 매력적인 시체이다. "인간들은 구조 속에 함축된 관계들의 버팀목이라는 형태로만 이론 속에 나타나고, 그들이 지닌 개별성의 형태들은 구조의 결정된 결과들로서 나타난다."[45] 따라서 이러한 탈중심화는 구조주의의 패러다임 속에서 의지처를 만난다. 또한 그것은 마르크시즘의 생산 양식 내에서 식별되는 관여성들처럼 기능하는 속성들을 규정하는 데 있어서 하나의 철학적 계보, 즉 스피노자의 계보를 원용한다. 그러므로 알튀세 추종자들에 따르면 역사의 흐름을 이끄는 것은 주체 없는 과정이다.

그리하여 주체와 동시에 역사주의적인 모든 견해가 거부된다. 왜냐하면 그것 또한 도달 대상인 이론적이고 과학적인 지평을 왜곡하기 때문이라는 것이다. "역사 속에 과학의 추락은 여기서 이론적인 추락의 전조에 불과하다."[46] 이와 같은 반역사주의는 시간성들의 해체를 통과하고, 일반적 이론 속에서 관여적 관계를 중심으로 드러나는 총체의 구축을 거쳐 간다. 그러나 이때 이러한 총체는 내적 모순들을 일으킴과 동시에 가능한 초월들을 향해 나아가는 그 무엇 속에서 이해되지 않고, 차가운 사회들처럼 구조의 상태로 서 부동화되어 존재한다. 구조의 상태는 환유적인 방법에 따라 사라진 주체 와 주체의 역사성이라는 시체를 대체한다. 이와 같이 위축되고 응고된 구조 를 어떤 봉합점에 확실히 결부시켜야 하기 때문에, 알튀세는 그가 이데올로 기라는 개념에 부여하는 지위 덕분에 이 구조에 하나의 정착점을 부여한다. 그 결과 이데올로기라는 개념은 라캉이나 레비 스트로스에게서 상징계가 수행하는 것과 유사한 중심적 역할을 하게 된다. 알튀세는 프로이트의 무의 식처럼 이 구조를 불변하고 비시간적인 범주로 삼는다. 이런 일이 그로 하여 금 마르크시즘의 일반적 해석에서 통용되는 순전히 도구적 관계의 유형을 복잡화하게 만든다. 그런데 이 일반적 해석은 지배적 이데올로기를 지배 계 급의 단순한 도구로 간주한다.

대체 주체: 이데올로기

알튀세는 이데올로기적 결정 기구를 상대적인 자율성을 누리는 진정한 기능의 단계로 끌어올린다. 이와 같은 자율성이 이 기능을 이것[기능]을 떠 받치는 수준으로 더 이상 기계적으로 깎아내게 하지 못한다. 그러나 이데올 로기의 거리화는 이데올로기의 비대화이기도 하다. 이데올로기는 역사를 관 통하는 구조의 형태를 취하고, 그래서 알튀세는 이 구조에 대한 이론 구축 을 촉구한다. 이데올로기적인 것의 실효성은 귀납된 방법을 통한 주체들의 창조로 귀결된다. 이 주체들은 그들에 부여된 위치와 관련해 절대적인 종속 의 상황에 있고, 이 위치가 이데올로기라는 역사의 새로운 주체에 의해 표상 된 은밀한 힘들의 현혹된 대상들로 주체들을 변모시킨다.

감정·행동 등 모든 것이 이데올로기가 되는 시기이다. 어떤 것도 이데올로기가 지닌 비판 수단을 벗어날 수 없다. 이데올로기는 포괄적 범주로서, 이 범주 내에서 개인은 무력한 모습으로 움직인다. 따라서 닫혀진 체계 안에서 악순환이랄 수 있는 것으로부터 벗어나는 유일한 출구, 다시 말해 이 미로로부터 벗어나는 유일한 방법은 알튀세가 보기에 인식론적 단절 속에 있다. 이 단절만이 과학의 도래를 가능하게 하는 유일한 길잡이인 것이다.

이론적 방법의 이론으로서 마르크시즘, 과학의 이름으로 이데올로기적인 것을 벗겨내는 세척제로서 마르크시즘은 한 세대로 하여금 형이상학적 절대의 욕망과 순수성을 통해 합류하는 진정한 과학적 요구와 정치적 참여를 양립시키게 해준다. 그와 같은 사유 기구가 비판의 무기에 굶주린 세대를 열광시킨 것은 당연하다.

32

마르크시즘의 두번째 바람

알튀세의 새로운 독서는 불길한 운명에서 벗어난 혁신된 마르크시즘을 위해 진정한 회춘 방법을 가능하게 해준다. 사방에서 사람들은 성숙기의 마르크스를 붙잡아 그를 자기 학문의 과학성을 나타내는 깃발로 삼는다. 이를 입증하는 것이 《마르크스를 위하여》가 서점가에서 거둔 놀라운 성공이다. 이 책이 매우 이론적인 저서임에도 말이다. 게다가 알튀세 이론의 포괄적인 견해는 지식의 각 분야로 하여금 한 공동 모험의 수신자로 느끼게 해주었다. 마르크스는 모든 사회과학의 진정한 공통 분모로서 모든 연구의 교차점에 다시 위치하게 된 것이다.

철학의 영역에서 알튀세는 사르트르와 가까운 탁월한 철학자 알랭 바듀의 모범적이고 예기치 않은 지원을 야기시킨다. 알랭 바듀가 《비평》지에 변증법적 유물론의 (재)시작에 관한 글을 실었던 것이다.[1] "그 글은 매우 호의적이었고, 모든 사람이 이와 같은 선회에 매우 놀라워했다."[2] 사르트르는 다시 한 번 구조주의의 물결에 제자 하나를 잃어버린다. 알랭 바듀는 알튀세의 새로운 주장과 정치적 상황으로부터 비롯되는 조화를 즐긴다. 그는 세 유형의 마르크시즘을 식별한다. 그는 《1844년의 원고》를 쓴 젊은 마르크스에 전적으로 근거하는 근본적 마르크시즘과, 변증법적 법칙들에 토대한 전체주의적 마르크시즘을 구분하고, 알튀세의 이론을 유추적 마르크시즘의 구현으로 설정한다. 세번째 마르크시즘에게 《자본론》은 특별한 대상이다. 이 세번째는 "마르크시즘의 개념들을 사용하여 그것들의 조직을 해체한다." 사실 "그(알튀세)는 기본 구조들과 순수한 동형군(isomorphie)으로서 상부 구조들 사이의 관계를 구상하고 있다."[3] 이 글을 발표한 후, 알랭 바듀는 알튀세의 연구 그룹으로부터 1967년 고등사범학교에서 열리는 과학자들을 위한 철학 강좌에 참여해 달라는 요청을 받는다. 바로 이때 믿을 수 없을 만큼 많은 청중 앞에서 바듀는 모델의 개념에 관한 강의를 한다.

더욱이 정치적 참여, 인식론적 고찰, 그리고 마르크시즘에 대한 새로운 접근 사이의 이와 같은 밀접한 관계는 라틴가의 방진(方陣) 앞(pré-carré)에 제한되지 않는다. 그것은 프랑스의 대부분 대학 캠퍼스에 가지를 뻗어 나간다. 액상프로방스대학에서 조엘 프루스트는 당시에 20세 가량의 나이로 질 가스통 그랑제의 지도하에 인식론을 공부하고 있었다. 그는 《마르크스를 위하여》를 발견하고 열정을 느끼며, 이 책에 담긴 새로운 주장을 그룹으로 토론한다. "우리는 완전히 설득되었다. 우리에게 그것은 정치적 입장들과 연결되고, 구조주의와 불가분의 관계에 있는 이론적인 지평의 발견이었다. 구조주의는 많은 상이한 분야들에 대한 해석의 열쇠로서 주어졌다. 매혹적이었던 것은 그것이 언어학에서 전진하고 있었다는 점이다. 따라서 사람들은 모두가 언어학을 조금씩 공부했다."[4]

마르크스의 텍스트들과 이 텍스트들의 내적 구성으로의 이와 같은 회귀는 마르시알 게루의 방법 원리들을 상기시키는데, 한 세대의 철학자들에게 하나의 교육과 단절할 수 있는 가능성을 나타냈다. 이 교육에서는 영향들의 분석, 다시 말해 순전히 학설사적(學說史的) 분석을 위해 철학적 문제 제기 자체의 특수성을 없애 버리는 경향이 있었다. 알튀세의 구조적 마르크시즘이 새로운 철학 시대의 토대처럼 나타날 수 있었지만, 지식의 모든 영역들은 1965년의 지진을 경험했고, 구조주의적 물결에 의거했던 알튀세의 모델은 차례로 사회과학을 변모시키려는 시도의 발판이었다.

언어학에서 알튀세 이론

알튀세의 제자들 가운데 그와 가까웠던 미셸 페쉐는, 60년대에 철학을 하는 가장 좋은 방법은 사회과학의 영역으로 철학하러 가는 것이라고 생각했다. 이런 의미에서 그는 고등사범학교의 학생들 가운데 다소 예외적으로 보인다. 그는 국립과학연구센터 소속으로 소르본의 사회심리학연구소에 임명된다. 그는 파제스의 지도 아래, 당시에 알튀세가 보기에 가장 혐오스러운 것으로 통하는 학문을 하게 된 것이다. 물론 그는 알튀세와 캉길렘의 제자로서, 심리주의의 트로이 목마처럼 비판적 관점에서 그러한 환경에 들어간 것이다. 그는 1966년에 다른 사회심리학연구소, 즉 세르주 모스코비치가 이끄는 고등연구원의 제6분과 연구소의 두 연구자를 만난다. 그들은 미셸 플롱과 폴 앙리이다. 이들 셋이서 인문과학의 고전적 형태들 내부에 대한 비판 작업에 착수한다. "우리는 일종의 비공식적인 팀을 형성했었고, 일주일 내내 함께 실질적으로 일을 했다."[5]

미셸 플롱은 연구소의 기술자였는데, 연구자가 되었다. 폴 앙리는 수학 공부를 했으나, 민족학에 흥미를 느껴 1962년 수학 학사학위를 마치고 레비 스트로스를 만나러 갔다. 그는 레비 스트로스에게 민족학을 하고 싶다는 소망을 나타냈다. 레비 스트로스는 수학적 모델을 사용함으로써, 또 소통의 일반 이론을 구축하려는 의지를 보임으로써 그의 관심을 끌었던 것이다. 폴 앙리는 언어학을 공부하고 민족학 수료증도 획득하라고 권고를 받는다. 그가 사회심리학연구소에 들어갔을 때, 그는 페쉐처럼 비판적 관점에 있었다. 그는 수학의 이용에, 개념적 구축이 없는 방정식의 증가에 놀라움을 느꼈다. 그리하여 그의 연구 계획의 방향은 점점 더 언어학으로, 언어의 구조들로, 함축 · 전제 등의 개념들로 향한다. 이것들은 그를 구조주의적 문제 제기의 중심에 위치시킨다. "우리는 구조주의에 흥미를 느꼈다. 왜냐하면 그것은 사회심리학, 특히 주체의 개념을 비판하는 도구였기 때문이다."[6]

페쇠가 이끌었던 이 작은 연구 모임은 알튀세의 주장을 언어학에 적용하는 시도를 하게 된다. 그것은 특히 낭테르에서 레진 로뱅·드니즈 말디에·프랑수아 가데·클로딘 노르망 등의 연구와 더불어 다양한 발전을 하게 된다. 우선 미셸 페쇠는 토마스 에르베르라는 필명으로 1966년과 1968년에 2편의 논문을 《분석을 위한 연구》지에 발표한다.[7] 이 이론적 작업은 알튀세가 시도했던 것과 같은 마르크스로의 회귀와, 라캉이 시도한 프로이트의 회귀라는 이중적 회귀의 계보 속에 들어간다. 방법론적 선언으로 보이는 저서, 즉 1969년에 나온 《담론의 자동 분석》[8]의 출간에 배경의 구실을 하게 되는 것은 이와 같은 이론적 개발 작업이다. 이 작업은 언어학적 연구 영역에서 알튀세의 이론에 접근하는 다리 역할을 하게 된다. 미셸 페쇠 역시 하나의 과학을 구축하는 과정에서 단절의 주장을 옹호하고, 증류기나 저울처럼 두 번째 단계에서 과학적 방법으로 변모된 기술적 방법의 예를 제시한다. 저울은 갈릴레오에게 와서 물리학 이론의 대상이 되기 전에, 오래 전부터 상업적 거래에서 사용되었다. "아주 분명히 이 과정은 페쇠가 과학 대상의 '방법적 재생'이라 부르는 것이다."[9]

이와 같은 제2의 단계에서 과학의 진정한 실현을 보는 미셸 페쇠는 사회과학이 이데올로기에 불과하고, 철학적 관점에서 사회과학에 가할 수 있는 비판이 쓸모 없다고 확신한다. 그는 사회과학의 특수한 영역에서 적용할 수 있는 그야말로 과학적인 도구들을 사회과학에 부여함으로써 내부로부터 그것을 변모시키길 기대한다. 그런데 사회과학에 고유한 이와 같은 이데올로기가 정치적 실천, 사회적 관계를 재생산하는 기능을 가진 그 정치적 실천과 인접하는 특성이 함축하는 것은 담론이라는 정치적 권력의 도구 자체에 대한 분석을 우세하게 만든다는 점이다. 따라서 정치적 실천과 사회과학 사이의 그 은밀한 관계를 해명하는 것이 중요하다. "페쇠는 언어와 독립적으로 존재하고, 규정될 수 있는 의미들의 소통 도구로 언어를 귀결시키는 견해를 철저히 부정한다."[10]

페쇠가 담론의 분석에 부여하는 방향은 이데올로기, 다시 말해 역사적 존

재의 보편적 요소로서 담론의 진정한 주체로 설정된 이데올로기에 대한 알
튀세의 견해 안에 포함된다. 페쇠가 담론에 대한 자신의 개념을 구축하는
것은 언어와 이데올로기의 관계를 명료하게 밝히기 위해서이다. 그는 "언어
의 주체라 불릴 수 있는 것과 에데올로기의 주체 사이에 자리잡았고"[11] 구조
주의화된 마르크시즘의 문제들의 중심에 위치해 있었다.

인류학에서 알튀세 이론

알랭 바듀가 알튀세 이론으로 전향함으로써 인류학자 에마뉘엘 테레의 전
향이 잇따랐다. 테레는 처음에 다분히 사르트르를 추종하였으며, 《변증법적
이성 비판》의 대단한 찬양자였다. 그와 더불어 구조주의-마르크시즘적 지
류 하나가 인류학을 변모시키게 된다. 테레가 고등사범학교 학생이었을 때
알튀세는 교수였지만, 그는 알튀세가 마르크스에 관한 강의를 시작하기 직
전인 1961년에 울름을 떠난다. 알튀세의 주장들이 책으로 출간될 때 테레는
코트디부아르 현지에 있었고, 그의 친구인 알랭 바듀가 이 출간 사건을 그에
게 알려 주었다. "그때 나는 《마르크스를 위하여》와 《자본론 읽기》를 매우
주의 깊게, 그리고 열정적으로 읽었다."[12] 그에게 가장 본질적인 것으로 생각
되었던 것은 《마르크스를 위하여》에 실린 알튀세의 글, 〈모순과 다원적 결
정〉이었다. 왜냐하면 이 글은 마르크시즘을 기원의 문제들과 형이상학으로
부터 떼어내 그것을 과학적 분석의 도구로 만들고 있다는 점 때문이다. 그러
나 특히 인류학자로서 그의 관점에 영향을 미친 것은 《자본론 읽기》에 실린
에티엔 발리바르의 글, 〈역사적 유물론의 근본적 개념들〉이다.

테레는 생산 양식 · 생산 관계 · 생산력과 같은 개념들의 유효성, 인류학
영역의 연구에서 그것들의 연관을 시험하게 된다. "바로 이 텍스트를 읽으
면서 나는 나의 책 《원시 사회 앞에서 마르크시즘》[13]의 제2부를 집필했다. 이
책은 에티엔 발리바르가 제안한 개념적 도구를 통해 클로드 메야수의 저작

을 다시 읽은 것이다."[14] 테레는 자신의 책을 출간하기 전에 텍스트를 알튀세에게 보낸다. 알튀세는 그것을 적절하다고 판단할 뿐 아니라, 즉시 인류학 분야에서 자신의 주장이 침투함으로써 비롯되는 이점을 평가한다. 이때부터 테레는 알튀세 추종자들의 서클에 합류한다.

당시 코트디부아르에는 테레의 친구인 또 다른 민족학자인 마르크 오제가 작업을 하고 있었다. 그 역시 알튀세의 문제 제기에 공감하게 된다. "알튀세는 엄청난 영향력을 발휘했다. 왜냐하면 알튀세는 마르크시즘의 공인된 해석과 관련해 뉘앙스의 모델로, 해방자로 나타났기 때문이다."[15] 마르크 오제 역시 알라디앙족에 관한 전공 논문에서 비록 주를 통해서이지만 알튀세 모델의 적합성을 시험했다.[16] 비록 오늘날 그가 당시 자신의 독서 방법에 잘 맞지 않은 하나의 현실에 관해, 그처럼 이론적 투사를 하는 훈련에서 불편함을 느꼈다고 인정하고 있지만 말이다. "그것은 경험적으로 내가 눈앞에 보는 것, 즉 죽음·병·내세에 관해 탐구하는 사람들과 부합하지 않았다."[17] 따라서 이와 같은 문제 제기의 양식들은 알튀세의 구조주의-마르크시즘에서 통용되는 도구들로부터 매우 벗어나 있었다. 이 구조주의-마르크시즘이 인류학을 사회적인 것과 경제적인 것에 관한 고찰에 실질적으로 개방시켰음에도 말이다.

경제학에서 알튀세 이론

알튀세 이론은 또한 경제학자들의 연구 영역에서도 전개되었다. 쉬잔 드브뤼노프는 알튀세의 직접적인 영향을 받아 《자본론 읽기》와 같은 시기의 책인 《마르크스 작품에서 화폐》를 출간했다. 그러나 특히 당시에 샤를 베텔하임이 이룬 업적의 눈부신 명성이 있다. 그는 소련에서 자본주의적 생산 방식의 재확립을 입증하는 데 있어서——그런데 이 점에서 그는 알튀세와 결별한다——알튀세가 생산 관계와 생산력 사이의 모순들을 분류한 범주들로부터 영감을 받았던 것이다. 그는 하나의 불변수, 다시 말해 생산 수단의 소유자들과 생산자들 사이의 분리——이 분리가 소련 경제에서 기업 조직을 설립하게 해준다——라는 불변수에 의거하여 사회 조직의 자본주의적인 지배를 도출해 낸다. 구조주의-마르크시즘적 관점에서 볼 때 의미는 무산자를 관료에 대립시키는 양극성에 의해 규정된 위치의 의미이다. 여기서 관료는 자본주의자와 똑같이 구조의 반대쪽에 위치한다. 베텔하임의 작품이 지닌 장점은 마르크시즘의 일반적 해석에서 생산력에 부여된 지배적 역할을 낮게 평가하고, 그 반대로 생산의 조직 자체에서 생산의 사회적 관계가 수행하는 주요한 역할을 강조했다는 점에도 있다.[18] 이런 점에서 그는 생산력의 수준 또한 하나의 생산 관계라고 생각하는 발리바르와 일치하고 있다. 그는 생산력의 중립성을 문제삼는데, 이는 후에 로베르 리나르가 소련 사회주의 발전에 내재한 모순들에 관한 연구인 《레닌, 농부, 테일러》에서 재론하는 주제이다.[19]

로베르 리나르가 이 연구에서 보여 주는 것은 사회주의적 현실의 구축과, 1918년부터 레닌이 의도적으로 실행한 테일러식 모델의 적용 사이의 대립이다. 이 모델은 지도적인 기술 관료와 실행자들 사이에 뚜렷한 분할을 함축하기 때문이다. 테일러식 방법의 이와 같은 적용은 노동자들에게서 그들의 고유한 지식을 앗아가 경영 관료들에게 이전시킴과 동시에 노동의 기술적 분할을 혼란에 빠뜨린다.

그러나 알튀세의 주장이 지닌 매우 이론적인 성격은 경제학자들의 영역에서 결정적이고 직접적인 균열이 이루어지게 하지는 않는다. 경제학자들은 1968년 5월 운동의 충격파가 있은 후에야 알튀세 이론에 의해 진정으로 동요되게 된다.

알튀세: 라캉의 도입자

또한 알튀세는 라캉이 자신의 세미나를 울름 가의 고등사범학교에 옮기는 1964년에 〈프로이트와 라캉〉[20]이라는 글을 발표함으로써 프랑스 지식계의 중심에 정신분석학을 정착시킨 공로가 있다. 그는 자신의 입장을 분명히 함으로써 프로이트 이론에 마르크시즘을 개방시키고, 그리하여 정신분석학적 담론에 폐쇄된 스탈린주의가 강요한 칸막이를 허물게 한다. 프로이트로의 회귀는 알튀세의 경우 라캉으로의 회귀 형태를 띤다. 그들이 과학의 이름으로 인본주의와 심리주의에 반대해 벌이는 투쟁은 실제로 유사하며, 마르크스와 프로이트의 기본적 텍스트들에 대한 독서 유형의 혁신으로서 유사하게 나타난다.

인식론적 해명과 이데올로기적 비판이라는 동일한 작업이 알튀세와 라캉의 두 시도를 접근시킨다. "프로이트로의 회귀는 프로이트 탄생으로의 회귀가 아니라 그의 성숙기로의 회귀이다."[21] 따라서 알튀세가 라캉의 접근에서 환영하는 것은, 그가 마르크스 작품 내부에서 간파하는 바와 유사한 단절을 라캉이 프로이트 작품에서 드러냈다는 점이다. "라캉의 최초의 말은 근본에서부터 프로이트가 하나의 과학을 설립했다고 말하기 위한 것이다."[22] 그런데 과학은 그것의 고유한 대상이 있어야 한다. 그것은 잔재들을 뜯어맞추는 단순한 기술로서 성립될 수 없다. 알튀세에 따르면 프로이트가 무의식이라는 특수한 대상을 발견한 이후, 라캉은 생물학적 존재로부터 인간 존재로의 이동을 언어의 질서 법칙(la Loi de l'Ordre)이라는 법칙의 영역 위에 설정함으로써 정신분석학을 과학으로 성립시키는 데 있어서 진일보를 이룩했다는 것이다. 알튀세에 따르면, 라캉의 기여는 그가 영상계보다 상징계에 부여하는 그 우위 속에 있다. "라캉이 밝힌 핵심적 요점은 그 두 시기가 상징계의 법칙이라는 유일한 법칙에 의해 지배되고, 통제되고, 깊이 영향을 받는다는 것이다."[23]

에고의 이와 같은 탈중심화, 다시 말해 에고가 그것을 벗어나는 질서에 예속되는 그 종속은 마르크스에 대한 알튀세의 독서와 유사하다. 이 독서에 따르면, 역사는 주체가 없는 과정이다. 그리하여 알튀세-라캉 이론은 비약적 발전을 할 수 있었고, 마르크스/프로이트 커플을 60년대의 커다란 사유 장치로 만들 수 있었다. 그러면서 그것은 혁신된 마르크시즘에 68년 이후에 그 혜택을 보게 될 두번째 숨결을 불어넣는다.

33

1966년: 빛의 해/I
구조의 해

"모든 것이 1966년부터 망가졌다. 한 친구가 나에게 《말과 사물》을 빌려 주었는데, 나는 무심코 이 책을 펴보았다. (…) 사람들이 어느 날 지탄 담배를 끊듯이, 나는 단번에 스탕달·만델스탐·랭보를 던져 버리고 푸코가 우리에게 이야기하는 프로이트·소쉬르·리카도와 같은 사람들을 독파하기 시작했다. 나는 페스트 같은 열병을 앓았다. 열기는 나를 놓아 주지 않았다. 나는 이 열병을 좋아했다. 나는 교황의 머리에 있는 이(蝨)처럼 나의 학문에 긍지를 느꼈다. 나는 철학을 문제삼았다. 나는 나를 구조주의자로 명명했다. 그러나 나는 널리 알리지 않았다. 왜냐하면 나의 지식은 아직 미숙하고 부서지기 쉬웠기 때문이다. 조그만 바람이 불어도 그것은 날아가 버릴 것 같았다. 나는 홀로 몰래 언어학의 원리들을 공부하는 데 밤을 지샜고, 나는 매우 만족했다. (…) 나의 머리는 통합체들과 형태소들로 가득 찼다. 내가 어떤 인본주의자와 논쟁을 한다면, 나는 에피스테메를 이용해 단번에 그를 박살낼 수 있을 것이다. 나는 특히 가을날 저녁에 감동되고, 거의 떨리는 목소리로 데리다나 프로프와 같은 이름들을, 옛 병사가 적에게서 빼앗은 군기를 쓰다듬듯이 불러 본다. (…) 야콥슨은 나의 열대, 혹은 나의 적도이고, E. 벤베니스트는 나의 과달루페이고, 행동적 코드(le code proairétique)[1]는 나의 지

---

1) 바르트가 발자크의 《사라진 Sarazine》을 기호학적으로 분석한 《S/Z》에서 제시한 5개의 코드 가운데 하나이다.

중해 클럽이다. 나는 옐름슬레우를 하나의 초원처럼 바라본다. (…) 나는 내가 이러한 일탈 속에서 헤매였던 유일한 사람이 아니라고 생각한다."[1]

이처럼 익살스러운 표현으로 질 라포주는 절정에 이른 구조주의에 대한 진정한 열기, 1966년 그 토요일 밤의 열기가 어떠했는지 20년이 지난 후 묘사하고 있다. 이 시기에 인문과학의 모든 흥분은 구조주의의 패러다임을 중심으로 한 연구와 출간의 지평을 빛나게 하기 위해 집중되었다. 1966년은 "중심적인 지표이다. (…) 우리가 말할 수 있는 것은, 적어도 파리의 수준에서 본다면 그 해에 가장 첨예한 주제들의 아마 결정적이라 할 대대적 혼합이 있었다는 점이다."[2] 1966년은 구조주의의 해로 선언될 수 있다. 그래서 우리가 1848년의 아이들, 혹은 1968년의 아이들에 대해 말할 수 있었다면, 여기다 마찬가지로 소란스러웠던 1966년의 아이들을 추가해야 한다. "나는 1966년의 아이이다."[3]

구조의 나라에서 출판

그 해의 출판 상황은 1966년에 진정한 지진 같은 모습을 띤 구조주의의 폭발력을 모든 분야에서 표현했다. 1966년 단 한 해에 출간된 주요 저서들의 엄청난 양을 가지고 판단해 보면 된다. 롤랑 바르트는 피카르의 비방적 글에 대한 문제의 답변을 《비평과 진실》로 출간했고, 이에 대해 르노 마티뇽은 《렉스프레스》지에 이렇게 떠들어댔다. "이것은 문학계의 드레퓌스 사건이다. 이 사건에도 철자를 제외하면 피카르(Picard)가 있다.[2] 그것은 그 나름의 '나는 고발한다'[4]를 제시한 참이다."[3] 마티뇽은 비평사상사에서 바르트

---

2) 피카르(Picard)가 드레퓌스 사건을 재심하라고 요구한 정보부장 피카르와 발음이 같은 것을 말한다.

3) 이 표현은 졸라가 드레퓌스 사건에 대해 〈나는 고발한다〉라는 제목으로 쓴 공개적 편지를 암시한다.

의 작품이 차지하는 위치를 사회사에서 인권선언의 위치와 동일시한다. 프랑스인들이 바르트와 피카르 가운데 누가 옳은지 알기 위해 진정한 내전에 돌입하지는 않았다 할지라도, 그 해 지식계는 이와 같은 분열선을 따라 분명하게 갈라졌다.

한편 그레마스는 라루스사에서 《구조적 의미론》을 출간한다. "나의 의미론은 뒤부아 덕분에 붉은 글자로 구조적이 되었다. 그는 나에게 이렇게 말했다. '당신이 구조적이라는 말을 덧붙인다면 1천 부는 더 팔릴 것이다.'"[5] 구조적/구조주의적이라는 이 수사는 60년대 중반에 판매를 위한 좋은 문구였다. 이런 현상은 사회 각계에 영향을 미쳤고, "프랑스 축구팀으로 하여금 구조주의적 원리들에 따라 팀을 재조직할 것이라고 선언하게 만들 정도였다."[6]

쇠이유사에서 롤랑 바르트의 책을 출간해 준 절친한 친구 프랑수아 왈은 라캉이 자신의 글들을 모아 출간하도록 설득시키는 데 성공한다. "진실을 말하자면 《에크리 Ecrits》가 출간된 것은 나 때문이었다. 사실 나는 단순히 위상적 의미에서 중심적 위치에 있었다."[7] 극히 난해한 바로크적 문체로 씌어진 9백 페이지에 달하는 이 엄청난 책은, 1966년에 라캉을 '프랑스의 프로이트'로 인정하게 해주었다. 서평들이 언론 매체에 나오기 시작했을 때 라캉의 책은 이미 5천 부가 팔렸고, 쇠이유사는 급히 재판에 들어가야 했다. 이 책의 긴 여정은 여기서 마감되지 않는다. 왜냐하면 3만 6천 부 이상이 1984년까지 팔리게 되기 때문이다. 1970년에 포켓판으로 넘어가 두 권으로 출간되면서 그런 종류의 책이 지닌 모든 기록들이 경신된다. 제1권은 9만 4천 부가, 제2권은 6만 5천 부가 팔린 것이다.

여전히 쇠이유사에서 토도로프는 '텔켈' 총서 속에 야콥슨의 서문이 실린 《문학의 이론》을 출간함으로써, 러시아 형식주의자들의 업적을 프랑스 독자에게 알게 해준다. 제라르 주네트는 같은 총서 속에 《문체 Figures》가 나오게 한다.

대단한 성공을 거둠으로써 다른 저서들을 이류로 쫓아 버린 그 해의 출간 사건은, 물론 갈리마르사에서 미셸 푸코의 저서 《말과 사물》이 나온 일이다.

전례가 없이 초판은 며칠 만에 절판되었다. "작은 빵 같은 푸코: 7월 마지막 주 5일 동안에 8백 부가 팔린 《말과 사물》(도합 9천 부)."[8] 책은 4월에야 나왔는데 1966년 단 1년 만에 2만 부가 팔리게 되고, 1987년에는 판매 부수가 10만 3천 부까지 올라간다.[9] 이 수치는 문제의 저서 내용이 지닌 어려움을 고려할 때 전적으로 예외적이다.

푸코의 저서는 1965년말에 갈리마르사에 막 들어왔던 피에르 노라로 하여금 '인문과학 총서'를 추진하게 해준다. "나는 이른바 인문과학이 전체적 통일성으로 작용하는 운동이 있음을 심층적으로 느꼈다. 분리된 학문들 사이에 동일한 목적을 추구하는 연구들이 다음과 같은 사실에 토대한 공통적 문제들을 중심으로 윤곽을 드러냈다. 먼저 인간들은 자신들이 반드시 책임이 있는 것은 아닌 것들을 말하기 위해 이야기한다. 다음으로 그들은 자신들이 반드시 원한 것은 아닌 행위들을 하기에 이른다. 끝으로 그들은 자신들이 의식하지 못하지만 자신들을 지휘하는 결정들을 겪는다는 점이다. (…) 게다가 제2의 운동이 이와 같은 연구들을 관통했는데, 그것은 극단적인 경우에 전복적인 가치가 부여되었던 지식의 사회정치학적 내용이다."[10] 피에르 노라는 같은 총서 속에 미셸 푸코의 저서와 나란히 엘리아스 카네티의 《대중과 힘》, 주느비에브 칼람 그리올의 《민족학과 언어》, 에밀 벤베니스트의 《일반언어학의 문제》를 동시에 내놓는다. 벤베니스트의 저서는 당시의 대단한 참고서가 되며, 그는 콜레주 드 프랑스에 은둔해 있던 고립으로부터 벗어난다.

그러나 피에르 노라는 구조주의의 대변인, 단순한 반향의 역할에 머물고 싶지 않았다. 그리하여 그는 같은 시기에 그가 수강하는 세미나를 이끌고 있던 레이몽에게 책을 한 권 준비해 달라는 요청을 한다. 이 책은 《사회학적 사유의 단계들》이라는 제목으로 1967년에 나오게 된다. 그러나 1966년에 갈리마르사에서 인문과학의 책임자라는 지위 때문에 노라는 자신의 의지와는 상관 없이 구조주의의 주창자가 된다. 게다가 그는 레비 스트로스와 교섭을 시도하지만 실패한다. "내가 갈리마르사에 들어갔을 때, 나는 그를 끌어들이기 위해 그를 만나러 갔다. 그는 지엽적인 이유들로 원하지 않았다."[11] 페이요사가 원래 한 독일 출판사에서 나오기로 예정된 조르주 뒤메질의 책, 《고대 로마의 종교》를 출간하기로 결정한 것은 1966년이다. 피에르 노라는 이와 같은 구조주의적 풍토에서 뒤메질의 저서를 출간함으로써 얻을 수 있는 이점을 즉각적으로 간파한다. 그리하여 그는 뒤메질의 집을 방문한다. "피에르 노라가 개입했다. 바로 그가 나를 만들어 냈다. 나는 갈리마르의 창조물이다."[12]

쇠이유사나 갈리마르사 같은 일부 출판사들이 구조주의 관련 서적을 출판하는 시도의 선봉장처럼 나타났지만, 다른 출판사들도 그 해 1966년의 축제에 참여했다. 미뉘사는 알랭 다르벨과 함께 집필한 피에르 부르디외의 저서 《예술의 사랑》을 출간한다. 1955년에 《자본론 읽기》와 《마르크스를 위하여》를 출간함으로써 충격을 주었던 프랑수아 마스페로사는 알튀세 추종자인 피에르 마슈레의 《문학 생산 이론을 위하여》를 출간한다. PUF사는 조르주 캉길렘의 박사학위 논문으로 1943년에 처음 출간된 《정상적인 것과 병적인 것》을 다시 출간한다. 역사가들을 보면, 그들 역시 구조의 이와 같은 상승적 물결 앞에 침묵하지 않는다. 그리하여 《아날》지가 이끄는 학파도 1966년에 상당수의 주요한 저서들을 출간한다. 이들 가운데 에마뉘엘 르 루아 라뒤리의 박사학위 논문 《랑그도크의 농부들》이 세브펜(고등연구원)에서 나오고, 피에르 구베르의 저서 《루이 14세와 2천만 프랑스인》이 페이야르사에서 나온다. 아날학파의 대가 페르낭 브로델은 자신의 학위 논문 《펠리페 2세 시기의 지중해와 지중해 세계》를 갈리마르사에서 재출간함으로써 장기 지속과 구조에 대한 열광을 이용한다.

따라서 구조주의를 공부하는 초심자 독자에게 1966년은 휴식의 해가 아니라, 거의 스타하노프 운동과 같은 독서 활동을 요구한다. 매일같이 섭취해야 할 일정량의 개념적 양식이 제시된다. 그리고 1966년에 나온 책들에다, 그 해 발굴되고 훌륭한 구조주의자의 단계별 도정에서 필수 불가결한 것으로 간주되는 최근의 저서들을 덧붙여야 한다. 질 가스통 그랑제의 책 《형식적 사유와 인간과학》(오비에, 1960)이 그런 경우이다. "내가 1965-1966 학년도에 소르본에 도착했을 때, 나는 나보다 2 내지 3년 연장자인 사람들에게 무엇을 읽어야 할 것인지 물었다. 모든 사람이 이 책을 읽어야 한다고 말했다. 게다가 그것은 어디서나 인용되고 있었다."[13] 장 루세의 저서 《형태와 의미》(코르티, 1962)도 마찬가지이다. 이 책은 한 세대 전체에게 매우 중요한 것으로 그 속에서 저자는 텍스트의 내적 구조화, 다시 말해 형식적 표현을 통해 포착된 구조에 입각해 텍스트 내에서 의미의 생산을 분석하고자 한다.

구조의 나라에서 잡지

그 해 1966년은 또한 잡지 쪽에서도 구조주의적 활동이 활발한 해였다. 우선 상당수의 잡지들이 창간되었다. 《언어들》이라는 잡지는 1966년 3월에 창간호를 내고 문화의 본질적 차원으로서 언어의 과학적 연구를 제시한다. 그것의 기획은 언어에 관한 고찰을 이용하는 다양한 학문들의 공유 영역에 열려졌다. 마찬가지로 고등사범학교의 인식론 서클이 출간하는 《분석을 위한 연구》지가 나오는 것은 1966년초이다. 이 잡지의 머리말은 자크 알랭 밀러가 편집위원회를 대신해 썼는데, 논리학·언어학·정신분석학과 같은 모든 분석과학들에 입각에 담론의 이론을 설립하겠다는 야망을 드러낸다. 창간호는 진리에 할애되고, 라캉의 문제적 텍스트 〈과학과 진리〉를 게재하는데, 이 텍스트는 쇠이유사에서 나오는 《에크리》에 재수록되게 된다. 《분석을 위한 연구》 3호는 1966년 5월에 나오는데, 여기서 라캉은 철학 전공 학생들에게 내놓는 다음과 같은 답변을 통해 구조주의의 세력권 속에 분명하게 자리잡는다. "과학으로서 정신분석학은 과학 속에서 주체의 거부를 인정할 정도까지 구조주의적이 될 것이다."[14] 따라서 분석적 담론은 과학의 이론 구축에 기여하지 않을 수 없다.

《코뮈니카시옹》 8호: 방대한 프로그램

그러나 주요한 사건은 이야기의 구조적 분석에 할애된 《코뮈니카시옹》 8
호의 출간이었다. 이 8호에는 당시의 기호학을 이끌었던 대가들, 즉 롤랑
바르트 · 알지르다스 쥘리앵 그레마스 · 클로드 브레몽 · 움베르토 에코 · 쥘
그리티 · 비올레트 모랭 · 크리스티앙 메츠 · 츠베탕 토도로프 · 제라르 주네
트의 글들이 실렸다. 그 어느 호보다 그것은 프로그램적 가치를 지니고 있
었다. 바르트가 집필한 이야기의 구조적 분석에 대한 서론은 구조적 짜임
속에 이야기를 '시간적으로 탈순서화하고(déchronologiser)' '재논리화하기
(relogifier)'위해 언어학 자체를 기본적 모델로 제시하고 있다. 이러한 서론
이외에도, 그레마스는 이러한 시도를 신화에 대한 레비 스트로스적 분석과
의미론의 교차점에 위치시킨다. 그레마스의 글은 레비 스트로스에 헌정되
어 있다. 따라서 그는 자신의 연구를 이 인류학자의 관점을 보완하는 관점
속에 설정한다. 이 인류학자의 관점은 신화적 이야기의 해석 이론을 위한
요소들의 성립이라는 관점으로서 제시된다. "특히 레비 스트로스의 업적 덕
분에 신화 연구에서 최근 이루어진 진보는, 의미론 이론에 중요한 고찰의 자
료와 요소들을 가져오는 기여를 하고 있다."[15] 따라서 그레마스는 바로 레비
스트로스의 영역 위에 자리를 잡고, 《신화학》의 제1권 《날것과 익힌 것》에
토대 구실을 했던 보로로족 기준 신화를 받아들인다. 그러나 그는 신화적 세
계의 단위가 아니라 서술적 단위로서 구상된 신화적 이야기의 분석 각도를
옮기는데, 이는 이 이야기의 묘사 방식을 설명하기 위한 것이다.

그러나 내재적 구조를 파악하기 위해 레비 스트로스가 연구한 재료에 대
한 이와 같은 옐름슬레우적 접근은, 특히 레비 스트로스를 만족시키지 못한
다. 후자는 그레마스처럼 가치 있는 의미론자로부터도 받아들일 만한 엄격
한 교훈이 있다고 생각지 않는다. 그레마스가 이끄는 의미론자들의 팀을 콜
레주 드 프랑스의 사회인류학연구소에 맞아들였던 레비 스트로스는 얼마 안

가서 예고 없이 이 팀을 내보낸다. 그는 자신의 패러다임적 접근과 프로프의 통합체적 분석을 종합함으로써 그보다 잘 해내겠다고 나서는 팀을 더 이상 수용할 수 없었다. "그레마스는 두 일이 완전히 다르다는 것을 이해하지 못했다."[16] 그는 비싼 대가를 치르게 된다. 왜냐하면 레비 스트로스의 구조들은 이야기의 구조가 아니기 때문이다. 그가 연구하는 것은 신화의 직선적이고 통합체적 연쇄가 아니다. 여기저기서 그는 패러다임적 구조를 구성하는 요소들을 신화로부터 취한다. "신화의 구조는 서술적 형태에 완전히 외재하는 무엇이다. 그것은 그야말로 으뜸가는 무엇이다."[17]

서술적 분석의 또 다른 큰 모델은 블라디미르 프로프의 민담에 대한 작업이다. 1928년에 소련에서 나온 그의 저서 《민담 형태론》은 특히 그것이 1965년 프랑스 쇠이유사에서 출간된 이후부터 구조주의적 방법에 영감을 불러일으키는 커다란 원천이 된다. 이 책은 1958년에 영어로 번역되었는데, 이미 1960년부터 레비 스트로스의 관심을 끌었었다.[18] 레비 스트로스는 자신의 글에서 프로프의 방법을 설명하고, 그의 예견적 작업을 예언적이라고 규정하면서 열광한다. 그러나 그는 민담과 신화 사이에 프로프가 확립한 구분을 비판한다. 레비 스트로스가 볼 때, 민담은 근본적 신화의 다소간 타락하고 약화된 버전인 것이다. 그래서 그것이 더할나위없이 다양한 치환에 보다 유연한 측면은 그것을 구조적 분석에 신화보다 덜 적합하게 만든다. 그러나 특히 레비 스트로스가 강렬하게 비판하는 것은 프로프의 형식주의이다. 그는 이 형식주의에 구조주의적 방법을 대립시킨다. "형식주의는 그것의 대상을 없애 버린다. 프로프의 경우, 그것은 현실적으로 단 하나의 민담만이 존재한다는 발견으로 귀결된다."[19] 레비 스트로스가 형식주의에 비난하는 것은 소쉬르가 식별한, 기표와 기의의 상호 보완성을 무시했다는 점이다. 레비 스트로스의 주장에서 본질은 방법의 비판에 있지만, 그럼에도 문학 기호학의 범주 내에서 고찰의 한 모태가 될 프로프의 작품이 지닌 중요성을 강조한다.

프로프는 이와 같은 비판에 대해 1966년에 자신의 책이 이탈리아어판으로 나오는 기회를 통해 답변한다. "《민담 형태론》과 《역사적 뿌리》는 큰 저서의 두 부분, 혹은 두 항목을 구성한다."[20] 과연 레비 스트로스의 비판은 민담 형태론이 이것과 불가분의 보완 관계에 있는 역사적 연구의 서막처럼 제시되고 있다는 점을 고려하지 않고 있다. 1946년에 소련에서 출간된 이 두번째 저서[21]는 프랑스에서 은밀하게 망각된다. 왜냐하면 갈리마르사가 그것을 출간하기 위해서는 1983년을 기다려야 하기 때문이다. 이는 60년대 역사학자적 방법의 고의적 배척을 나타내는 징후이다.

클로드 브레몽은 1964년 《코뮈니카시옹》 4호에서 이미 서술적 메시지에 관한 연구를 프로프의 방법에 입각해 정당화한 바 있다. 그는 1966년에 서술적 가능성들의 논리를 규정하기 위해 프로프의 저서를 다시 다룬다. "나는 우선 야콥슨의 부인이 번역한 프로프의 책을 손에 지니고 있었다. 실제로 나는 그 책이 이야기·인물의 기계적 장치를 기능들 쪽으로 탈중심화시켰다는 점에서 매우 흥미롭다고 생각했다. 그래서 나는 이와 같은 방법에 대해 고찰하기 시작했다. 그렇지만 내가 하는 일이 구조주의적 기획에 속한다고 결코 생각지 않았다. 물론 이야기의 구조들이 있지만, 그것들은 극적인 궁극 목적을 지닌 단순한 논리적 제약 요소들이나 관례들만을 나타낸다. 나에게는 더 이상 찾아야 할 게 아무것도 없었다."[22] 클로드 브레몽은 1966년의 글에서, 인간 행동의 보편적 범주들에 대응하는 기본적인 서술적 형태들의 유형학을 개괄적으로 규정한다. 그리고 이로부터 그는 기준이 되는 하나의 참조적 구조를 중심으로 이야기 유형들의 가능한 분류 작업을 한다. 이 참조적 구조는 두번째 단계에서 이야기가 공간적·시간적 상황에 따라 다르게 뿌리 내린 현상에 대한 적응 및 복잡화의 과정을 겪는다.

움베르토 에코의 글은 구조주의적 프로그램의 야망들 가운데 하나를 드러낸다. 이 야망은 모든 것을 해독하는 것이고, 문학사의 위대한 텍스트들에 대한 통상적 검토에 자료체를 제한하지 않는 것이다. 에코는 플레밍의 대중적인 탐정 소설들, 주인공 제임스 본드가 나오는 007 시리즈를 선택한다. 그는 1953년에 씌어진 시리즈의 첫권 《호화로운 카지노》에서 앞으로 나올 모든 책들의 불변하는 모태를 이미 간파하고, 제임스 본드라는 영웅적 인물의 대중적 성공의 원동력에 대해 탐구한다. 그리하여 에코는 플레밍의 작품들에서 이데올로기적 측면들에 가치를 부여하는 틀에 박힌 분석을 이동시켜 이 작품들이 까다로운 수사학적 요구에 부합하고 있음을 보여 준다. 플레밍의 세계는 독자를 설득시키는 기술에서 편의상 마니교적(이원론적) 세계를 나타낸다. "플레밍이 그의 도식에서 '악'의 칸을 러시아인이나 유대인으로 채운다는 사실 때문에 그가 반동적인 것은 아니다. 플레밍이 반동적인 것은 그가 도식들을 통해서 처리하고 있기 때문이다."[23] 따라서 에코는 플레밍에 부여된 반동의 성격 규정을 이동시켜 우화라는 특별한 장르를 규정한다. 우화에 고유한 독단론은 도식들을 통해 필연적으로 반동적인 사유를 초래한다는 것이다.

토도로프를 보면, 그는 더 이상 문학의 연구가 아니라 문학성의 연구라는 틀 내에서 문학적 이야기의 범주들을 확립하기 위해 러시아 형식주의자들이 이행한 이동에 의거한다. 그는 작품의 직접적 이해보다 작품을 가능하게 만드는 문학적 담론의 잠재성을 이해하고자 하는 것이다. "그리하여 문학 연구는 문학의 과학이 될 수 있을 것이다."[24]

제라르 주네트는 플라톤과 아리스토텔레스의 고전적 전통이 제시하는 정의들에 입각해 이야기의 경계를 탐구한다. 나아가 그는 이런 정의들이 필리프 솔레르스나 장 티보도의 현대적 소설 작법에서 어떻게 사용되고 있는지도 검토한다. 그에 따르면 이 두 작가는 표상적(재현적) 방식이 고갈되었음을 표현하고, 아마 표상(재현)의 시대로부터 결정적으로 벗어나고 있음을 예고하고 있다는 것이다. 이러한 모든 글들이 이루어내는 상황은 문학인들에게 엄청난 작업장을 제시한다. 문학인들은 고전적인 문학사의 지배적 담론에 이의를 제기하기 위해 이와 같은 새로운 방향들을 탈취하게 된다. 이런 행동은 기획 자체가 공동체적인 것으로 생각되었고, 진정한 새로운 과학의 구축을 약속하고 있는 것처럼 보였기 때문에 그만큼 열광적이었다.

《현대》

사르트르가 주도하는 잡지 《현대》는 1966년 구조주의에 할애된 특별호를 발간하는데,[25] 이는 모든 둑을 무너뜨리게 만드는 성공의 표시가 아닐 수 없다. 특별호의 내용을 소개하게 된 장 푸이용은 구조주의가 유행하고 있다는 부정할 수 없는 확인으로부터 출발한다. "유행의 짜증스러운 면은 사람들이 유행을 비판함으로써 또한 유행에 굴복한다는 점이다."[26] 푸이용은 이와 같은 유행 현상을 2개의 커다란 개념, 즉 총체와 상호 종속이라는 개념의 표현으로 규정한다. 다시 말해 이 현상은 접근된 상이한 항들 사이의 관계를 그것들의 차이들에 불구하고서가 아니라 차이들을 통해서 연구하는 것으로 규정된다. 따라서 구조주의는 "관계를 탐구하는 것인데, 이 관계는 그것이 결합시키는 항들에 조직화된 전체 내에서 위치의 가치를 부여한다."[27] 마르크 바르뷔는 수학에서 구조라는 말의 의미를 탐구하고, 레비 스트로스가 카리에라족의 친족 체계를 분석하는 데 있어서 4개의 층으로 된 체계에 대해 유사한 말을 사용하고 있음을 환기시킨다.

그레마스를 보면, 그는 '구조와 역사'의 관계를 분석하여 통시성과 공시성 사이에 소쉬르가 확립한 이분법이 적절하지 않음을 강조한다. 그는 이 이분법에 비시간적인 메커니즘으로서의 구조라는 옐름슬레우의 개념을 대립시킨다. 그리하여 그는 구조주의에 가해진 비역사주의라는 비난에 답한다. 그는 페르낭 브로델이 시간성을 3개의 시간성, 즉 구조적 시간성/상황적 시간성/사건적 시간성으로 자르고 있음을 환기시키고, 역사가들이 반성적으로 구조의 희미한 윤곽을 그리고 있으며 또 구조를 통합시키고 있음을 환영한다. 그러나 그는 역사가들이 사용하는 구조의 의미에 동의하지 않는다. "검토를 하게 되면 불행하게도 그러한 견해는 타당성을 보전하지 못한다. (…) 우선 보다 오랫동안 지속되는 것이 별로 지속되지 못하는 것보다 더 본질적이라고 가정하는 등식을 어떻게 확립할 수 있는지 이해가 되지 않는다."[28] 그레마스에 따르면 구조주의자에게 모든 것은 메타언어적인 모델의 수준에 자리잡는다. 이러한 관점에서 역사적 관점은 '배경'[29]의 역할로 쫓겨난다.

《현대》지의 같은 호에서, 모리스 고들리에는 마르크스와 구조주의 사이의 계보상 연관성을 주장한다. 마르크스는 "현대의 구조주의적 사조를 예고한다."[30] 따라서 마르크스는 레비 스트로스의 작품에서부터 구조주의적 패러다임의 진정한 선구자로 이해된다. 왜냐하면 그는 가시적인 사회적 관계와 이 관계의 감추어진 논리를 분리하게 해주었고, 구조적 연구를 우선시하기 위해 역사주의를 인정하지 않았고, 끝으로 그가 하나의 구조가 아니라 '생산력과 생산 관계라는 서로 환원할 수 없는 두 구조'[31] 내에 설정하는 모순을 분리해 냈다는 점 때문이다. 피에르 부르디외를 보면, 그는 지적 사유 및 예술적 창조의 사회학을 이루는 토대를 이야기한다. 이 사회학은 엄격한 구조주의적 방법을 통해 내적 미학과 외적 미학 사이의 전통적 대립을 넘어서는 것이다. "지식장은 구조적 방법이 지식장을 고유한 법칙에 의해 통제되는 체계로 다룸으로써, 수행하는 방법론적 자율화를 허용하는 상대적인 자율성을 부여받았다."[32]

《알레테이아》

《알레테이아》지 역시 1966년 2월호를 특별호로 구조주의에 할애한다. 우리는 그 속에서 모순에 관한 모리스 고들리에의 글과, 사회과학 및 인문과학에서 과학적 기준에 관한 레비 스트로스의 글을 만난다. 코스타스 악셀로스는 뤼시앵 세박의 마르크시즘과 구조주의의 화해 시도에 관해 글을 쓰고 있고, 조르주 라파사드는 헤겔에 관해 쓰고 있다. 그리고 인터뷰를 통해 롤랑 바르트는 구조주의를 '옛 지식들——혹은 경쟁적 지식들——을 탈물신화해 줄 수 있는'[33] 가능성으로 제시한다.

《에스프리》

《에스프리》지는 1963년의 한 호를 레비 스트로스의 주장을 논의하는 데 할애한 바 있는데, 1966년 12월에 학술대회를 개최한다. 학술대회에서 발표된 내용은 얼마 후 1967년 5월에 구조주의에 할애된 특별호에 실리게 된다.[34] 《에스프리》지는 상당히 완벽한 파노라마에 독자를 초대한다. 장 마리 도므나크는 구조주의적 현상을 당시까지 철학이 기대며 살아왔던 용어들, 특히 의식에 부여된 위치를 불안정하게 만드는 시도로 인식한다. 그는 기존 체계의 토대에 이의를 제기하는 좌파 인물들의 이와 같은 문제 제기가 어떻게 그들의 정치적 투쟁과 양립할 수 있는지 자문한다. 왜냐하면 인간들이 의식의 자율적 부분을 되찾을 수 없는 가운데 구속적인 제도에 의해 통제된다면, 무엇을 내세워 그들은 계속해서 이의를 제기할 수 있는지 의문이 들기 때문이다. 구조주의적 현상은 복잡하고 모순적이며, 이것이 이 현상에 대한 열광을 설명한다. "구조주의는 두 얼굴을 가지고 있다. 하나는 우리 시대의 인식론적 자기 도취를 설명하고, 다른 하나는 어떤 부재에 대한 불안, 어둠의 부상을 말하고 있다."[35]

《에스프리》지의 망설임과 비판을 야기하는 것은 언제나 구조 속에 인간의 죽음, 즉 인간의 해체이다. 한편으로 미켈 뒤프렌은 프랑스에 유행중인 신실증주의와 반인본주의를 동일한 차원에 놓는다. 프랑스는 영미의 논리 실증주의를 늦게 발견해 나름대로 해석하고 있던 참이다. "현대철학은 인간을 공개적으로 규탄한다."[36] 다른 한편으로 폴 리쾨르는 구조적 관점의 정복이 과학성의 정복이다는 점을 인정한다. 그러나 이 정복은 매우 비싼 대가를 지불한다. 그것이 가져다 주는 이점은 말하는 행위——소쉬르가 언어 연구에서 제외한 파롤——와 역사라는 두 주요 요소를 배제하는 비싼 대가를 치른다. 폴 리쾨르는 이러한 제거를 뛰어넘자고 제안하지만, 그렇다고 정신주의나 심리주의의 낡은 악습에 다시 떨어지자는 것은 아니다. 따라서 "언어를 생각한다는 것은 소쉬르가 분리한 바로 그것의 통일성, 즉 랑그와 파롤의 통일성을 생각하는 것이다."[37]

신중함에서 벗어나는 사르트르

구조주의에 대한 이와 같은 넘치는 열정 앞에서 사막을 건너는 침묵 속에 칩거한 사르트르는 말이 없었다. 그런데 구조주의 관련 출판이 매번 성공할 때마다 그의 실존주의 철학의 토대가 잠식당했다. 1966년에 구조주의가 넘쳐나자 사르트르는 침묵에서 벗어난다. 위험은 컸다. 왜냐하면 영광의 정상에 있었던 푸코가 19세기 철학자들을 모신 그레뱅 밀랍박물관에 그를 막 집어넣었기 때문이다. 이것은 너무한 것이었다. 사르트르는 침묵에서 벗어나, 1966년말에 《라르크》지가 그에게 할애한 특별호에서 투쟁을 벌이기로 작심한다.[38] 베르나르 팽고는 인문과학을 위한 철학의 소멸을 목도했던 지난 15년간의 근본적 변화를 확인하면서 이 특별호를 소개하고 있다. "사람들은 더 이상 의식이나 주체가 아니라 법칙 · 코드 · 체계에 대해 이야기한다. 사람들은 인간이 의미를 만든다고 더 이상 말하지 않고, 의미가 인간에게 도래한다고 말한다. 사람들은 이제 실존주의자가 아니고 구조주의자이다."[39] 사르트르는 베르나르 팽고의 질문에 답변하는데, 이 답변은 논쟁적인 톤을 통해서 철학자 사르트르가 억제하고 있는 분노와 그가 처한 어려운 상황을 드러내고 있다. 1966년 미셸 푸코의 《말과 사물》이 거둔 대성공에 그는 이렇게 반론을 내세운다. "그의 책이 거둔 성공은 사람들이 그 책을 기다렸다는 것을 충분히 증거한다. 그런데 진정으로 독창적인 사상은 결코 기다려지는 것이 아니다. 푸코는 사람들에게 필요한 것을 가져다 주고 있다. 그것은 하나의 변증법적 종합으로서 이 속에서 로브 그리예 · 구조주의 · 언어학 · 라캉 · 《텔켈》지가 역사적 고찰의 불가능성을 입증하기 위해 차례로 이용된다. 물론 역사 뒤에서 표적이 되는 것은 마르크시즘이다. 요점은 부르주아 계급이 다시 한 번 마르크스에 대항해 세울 수 있는 마지막 장벽으로서 새로운 이데올로기를 확립하고자 하는 것이다."[40]

다소간 깎아내리는 이와 같은 공격을 하고 난 후, 사르트르는 구조주의적 방법이 그 한계를 의식하고 있는 한 이 방법을 통째로 배척하지는 않는다고 밝히면서 자신의 말에 균형을 잡는다. 사르트르에게 사유가 언어로 귀결되지는 않지만, 언어는 그의 철학에서 실천-무기력(le pratico-inerte)[4]에 대응하는 근본적 부품이다. 사르트르는 레비 스트로스의 작품이 마음에 들었지만, 그럼에도 "레비 스트로스가 구상하고 실천하는 그런 구조주의는 역사에 대한 현재의 불신을 조장하는 데 많이 기여했다"[41]고 간주하면서, 《야생적 사고》에서 자신에게 반대해 시작된 논쟁에 대해 답변하고 있다. 사르트르가 보기에 라캉은 완전히 구조주의에 참여한다. 왜냐하면 그에게 나타나는 주체의 탈중심화는 역사에 대한 동일한 불신에 연결되기 때문이다. "실천 활동이 더 이상 없다면, 또한 주체도 더 이상 있을 수 없다. 라캉과 라캉을 원용하는 정신분석학자들은 우리에게 무엇을 말하고 있는가? 인간은 사유하지 않고 사유된다. 일부 언어학자들에게 인간은 언급되듯이 말이다."[42] 그러나 사르트르는 라캉의 주장 속에서 프로이트의 계보를 인정한다. 왜냐하면 프로이트의 경우 주체에게 부여된 지위는 이미 애매했고, 정신분석적 치료가 원칙적으로 전제하는 것은 환자가 자유 연상에 자신을 내맡기면서 되는 대로 가만히 있어야 한다는 점이기 때문이다. 반역사주의라는 동일한 비판이 알튀세에게 가해졌는데, 알튀세는 "실천-무기력의 구조와 이 구조에 의해 자신이 조건지어진 것을 발견하는 인간 사이의 항구적인 모순"[43]을 알아차리지 못한 채, 기본 지식으로서의 개념(notion)을 희생시키고 비시간적 차원의 추상적 관념(concept)을 선호한다는 것이다.

---

4) 실천-무기력(le pratico-inerte)은 사르트르의 《변증법적 이성 비판》에 나오는 용어로서 실천(praxis)과 무기력(inertie)의 합성어이다. 실천은 자유롭게 설정된 목표를 향한 상황의 초월을, 무기력은 사회적 존재로서의 무거움을 나타낸다. 따라서 실천-무기력은 개인적 실천을 조건짓는다는 의미에서 이 실천이 실현되는 영역이고, 인간 행동의 환경이다.

결국 사르트르는 구조주의의 패러다임을 중심으로 한 인문과학의 이와 같은 폭발을 미국으로부터 수입된 것으로 돌린다. 그것은 철학이 더 이상 설 자리가 없는 기술 관료적 문명에 대한 이데올로기적 적응이라는 것이다. "미 국에서 일어나는 일을 보라. 철학은 인문과학에 의해 대체되었다."[44] 존슨 대통령의 B52 폭격기가 북베트남을 매일같이 폭격했던 1966년 그 해에, 우 리는 이러한 평가가 구조주의의 근위병들에게 얼마나 모욕적이었는지 이해 하는 것이다.

뿐만 아니라 이 사건은 세상을 떠들썩하게 만들었다. 왜냐하면 사람들은 사르트르가 60년대 초반부터 그의 철학이 계속적으로 문제시된 데 대해 견 해를 제시해야 한다고 강렬하게 원했기 때문이다. 《르 피가로 리테레르》지 는 '라캉, 사르트르를 심판하다' 라는 표제를 붙임으로써 최대한으로 사건을 드라마화시켰다. 라캉은 사르트르가 취한 입장을 빈정대고 상대화시키는 대담에서 이렇게 답변한다. "나는 그와 관련해 위치하고 있는 것이 전혀 아 니다."[45] 라캉의 방어선은 동질성이 다소라도 있다고 보여지는 그 어떤 구조 주의 그룹과도 관련지어지는 일을 타당하다고 인정하지 않는 것이다. "우리 가 공모하고 있다고 누가 믿을 것인가?"[46] 물론 음모가 아니라 사상의 논쟁 이 문제이다. 《렉스프레스》지의 기사를 통해 구조주의의 주장들을 신랄하게 비판했던 장 프랑수아 르벨은, 《라르크》지의 사르트르에 관한 내용을 보고 하기 위해 '결전을 기다리는 사르트르' 라는 표제를 붙였다. 그는 이와 관련 해 '딸들에 의해 부정되고 박탈당한 리어 왕'[47]을 상기시키고, 주체를 부정 하는 반역사적인 독트린의 성공과 기술주의의 도래 사이의 부합이라는 사 르트르의 유추에 드골주의와 정치적 성격의 부합을 덧붙인다. 드골주의에 서 프랑스 시민은 언급의 대상이지 주체는 아니다는 것이다. 특히 프랑스 시민의 역할이 드골 장군이 문제적 기자회견에서 프랑스라는 국가의 말을 구현하는 것을 듣는 데 한정될 때 말이다.

대서양을 건너는 구조주의

1966년은 또한 크고 작은 학술대회들을 통해 만남들이 엄청나게 많았던 해이다. 스리지의 성(城)은 여전히 지적 활동의 명소였으며, 그 해는 '오늘의 비평 방향'이라는 주제로 학회가 열렸다. 이 학회에서 발표된 논문들은 1968년 플롱사에서 나오게 된다.

제네바의 레만 호숫가에서는 1966년 9월 언어에 대한 프랑스 언어철학회가 열렸으며, 에밀 벤베니스트와 머시아 엘리아데의 발표를 중심으로 토론이 집중되었다. 그러나 당시 프랑의 열기는 또한 유럽 밖에서도 관심을 불러 일으켰다. 1966년 10월 미국에서 대규모의 구조주의 행사가 존스 홉킨스대학교 인문과학센터의 후원 아래 개최되었다. 구조주의가 대서양을 건너 신세계에 상륙한 것은 이것이 처음이다. 미국인들은 프랑스에서 비평적 사유의 현상을 학제간 현상으로 매우 분명히 인식하고 다양한 인문과학의 대표들을 초빙한 것이다.[48] 뤼시앵 골드만과 조르주 풀레는 사회학적 유형의 문학 비평을 대변하기 위해 롤랑 바르트 · 츠베탕 토도로프, 그리고 니콜라 뤼베는 문학기호학을 대변하기 위해 초대된다. 자크 데리다는 1965년말에 《비평》지에 발표한, 소쉬르와 레비 스트로스에 대한 연구[49] 때문에 철학자로서 초대된다. 그리고 장 피에르 베르낭은 고대 그리스에 관한 역사적 인류학 때문에, 자크 라캉은 프로이트를 구조주의적으로 다시 읽었기 때문에 초대된다. 이 대규모 학회의 논집은 몇 년 후에 미국에서 출간된다.[50]

롤랑 바르트가 프랑스에서 일어나고 있는 행위의 주요 스타들 가운데 하나로 초빙된 것은 분명하다. 그는 19세기에 일어난 수사학의 억압에 대해, 그리고 수사학이 실증주의로 대체된 것에 대해 이야기했다. 이 대체가 문학의 운명과 언어 이론을 지속적으로 분리시켜 왔다는 것이다. 그렇게 하여 그는 언어의 고찰에 대한 관심의 부활이 어떻게 역사적으로 뿌리 내리고 있는지 보여 주었다. 아울러 그는 기호학적 비평(sémio-critique)이라 규정된, 문학과 언어학의 이와 같은 새로운 결합이 객관화의 관계 속에서 기호 체계로서 글쓰기에 토대를 두고 있음을 보여 주었다. 그는 언어학·정신분석학, 그리고 문학 사이에 구조주의가 실현시킨 현대적 공생 관계에 입각한 언어 탐구에서 정복해야 할 새로운 경계선을 환기시켰다.

장 피에르 베르낭은 '그리스 비극: 해석의 문제'라는 주제로 발표했다. 그는 이 발표에서 맥락에 도움을 청하지 않고는 비극이 이해될 수 없지만, 그것이 고전적 의미에서 맥락은 아니다라고 밝혔다. "내가 맥락이라고 부르는 것은 텍스트 밖에 있는 무엇이 아니라 텍스트 안에 있는 무엇이다. 텍스트 자체의 독서를 통해서, 텍스트를 해독함으로써 우리가 알아차릴 수 있는 것은 우리가 의미론적 영역들에 따라 비극에 외재하면서 비극을 풍요롭게 해주러 오는 요소들을 개입시키지 않을 수 없다는 점이다."[51] 장 피에르 베르낭은 울타리가 쳐진 텍스트의 내적 구조로부터 출발해야 한다는 필요성을 강조했다. 그러나 비극적 담론에 특별한 효과를 낳게 하는 언어적·의미론적·이데올로기적 유희의 측면을 발굴해야 한다는 조건이 붙는다.

베르낭이 라캉을 개인적으로 처음 만난 것은 볼티모어에서이다. 내일이 없는 만남이었다. 비록 얼마 후에 벨르일에서 바캉스를 보내고 있을 때 베르낭이 3명의 라캉 추종자들이 도착하는 것을 보고 깜짝 놀라지만 말이다. 이들은 그가 라캉의 세미나에 참석하는 것이 불가결하다는 점을 설명하러 왔다. ("그들은 내가 실제로 나 자신도 모르게 라캉과 동일한 작업을 하고 있다고 설명했다. 이 점은 내가 훌륭한 정신분석학이 필요하다는 것을 분명히 증거했다. 나는 그들에게 좀 늦었다고 답변했지만, 그들은 라캉이 나의 연구에 매우 흥미가 있으며 예의 주시하고 있다고 되풀이했다."[52]) 라캉의 담론은 이미 그의 모국어인 프랑스어로도 이해하기가 어려웠다. 그런데 그는 영어를 잘 구사하지 못하면서도 볼티모어에서 자신의 견해를 영어로 말하기를 고집했다. 이 점은 그가 발표한 글의 난해성을 더욱 강화시켰다. 그럼에도 그의 발언은 구조주의의 대스승의 발언으로 보였다.

1966년: 빛의 해/Ⅱ
작은 빵 같은 푸코

우리가 이미 본 바와 같이 1966년의 출판계 사건, 즉 여름의 최고 판매 기록이 미셸 푸코의 《말과 사물》이었다는 점에 대해선 이의가 없다. 사르트르가 이 책이 기다려진 것이라고 말할 수 있었다 할지라도, 그것의 성공은 출판을 기획한 피에르 노라와 푸코를 놀라게 했다. 왜냐하면 별로 많지는 않았지만 초판 3천5백 부가 아주 신속하게 품절되었기 때문이다. 1966년 4월에 초판이 나왔는데 6월부터 5천 부, 이어서 7월에 3천 부, 그리고 다시 9월에 3천5백 부 등 계속해서 찍어야 했다. 미셸 푸코는 구조주의의 물결을 탔고, 그의 책은 약 15년 전부터 이루어진 새로운 사유에 대한 철학적 종합으로 나타났다. 후에 저자가 그 자신이 불명예스럽다고 판단하는 구조주의 꼬리표와 거리를 두게 되지만, 그는 1966년 단번에 구조주의 현상의 중심에 위치한다. "구조주의는 새로운 방법이 아니다. 그것은 현대의 지식에 대한 각성되고 불안한 의식이다."[1]

푸코는 피에르 뒤마예로부터 당시에 대단한 텔레비전 문학 프로였던 '모두를 위한 독서'에 초대받았는데, 여기서 그는 집단적 단절을 설정하는 '우리'의 이름으로 자신의 견해를 표명한다. 그는 이 집단적 단절에서 '또 하나의 19세기 인물인' 사르트르의 작품과 거리를 둔 레비 스트로스와 뒤메질 편에 자리를 잡았다. "왜냐하면 사르트르의 모든 시도가 노리는 것은 인간을 그 자신의 의미에 적합하도록 만드는 것이기 때문이다."[2] 그가 광범위한 텔레비전 시청자를 대상으로 자신의 저서를 설명하기 위해 피에르 뒤마예에게 한 말은 구조주의의 새로운 야망에 완전히 동참하고 있었다. 미셸 푸코는 철학의 소멸, 다시 말해 다른 사유 활동 속에 철학이 흩어져 사라졌음을 단언했다. "우리는 아마 순수 사유, 즉 현동적 사유의 시대라 할 시대에 도달하고 있다. 언어학과 같이 추상적이고 일반적이며 논리학과 같이 근본적인 학문, 또는 조이스 이후의 문학은 사유의 활동들이다. 그것들은 철학을 대신하고 있다. 그것들이 철학의 자리를 차지하기 때문이 아니라, 그것들이 지난날 철학이었던 것, 바로 그것의 전개이기 때문이다."[3]

이 방송 프로에서 푸코가 인문과학에 대한 그의 고고학적 기획(원래 그의 저서는 '구조주의의 고고학'이라는 부제가 붙게 되어 있었다)을 규정한 바에 따르면, 그것은 우리가 레비 스트로스에 의해 묘사된 남비콰라족을 인식하는 방식과 유사한 낯선 모습으로 우리의 문화를 나타나게 하려는 의지의 표현이다. 따라서 그것은 연속적이고 진화적인 논리 속에 이루어진 사유 전개의 연속선을 그리자는 것이 아니라, 그 반대로 지난날의 우리 문화가 복원된 거리감 속에서 우리 자신에게 낯설고 타자처럼 보이도록 만드는 불연속성을 찾아내는 것이다. "내가 재구성하려고 했던 것은 이러한 민족학적 상황이다."[4] 푸코는 인간이라는 전적으로 덧없는 모습, 다시 말해 최근에야 존재를 드러냈으면서도 조만간 사라질 운명에 처한 그 모습과의 모든 동일화 시도를 공격한다. 신은 죽었고, 인간은 그를 따라서 피할 수 없이 사라질 것이다. 인간의 존재를 내세우는 인문과학이 특히 이러한 소멸을 위해 매진하고 있다. "역설적으로 인문과학의 발전은 인간의 신격화보다는 소멸로 우리를 초대하고 있다."[5]

시대를 매혹시킨 것은 분명 인간의 이러한 죽음이다. 많은 사람들이 이런 장례 행렬 뒤로 서둘러 밀려들게 된다. 소쉬르의 언어학에서, 구조인류학에서, 그리고 라캉의 정신분석학에서 주체의 계속적인 부정은 에피스테메들이 전개되는 중심점인 부재 혹은 결핍으로서, 주체를 서구 문화사의 바로 중심에 설정하는 인물을 푸코에게서 이제 발견한 것이다.

푸코의 파장

푸코의 저서에 대한 환영은 사건의 차원이었다. 타오르는 불꽃이었다. 《르 몽드》지에서 장 라크루아는 푸코의 작품을 "이 시대의 가장 중요한 작품 가운데 하나"[6]로 환영한다. 로베르 캉테르는 《르 피가로》지에서 "참으로 인상적인 책이다"[7]라고 반응을 나타낸다.《라 캥잰 리테레르》에서, 프랑수아 샤틀레는 철학에서 사고를 혁명시키는 사건으로 인준한다. 푸코의 책을 읽게 되면 "서양 문화의 과거에 대한 새로운 시선과, 서양 문화의 현재가 드러내는 혼란에 대한 보다 명료한 착상"[8]이 태어난다. 《렉스프레스》지에서 마들렌 샤프살은 '실존주의 이후로 가장 큰 혁명'[9]이라는 환기적 제목으로 3페이지에 걸쳐 큰 기사를 열고 있다. 그리고 《르 누벨 옵세르바퇴르》지에서는 질 들뢰즈가 역시 3페이지에 걸쳐 푸코의 책에 대한 서평을 쓰고 있다. "푸코의 사상: 인간과학이 성립된 것은 인간이 자신을 재현(représentation)의 대상으로서 간주하게 되었을 때에도, 인간이 자신의 역사를 발견했을 때에도 단연코 아니다——그 반대로 그것은 그가 자신을 탈역사시시켰을 때이다."[10]

물론 푸코는 인간의 이와 같은 죽음에 책임을 지라고 강력하게 요구받았다. 모든 언론은 그를 이 죽음을 낳게 한 아버지라고 간주하는 너그러움을 보였다. 《라 캥잰 리테레르》지와의 대담에서 받은 질문, 즉 언제 의미를 더 이상 믿지 않게 되었는지 알고 싶다는 질문에 대해 그는 이렇게 대답한다. "단절의 시점은 사회에 대해서 레비 스트로스가, 그리고 무의식에 대해서 라캉이 다음과 같은 점을 우리에게 보여 준 날이었다. 우선 의미는 아마 일종의 표면적 효과, 번쩍거림, 거품에 지나지 않을 것이다. 다음으로 우리의 내부를 심층적으로 관통했던 것, 우리보다 앞서 있었던 것, 시간과 공간 속에서 우리를 지탱해 준 것은 체계였다는 점 말이다."[11] 레이몽 벨루르는 푸코의 주장을 강력하게 지지했는데 비해, 그의 당(프랑스 공산당)이 보여 준 반응은 분명 더 신중했다. 그러나 그는 자신과 푸코와의 대담을 실은 《프랑스 문학)지에서 상당한 자율성을 누렸다. 그는 푸코가 한 시대의 개념들의 논리적 총체를 복원하면서 당시까지 이 영역에서 성서처럼 통했던 것, 즉 저 문제적 '우연'과 **유럽 의식의 위기**를 역사의 무덤 속으로 쫓아 버릴 때, 그를 사상사의 영역에서 진정한 혁명의 주도자로 간주한다. 레이몽 벨루르는 푸코라는 철학자가 눈부신 문체를 지닌 작가임을 명철하게 알아차린다. "이 시대는 의미를 해독하는 자들의 얼굴에서 새로운 유형의 작가들이 탄생하는 것을 보게 될 것이다."[12]

푸코는 그 해 1966년에 다양하게 발표한 모든 글들에서 끊임없이 사르트르를 19세기로 돌려보내고 단호하게 레비 스트로스·뒤메질·라캉·알튀세의 진영에, 즉 20세기의 현대성 쪽에 위치한다. 이 점은 디디에 에리봉의 다음과 같은 평가를 전적으로 합당하게 만든다. "푸코가 구조주의의 집단 속에 손쉽게 안착하고 있는 것은 분명한 듯하다."[13] 비록 푸코의 구조주의가 전적으로 특별한 구조주의이기는 하지만 말이다. 왜냐하면 그것은 구조들의 존재에 토대를 두고 있지 않기 때문이다. 그것은 "구조들이 없는 구조주의이다."[14] 이런 측면이 프랑수아 에발드로 하여금 푸코는 결코 구조주의자인 적이 없었고 그의 계획은 바로 구조라는 관념, 따라서 구조를 쳐부수는 것이었다고 말하게 만든다. 프랑수아 에발드에 따르면, 푸코의 모든 시도가 노리는 것은 하나의 정치가 가능하다는 점이다. 이로부터 구조라는 관념 자체에 대한 그의 적대감이 나온다. "구조는 역사적인 대주체, 다시 말해 역사를 가로지르는 커다란 정체성의 형태들 가운데 하나이다. 그런데도 푸코는 그가 파괴하고자 하는 것이 무엇인지 매우 잘 설명하고 있다."[15] 1966년의 푸코가 아직은 느끼지 못한 이와 같은 내적 긴장은, 사회과학을 내부로부터 전복시키기 위해 사회과학의 중심에 자리잡은 이 철학자의 애매한 위치로부터 비롯된다. 그러나 이러한 위치는 구조주의의 현상에 대해 이의를 제기하는 위치이기는커녕 이 현상으로부터 자양을 얻고 있다. 푸코가 자신들의 학문의 정당성을 찾으면서 구조주의 운동을 주창하는 자들에 특유한 과학만능주의에 공감하지 않더라도 말이다.

인간: 덧없는 과도적 존재

《말과 사물》은 특히 조르주 캉길렘이 이룬 업적의 계보 속에 위치한다. 푸코는 이 책에서 동시에 기존 학문들의 니체적 파괴와 불연속성에 입각한 과학사를 구상하고 있다. 푸코의 방법이 지닌 이와 같은 니체적 토대는 인본주의의 철저한 배척 속에 나타난다. 자신의 역사를 만들고, 행동하고, 자신의 행동에 대해 의식하는 주체로서 인간(homme-sujet)은 사라진다. 주체-인간의 모습은 최근에야 나타나고, 그의 발견은 조만간에 올 그의 종말을 예고한다. 서양 사상에서 중심적인 그의 상황은 환상에 불과하고, 이 환상은 그가 겪는 다양한 조건화에 대한 연구에 의해 사라지고 있다. 그렇게 인간은 탈중심화되고, 취한 상태로 사물들의 변두리 속에 삼켜져 세월의 거품 속에 소멸할 것이다. "인간은 (…) 사물들의 질서 안에서 일어난 어떤 찢겨진 틈 이상의 것이 아닐 것이다. (…) 인간은 최근의 발명품, 두 세기의 나이도 안 먹은 하나의 모습, 우리 지식 속에 있는 하나의 단순한 주름에 불과하다."[16] 따라서 푸코는 인간이라는 이 환상의 도래를 역사화하는 데 집착한다. 이 환상은 19세기에 와서야 태어났다는 것이다. 그리스 시대에 존재했던 것은 신들, 자연, 우주였다. 책임 있는 주체에 대한 사상은 설 자리가 없었다. 플라톤의 문제들에서 과오는 판단의 오류와 무지에 돌려지지, 개인적 책임으로 돌려지지 않는다.

마찬가지로 고전적 에피스테메에서 인간은 어떠한 위치도 차지하지 못한다. 르네상스의 인본주의도, 고전 작품들에 나타나는 합리주의도 인간을 생각할 수 없었다. 인간이 지식 영역의 중심에 자리하기 위해서는 지식의 지형에서 이루어진 어떤 균열을 기다려야 했다. 이어서 서양 문화는 인간에게 가장 많은 몫을 준 문화가 되었다. 인간은 창조의 왕이라는 중심적 상황 속에 나타나며, 이 창조의 왕은 모든 사물들의 절대적 준거체이다. 이와 같은 물신화는 특히 주체를 진리의 집합소, 실체로서 도입한 데카르트의 에고와 함께 철학적 형태로서 표현된다. 그것은 오류와 과오의 문제 제기, 고대 그리스 로마와 중세의 스콜라 철학에서 기능했던 그 문제 제기를 전복시킨다. "종속은 반전된다. 그래서 오류의 도식이 과오의 도식에 비해 상대화된다. 실수하는 것(오류를 저지르는 것)은 자신의 자유롭고 무한한 의지를 이용해 분별력의 감각적 내용들, 모호한 상태로 있는 그런 내용들을 자유롭게 단언하는 것이다."[17] 그러나 프로이트 다음으로 푸코가 지적하고 있듯이, 이 인간은 서양 사상사에서 상당수의 커다란 자기 도취적 상처를 경험했다. 지구가 우주의 중심이 아니다라는 것을 발견하는 코페르니쿠스는, 사유의 영역을 혁명적으로 변화시키고 인간의 기본적 지배력을 빗나가게 만든다. 다음으로 인간과 아주 가까이에 원숭이가 있다는 것을 발견하는 다윈은, 인간을 뛰어넘는 생물학적 시간 속에서 에피소드의 단계로 그를 추락시킨다. 그리고 프로이트는 인간이 홀로 자신을 알 수 없으며, 인간이 전적으로 의식적이지 못하고 어떤 무의식의 결정에 따라 행동한다는 것을 발견한다. 인간은 이 무의식에 접근할 수 없지만, 그것은 인간의 진상과 행동을 이해하게 해준다는 것이다.

따라서 인간은 단계적으로 자신의 속성들을 박탈당해 왔으나, 이러한 단절들을 지식의 영역에서 재전유하여 그것들을 모두 지배를 복원하는 수단들로 만들었다. 그리하여 그는 19세기에 3개의 지식 형태가 합류하는 지점에 적나라한 모습으로 나타난다. 다시 말해 그는 프로프의 문헌학, 스미스 및 리카도와 함께 정치경제학, 라마르크 및 퀴비에와 더불어 생물학이 출현함으로써 이해 가능한 구체적 대상으로 나타난다. 이때 말하고 일하는 생생한 주체의 특이한 모습이 나타났다. 따라서 인간은 이와 같은 지식 장치들의 피할 수 없는 모습으로서, 그것들의 공통적 기의로서 이러한 새로운 지식들의 중심을 차지하면서 그러한 삼중적 결과물로부터 태어났다는 것이다. 그는 그렇게 자연과의 관계에서 절대의 위치에 재정착할 수 있었다. 천문학은 물리학을 가능하게 해주었고, 생물학은 의학을 가능하게 해주었으며, 무의식은 정신분석학을 가능하게 해주었다. 그러나 푸코가 보기에 이러한 지상권은 최근에 얻은 것이며, 사라질 운명에 처하고 환상이라는 것이다. 개인의 행동 속에 있는 무의식을 발견한 프로이트와, 사회의 집단적 행동 속에 있는 무의식에 집착하는 레비 스트로스의 자취를 토대로, 푸코는 우리의 의식들이 들어앉아 있다고 생각되는 과학들의 무의식을 찾아 떠난다.

이것이 그가 인본주의의 미망에서 깨어나게 하기 위해 실현하고자 하는 코페르니쿠스적 혁명이다. 그가 보기에 인본주의는 현대의 커다란 타락인 것이다. "현대에 있어서 우리의 중세는 인본주의이다."[18] 따라서 푸코에 따르면 철학자의 주요한 역할은 코기토에, 의식과 실체로서 주체에 부여된 특권들이 구성하는 인식론적 장애물을 제거하는 것이다. 푸코는 다양한 기호학들을 연결시키는 진정한 철학적 기반의 확립을 완전하게 이론화한다. 이 기호학들은 모두가 텍스트를 중심점으로 삼으며, 인간을 그의 의지와는 상관 없이 해체시키는 망에 그를 종속시킨다. "인간 본성이라는 낡은 철학소, 추상적인 이 인간을 버려야 한다."[19] 이것이 푸코의 관점이다. 그것은 인간의 덧없는 모습을 역시 상기시켰던 레비 스트로스의 관점과 유사하다. "세계는 인간 없이 시작했고 인간 없이 끝날 것이다."[20] 더욱이 푸코는 레비 스트로스가 민족학에 힘입어 인간을 와해시키고, 인간의 모든 실증적 기도들을 계속적으로 해체시킬 때 그에게 경의를 표한다. 민족학과 정신분석학은 우리의 현대적 지식에서 특권적 위치를 차지한다고 푸코는 확인한다. "우리는 두 학문 모두에 대해서 레비 스트로스가 민족학에 관해 언급한 것을 말할 수 있다. 그것들은 인간을 해체시킨다고 말이다."[21]

푸코는 이와 같은 사망 통지서의 우의(寓意)를 개발했는데, 이 사망 통지서는 인문과학이 폭발하는 시점에서 역설적으로 보인다. 그러나 푸코는 정신분석학과 민족학을 '반(反)과학(contre-sciences)'[22]으로 생각한다. 그가 이 학문들에 부여하는 가치 있는 지위는 현대적 명료성을 여는 주요한 열쇠들로서 그것들을 밀어붙인 구조주의의 패러다임과 합류한다. 구조적 혁명은 이러한 차원에서 "인간 부재의 파수꾼이다."[23]

불연속적인 다양한 시간성

인간의 와해는 아니라 할지라도 인간의 이와 같은 탈중심화는 시간성, 즉 역사성과 그것의 다원화 그리고 부동화와 또 다른 관계를 초래하고, 인간의 행동을 결정하는 외부적 조건들로 시선의 이동을 야기한다. "인간의 역사는 삶의 조건에서의 변화(기후, 토양의 비옥성, 경작 방법, 자원의 개발), 경제의 변모(그리고 이에 따른 사회와 제도의 변모), 그리고 언어의 계속적인 형태들과 사용에 공통적인 일종의 조절 이상일 것인가? 그렇다면 인간 자체가 역사적이 아니다. 왜냐하면 시간은 그 자체로부터만 오기 때문이다."[24] 따라서 인간은 그가 포착할 수 없는 다양한 시간성을 겪는다. 이런 환경에서 그는 주체일 수가 없고, 다만 그에게 외재하는 순수한 사건들의 대상일 수밖에 없다. 그 결과는 사유의 죽은 지평이다. 사유되지 않는 것은 인간 의식의 내면에서 탐구해서는 안 된다. 그것은 인간에 대해 대문자 타자(l'Autre)이다. 다시 말해 그것은 자신 안에 있으면서 자신의 밖에 있고, 자신의 곁에 있으며, '어찌할 도리가 없는 이원성 속에 있는'[25] 환언 불가능하고 포착할 수 없는 타자이다. 인간은 삶·일·언어의 이미 시작된 부분(le déjà-commencé) 위에서 존재의 윤곽을 드러낸다. 따라서 그는 자신의 기원, 자신의 도래가 무엇인지 그것에 접근할 수 있는 길들이 막혀 있음을 발견한다.

푸코에 따르면 현대성은 이러한 무력(無力)을 인정하고, 데카르트의 코기토에 나타나는 인간의 신학에 내재하는 환상을 받아들이는 데 있다. 우리 문화를 이끌어 온 물신인 주인공의 권위를 실추시킨 후, 푸코는 역사주의를 공격하고, 총체로서, 그리고 지속적인 지시 대상으로서 역사를 공격한다. 푸코의 역사는 생물학에서 빌려온 개념인 어떤 진화의 기술(記述)도, 윤리-도덕적인 개념인 진보의 측정도 더 이상 아니다. 그것은 작용중인 다양한 변모들의 분석이고, 모두가 순간적인 섬광들인 불연속성들의 측정이다. 역사가적 연속성의 전복은 주체의 탈중심화에 따른 필연적 귀결이다. "인간 존재는 더 이상 역사가 없다. 아니 보다 정확히 말하면 그가 말하고 일하고 살고 있는 이상, 그는 그에게 종속되지도 않고 동질적이지도 않은 역사들에 얽힌 채, 그 자신의 고유한 존재의 상황 속에 있다. (…) 19세기초에 나타나는 인간은 탈역사화된다."[26] 자기 의식은 담론-대상 속에, 이질적인 역사의 다양성 속에 해체된다.

푸코는 입체파처럼 역사를 해체하고, 역사를 탈인간화된 성좌 속에 폭발시켜 버리는 작업을 한다. 그래서 시간의 통일성은 허구적일 뿐이며, 어떠한 필연성에도 따르지 않는다. 역사는 레비 스트로스의 경우처럼 오직 불확실성, 즉 우발성의 영역에 속할 뿐이다. 그것은 윤곽을 잡을 수 없을 뿐 아니라 무의미하다. 그러나 레비 스트로스의 구조주의와는 달리 푸코는 역사성을 피하지 않으며, 심지어 그것을 분석의 특별한 영역으로, 특히 그의 고고학적 탐사의 훌륭한 장소로 간주한다. 이는 정연한 공시적 절단면들을 병치시키는 커다란 단층들에 입각해 역사성을 가공하는 불연속성들을 탐지하기 위한 것이다.

에피스테메

그리하여 푸코는 서양 문화의 에피스테메에서 2개의 커다란 불연속성을 간파해 낸다. 하나는 17세기 중반에 고전주의 시대의 불연속성이고, 다른 하나는 현대를 열고 있는 19세기의 불연속성이다. 푸코는 지식의 질서에서 이와 같은 변질을 언어·정치경제·생물학과 같은 상이한 영역들로부터 포착하고, 각각의 단계에서 사유될 수 있는 것과 사유될 수 없는 것의 분할을 시도한다. "지식의 역사는 그것과 동시대적이었던 것으로부터만 이루어질 수 있다."[27] 푸코가 모든 형태의 진화론을 배제했다는 점에서 그가 탐지해 낸 불연속성들은 모두 수수께끼 같은 모습들이다. 그것들은 진정한 갑작스러운 출현들이고 파열들이며, 그는 그것들의 출현과정에 대한 문제를 제기하지 않은 채 그것들의 양태와 장소를 기록하는 데 만족하는 것이다. 이와 같은 접근 방법에서 도래하는 사건들은 근본적으로 불가사의한 모습으로 남아 있다. "그러한 임무가 함축하는 바는 시간에 속하는 모든 것, 시간 속에서 형성된 모든 것이 문제되어 시간이 비롯되는 찢김(파열), 연대기도 역사도 없는 그 찢김이 나타나도록 해야 한다는 점이다."[28] 불연속성은 어떤 인과 관계의 체계로 환원할 수 없는 특이한 모습으로 나타난다. 왜냐하면 그것은 세계가 창조된 아침의 안개에서 벗어난 가벼운 모습으로 뿌리로부터 잘려져 있다는 점 때문이다.

따라서 푸코의 방법은 기원이나 어떤 인과 관계 체계를 찾는 어떠한 탐구와도 철저하게 단절한다는 것을 함축한다. 그가 이런 체계에 대체하는 것은 역사적 변증법의 복원을 불가능하게 만드는 다형성(多形性; polymorphisme)이다. 인문과학에 대한 푸코의 고고학인 《말과 사물》은 그의 도정에서 가장 구조주의적인 방법에 입각해 지식의 새로운 지형이 출현하는 그 방법을 복원시키는 데 집중하고 있다. 이 방법은 낱말들이 다른 낱말들로 되돌려보내지는 그런 전개 속에서 하나의 에피스테메로부터 다른 하나의 에피스테메로, 하나의 추론적 직조물로부터 다른 하나의 추론적 직조물로 나아간다. 지시 대상에 대해 자율성을 누리는 추론의 영역을 가치화시키는 이와 같은 방법은 구조주의에 특유한 것인데, 공시적 차원을 통해 담론들 사이의 의미 작용적인 긴밀한 결합을 가능하게 한다. 이 담론들은 동시성이라는 것을 빼면 외관상 관련이 없는 것들이다. "그것이 나에게 가져다 준 것은 생물학·천문학·물리학을 지적으로 접근시키는 그 과감성이다. (…) 오늘날 현대의 사회학은 이와 같은 확장적 힘을 지니지 못하고 있다."[29]

그러나 무엇보다 많은 문제들을 제기하게 되는 것은 이 에피스테메의 개념이다. 문제들 가운데는 어떻게 하나의 에피스테메로부터 다른 하나의 에피스테메로 넘어가는지 알아야 하는 해결되지 않은 문제뿐 아니라, 어떤 에피스테메로부터 출발할 것인가라는 푸코 자신에게 제기된 문제도 포함되어 있다. 《말과 사물》의 도처에 나타나는 이 개념은 1966년에 이의가 많이 제기

됨으로써 푸코의 이후 작품에는 나타나지 않는다. 그의 고고학은 지식의 대
륙들 지하에서 균열선들, 의미 있는 단절들을 찾고 있다. "우리가 드러내고
자 하는 것은 지식들이 합리적인 가치나 객관적인 형태들을 지시하는 모든
기준 밖에서 검토됨으로써 그것들의 실증성을 깨뜨리고, 그리하여 하나의 역
사를 나타내는 인식론적 영역, 즉 에피스테메이다."[30]

표상된 것의 표상

푸코가 연구한 지식의 최초 지형은 르네상스에서부터 16세기까지의 에피
스테메이다. 이때 지식은 동일한 것, 반복적인 것, 표상된 것의 표상에 토대
를 두고 있다. 서양 문화에서 지식을 설립하는 역할을 하는 것은 유사함이
다. 다음의 표현에서 보듯이, 관념이 관념의 대상과 맺는 관계의 분할이 있
다. "세계는 둥글게 웅크리고 있었다."[31] 이와 같은 에피스테메에서 유사의
절차는 많다. 장소들의 인접, 공감의 단순한 반영, 유사 그리고 유희, 이 모
든 것은 다양한 사물들을 근본적으로 동일한 것으로 비슷하게 일치시키는
힘을 지니기 때문이다. 16세기는 과다하면서도 빈곤한 지식의 형태 속에 기
호학과 해석학을 중첩시켰다. 지식이 과다한 것은 유사, 다시 말해 비슷함
으로의 귀결이 무한하다는 점 때문이고, 빈곤하다는 것은 이 지식이 단순한
첨가의 형태로 구축되기 때문이다. "16세기의 지식은 언제나 동일한 것만
을 알도록 운명지어져 있었다."[32] 자연은 그 속에서 우주의 중복된 모습에
불과하다. 박학과 예지력은 동일한 해석학의 성격을 지닌다.

이러한 에피스테메는 말과 사물 사이의 오랜 유사성에 충격을 주게 되는
파열로부터 16세기에 흔들리게 된다. 이 파열은 인간이 자기 자신에게 태어
날 수 있게 하고, 지식의 특이한 대상이 되게 하는 장소이다. 이러한 변화는
책들의 진실성을 입증하기 위해 세계를 읽어내는 시도를 하는 돈키호테의
탐구에 의해 상징된다. 돈키호테는 기호들과 현실 사이의 불일치에 부딪치

고, 자신의 유토피아가 부딪치는 완전한 불일치에 봉착한다. 그러나 그는 시효가 소멸된 자신의 틀을 통해서 세계를 해독하려고 집요하게 버틴다. 그의 모험은 이중적으로 의미를 낳는다. 그것은 지식의 새로운 지형의 탄생과 언어의 역사성을 우리에게 드러내기 때문이다. 돈키호테가 말과 사물 사이에 깨닫는 편차, 그리고 그가 지닌 지식 형태의 부적절한 성격은 광기를 낳을 수 있다. 왜냐하면 그가 차이들을 구별하지 못한다는 점 때문이다. "말들은 그것들을 채우기 위한 내용 없이, 유사함 없이 아무렇게나 방황한다. 그것들은 더 이상 사물들을 표시하지 않는다."[33]

새로운 에피스테메, 즉 고전주의 시대인 17세기의 데카르트적 합리주의의 에피스테메는 유추적 계층 체계를 비판적 분석의 작업으로 대체한다. 그리하여 모든 유사성은 비교의 시험을 거치게 된다. "서구 이성은 판단의 시대에 돌입한다."[34] 이 고전적 에피스테메에서 일반과학, 다시 말해 기호 이론의 기획을 가능하게 만드는 것은 단순한 구조들의 경우 보편수학에의 의존이고, 그 보편적 방법은 대수학이다. 그리고 복잡한 성격의 구조들의 경우 분류학에의 의존이다. 이와 같은 비판적 질서의 구축 내에서 일반문법이 태어난다. "고전주의 시대의 담론이 지닌 근본적 임무는 사물들에 이름을 부여하는 것이고, 이 이름으로 그것들의 존재를 명명하는 것이다."[35] 따라서 하나의 언어과학이 말과 사물 사이의 새로운 거리로부터 태어난다. 그리고 이 시대에 태어나는, 언어와 분리할 수 없는 자연사의 탄생도 마찬가지이다. 이 자연사는 그것의 영역을 광물 · 식물, 그리고 동물이라는 세 계층으로 분할한다. 그러나 생명체와 비생명체 사이의 단절은 아직 설정되지 않는다. 고전주의 시대의 에피스테메는 또한 자연사 및 일반문법과 동일한 지형에 따르는 자원 분석의 탄생에 의해 특징지어진다. 르네상스 시대의 경제적 사고는 통화 표시들을 본위로 선택된 금속의 양에서 계량의 정확성으로 귀결시켰는 데 반해, 17세기에는 분석이 뒤집어진다. 바로 교환의 기능이 토대가 되고, 그리하여 중상주의가 탄생한다. 금이 귀중한 것은 그것이 통화이기 때문이지, 16세기에 사람들이 믿었던 것처럼 그 반대가 아니다. 통화는 기호의 순수한 기능 때문에 가치를 획득한다.

현대성의 에피스테메

이 에피스테메는 18세기말과 19세기초에 다시 한 번 전복되어 현대적 에피스테메에게 자리를 내주게 된다. 후자는 모든 서구적 사고를 뒤흔들어 버린 괴리로부터 태어난다. 19세기에 나타나는 새로운 과학들이 지닌 공통점은 그것들의 대상을 관찰에서 벗어나는 구성 요소들로 된 영역에서 구축한다는 것이다. 19세기에 삶, 노동, 그리고 언어는 모두 '초월적 존재들'이 된다. 자원의 분석은 정치경제학에 자리를 내준다. 최초의 중요한 굴절은 애덤 스미스로 거슬러 올라간다. 이 경제학자에게 사물들의 형태로 유통되는 것은 노동과 연관될 수 있다. "애덤 스미스부터 경제의 시간은 빈곤화와 부유화의 순환적 시간이 더 이상 아니게 된다. 그것은 자본 및 생산 회전의 시간이다."[36] 리카도는 가치를 더 이상 기호로 결정하는 것이 아니라, 생산물로 결정하는 노동의 우위를 경제적 사고의 중심에서 확실히 함으로써 정치경제학의 도래를 완성하게 된다.

이와 같은 혁명은 자연사의 분야에 영향을 미치고 생물학의 탄생을 가능하게 한다. 쥐시외와 라마르크로 오면 특성은 더 이상 가시적 영역에 입각하는 것이 아니라 내적 원리, 즉 기능들을 결정하는 조직의 원리에 근거를 두게 된다. 이것이 전제하는 바는 피상적인 기관들 뒤에서 생명적인 기능들을 포착하기 위해 유기체 내에서 횡단적인 자르기를 해야 한다는 것이다. 그렇게 하여 생물학은 가능하고, 퀴비에는 기관에 대한 기능의 우위를 주장하기 위해 이와 같은 발견을 수용한다.

언어의 영역에서 인식론적 혁명은 문헌학의 등장과 닮아 있다. 그것은 표상적 기능들 밖으로 낱말이 도약하는 것이다. 이제 낱말은 결정적이 되는 문법적 총체에 속한다. "그래서 언어는 그것의 단위들의 수로 규정되고, 담론 속에서 확립될 수 있는 가능한 결합들에 의해 규정된다. 이는 원자들의 조립과 같은 것이다."[37)

상대주의의 시대

현대까지 이와 같은 연속적 에피스테메, 지식과 인간의 이와 같은 역사화는 유일한 마지막 인식론적 지형에서 가능하게 된 모습인데, 푸코의 경우 역사적 상대주의로 귀결된다. 이 상대주의는 레비 스트로스의 상대주의와 유사하다. 원시 사회들과 현대 사회들 사이에 열등성이나 선행성이 없는 것과 마찬가지로, 지식을 성립시키는 다양한 단계들에서 탐구해야 할 진리가 존재하지 않는다. 역사적으로 탐지해 낼 수 있는 담론들만이 존재하는 것이다. "인간 존재는 철저하게 역사적이 되었기 때문에 인문과학이 분석한 어떠한 내용도 그 자체로 안정적일 수 없고, 역사의 운동을 벗어날 수 없다."[38) 검증된 과학적 실천에서 단절되었으면서도 그 자체가 구조화된 학문들이 나타내는 현대적 지식의 기반은 일시적인 모습, 과도적인 지형에 불과하다. 지식의 영역을 총체적으로 역사화시키는 이와 같은 절대적 상대주의는 본질적으로 공간적 발상, 즉 인식론적 공간의 발상을 위해 역사가적 접근 방법에 역설적으로 불리하게 작용한다. 이 인식론적 공간은 순수한 공시성으로 그 안쪽의 경계를 바깥쪽에서 결정하는 것이 중요하지만, 그것의 실증성은 지속과 역사에 등을 돌린다. 푸코가 우리를 초대하는 것은 민족학자가 원시 사회에서 다루는 시간성만큼이나 냉각된 시간성에 대한 시선이다. 역사가들과의 오해는 푸코가 어떤 현실이나 역사적 지시 대상을 고려하지 않고, 유일한 담론적 영역을 그것의 내적 조절 속에서 고려한다는 데서 비롯된다. 그는 낱말이 사물처럼 거의 물리적으로 다루어지고, 사실상 사물을 대체하는 명목론적 방법을 통해서 담론의 유일한 수준만을 포착한다. 담론, 즉 자료는 더 이상 자료로 생각되지 않고 기념물로 생각된다. "텍스트는 나무 줄기처럼 역사적 대상이다."[39] 이러한 방법은 푸코로 하여금 계속적인 에피스테메들의 내적 정연함에 가치를 부여하게 만들고, 변형의 과정, 매개, 통시적 차원을 단념하게 만든다. 그리하여 불연속성들은 근본적으로 수수께끼로 남는다.

《말과 사물》은 푸코의 가장 구조주의적인 국면, 즉 기호 체계들에 관한 과학의 국면을 확고하게 만든다. 이 국면에서 그는 고전주의 시대 이후로 계속된 다양한 에피스테메들의 묘사적 측면 뒤에서 서구 문화의 이런 단계들 각각에서 사유되지 않은 것, 그것들의 질서 양태, 그것들의 역사적 선입견을 탐구한다. 레비 스트로스가 원시 사회에서 사회적 행동에서 사유되지 않은 것을 알아차리듯이, 푸코는 '우리를 인류학적 잠에서 깨어나게 하기 위해'[40] 칸트적인 노력을 연장하면서, 서구 지식을 구성하는 토대에서 사유되지 않은 부분을 해독해 낸다.

푸코가 책의 말미에서 3개의 학문에 특별한 위상을 부여하는 것은 그 인류학적 공간, 유한성의 분석적인 면, 경험적-선험적 차원에서 벗어나기 위한 것이다. 3개의 학문은 라캉이 검토하고 수정한 정신분석학, 레비 스트로스가 해석한 민족학, 그리고 니체가 해석했지만 파괴된 역사이다. 따라서 저서는 특별한 하나의 에피스테메, 즉 현대적 의식의 실현으로서 제시되는 구조주의의 에피스테메를 향해 끝난다.

구조주의적 상황에 전적으로 편입되는 이와 같은 프로그램에서 우리는 저명한 부재자 한 사람을 찾아낸다. 그는 푸코의 작품에서 19세기 에피스테메로 쫓아 버려진 마르크스이다. "서구 지식의 심층적 수준에서 볼 때, 마르크시즘은 어떠한 실제적 단절도 도입하지 못했다. 그것은 그것을 호의적으로 맞이한 인식론적 성향 내에 (…) 어려움 없이 안주했다. 마르크시즘은 물 속에 있는 물고기처럼 19세기의 사고 속에 있었다. 다시 말해 다른 곳 도처에서 그것은 숨을 거두고 있다."[41] 마르크시즘의 모델과 현상학적 모델로부터 다른 방향으로 가고자 하는 푸코의 입장과, 이와는 반대로 마르크스에게 제2의 숨결을 부여하여 그를 과학사에서 주요한 단절의 선도자로 만들려는 알튀세의 경향 사이에는 중요한 균열이 있다. 푸코는 고등사범학교 인식론 서클인 알튀세 추종 그룹에 의해 도발적이라고 간주된 자신의 입장에 대해 책임을 지지 않을 수 없게 된다. 그리하여 그는 후에 《지식의 고고학》을 집필하면서 조준선을 수정하게 된다. "그가 《말과 사물》을 쓸 때, 그는 마르크스에 대한 알튀세의 독서를 모르고 있었다. 그런데 《지식의 고고학》에서 그는 알튀세가 새롭게 해석한 마르크스에 대해 언급한다."[42] 1966년의 푸코의 관점은 구조주의 주변의 이론주의에 전적으로 동참하고 있으며, 인식론적 대상들의 성립 위에 부각되는 경험 구조들의 재현 및 순수 이성의 우위로부터 출발하면서 이 이론주의에 철학적 반응을 하고 있다.

그에게 이런 측면은 칸트처럼 현재로서의 철학이 지닌 현실 문제를 제기함으로써 의미의 철학, 인본주의, 그리고 현상학에 대항하는 투쟁 속에 규합된 모든 구조주의자들의 잠재적 지도자로 나타나는 수단이고, 철학을 비판적이고 미망을 타파하는 능력으로 이해하는 방법이다.

35

1966년: 빛의 해/III
줄리아가 파리에 도착할 때

24세의 한 젊은 불가리아 여성이 1965년 크리스마스 전날 파리에 도착했다. 그녀의 비행기가 눈이 퍼붓는 오르세 공항의 활주로에 착륙했을 때, 그녀의 주머니에는 5달러밖에 없었다. 이 순간에 그녀는 자신이 줄리아 크리스테바의 이름으로 구조주의의 여자 조언자가 되리라는 점을 짐작도 하지 못했다. 프랑스에서 사유의 그 위대한 순간은 또한 과감한 문화적 모험과 재능 있는 한 여인과의 만남 바로 그것이었다. 시기는 유리했다. 1966년이 시작되는 문턱에서 프랑스에 도착함으로써 그녀는 진정한 문화적 소용돌이 속에 잠겼고, 자신의 고국 불가리아에서 박탈당한 이방 여인의 정열을 드러내며 이 소용돌이를 포착했다. 상황은 그녀를 태풍의 한가운데에 위치시켰다. 동서 관계가 해빙을 맞는 그 시기에 토도로프가 텍스트들을 출간한 러시아 형식주의에 관심이 있던 프랑스인들은, 정치적 차원에서와 마찬가지로 문학적 차원에서도 동구에서 일어나는 일에 귀를 기울이고 있었기 때문이다. 바로 이러한 특별한 맥락 속에서 그녀는 드골 장군 정부의 장학금까지 따낼 수 있었다. 문학도였던 그녀는 프랑스에서 현대성의 표현 자체로 나타났던 것, 즉 누보 로망에 대해 탐구했다. 그녀는 뤼시앵 골드만의 지도 아래 누보 로망에 관한 대학 박사학위 논문의 집필을 시작했다. 그러나 곧바로 당시에 비약적 발전을 하고 있던 기호학적 연구와 직접적으로 접촉함으로써 그녀는 자신의 연구 대상을 해체하여 장르로서 소설의 성립·서술 등에 대해 탐구했다. 그렇게 시작해 그녀는 당시의 지적 열기에 문제없이 참여했던 것이다.

형식주의에 대한 심취

그녀는 고등연구원에서 바르트의 세미나에 참석했고, 레비 스트로스의 인류학연구소에 나갔다. 이 인류학연구소는 기호-언어학분과를 두고 있었기 때문이다. 그러나 결정적인 순간은 필리프 솔레르스와의 만남이었다. 이 만남은 서로를 한눈에 반하게 만들었다. "나는 그녀가 그 순간에 매우 매력적인 모습으로 나타났던 것을 언제나 기억할 것이다. 그녀에게는 매우 인상적인 무언가가 있었다. 그녀의 우아함, 그녀의 관능성, 우아함, 육체적 아름다움, 그리고 사유 능력 사이의 그 조화 말이다. 이러한 관점에서 그녀는 역사에서 하나의 사례이다."[1]

그들의 결합은 1966년에 가장 활동적인 그룹인 《텔켈》지 그룹 내에 줄리아 크리스테바를 지적으로 확고하게 뿌리 내리게 만들었다. 이 그룹은 그녀를 파리 지식계의 중심에 갖다 놓았다. 그녀는 그녀의 동포인 토도로프를 만나고, 벤베니스트와 우정 관계를 맺고, 솔레르스를 통해 라캉을 만나고 그의 세미나에 드나들었다. 프랑스 공산당, 아니면 적어도 이 공산당의 지적 여백의 무대(《신비평》·《프랑스 문학》)와 가까웠던 그녀는 마르크스주의의 입장을 옹호했다. 줄리아 크리스테바는 몇 개월이 지나가자 일반화하겠다는 야심을 드러내며 구조주의의 기수가 된다. 그녀의 야심은 기호학-마르크시즘-프로이트 이론의 폭발성 혼합으로서, 글쓰기를 통해 세계를 변혁시키겠다는 의지가 담긴 지적 전위주의의 표현 자체였다. 수도 파리의 가장 파리적인 이 야심을 가장 잘 구현하게 되는 자는 이국 여인인 것이다. 1967년에 그녀의 남편이 되는 필리프 솔레르스는 당시 문학기호학에 관심이 있었다. 1966년에 그는 1965년 11월 25일 바르트의 세미나에서 말라르메에 관해 했던 발표를 정리했다. 여기서 작가는 문학과 문학 이론 사이에 통용되는 접근의 위대한 선구자로서 찬양된다. "말라르메에게 문학과 과학은 이제 밀접한 소통을 하고 있다."[2]

《텔켈》지의 모든 계획은 장르와 한계를 넘어선 문학의 실험으로서, 진정한 자살인 죽음 속의 자기 의식으로서 말라르메의 계획 내에 자리잡는다. 이 자살로부터 언어는 작가의 의식이 지닌 주관성의 한계를 뛰어넘으면서 권리를 되찾는 것이다. 수사학과 철학에 관심이 깊었던 말라르메는 기호학적 성찰로 초대한다. 써야 할 책(le Livre)이 전망으로서의 불가능으로 귀결되기 때문이다. 이제 남아 있는 것은 권리를 상실한 미래에 반짝이게 해야 할 조각들뿐이다. 말라르메에 따르면 "이 미래는 기원 이전에, 아니면 기원 가까이에서 생성되지 않을 수 없었을 그 무엇의 파편에 지나지 않는다."[3] 따라서 말라르메는 형식적 사유의 방대한 프로그램, 즉 문자 그대로 혁명의 프로그램, 수사학 회귀의 프로그램을 열고 있다. 이 프로그램은 동구 회귀, '~에로 회귀'의 프로그램이고, 동구로부터 줄리아 크리스테바의 도착 프로그램이다. 형식주의에 대한 그 취향은 장 뒤부아에 따르면 매우 프랑스적인 요소이다. "형식주의에 대한 심취는 구조주의 이전부터 하나의 심층적 성향의 표현이다. 교수 자격을 갖춘 젊은 나에게 관심을 끄는 것은 형식적 구조들이다. 내가 그리스어와 라틴어의 훌륭한 문법학자인 것은 그것들이 형식적 구조들이기 때문이다."[4]

행복한 문학

줄리아 크리스테바는 1966년 그 해의 분위기에 신속하게 잠겼지만, 외국 여인이라는 그의 외재적 입장은 그녀로 하여금 구조주의 패러다임의 두 커다란 난점을 상당히 신속하게 체크하게 해주는 명철성을 부여한다. 이 두 난점은 역사와 주체로서 특히 바흐친의 작품으로부터 비롯된 것이다. 그 해 1966년은 분명 문학에 대한 고찰에 있어서 특권적인 해였다. 알튀세 이론은 피에르 마슈레가 할애한 저서를 보면, 문학 작품이란 대상까지 붙잡아 그것을 생산으로 해석하고 있다.[5] 그것은 구조주의 시대에 문학비평가라는 이 새로운 인물에 대해 탐구한다. 거의 작가가 된 문학비평가는 이제 더 이상 작가의 부수물이 아니다. "비평은 하나의 분석이다."[6] 의미의 해독과 재구성으로 이루어진 그의 임무는 맞이해야 할 작품 속에 단순히 놓여진 의미를 복원하는 역할에 더 이상 국한되지 않는다. 피에르 마슈레는 주변의 형식주의의 원칙들에 공감하지 않고, 그것들 속에서 심지어 탈현실화시키는 활동으로 귀결되는 '플라톤의 상기설'[7] 같은 것을 간파하는 반면에, 알튀세와 알튀세의 그룹이 마르크스의 작품에 대해 실현한 독서와 유사한 증후적 독서를 문학에 대해 권고한다. 텍스트 뒤에 숨겨진 연금술의 돌을 찾는 것이 아니라, 텍스트가 말하지 않으면서 이야기하는 바를 말하라는 것이다. "(…) 진정한 분석은 결코 언급되지 않은 것, 언급되지 않은 최초의 것과 만나야 한다."[8]

당연히 문학은 바르트가 피카르에게 답한 《비평과 진실》이 출간된 그 해 축제 상태에 있었고, 주요한 이론적 쟁점의 중심에 있었다. 그러나 제라르 주네트는 보다 유연한 입장을 옹호했고, 해석학과 구조주의의 사조 사이에 작업의 보완적 분할에 토대한 평화 공존을 선호하는 것 같았다. 그리하여 문학의 영역이 양분되는 듯했다. 하나는 해석학에 남겨진 비평적 의식에 의해 체험될 수 있는 문학이고, 다른 하나는 구조주의 분석의 특별한 대상이 되는 먼 의미에서 문학으로, 잘 해독할 수 없는 문학이다. "구조주의와 해석학을 결합시키는 관계는 기계적인 분리나 배제가 아니라 보완적인 성격에 속한다 할 것이다."[9] 주네트가 시간적 결정론에서 공간적 결정론으로의 큰 변화를 식별할 때, 그는 진행중인 전복을 적절하게 설정하고 있다. 역사성의 그 거부, 그리고 단지 그 윤곽선을 그리기만 하면 되는 부동의 현재 속으로 그 칩거는 사실 새로운 구조적 감성의 본질적 특징이다. "각각의 통일성은 계보가 아니라 관계로 규정되기 때문이다."[10] 피에르 마슈레처럼 제라르 주네트가 특히 문제삼는 것은 고전적 문학사에서 지배적인 심리주의의 개인적 측면이고, 이 심리주의가 문학 생산의 회로와 독서의 회로를 희생시키면서 작품과 작가에 배타적으로 기울이는 관심이다. 이러한 차원에서 그는 피에르 마슈레와 전적으로 일치한다. "책과 동시에 그것의 소통 조건들이 생산된다. (…) 책을 만드는 것은 또한 책의 독자들을 만든다."[11]

1966년 그 해 《에크리》가 출간됨으로써 라캉화된 프로이트 이론으로의 많은 전환이 이루어진다. 1946년부터 《에스프리》지 팀의 멤버였던 자니 르무안은 이 잡지를 떠나 1966년 라캉학파에 가담한다. 바르트의 도움을 받아 아방 가르드에 관해 박사학위 논문을 썼던 앙투아네트 푸크는 《에크리》를 읽고부터 정신분석학으로 전환한다. "나는 프로이트 이전에 라캉을 먼저 알았다고 거의 말할 수 있다."[12] 책의 말미에 라캉은 1966년 1월에 《분석을 위한 연구》지 창간호에 이미 실렸던 논문 〈과학과 진실〉을 수록한다. 그는 여기서 유행중인 인문과학이라는 개념을 거부한다. 그가 보기에 그것은 조르주 캉길렘이 심리학과 관련해 이미 꼼짝 못하게 체포해 버린 속박의 상태로 귀결된다. 그것은 팡테옹으로부터 경찰서로 미끄러져 내려갔다는 것이다.

그러나 이 '인문과학'이 그에게 환시시키는 혐오감은 주체에 대한 새로운 견해를 함축하는 구조주의가 유입되어 이 인문과학이 변모될 때 사라진다. "주체는 말하자면 그것의 대상 내에 제외된 상태에 있다."[13] 1964년 이후로 논리학자적 전환에도 불구하고, 구조주의의 해인 1966년에 라캉은 다시 한 번 레비 스트로스에게 집요하게 의지한다. "클로드 레비 스트로스의 작품이 그러한 구조주의에 나타내는 충성이 우리의 주장 속에 고려되기 위해서는, 현재로선 우리가 그것의 주변에 만족하기만 하면 된다."[14] 그후 얼마 되지 않아 그는 주체를 폭발시키기 위해, 다시 말해 폭발음밖에 다른 존재가 없다고 보여지는 데카르트의 그 문제적 에고를 폭발시키기 위해 '레비 스트로스의 그래프'를 상기시킨다. 엘리자베트 루디네스코에 따르면, 라캉은 다시 한 번 1966년에 자신이 충분히 인정받지 못해 괴로워한다. 이 점이 아마 레비 스트로스이건 푸코이건 도움을 찾으려는 그의 시도를 설명한다 할 것이다. 그래서 그는 푸코의 《임상학의 탄생》을 《에크리》 속에서 언급한 것이리라.[15] 그렇지만 이 언급에서 그는 자신이 후에 '구조주의의 나무통' 이라 규정하는 것에 떨어지지는 않는다.

그러니까 줄리아 크리스테바는 구조주의에 의해 충격을 받은 파리, 새로운 세계에 속하고 있다는 동일한 느낌을 열광적으로 함께 나눈 사람들 사이에 교환의 명소인 그 파리를 뚫고 간다. 이 새로운 세계는 관념(concept)의 세계로서, 실체의 개념(notion)과 학문적 뿌리 내림 너머에 있으며, 관계들의 무한한 조합의 유희라는 유일한 심오한 도취 속에 있다. 이 유희는 경계를 뒤흔들면서 끊임없이 뒷걸음침으로써 결코 다다를 수 없는 가능성의 계단들 위에, 극한과 가장 가깝게 자리잡는다.

모리스 고들리에의 고독한 여정

문제의 두 위대한 후원적 인물은 마르크스와 프로이트이다. 라캉의 독서와 프로이트로의 그의 회귀는 알튀세가 읽은 마르크스의 경우처럼, 기본 토대가 되는 작품의 필수적인 혁신처럼 불가피한 것으로 나타난다. 그러나 처음에는 대립적인 것처럼 나타날 수 있었던 접근 방법들을 화해시키는 시도를 하는 절충적 경우들도 있다. 모리스 고들리에가 그런 경우이다. 그는 마르크스 작품으로의 역시 혁신적이며 구조적인 회귀를 위해 레비 스트로스와 마르크스 사이의 종합을 시도한다.

고들리에가 마스페로사에서 《경제에 있어서 합리성과 비합리성》을 출간하는 때는 1966년이다. 그러나 그의 저서 제2부는 사실 1960년과 1965년 사이에 《팡세》와 《경제와 정치》에 실린 글들로 구성되어 있다. 이때는 알튀세가 마르크스를 다시 읽기 전이다. 모리스 고들리에는 여기서 이미 독립적인 행동가로서 마르크스로의 회귀, 다시 말해 《자본론》에 작동중인 방법과 구조로의 회귀를 실현하고 있다. 그는 마르크스 작품에서 가설적-연역적 방법을 변증법적 방법과 구분한다. 따라서 모리스 고들리에는 알튀세가 마르크스로 회귀하는 것을 기다리지 않았으며, 그의 고독한 작업은 레비 스트로스의 구조인류학과 밀접한 관계가 있는 작업으로 나타난다. "나는 아무도 《자본론》을 다시 읽는 데 관심이 없었던 때 홀로 그것을 다시 읽었다."[16] 철학교수자격을 딴 모리스 고들리에는 경제학을 3년 동안 공부한 다음, 경제적 인류학을 확립하고자 시도한다. 이 경제적 인류학은 사회적 영역의 모든 차원들을 포함하는 정치경제학에 대한 광의의 개념으로부터 출발해, 시간과 공간 속에 있는 상이한 경제 체계들의 이론적 비교 연구를 가능케 하는 것이다. "그 자체로서 경제적 합리성도, 결정적 형태의 합리성도, 경제적 합리성의 모델도 존재하지 않는다."[17]

당연한 것이지만, 60년대의 맥락에서 볼 때 알튀세 추종자들과 고들리에 사이에 공동 작업이 없었다는 점은 놀라운 일이다. 그만큼 관점의 인접성이 크기 때문이다. 그러나 고들리에는 어느 일요일 아침 울름 가로 가서 알튀세가 지도하는 커다란 공동 연구 프로그램을 짜는 모임에 참여한다. "우리 앞에는 거대한 작업이 놓여 있었다. 알튀세는 신성한 작품의 신성한 해석자로서 작업을 분배했다. 바듀는 수학에 관한 마르크스 이론을 만드는 일에, 마슈레는 문학의 이론을 만드는 일에 전념해야 한다는 등등의 작업 말이다."[18] 에마뉘엘 테레에 따르면, 고들리에는 알튀세 그룹을 제대로 느끼지 못했다. 왜냐하면 이 그룹에서 그는 마르크스와 레비 스트로스 사이의 불가능한 타협점을 찾는 것으로 의심을 받았기 때문이다.

그 해 1966년에 개념들이 신속하게 유포되고 모든 길들이 구조로 통했다 할지라도, 잠재적으로 패권적인 중심적 지위를 점유하여 간직하는 일은 그 부글거리는 구조주의 문화에서 쉽지가 않았다. 그 속에서 자릿세는 비쌌으며, 빛을 보지 못할 위험도 컸다. 유희는 미묘하지 않을 수 없었다. 아니다, 분명 구조주의의 파리는 불가능한 내기였다.

III

프랑스의 열기

36

포스트모더니티의 시대

시간성과의 새로운 관계는 서양에서 20세기에 감지될 수 없게 형성되었다. 유럽은 동시에 지배적 위치를 잃었고, 인류의 나머지 세계에 대한 모델 역할을 잃었다. 20세기초부터 빈의 합스부르크 가의 늙은 퇴폐적 제국의 중심에서 비역사적인 문화가 출현했다.[1]

제1차 세계대전의 균열은 유럽 이외의 강대국들에 유리한 경제적 카드들의 재분배라는 차원에서뿐 아니라, 유럽 의식의 위기라는 차원에서 결정적이었다. 유럽은 현대성의 바통을 미국이라는 젊은 강대국에 넘겨 주어야 했고, 자신의 역사성이 지닌 일직선적 진화론을 끊으러 온 이 균열에 대해 탐구해야 했다. 1920년에 슈펭글러가 쓴 《서양의 몰락》은 19세기적인 진화론의 토대가 흔들리는 것을 깨닫기 시작하는 유럽을 본래의 국지적 지위로 되돌려 놓으러 왔다.

계몽 정신의 계승자인 사회과학은 완벽과 개선적인 이성의 시대를 향한 적극적 제안들의 전성 시대를 체험했다. 그래서 수구주의나 변화의 주창자들은 생 시몽·스펜서·콩트, 혹은 마르크스가 되었든 지속적 진보로 진화한다는 전반적 도식에 대해서는 일치했다. 오귀스트 콩트의 경우 전 인류의 지평에 신학적 상태, 다음으로 형이상학적 상태, 끝으로 실증적 상태라는 계속성이 윤곽을 드러낸다. 카를 마르크스의 경우를 보면, 노예제 사회로부터 농노제·자본주의를 거쳐 사회주의로 끝을 맺는다. 진보의 관점에서 역사를 구축하는 이런 확신들은 20세기의 비극적 현실과 부딪치며, 이 비극적 현실은 1920년에도 계속해서 놀라운 일들을 유럽중심주의에 예비해 놓았다.

제2차 세계대전과 대량 학살의 발견은 서양에 새로운 정신적 충격을 야기한다. 서양이 상처를 겨우 회복하자, 식민지적 억압에 항의하는 모든 대륙들이 서양에 의한 세계 지배의 상황에 이의를 제기한다. 그리하여 벌거벗은 유럽은 점점 더 급진적이 되는 염세주의를 배경으로 자신의 비극적 과거를 문제화한다. 이 충격들이 일어날 때마다 유럽은 단절의 미래라는 관념 자체를 단념하게 되었다.

변전 생성이 없는 현재

그 결과로 나타나는 것은 현재의 확장이고, 과거의 현재화이고, 역사성과의 새로운 관계 양식이다. 이 새로운 관계 양식에서 현재는 더 이상 미래의 예견으로서가 아니라, 계보적 양식에 따른 과거의 가능한 재순환 영역으로서 사유된다. 미래는 와해되고, 부동의 현재는 과거로부터 더 이상 멀어지는 것을 허용하지 않는다. "미래의 차이는 더 이상 현재에서 파고들어야 할 것이 아니기 때문에 그것은 뒤로, 반대 방향으로 역류한다."[2] 또 다른 변전 생성을 구축하게 해주는 것을 찾는 일이 더 이상 문제가 아닐 때, 미래가 무한히 반복되도록 요구받는 현재적 균형 속에 폐쇄되고 끈적하게 붙잡혀 있을 때 확립되는 것은 과거와 현재 사이의 이완된 관계이다. 우리 일상의 광고적 원근화법인 새로움의 유행은 미래의 이타성이 일어날 모든 우발적 가능성을 더욱더 희석시키게 만든다.[3] 어떠한 역사적 목적론도 거부하고, 인류 역사에 부여된 어떠한 의미도 거부하는 토대 위에서 '우리가 상실한 그 세계'의 상실된 아름다움, 자기 정체성의 뿌리를 찾는 탐구에 연결된 이타성의 장소로서 찬양된 중세의 그 아름다움이 재발견된다.

바로 유럽 문화의 이와 같은 탈중심화와 해체, 형이상학의 탈구성 속에서 새로운 민족학적 의식이 불가피하게 나타나고 역사적 의식을 대체한다. 서양은 서양의 이면에 대해, 부재 자체에 의해 드러난 한 현전의 장소로서 보이지 않는 다른 무대의 존재 양식들에 대해 탐구한다. 프로이트는 의식 뒤에서 무의식의 법칙들을 발견하고, 뒤르켐은 우리 사회의 칙칙한 무질서 뒤에서 집단적 관행의 무의식을 해독한다. 그리하여 포스트모더니티는 감춰진 메커니즘들의 탐구 속에 구축되고, 미셸 푸코가 중세(어둠)로 규정한 인본주의를 해체시키고자 한다. 푸코는 60년대의 그 개선적인 인식론적 혁명에 의거하면서 이 혁명을 찬양한다. "구조주의는 새로운 방법이 아니다. 그것은 현대적 지식에 대한 각성된 불안한 의식이다."[4]

이성의 환멸

서구적 이성의 국지화(provincialisation), 그리고 다른 논리들이 드러내는 저항의 비환원성 및 문화적 다원성의 발견은 근본적 비관론과 일종의 부정적 신학을 고취시켰다. '서구 합리주의에 실망한 자들'[5]은 낙관적 합리주의의 정반대 입장을 취하면서 의미와 무의미의 경계에서 일종의 허무주의로, 한계의 사상으로 기울고 있다. 복잡한 상황이 아닐 수 없다. 왜냐하면 환멸과 거부로 이루어졌지만 최초의 반체제적 토대가 각인된 개인적 특이성을 이 상황은 동시에 내포하고 있기 때문이다.

인간은 자신의 집단적 혹은 개인적 역사를 지배할 수 없다는 그 무능력의 이론화, 인간의 무력감에 대한 강조, 서구 이성의 사라진 춤은 이 서구적 이성의 보다 엄격하고 보다 명철한 작업을 예고한다. 레비 스트로스가 원시 사회를 발굴할 때 작용하는 것은 이 이성이다. 바로 이 이성이 라캉으로 하여금 환자들을 돌보게 만들며, 푸코로 하여금 망각된 자들, 억압된 자들, 감금된 자들 곁에 위치하게 만든다. 스스로를 자신의 탈중심으로 개방시키는 이성의 지략이 아닐 수 없다.

따라서 구조주의의 패러다임과 시대의 환멸적 분위기 사이의 관계는 복잡하다. 기계적인 반영, 다시 말해 현상의 두 지층 사이의 거울 관계는 존재하지 않고, 상황과 관련한 과학적 정신의 자율적 전개가 있다. 그것들 사이의 평등한 관계를 주장하는 것은 "마치 아인슈타인의 상대성이 모든 것이 상대적이라는 관념으로부터 비롯된 환멸이라고 말하는 것"[6]과 같을 것이다. 그러나 구조주의가 개화할 때 위세를 떨친 환멸의 맥락에서 또 하나의 부분적 조각을 덧붙여야 한다. 그것은 진화론적 · 현상학적 · 기능주의적 패러다임들의 고갈이고, 인식론적 쇄신의 추구이다. 여기서 드러나는 것은 과학적 방법이 변화하는 법칙 자체이다. 이 변화는 과학적 방법의 모델 및 프로그램의 고갈로부터 비롯되는 계속적인 단절들로 이루어지며, 이론적 파탄들의 진정한 역사이다. 서양이 자신의 비직선적인 역사를 발견하듯이, 인문과학은 더 이상 스스로를 침전층의 계속적인 축적으로 생각지 않는다.

의혹의 이데올로기

단절의 20세기는 역사에 대한 근본적 비관론과 포스트모더니즘 시대의 도래를 초래했다. 우리는 장 프랑수아 리요타르와 함께 서구적 진화론이 균열되어 파기되는 시점을 1943년으로 잡을 수 있다.[7] 이때는 공포 속에 근본적인 동요가 일어나고, '나치에 의한 유대인 학살 계획'이 드러난 시점이다. 아도르노가 언급했듯이 다하우와 아우슈비츠 이후로 기술공학적 현대성은 압축 롤러, 지구적 차원의 학살 기계로 변모되고, 부정성의 타격을 받고 의혹의 이데올로기라는 그물 속에 걸리게 된다. 이러한 측면에 덧붙여야 할 것은 철의 장막 뒤에, 모델로 제시된 것 아래 숨어 있다가 드러난 전체주의라는 현실의 발견이다. 또 이성 아래 숨어 있는 그것의 집요한 책략, 보다 나은 세계 창조의 희망을 덮어 버리는 그 책략과 필연적인 불연속성의 확인을 덧붙여야 한다. "우리는 제로에서 다시 출발해야 한다."[8] 인간의 명철성 및 자유의 지속적 진보의 찬미에 대한 어떤 순진한 시선은 더 이상 가능하지 않다. 자신의 운명을 지배하고, 완벽할 수 있고 완벽을 향해 똑바로 걸어가는 인간이란 의미에서 인본주의는 더 이상 통용되지 않는다. 노래하는 내일의 비전에 대체되는 것은 그 가능성의 한계를 규정해야 하는 부분적 변화들을 상투적으로 주장하는 접근이다.

1956년은 부다페스트로부터 알제를 거쳐 알렉산드리아까지 환멸의 행렬이 이어지면서, 프랑스에서 공동체적 희망과 해방의 노래를 중단시켰다. 반대로 20세기 중반이었던 그 당시 1958년에 국민의 새로운 지배자에 호소하기를 기대하면서 모든 희망을 닫으러 오는 국가 지도자[르네 코티]의 목소리가 찌렁하게 울린다. 이 새로운 지배자는 지배자의 '화신' 가운데 화신으로 나타난 드골 장군이다. 50년대는 프랑스의 지적 풍경에서 새로운 균열처럼 작동하게 된다. "1956년은 (…) 우리를 더 이상 무언가를 기대할 수가 없도록 만들었다."[9]

60년대도 실제적인 단절이 부화하는 데 적합하지 않게 된다. 1968년의 국제적 운동이 봄 동안 프랑스 사회를 뜨겁게 달구었지만, 그 해는 소련의 압제하에 프라하의 봄이 짓밟히는 잔인한 추억을 남겨 주게 된다. 지식인들의 새로운 물결은 이 새로운 지진을 정면으로 당하게 된다. "1968년에 나는 뉴기니아에 있었다. 나는 러시아인들이 체코슬로바키아를 침공했다는 소식을 듣고 울었다. (…) 우리는 민주주의가 아니라 탱크를 통해 합법성이 이루어지는 것을 보았다. 끝장난 것이다."[10] 한 세대 전체에게 혁명의 희망은 진압군의 표적이 되어 신화의 지위로 돌려보내지고, 환상으로 귀결되고, 19세기의 신화처럼 갇혀지고 억압된다. 지식인들이 서원했던 극한으로의 그 거대한 이동들은 서구 사회에서 돌이킬 수 없는 침식을 겪는다. 서구 사회는 더 이상 스스로를 뜨거운 역사에 속하는 것처럼 생각지 않고, 부동성 속에서 땅에 고정된 시간성과의 차가운 관계를 원시 사회로부터 빌려 중시한다.

진화론의 죽음

혁명적 종말론은 우리 사회의 특유한 저항·봉쇄·무기력의 틀 속에 해체된다. 참여와 정치적 의지주의에 타격을 주는 불신에 이론적 차원에서 대응하는 것은 역사에 속하는 모든 것에 영향을 주는 동일한 불신이다. 역사성, 기원의 탐구, 시간적 리듬에 대한 고찰의 생성을 인정치 않는 이와 같은 부정에 입각해 구조주의의 패러다임이 구축되고 개화되게 되는 것이다. '원주민들은 극빈자가 되는'[11] 판에 이 패러다임은 운동을 응결시키고, 역사를 냉각시키고 인류학화시킨다.

자신의 역사성과 단절한 서양이 레비 스트로스가 복원한, 남비콰라족의 변함없는 삶의 방식에 대해 느낀 매혹은 50년대 중반에 서양이 포스트모더니티의 시대에 진입했다는 것을 드러내 준다. 소독되어야 할 대상은 통일적 현상으로서의 진보라는 관념 자체였다. 진보는 다원화되었고, 더 이상 사회 변화의 동력이 아니었다. 일부 전진들이 부정되지는 않지만, 사회를 총체적으로 문제화시키는 성격을 더 이상 띠지 못한다. 이러한 해체는 특히 인류학을 통해, 인류가 동등하다는 관념을 통해 구조주의가 개시한 진정한 지적 혁명의 토대에 자리잡는다. 이것이 레비 브륄에서 레비 스트로스로의 결정적 이동이다. 이 이동이 보여 주는 것은 지역을 넘어서 존재 및 사유 방식의 다원성과 모든 인간 사회들이 서열적 의미가 배제된 표현들, 인류의 풍부한 표현들이라는 점이다. 구조주의 혁명의 이와 같은 측면은 뛰어넘을 수 없는 것으로 남아 있으며, 모든 형태의 사회 조직들이 동등하다는 특징을 지침으로 제시하는 세계에 대한 새로운 인식을 열어 준다.

이와 같은 새로운 비전에 입각할 때 우월/열등이라는 도식적 분리도 없고, 앞/뒤의 단계들도 더 이상 존재하지 않는다. 구조주의는 진보의 관념을 위기로 몰아넣는 데 강력하게 기여한 결과를 낳게 된 것이다. "진보의 관념이 존재하기 위해서는 출발점에 영장류들이 있어야 한다. (…) 이것은 사람들이 더 이상 깨닫지 못하는 구조주의의 획득물이다. 왜냐하면 이동이 잘 보이지 않기 때문이다. 그것은 획득된 것이고, 일종의 명백한 것이 되었다."[12] 물론 상대성으로부터 상대주의로의 일보는 신속하게 이루어진다. 그러나 옹호된 입장이 무엇이든, 타자(l'Autre)를 인간의 보편성(l'Universel)이 발현된 것으로 이해함으로써 사람들은 19세기의 진화론적인 역사적 도식으로부터 벗어나게 되었다. 그리하여 인문과학은 유럽이 인류의 전진에 있어서 전위적이고 모델이라는 의식을 주체 및 역사의 지위를 박탈하는 비판적 의식으로 대체했다. 이는 의식이 의식 자체로 되돌아가는 것, 아니 보다 정확히 말하면 의식의 이면, 의식이 억압한 것으로의 회귀이다. 민족들이 평등하다는 이와 같은 관념은 전후에 출현하여 탈식민지화와 더불어 불가피하게 되는데, 지리정치적인 공간을 생각하기 위한 모든 지표들을 수정시키는 전적으로 새로운 관념이다. 따라서 인류에 대한 인식은 서구 지성인들에게 탈중심화된다. 정체성은 더 이상 내부로부터 읽혀지지 않고, 외부적 공간에 투사된다. 이와 같은 시선의 변화는 공간들의 변증법적 전개를 강요하고, 타자의 세계를 탐색하는 인류학자의 안경을 필요로 한다.

시간성은 공간성으로 전환된다

따라서 콩도르세 같은 인물이 생각했던 것과 같은[13] 지속적 진보에 대한 믿음 및 계몽 정신과 관련해 근본적인 단절이 나타난다. 서구적 인간은 인간 중심적인 관점의 탈중심화를 겪기 전에는 지식 및 판단의 장치의 중심에 있었다. 이러한 혁명은 과학적 사고, 회화적 원근법, 문자와 같은 것들의 새로운 구조, 불연속성과 해체를 우선시하는 그 구조에 의해 19세기말부터 준비되었다. 소쉬르가 말한 기호의 자의성으로부터 양자 이론과 같은 수학적·물리학적 새로운 모델들, 인상주의 화가들에 이어 입체파 화가들과 더불어 온 고전적 원근법의 해체에 이르기까지, 세계에 대한 새로운 비전은 지시 대상과의 거리두기와 불연속성을 강제한다.

따라서 서구적 이성은 19세기말부터 다원화의 방향으로 내부로부터 손질된다. 그것은 이제 반영으로 사유되는 것이 아니라, 상이한 구조들의 계속적이고 불연속적인 모습들로 사유된다. 정신분석학은 의식과 무의식 사이에는 연속성이 없고, 분석적 치료에서 제3자의 존재를 필요로 하는 단절이 있음을 보여 줌으로써 이와 같은 현상을 강조한다. 그리하여 우리는 진화론의 단일적 도식을 대체하는 에피스테메들의 무한한 전개를 목격한다.

19세기와 20세기 사이에 이루어지는 교차는 다시 한 번 이러한 변화를 부각시킨다. 인간의 역사를 자연 법칙들로부터의 해방으로 생각한 역사주의적인 유럽의 19세기에 '되찾아야 할 낙원에서 조절적 이상'[14]으로 인식된 자연과 다시 관계를 맺기 위해, 역사와 거리를 두는 20세기가 대립한다. 그래서 자유와 평등이라는 위대한 가치를 위해 인간이 전개한 투쟁은 의심스럽고, 편협하고, 대체로 실패할 수밖에 없는 것으로 간주된다.

지구적이고 지형학적인 의식은 역사적 의식을 억압한다. 시간성은 공간성으로 전환된다. 자연 질서로부터 멀어짐은 자연/문화의 접합점에서 나온 불변적 논리들에 자리를 내준다. 닫혀진 미래 앞에서 시선은 정신적 울타리, 생태계, 장기 지속, 구조, 지리성이라는 개념의 확장과 같은 불변수들을 가진 것으로 인식된 부동의 인간성 탐구로 방향을 바꾼다. 자연의 패러다임은 복수를 한다. "오늘날 우리는 어떻게 역사의 탈신성화가 연통관을 통해서 자연의 재신성화를 야기하는지 보고 있다."[15]

단절이 비극적이라면, 우리는 이 비극에 대비하기 위해 자연적이면서도 문화적이고 윤리적인 불변수들과 무거운 것들로 관심을 돌리고 있다. 방법은 의미 작용적인 통시적 논리에 입각해 역사를 구축한다기보다는 자기 정체성의 확고부동한 기반을 통해 역사에 대비하고 역사로부터 자신을 지키는 데 더 목표를 두고 있다. 역사의 시행착오, 과거의 숭배, 표면적 단절이 숨기고 있는 복원, 이런 것들은 자기 역사의 주체로서 인간(주체-인간)을 이 주체-인간을 뛰어넘는 역사의 대상으로 변모시킨다. 그리하여 인간과 인간의 관계는 '동물학적인 지위의 상태로 예속되는'[16] 상황에 처한다.

'영광스러운 30년'[1]으로부터 비롯된 서구 사회의 변모는 또한 과거/현재/미래의 관계가 와해되는 데 기여했다. 변전 생성이 미래에 투시된 현재 모델들의 재생산으로, 정보처리 프로그램화를 통해 귀착되는 상황에서 어떠한 다른 미래도 문제화될 수 없다. 토지의 종말과 토지를 벗어난 사회의 도래는 시간적 무중력 상태, 시간성과의 냉각된 관계를 창조하는 데 기여했다. "반세기 전에 역사의 가속화라 불리어졌던 것이 역사의 분쇄가 되었다."[17] 마찬가지로 이와 같은 비시간적 관계는 상관 관계가 없는 무수한 대상들로 파편화되고, 이는 부분적 지식들로의 분화이고, 지식 영역의 해체이고, 실질적인 내용들의 비우기이다. 이러한 경제-사회적 토양은 구조적 논리, 증후적 독서, 논리주의나 형식주의의 성공 및 개화에 매우 유리하게 된다. 이런 논리주의나 형식주의는 단조로운 실재물들(realia) 밖에서 그것의 정합성을 찾아내게 된다.

이런 관점에서 앙리 르페브르 같은 자들은 구조주의의 성공과 기술 관료 사회의 정착 사이에 직접적 관계를 확립했다. 구조주의는 이런 차원에서 사회적 계급 제도, 다시 말해 새로운 산업 국가의 기술 구조를 합법화시키는 이데올로기의 역할을 한다는 것이다. 이 이데올로기는 그와 같은 사회적 계급 제도를 권력을 책임지는 최고 수준에서 정당화하고, 역사적인 것을 청산하는 이론화 작업을 한다. 이런 관점에서 볼 때, 구조주의는 지배적 위치에 다다른 중산 계급에게는 역사의 종말을 예고한다는 것이다. 또 뜻밖의 횡재로 귀착된 인간의 자유에 대한 구조적인 것의 구속과 무게를 드러내는 이 이데올로기는 시민이 사용자에게 자리를 내주는 소비주의를 반영한다는 것이다. 따라서 사회 세계와, 이것이 만들어 내는 세계의 표상은 60년대 진보의 관념과 역사로부터 멀어지는 유럽 좌파의 낙담적 상황과 훌륭하게 연결되

---

1) 제2차 세계대전 후부터 오일 쇼크가 있기까지의 30년 동안(1945-1975)을 말하는 것으로 서구의 비약적인 경제 발전이 이루어진 시기이다.

어 나타난다. 그리하여 구조주의는 특별한 역사적 상황을 확정지어야 할 하나의 사회적 요구에 응하는 처지가 되었다. 이 역사적 상황에서 '야생인'의 모습으로 시선의 이동은 이국 취미의 욕구에 대한 반응을 의미하는 것이 아니라, 미래가 권리를 상실한 세계에서 인간 진실의 절망적 탐구를 의미했다.

1967년부터 프랑수아 퓌레는 마르크시즘화하는 좌파의 지적 세계가 구조주의의 유행으로부터 가장 영향을 받고 있음을 알아차렸다.[18] 이 지적 세계는 강제노동수용소가 드러남에 따라 점차로 고립되는 마르크시즘에 대한 향수가 표현될 수 있었던 반전 관계를 실현시킬 수 있었을 것이다. 또 그것은 구조주의 덕분에 보편주의적이고, 총체화시키고, 결정론적이지만 역사로부터 벗어난 동일한 야망에 대한 보상을 찾아낼 수도 있었을 것이다. 이러한 가정에서 보면 구조주의는 매우 특별한 역사적 순간, 다시 말해 정치적 보수주의와 체계의 강화로 특징지어지는 상황의 표현이 될 것이다.

구조주의의 유행과 더불어 울린 진보의 조종은 변증법적 사고의 문제화로 표현되었다. 철학자들은 그들의 분석에서 헤겔적인 토대를 문제삼아야 하는 새로운 독서를 가져왔다. 헤겔적 토대에 대체된 것은 증후적 독서로서, 이 독서는 아직 헤겔적인 '젊은 마르크스'와 아직은 미완성이지만 구조주의적인 과학적 성숙기의 '늙은 마르크스' 사이의 인식론적 단절을 간파하게 해주었다. "비변증법적인 문화가 형성되고 있는 중이다."[19] 같은 시기에 프랑수아 샤틀레는 변증법을 하나의 수사법으로 귀착시켰고, 질 들뢰즈는 '구조주의에 유리한 변증법적 사고의 후퇴'[20]를 예고했다. 오늘날 사람들이 습관적으로 말하고 있듯이, 이데올로기들의 후퇴는 구조주의가 만발하게 만들었다. 실천 활동(praxis)의 한계가 인간의 탈중심화를 야기시켰듯이, 인문과학의 내재주의적인 독서는 인간 행동의 탈중심화에서 과학적 엄격성의 원천을 찾아낸 것이다.

반복의 강제

포스트-역사는 우리로 하여금 확장된 현재와 새로운 관계를 맺게 만든다. 이 확장된 현재는 과거의 다양한 형상들의 영원한 재순환으로서 비역사적인 것으로 제시된다. 그것은 닫혀진 지평으로서, 지배적인 현재주의 속에서 자동적으로 재창출될 수밖에 없다. 기념 행사의 유행은 역사성과의 이와 같은 새로운 관계를 잘 예시해 준다. 기억은 역사를 억압한다. 더 이상 그것은 변전 생성의 잠재력을 전개하기 위한 기원을 탐구하지 않고, 부동의 현재 속에 살아남은 과거의 기호 세계를 단순히 환기한다. 이 기호들은 그것들 사이에 상호 귀결되어, 기억의 장소들 이외에 다른 지시 대상이 없다. 이 장소들 모두는 뛰어넘을 수 없는 균열선을 넘어서 인식된 한 과거의 공간 속에 남겨진 흔적들이다. 우리는 "우리가 분명한 것으로 체험하고 있는 것, 즉 역사와 기억이 합치한다는 그 일치의 종말"[21]을 경험하고 있다. 이 기억의 장소들은 재구성적인 관점에서 재해석된 것이 아니라, 억압되고 사라진 한 과거의 잔재들로서 단순히 고려된 것이다. 그것들은 여전히 상징적 가치를 간직하고 있으며, 과거의 시간에 대한 기록 보관적 관계를 가동시킨다.

근본적인 불연속성이 영원히 규정할 수 없는 과거의 기억에 부동의 현재를 대립시킨다. 여기서 과거는 다양한 기호들로 된 구체적 모습을 띠지는 않았다 할지라도 실제적이면서도 보이지 않는 반면에, 현재는 재순환시키고 기념하고 회상시킨다. 그리하여 시간성과의 관계는 균열이 나 있고, 기억은 충만한 집단적 기억을 구성하는 방파제가 없기 때문에 다원화되고 원자화된다. 더 이상 진정한 사건들은 없고 수많은 '소식들' 만이 있을 때, 역사는 삶의 방식들 및 정신 상태들의 통일화가 조장하는 순간으로 역류한다. 현재는 미래에 대한 규정의 윤곽에 집착하지 않은 채, 순전히 박물관을 관리하듯 하는 관계를 통해 과거 속에 가지를 뻗친다. 불안정하게 된 것은 과거와 미래의 상관 관계로서 역사적 담론의 기능 자체이다.

포스트모더니즘은 역사와의 관계를 복원하는데, 이 관계는 모든 미래의 계획과 영원히 단절된 채 자신의 추억들만을 수집할 수밖에 없는 늙은 개인의 관계와 동일시될 수 있다. 따라서 구조주의의 성공은 문명의 총체적 현상에 분명히 부합한다. 그것은 또한 기술 관료적 사회의 정착, 허버트 마르쿠제가 태어나는 것을 보았던 1차원적 인간, 그리고 소비자의 차원으로 떨어진 인간의 사물화와 관련이 있다. 그렇게까지 단순화할 수 없다면, 그것은 이런 관점에서 비이데올로기들의 이데올로기, 다시 말해 혁명 이데올로기들, 식민지 이데올로기들, 기독교 이데올로기들 등의 종말 이데올로기이다. 그러나 이와 같은 측면은 60년대에는 언급되지 않은 암묵적인 것이고, 80년대에 투명하게 드러나면서 그 확실성이 주장되는 심층적 변모들을 의식하지 못한 것이다. 평화 회복의 그 과정, 그리고 의미심장한 단절들의 그 종말은 현재를 현재로 가두어 버리고, 반복·제자리걸음의 감정이 지배하게 만든다. 이런 사회에서는 "새로운 것이 옛것처럼 받아들여지고 혁신이 평범해진다."[22]

정당화 담론의 위기

역사의 이와 같은 퇴각, 정당화 담론의 이와 같은 위기는 포스트모더니티에 특유한 것인데, 그것들이 자양으로 삼은 것은 이성이 낳은 환상들로 이루어진 비관적이고 비판적인 배경이고, 전반적인 논리 정연함, 정언적 명령, 자연적 질서로 제시되었던 모든 것, 철저한 비판으로 해부되지 않을 수 없는 그 모든 것을 해체하고자 하는 의지이다. 현실의 개념 자체가 문제화되는 상황이 된다. 범주들로 귀결되는 모든 것은 환멸들만을 야기함으로써, 이 개념은 무의미의 차원으로 억압된다. 이런 점에서 구조주의는 탈현실화시키는 능력을 통해서 해체 과정에서 결국 하나의 단계가 된 것이다. 영원하다고 생각된 가치와 보편적 목적을 가진 시간적–공간적 틀들과 같은 모든 중심적 참조축들이 사라지는 시점에서, 공적 공간은 시뮬레이션의 시대에 광고적 공간으로 부지불식간에 변모된다.

숨겨진 모습을 탐구하는 철학은 폴 비릴리오가 작용하는 것을 보듯이, 현실의 효과가 현실성을 몰아내는 사라짐의 미학에 응답한다. 일반화된 회의주의가 후기 산업 사회, 혹은 포스트모더니즘 사회에서 모든 메타 담화에 문제를 제기한다. 장 프랑수아 리요타르에 따르면[23] 담론의 새로운 경제로의 이러한 이동은 전후 '재건'이 종말을 고하는 시기인 50년대말경 유럽에서 나타난다.

현대적 통신기술, 사회의 정보화와 더불어 지식의 이동이 일어난다. 지식은 결정자들, 다시 말해 프로그램을 짜는 자들의 권력과 분리할 수 없게 된 것이다. 이들은 조금씩 조금씩 전통적인 정치 계급을 부차적인 역할로 쫓아버린다. 이러한 틀 속에서 정당화의 문제는 거대 담론들의 위기를 유발하기 위해, 다시 말해 '지식의 정당성 원칙을 내부로부터 잠식'[24]하기 위해 방향을 전환한다. 근원적 하나(l'Un)와 메타 담론들의 해체는 다양한 담론들의 난립에 자리를 내준다. 이들 담론들은 어떤 주체로 돌려지지 않는 단순한 언어적 유희이고, 코가 없는 섬유직물이다. 인본주의적 지평은 사라진다. 그것은 수행적 내기에 의해, '사실을 통한 정당화'[25]에 의해 대체된다.

쇠퇴하는 시선

구조주의는 인간의 야망들을 지엽적인 차원으로 끌어내림으로써 정당화 담론의 위기에 응답했다. 인간은 지질학적 차원에서 그에게 더 이상 속하지 않는 역사를 감내하면서 지구에 사는 존재들의 특권 없는 단순한 수취인인 것이다. 이런 관점에서 레비 스트로스는 이와 같은 근본적 비관론, 인간의 이와 같은 퇴각을 대변한 가장 탁월한 인물이다. 그는 서구적 현대성의 진화에 대한 가장 비판적 시선을 던졌다. 그는 이러한 진화에 심층적인 회의

주의 및 비관론을 대립시켰는데, 이 때문에 그는 에드먼드 버크에서 필리프 아리에스에 이르는 보수적 사상의 오랜 전통을 따르게 된 것이다. "나는 사람들이 비관론이란 말에 고요한이라는 수식어를 붙여 준다면, 비관론이라는 비난을 기꺼이 받아들일 것이다."[26]

각성한 시선은 또한 이 인류학자의 입장 자체에 의해 부각된다. 그는 흔히 강제된 문화 동화에 대한 맹렬한 공격을 퍼부으며, 자신의 발 아래서 자신의 연구 영역이 사라지는 것을 보았던 것이다. 오스트레일리아에서는 19세기초에 25만 명이던 원주민들이 20세기 중반에 4만 명이 되었다. 게다가 이들 생존자들은 기아와 질병에 시달렸다. 1900년에서 1950년까지 50년 사이에 브라질에서는 90개 부족이 사라졌다……. 자신의 특수한 영역이 이처럼 사라짐으로써 이 민족학자는 자신이 태어난 사회로 퇴각하지 않을 수 없었다. 그는 이 사회에 대해 자신의 분석 방법을 적용할 수 있었지만, 그 나름의 법칙들을 강제하는 현대성의 획일화에 입각해야 했다. 따라서 레비 스트로스가 탐색하는 것은 황혼적 분위기이다. 신들의 황혼이 지난 후, 인간들의 황혼이 왔다는 것이다. "우리가 원시적이라 부르는 문화들 가운데 마지막 문화가 지구상에서 사라지는 날이 다가오고 있다."[27] 신화에 대한 4부작이 끝날 때, 각성한 레비 스트로스는 결국 '분명한 노쇠로 사라질'[28] 세계/자연/인간이라는 결합 관계의 자원이 다했다고 결론을 내린다.

1955년부터 레비 스트로스는 서양에 재앙, 즉 '영광스러운 30년' 동안 도약하는 비상의 이면을 경고했다. 《슬픈 열대》에서 그는 인류의 얼굴에 던져진 '우리의 쓰레기,' 다시 말해 신속하게 도처에 엄습하는 콘크리트, 판자촌의 빈곤화, 밀림의 파괴 속에 파묻히는 원시 사회들을 되살리고자 했다. 모험을 해서 타자를 만났다는 위선적 얼굴 뒤로 주어진 죽음의 결산은 교훈을 주는 정복적 문명의 슬픈 결산이다. 레비 스트로스의 구조인류학은 계몽 정신을 공격하고, 보편적 사명을 띤 메시지가 있다는 이 정신의 주장을 비판한다.

마찬가지로 푸코는 기술(記述)민족학적 영역에 입각해서는 아니지만 사색적인 차원에서 보편주의를 뒤흔들고자 하는 욕망을 표현한다. "나는 명백한 것들과 보편적인 것들을 파괴하는 지식인을 꿈꾼다."[29] 자유에 대해 낙관적인 사르트르의 투쟁에 푸코가 대립시키는 것은 권력에 대한 논변적 저항의 미소체 물리학이고, 자신의 특별한 지식 영역이라는 분명한 경계에 의해 명시된 특수한 지적 의무이다. 구조주의 시대에 그는 보편적 지식인의 종말을 예감한다. 그가 이 보편적 지식인에 대립시키는 자는 한계의 영속적인 위반을 통해, 지식의 공식적 범주들에서 사유되지 않은 부분을 묘사하는 자이다.

울타리의 풍요로움

레비 스트로스의 것이 되었든 푸코의 것이 되었든 이와 같은 새로운 문제화, 다시 말해 극도의 다양성을 넘어서 모든 구조주의적 사유가 드러내는 이 문제화의 뿌리는 포스트모더니티에 고유한 역사의 그 후퇴이고, 고요하면서도 풍요로운 그 비관론이다. 역사적 전망이 없기 때문에 인간의 지위를 불안정하게 만들었고, 현실의 실재성과 거리를 두었던 구조주의는 닫혀진 체계들을 우선시한다. 이 닫혀진 체계들은 과학적 목적을 지닌 방법들의 은신처이고, 의식과 동떨어져 있고, 다른 무대에 있는 도달할 수 없는 억압된 장소이다. 사회적인 것의 복잡화, 그리고 사회적인 것의 통일적 논리를 포착할 수 없는 그 무능력은 현실의 감추어진 면의 통일성을 찾아 퇴각하도록, 다시 말해 실증주의가 거울의 반대쪽으로 이동하도록 조장했다. 드러난 의미는 무의미 속에 무너져 내렸다. 왜냐하면 그것은 물질적인 모든 인과 관계가 부재하는 상태에서 서로 지시하는 기호들, 지시 대상과 떨어져 있는 그 기호들의 세계라는 닫혀진 영역에 더 이상 속하지 않기 때문이다. 드러난 의미로부터 출발하는 해석학은 닫혀진 체계의 진실을 더 이상 추구하지 않게 된다. 그것은 제한된 구조 내에서, 이 구조가 기호들 사이에 규정하는 유희

내에서 기호들 사이의 관계 및 상호 관계를 포착하지 않으면 안 되게 된다.

주도적 행위의 자유로운 유희와 역사적 우발성도 마찬가지로 이와 같은 관계의 얽힘에서 제외된다. 특권을 누리는 접근 모델이 구조언어학이기는 하지만, 우리는 자동 조절의 과정을 우선시하기 위해 목적론적이고 인류 중심적인 관점을 탈중심화시키는 인공두뇌학적 방법에서 다소간의 유사성을 찾을 수 있다. 관계물리학의 조합, 동일한 것 및 다른 것의 유희와 재유희는 환상적인 자리 이외는 차지하지 못하는 인간을 탈중심화시킨다. "우리는 우리가 인간이라 부르는, 그 외관의 망을 어떻게 해서든 끊어야 한다."[30] 인문 과학이 인공두뇌학의 모델에 매혹되고 있다고 보여지는 시기에, 심리학적이고 역사적인 구성 요소들로 나타나는 인적 변수는 일관성이 없고, 정밀과학에서 사용중인 방법의 효율성의 수준에 이르고자 하는 엄격한 방법에 자리를 내주어야 한다. 불가피하게 강제되는 닫혀진 세계는 현실 세계와 거리를 둠으로써 비싼 대가를 치르게 만든다. 그러나 그것은 그것이 예측하게 되는 지식의 영역을 열어 줌으로써 탁월한 효율성을 지니게 된다.

사회적 행위의 무의식을 탐구하는 구조주의가 열어 주게 되는 것은 상징 계의 기호들, 집단적 표상들, 내적 논리를 지닌 의식(儀式)과 풍습들, 인간 활동의 흔적들에서 명료하지 않은 것의 지층, 이런 것들로 이루어진 세계이다. 이와 같은 새로운 대상들에의 접근과 다원화는 인과 관계의 체계들을 파열시키는 데 기여한다. "구조적 방법은 인과론들이나 단순주의적 결정론들에 대한 승리를 가능하게 해주었다."[31] 그 속에서 사회사의 통일적 정연성은 구조적 결합의 유동적 모래 속으로 사라졌다. 구조적 결합은 통일성과 다원성이라는 이중적 측면을 띠는데, 이는 포스트-역사의 새로운 시대를 여는 유희, 다시 말해 동일한 것과 이타성이 변증법적으로 전개되는 유희이다.

37

니체-하이데거적 뿌리

승리에 찬 서구 역사의 세기, 즉 19세기 한가운데서 철학자 니체는 이 역사의 막다른 궁지를 강렬하게 느낀다. 이상한 일이지만 이성의 작용은 한 압제적인 국가의 하상을 깊이 판다. 독일의 통일성은 실현되지만, 군사화되고 공격적인 프러시아 국가라는 대가를 치른다. 그리하여 니체는 역사성과 역사적 변전 생성의 인식이라는 두 의미에서 역사의 위험에 대해《비시대적 고찰》(1873-1874)을 집필한다. 니체는 서구 역사의 자살과 호모 히스토리쿠스의 죽음을 이론화한다. 그는 '냉정한 괴물들' 가운데 가장 냉정한 괴물(국가)의 창조로 이끄는 변신론에 다원적이고 국지적인 현재적 가치들의 변호를 대립시킨다. 그는 역사성으로부터 철저하게 벗어남으로써 왜곡된 보편 지향적 메시지에 의해, 그리고 인종들의 계속적인 혼합에 의해 퇴화된 유럽이 본래의 원천으로 되돌아가야 한다고 설파한다. 그 19세기 시대는 또한 다윈이 인류의 기원이 원숭이라는 점을 드러낸 시기이다. 인간 중심적인 관점과 형이상학적 사고는 과학적 발견들에 의해 시험대에 올랐다.

그래서 니체의 허무주의적 담론은 개화될 수 있었고, 개선적인 계몽 사상의 관점에 대립될 수 있었다. 이러한 자기 도취적인 상처는 지구가 우주의 중심이 아니라는 코페르니쿠스-갈릴레오의 발견에 덧붙여져 서구 형이상학을 전복시켰다. 따라서 이성의 발전은 그것의 이면으로, 비의미와 상대성의 자각으로 귀결되었다. 인간의 모습 자체가 상대화된 것이다. 그러므로 니체는 이성의 변증법 및 역사와 결별했다.

후에 하이데거는 현대성을 철저하게 비판하는 가운데 니체의 유산을 받아들인다. 그의 사상은 오스발트 슈펭글러가 묘사하는 《서양의 몰락》의 맥락 속에 뿌리를 내리고 있다. 하이데거가 극단으로 밀고 간 이 저서의 내용은 제1차 세계대전의 충격이 깊게 배어 있으며, 이 전쟁으로 인한 20년대 바이마르 공화국의 붕괴의 상처가 담겨 있다. 하이데거는 존재의 망각(l'Oubli de l'Être)이 걸어온 여정을, 다시 말해 존재자(l'étant)의 우위 뒤에 숨겨진 지속적인 억압의 도정을 다시 추적한다. 인간은 진리의 계시에 더 이상 다다를 수 없다. 왜냐하면 진리의 각각의 발현은 '동시에 그리고 그 자체로 은폐'[1]이기 때문이다. 역사는 최초의 균열이 있은 이후, 현혹된 이성의 슬픈 전개에 불과하게 되고 있다. 영원한 회귀의 주제는 영원의 철학에 대한 하이데거의 이해 속에 반향을 일으킨다. 이 철학은 아무것도 없기보다는 존재가 있는지 아는 문제에 입각한 동일한 것의 진정한 반추이다. 대답은 대답이 없다는 것이기 때문이다. 무력함의 철학인 이 철학은 우리가 대답할 수 없다는 그 불가능성을 의미한다. '성서와 사도 전승의 로마가톨릭 교회'를 우리의 것으로 받아들이지 않는다면 말이다. "그렇다고 이 점이 하이데거가 신앙인이었다는 것을 의미하지는 않는다."[2]

근본적인 비관론이 철학의 종말을 설정하고자 하는 이 두 철학자를 고무시키고 있다. "모든 것이 카오스로 되돌아가고, 옛것은 소멸하고 새것은 아무 가치도 없이 끊임없이 쇠약해지는 것 같다."[3] 니체가 보기에 인간을 탈중심화시키게 만드는 그 이성은 또한 인간이 전능하다는 환상을 고취시킨다. 그것은 그것이 야기시키는 상처들로 매번 더욱 강해진다. 마찬가지로 존재의 망각은 현대성이 전개됨에 따라 기술(技術)의 일반화와 더불어 더욱 두드러진다.

반계몽 사상

니체와 하이데거의 두 사상은 반계몽 사상처럼 제시된다. 니체는 계몽주의 철학이 프랑스 혁명으로 귀결되면서 드러낸 난폭하고 폭력적인 성격을 고발한다. 모든 동요, 다시 말해 모든 혁명적 단절은 야만의 이미지만을 나타나게 할 수 있다. "혁명의 낙관주의적 그 정신을 야기한 자는 절도 있는 성품을 지닌 볼테르가 아니라 광기와 정열적인 반(半)거짓에 사로잡힌 루소이다. 나는 혁명에 반대해 비열한 자를 박살내라고 호소한다."[4] 여기서 니체는 혁명의 완성을 위해 작용하는 급진적 계몽사상에 반대해 온건하고 점진적인 계몽주의의 옹호자가 되고 있다. 그러나 기본적으로 니체의 작품은 하이데거의 작품과 마찬가지로 계몽 사상에 대한 철저한 비판 속에 구축된다. 둘 다 우선적으로 진보의 운반체로서의 역사성에 대한 견해를 공격한다. 역사의 의미가 있다면, 그것은 준엄하게 몰락으로 이끄는 의미이다. 니체에게 의식은 현재를 판단하기 위해 벗어나야 하는 역사로 혼잡하다. "이성의 변증법을 몰아내야 한다."[5] 계몽 사상의 보편성에 대한 주장 뒤에서 니체는 힘에의 의지가 지닌 내재적이고 은폐된 논리를 인식한다. 변전 생성은 비의미이다. 아니 보다 정확히 말하면 그것은 사물들의 본질 자체인 사물들의 비극에 대한 수련이다. "우리의 경우 역사는 하나의 위장된 신학이다."[6] 물론 비의미는 강자들의 엘리트인 귀족 엘리트가 대변하는 인간을 무력감으로, 허무주의로 끌고 가고, 인간 행동에 대한 모든 환상을 낡은 것으로 만든다. 인간의 합리화 정신은 종교적 정신과 연속적인 것으로 이해된다. 이성은 유사한 환상 속에서 신을 대체했던 것이다. 따라서 인간 지배의 노력은 가소로운 것이다.

니체는 인류의 쇠퇴를 그리스 사상의 기원으로, 즉 《이 사람을 보라》에서 조락의 징후 자체로 나타나는 소크라테스로 거슬러 올라가 생각한다. 이 책에서 본능과 디오니소스적 무절제는 소크라테스의 윤리에 대립된다. 후에 종교적 도덕이 생명의 충동을 억압하고 짓누르기 위해 이 윤리를 이어받는다. 따라서 문명의 모든 역사는 거세적 이성과 기만적 도덕의 지옥 같은 논리에 따라 전개된다. 철학으로 말하면, 그것은 문명의 마스크 아래 숨겨진 창조적 충동을 되찾아야 한다. 니체는 허망한 것과 현혹에서 벗어나기 위해서 망각을 권유한다. "동물이 보여 주듯이, 거의 기억이 없이 살고 행복하게 사는 것이 가능하다. 그러나 망각하지 않고 사는 것은 불가능하다."[7] 근본적으로 비관적이고 역사성에 적대적인 니체는 대중과 혁명에 대한 뿌리 깊은 증오심을 지니고 있다.

1870년에 파리가 포위되는 시기에 한 독일 장교와 나눈 서신에서 니체는 자신의 고찰을 그에게 알리고 있다. 그는 전쟁을 남성성의 유용한 시험대로 간주한다. 그러나 반대로 그를 두렵게 만드는 것은 파리 코뮌이고, 법칙들을 위반하는 '노예들'의 반항이다. 이 반항은 두려운 광경인 것이다. 일반화된 교육에 대해 말하자면, 그것은 곧바로 '야만성'으로 이끈다라고 그는 1871-1873년 사이에 교육 기관의 미래에 대한 에세이를 준비하는 초고에서 쓰고 있다. 그 19세기말에 지상의 행복을 배분하는 자들, 다시 말해 사회주의 세력권은 서구의 모든 역사에서 작용하는 형이상학적 정신을 마감하게 할 수밖에 없고, 따라서 그것을 퇴폐와 재앙 속에 동요하게 할 수밖에 없다. 그러나 형이상학의 시대를 드러냄으로써 나타나는 것은 또다시 박탈당한 개인, 의지할 게 아무것도 없이 덧없는 것에 사로잡히고, 형이상학 시대의 거짓 행복과 대조되는 그런 개인이다. 이로부터 보다 나은 미래의 구축을 향한 긴장이 비롯되지만, 이 미래는 언제나 위안적인 환상의 성격을 띤다. "사람들이 인류에게 바라는 보다 나은 모든 미래는 필연적으로 또한 여러 관계로 된 보다 나쁜 미래이다."[8]

따라서 진정한 적은 사회주의이다. "사회주의는 죽어가고 있는 압제의 광적인 아우이다."[9] "이러한 병의 독은 이제 심장에 달라붙은 사회주의적 옴의 형태로 점점 더 신속하게 대중을 오염시키고 있다."[10] 19세기말에 역사는 사회주의 운동의 저항할 수 없는 성공을 보장하고 있는 것 같았기 때문에, 서양을 위협하는 위험을 보다 잘 제거하기 위해서 역사를 없애 버려야 한다. 그래서 역사는 현혹, 쇠퇴, 곰팡이 냄새, 마비시키는 구속복과 동일시된다. 이처럼 니체는 역사주의적 세기의 한복판에서 새로움의 범주를 없애야 한다는 해체의 급진적 주창자로서, 역사 종말의 사상가로서 나타난다.

이런 이유로 그는 훗날 20세기 중반에 승리를 거두게 되는 포스트모더니티의 선구자이다. 그는 이미 역사 운동의 통일적이고 총체적인 범주의 해체를 그려내 부동성에, 부동의 현재에 자리를 내주었다. 이 부동의 현재에서 역사들이 원자화·다원화의 과정을 경험할 때, 그것들은 개별적 차원으로만 구축된다. "니체와 하이데거는 (…) 비역사성, 아니 보다 낫게 말하면 포스트역사성의 새로운 조건들에 부합하는 존재의 이미지 구축에 필요한 토대를 쌓았다."[11]

존재의 망각

하이데거는 30년대의 강의에서 현대성에 대한 니체의 비판을 수용해 더욱 급진화시킨다. 그는 철학의 우위를 재확립한다. 그의 경우에서도 역시 역사는 그리스 시대부터 존재의 변함없는 망각 속에 뿌리 내리고 있는 서서한 쇠퇴의 전개에 불과하다. 《이성의 원리》(1957)에서 그는 두 형태의 역사 사상을 비판한다. 한편으로 그가 역사의 형이상학이라 규정하는 것이 있다. 이 형이상학에 입각해 자유는 역사적 진보에서 작용하고 있다는 것이다. 이러한 의미는 인간이 역사의 중심에 있다는 것을 전제한다는 점에서 형이상학에 속한다. 따라서 하이데거가 보기에 이와 같은 믿음은 주관성의 환상과 형이상학의 성격을 띤다. 다른 한편으로 그는 헤겔 철학을 목적론으로 공격한다. 이 목적론에서 이성은 역사의 중심에서 자기 전개를 하면서 이성 자체에 조금씩 조금씩 스스로를 드러낸다. 따라서 이 목적론은 역사를 이성의 원리에 종속시키는 또 다른 형태의 형이상학이고, 주체를 중심적 위치에 재도입하는 이형(異形)이다. 이러한 재도입은 주체가 과정을 지배하기 때문이 아니라——대개의 경우 주체는 이 과정에 담긴 술책의 희생자이다——주체가 과정이 지닌 의미의 이해에 도달할 수 있기 때문이라는 것이다. 그런데 주체는 이 의미를 망각 속에 갇혀 있는 존재(l'Etre)의 구조가 아니라 자신의 이성이 지닌 구조를 모델로 하여 만든다.

하이데거는 그가 형이상학적이라고 규정하는 이러한 접근 방법에 존재의 역사를 대체시킨다. 이 역사는 역사 없는 역사이고, 의미도 계보도 주기화도 없이 계속적인 이미지들을 통해 제시되는 것의 단순한 전개이다. 그가 역사를 사유하기 위해 사용하는 은유는 봄날에 다양하게 싹이 나지만 줄기도 뿌리 내림도 없는 장미나무의 개화이다. 이 개화는 역사적 전개에 의미를 부여하는 주체도, 흔적을 찾아야 하는 은밀한 숨겨진 주체도 없이 파편화된 역사를 잘 표현한다.

《존재와 시간》(1927)에서부터 하이데거는 존재의 시간성을 종말에 이르는 점진적 쇠퇴의 시간성으로 설정하는데, 우리는 이제 그가 이 종말의 수취인이었다는 것을 안다. 노쇠는 인간의 역사에 구조적이다. "여기에 있는 존재(Dasein)의 존재 자체에 속하는 그것은 본질적 존재 양식(un existential)[1]이다."[12] 그는 대학총장 연설에서부터 《슈피겔》지와의 인터뷰에 이르기까지 서양이 피할 수 없이 빠져들고 있는 몰락에 대해 카산드라처럼 경계의 소리를 끊임없이 반복했다. "서양의 정신적 힘은 빠지고 있고, 서양의 구축물은 흔들리고, 죽어 버린 것 같은 문화는 무너지고 있다."[13] 하이데거가 이와 같은 퇴화에 대립시키는 것은 뿌리 내림의 힘, 다시 말해 전통과 조국의 힘이다. 이것들은 모두 현대 세계의 기술성(技術性)에 저항하는 방파제들이다. 이 기술성은 존재자의 총체성을 앗아가고, 존재(l'Être)의 여기 있는 존재(l'être-là)는 이 존재자와 더불어 해체된다. 서구 문명의 역사가 존재의 점진적 망각의 역사라면, 20세기는 이와 같은 건망증의 절정을 이룬다.

하이데거가 현대성, 기술, 대중 문명에 대해 전개하는 비판은 위르겐 하버마스가 보기에 아무런 독창성도 없다. 왜냐하면 그것은 그의 세대에 속하는 보수적 학자들이 지닌 통념들의 목록을 자기 것으로 받아들이는 데 만족

---

1) Existential은 의식이 스스로를 이해하는 선험적이고 필연적인 방식을 말하는 것으로 근심도 하나의 existential이다. 이 낱말은 실존(exitentiel)과 대립되는 개념으로 존재론(ontologie)에 연결되어 있다.

하기 때문이다. 하이데거의 이론에서 국가사회주의의 지지로 이끄는 표류를, 하버마스는 1933년에 제시된 근본적인 존재론의 범주들에 대한 새로운 투자 속에 설정한다. 여기 있는 존재는 이 시기까지 죽음을 향한 존재의 특이한 모습을 지칭했다. 그런데 1933년부터 그것은 집단적인 의미를 띤다. 그것은 다시 규합된 국민의 존재인 것이다. 하이데거 역시 개선적인 이성의 도정과 결별하면서 구불구불한 여정을 택한다. 이 여정은 중간을, 다시 말해 '아무곳에도 이르지 않는' 모호한 세계를 편력한다. 기원과 로고스의 나라로 다시 데려다 주는 길들에 접근하기 위한 방황의 사유인 셈이다. 지상의 종착점을 찾아내지 못하게 되는 이와 같은 여정의 주제와, 인간이라는 '존재(l'Être)의 목자'가 펼치는 그 순례는 신학을 중심으로 한 하나의 변화를 상기시킨다. "그리하여 신학자들이 《존재와 시간》을 받아들인 최초의 사람들이라는 사실이 설명된다."[14] 결국 하이데거는 그가 역사의 완료를 이행하듯이 존재를 경험적 현실로부터 철저하게 분리시킨다.

반인본주의

구조주의가 이와 같은 반역사주의를 자양으로 삼고 있지만, 그것은 또한 니체와 하이데거의 사상에서 인본주의, 인간의 모습을 바닷가 모래의 모습처럼 사라지게 만드는 그 인본주의에 대한 철저한 비판을 발견한다. 우리는 니체가 신의 죽음과 더불어 가동시킨 균열을 기원에서 다시 만난다. 이 균열은 역사의 중심에 있는 확인할 수 있고 규정할 수 있는 인간의 지배라는 관념을 불안정하게 만든다. 니체는 계몽주의 시대에 종교를 대체한 인간, 19세기에 스스로를 탐구하는 인간의 신격화를 고발한다.

신이 더 이상 존재하지 않는다면, 우리는 영원한 진리로서, 만물의 척도로서 불변하는 인간성에 기댈 수 없다. 니체는 이와 같은 상대주의로부터 근본적 허무주의를 도출해 낸다. 도덕적 판단은 더 이상 가능하지 않다. 무엇의 이름으로 그것이 규범으로 확립되기를 바랄 수 있겠는가? "미덕이 잠을 잔다면, 그것은 더욱 신선한 모습으로 일어날 것이다."[15] 윤리적인 판단은 행동하는 자유를, 인간이 지니지 못한 일정 수준의 책임을 전제한다. 이러한 상황에서 개인 각자가 행하는 것이 좋다고 생각하는 것 이외의 다른 기준은 없다. 나머지 모든 것은 주체로 예속시키는 교육에 불과하다. "자신의 행위와 존재에 대한 인간의 총체적 무책임은 의식을 지닌 인간이 삼켜야 하는 가장 쓴 것이다."[16] 니체는 인본주의가 충만한 존재로서 주체, 명백한 자기 의식의 소재지로서 주체의 중심적 역할을 인간에게 부여하고 있다고 공격한다. 니체는 여기서 신의 죽음으로 인해 그 어떤 초월적 토대에도 의지할 수 없는, 그 불가능성을 표현하고 있다.

하이데거는 인본주의에 대한 이와 같은 비판을 받아들여 급진화시킨다. 인간은 여기서 모든 지배를 근본적으로 박탈당한다. 왜냐하면 영원히 그의 실재는 그에게 가려 있는 모습으로만 나타날 것이기 때문이다. "인간은 누구인가라는 질문은 존재(l'Être)에 대해 그에게 질문함으로써만 제기될 수 있다."[17] 인간은 흔적이고 명상이고 증인이라는 것을 제외하면, 이러한 문제 제기는 우리를 불확정적인 상태와 도달 불가능한 것으로 귀결시킨다. 하이데거의 비판이 지닌 효율성은, 인간의 속성이 속성이 없다는 사실을 강조하는 것이다. 이로부터 인간을 우발적인 정의들 속에, 특별한 한정들 속에 가두는 코드들로부터 벗어나는 그의 능력이 비롯된다. 실존은 본질에 앞선다. 이것이 인간이 근본적으로 무(無)라는 점과 보편에 대한 그의 소명을 명확히 해주는 것이다.

하이데거는 인간이 자연의 지배자이고 소유자라는 관념과 중대한 단절을 나타낸다. 사르트르는 후에 이로부터 영감을 받게 된다. "실존주의가 생각하듯이, 인간이 규정될 수 없는 것은 그가 우선 아무것도 아니기 때문이다."[18] 이러한 전제로부터 제기되고 2개의 대립된 해석을 낳는 문제는 실존주의가 인본주의일 수 있는지, 혹은 실존주의가 반인본주의적 입장을 초래하는지 아는 것이다. 전자의 경우는 사르트르가 옹호하는 것이고, 후자의 경우는 하이데거가 생각하는 것이다.

하이데거는 1946년 장 보프레에게 보내는 해명인 《인본주의에 대한 편지》에서 자신의 주장을 명백히 한다. 그는 여기서 자신의 사상에 대한 인본주의적 해석을 단호하게 비판한다. 하이데거에게 실존은 데카르트의 코기토처럼 인간에게 주어지지 않는다. 이 코기토는 "나는 존재한다, 그러므로 나는 생각한다"라는 표현으로 전복시켜야 할 합리주의적 과장에 지나지 않는다. 그보다 인간은 뛰어넘을 수 없는 소외의 상황 속에 있다. "도처에서 인간은 존재의 진리로부터 유배된 채 **이성적 동물로서** 자신의 주위를 둥그렇게 돌고 있다."[19]

세계 내의 존재(l'être-au-monde)로서 인간은 존재(l'Être)의 목자라는 자신의 입장을 받아들이는 대신 존재자 속에 사라졌다. 이러한 소멸은 20세기에 세계의 기술화(技術化), 현대성의 일반화에 의해 표현된다. 이런 일반화는 올가미(le Ge-Stell)를 기술로 제시하는 것이다. 인간의 운명은 헤겔적 인식과는 달리 인간 자신에 달려 있지 않다. 그는 자신의 주관적 능력에서 자율성의 여지가 없다. 그는 존재의 목소리에 관심을 기울이는 수밖에 없다. 이러한 이유로 철학자와 시인은 대개의 경우 '심연'으로 제시되는 존재(l'Être)를 드러내는 여기 있는 존재(l'être-là)와 가장 가까이 있는 데 성공한 자들이다.

존재(l'Être)는 죽음을 향한 존재(être-vers-la-mort)로서의 인간이 처한 조건으로 우리를 귀결시킨다. 죽음을 향한 존재는 사유의 세계가 나타나는 것을 본 최초의 뿌리이다. 따라서 하이데거는 데카르트의 코기토의 관점, 혹은 심리주의의 관점을 이동시킨다. 그는 의식이 그 자신을 지배하는 차원에 더 이상 위치하지 않고, 코기토를 존재케 하는 조건들의 수준에 위치한다. 이 때문에 그는 사르트르가 코기토로부터 출발하고 있다고 비난한다. 반면에 그는 코기토의 조건들을 되찾으려고 시도한다. 이와 같은 코기토의 고고학에서 인간은 불가피하게 탈중심화되고, 더 이상 역사의 주체가 아니라 대상이나 장난감이 되어 역사에 예속된 상황에 처한다.

언어의 우위

이처럼 사유할 수 있는 것의 기원을 탐구하는 작업에서 니체와 하이데거는 언어에, 그리고 언어의 작용 법칙 연구에 특권적인 가치를 부여한다. 언어는 그것이 지닌 원래의 순수성을 상실했고, 존재자의 기능성에 의해 탈선되었다는 것이다. 철학적 혹은 시적 탐구는 이와 같은 결핍을 메워 잃어버린 로고스의 의미를 되찾는 것을 목표로 한다. 존재자는 존재자의 현실을 주재하는 조건들을 감춘다. 따라서 하이데거는 존재(l'Être)의 역사에서 특권적인 매개자를 구성하는 언어의 해석을 거쳐 갈 것을 권고한다. "하이데거는 현상학적 방법에 존재론적 해석학의 의미를 부여한다."[20]

그러므로 헤겔적 관점에서, 언어의 영역은 특별한 연구 대상이 된다. 물론 우리는 구조주의를 특징짓게 되는 것의 본질적인 뿌리와 다시 만난다. 구조주의는 인문과학의 영역 전체에 언어학적 모델을 일반화함으로써 도약을 경험하게 되기 때문이다. 이런 현상은 풍요로운 추진이지만 존재자에 속하는 것과 거리를 두고 구축된다. 뿐만 아니라 이와 같은 영향에는 퍼스의 화용론과 비트겐슈타인이나 오스틴의 철학에 대한 무지가 나타난다.

화용론의 제안들을 알지 못하는 하이데거에게, 말하는 것은 인간이 아니라 언어이다. 인간은 말해지는 것으로 만족한다. 이로부터 명목론적인 접근과 담론적 차원의 물신화가 비롯된다. 왜냐하면 인간은 언어를 통해서 동식물의 세계와 구별되고, 언어는 인간의 구별과 인간의 짐을 동시에 나타내기 때문이다.

마찬가지로 형이상학에 대한 니체의 비판은 수사학적 '성격' 속에서 제시된 언어로 코기토를 탈중심화시키는 작업을 실현한다. 언어의 은유적 혹은 환유적 절차들은 도달 불가능한 진리에 대한 비판을 확립해 이 진리에 해석의 무한한 미로를 대체시킨다. 여기서 해석들은 그것들이 발화되는 장소의 상대성 속에서만 가치를 지닌다. "우리에게 세계는 다시 무한하게 되었다. 세계는 무한한 해석에 응할 수 있다는 가능성을 우리가 거부할 수 없다는 의미에서 말이다."[21] 해석의 이와 같은 새로운 영역은 형이상학으로부터 벗어나지 않을 수 없다. 형이상학은 주체의 통일성을 중심으로 계속성과 인과 관계를 확립하기 위해 결국은 기원과 생성의 탐구를 찬양하기 때문이다. 반대로 니체는 신앙 체계들이 은폐하거나 억압하고 있는 것에 입각해, 이들 체계의 조건들을 해독하기 위해 주체를 해체하는 계보학을 권고한다. 이와 같은 해체는 표현되기 이전의 근본적 제1진리의 최초 기록의 모델을 노리고 있다. 그것은 인간 존재를 지탱하게 되어 있는 모든 절대를 표적으로 삼는다.

계보적 프로그램

하이데거처럼 니체도 진리의 절대적 명령에의 예속으로부터 해방되어야 하는 언어를 우선시한다. "니체는 금언들을 사용해 검열되고 억압된 요소들의 힘 있는 회귀와 그것들에 대한 관점을 확립한다."[22] 니체의 이와 같은 계보학은 시간성에 대한, 그리고 진리와의 관계에 대한 또 다른 접근을 전개시키지 않을 수 없게 된다. 그것은 무의식적 상기(réminiscence)/인정(re-connaissance)이라는 도식에 실재를 파괴하는 사용을 대립시킴으로써 모든 점에서 플라톤적 접근과 대립되는 것으로 제시된다. "계보학, 그것은 합의에 의해 준비된 카니발 같은 역사이다."[23] 진리의 탐구는 이중적으로 불가능하다. 한편으로 진리들은 은유·환유·의인주의(anthropomorphismes)의 운집에 불과한데, 사람들은 그것들을 안정적이라 생각할 정도이다. 그것들은 사용 가치가 망각된 단순한 교환 가치들이다. 환상의 두번째 항목은 코기토의 허구성 속에 있다. "아직도 데카르트처럼 '나' 라는 주체를 '생각한다' 의 조건으로 제시할 만큼 순진한 사람은 더 이상 존재하지 않는다."[24] 니체에게 코기토는 형이상학적 진술의 모델로, 그가 여러 의미로 분석하는 허구적 주체의 실체로 나타난다.

계보학은 형이상학적인 통일적 담론의 폭로 속에서 재추적되어야 하는 기호의 공간을 가치화시킨다. 그 속에서 의미는 텍스트의 뒤에 있으며, 끊임없이 부정되어 있다. 따라서 카니발의 마스크들을 해체시킨 후, 계속적인 해석들의 중단 없는 의미 작용적 연쇄들을 재구성해야 한다. 이 연쇄들은 연속성 속에서 주어지지 않고, 반대로 불연속성·징후·마스크들로부터 주어진다. 계보학적 방법은 말의 반대쪽, 기의들의 감추어진 면을 우선시하고, 기호들의 층위들에서 형이상학적 내용을 제거하고 배제하기 위한 이동의 유희로 규정된다. 그것이 복원시키고자 하는 것은 이 형이상학적 내용보다는 담론의 조건들이다. 이와 같이 담론을 분석하는 세계로의 이동은 하이데거와 니체에게 공통된다.

니체-하이데거적 프로그램의 수용

하이데거의 로고스 탐구는 여기서 니체의 계보학과 합류한다. 둘 다 구조주의에서 풍요로운 운명을 만나게 된다. 인종 중심주의와 유럽 중심주의에 대한 비판은 니체-하이데거 철학의 비판적 패러다임을 수용하게 되는 구조주의의 유행과 더불어 5, 60년대에 두드러지게 나타나게 된다. 그리하여 개선적인 이성의 계속적인 전개 뒤에서 광인·원시인·어린아이의 이미지가 추적된다. 이들은 모두가 이성의 지배를 확립하기 위해 억압된 모습인 것이다. 레비 스트로스는 야생적 사고를 복원해 낸다. 장 피아제는 어린 시절을 더 이상 성인의 음화로 인식하지 않고, 특수한 나이로 이해한다. 푸코는 광기가 유폐되기 전에 걸어온 오랜 표류를 재발견한다. 라캉은 데카르트의 코기토와는 반대로, "나는 내가 생각하지 않는 곳에서 생각한다. 나는 내가 생각하지 않는 곳에 있다"는 점을 보여 줌으로써 주체를 그야말로 분쇄해 버린다.

60년대의 지적 구조는 뤽 페리와 알랭 르노에 의해 적절하게 체계화된다.[25] 비록 이들이 이 구조주의적 사유와 68년 5월 사이에 확립하는 상관 관계로 인해 잘못 생각하고 있긴 하지만 말이다. 우선 우리는 철학의 종말이라는 주제와 함께 니체-하이데거 철학의 주요 방향을 다시 만난다. 특히 이 주제는 사유를 갇힌 상태로부터 구출하기 위해 작업을 하는 자크 데리다에 의해 구상된다. 데리다는 순수한 흔적의 글쓰기, '아무것도 의미하지 않는' 사유, 기의로부터 해방된 순수한 의미 작용을 권고한다. 두번째로 우리는 계보학의 패러다임, 다시 말해 담론의 내용 연구가 아니라 담론 생산의 외부적 조건들의 문제화와 다시 만난다. 세번째로 담론이 그것의 내용에 적절한지 유일하게 확인토록 해줄 수 있는 진리의 관념이 모든 토대를 상실하고, 철저하게 배척된 지시 대상과 함께 해체된다. 마지막으로 우리는 범주들의 역사화를 목격하고, 그리고 보편에의 모든 준거가 사라져 버리는 것을 목도한다. 뤽 페리와 알랭 르노가 드러낸 이와 같은 분류에 덧붙여야 할 것은 저자의 이름이, 즉 그의 존재의 의미 작용이 사라졌다는 점이다. 그는 언어의 법칙들 뒤로 사라지기 때문이다. 그는 그에게 속하지 않는 구성을 실천하는 언어의 한 중심점에 불과한 것이다. 이처럼 담론의 발화 행위와 주체를 공격하는 견해는 문학 텍스트와 비평가의 작업에 접근하는 새로운 방법에 이른다. 비평가는 저자에서 닫혀진 체계로서 텍스트로 시선을 옮겨야 하는 것이다.

물론 니체-하이데거 철학과 구조주의 사이에는 이동들이 작용한다. 그리하여 하이데거의 반인본주의와 구조주의의 반인본주의가 계보적 관계의 입장에 있다 할지라도, 그것들이 진정으로 동일한 성격을 지닌 것은 아니다. 구조주의의 관점은 인본주의를 과거의 한 에피스테메로 돌려보내고, 이로 인해 강력한 인식론적 정당화를 찾아낸다. 이에 반해 하이데거의 반인본주의는 여전히 형이상학적 성격을 띠고 있다. "그는 역사의 모든 차원들에서 존재(l'Être)를 본질화시킨다."[26] 그는 역사의 종말에 대한 사상 이상으로, 존재를 중심으로 한 메타역사의 사상인 하나의 철학을 생산해 낸다. 이런 관점은 다양한 구성 요소들로 된 구조주의의 관점이 전혀 아니다.

푸코: "나는 단순히 니체주의자이다"

니체의 계보는 분명하고, 푸코는 그것을 주장한다. "나는 단순히 니체주의자이다."[27] 푸코는 《말과 사물》의 말미에 사라지는 인간 모습의 은유에 이르기까지 니체의 사상 안에서 글을 쓴다. 그는 주체를 동일하게 파괴하여 주체를 계보학의 기획으로 대체한다. "모든 것은 이미 해석이다."[28] 니체처럼 어두운 곳을 뒤지는 푸코는 역사에서 망각된 것들을 파헤치고, 해방적인 법−정치적 담론의 지배가 은폐하는 처벌 사회의 주장들을 계몽 사상의 진보 뒤에서 해독하게 된다. 그리하여 광기는 이성의 전개 자체에 의해, 다시 말해 20세기 한가운데서 흔들리는 서구 문화의 전개 자체에 의해 억압되었다. 니체의 가르침은 언어의 두 존재 양태 사이의 단순한 일시적 이동으로 포착된 인간 모습의 해체를 통해 푸코에 의해 전적으로 수용된다. "(…) 신의 죽음 이상으로 니체의 사상이 예고하는 것은 신을 죽인 자의 종말이다. 그것은 인간 얼굴의 파열이다."[29] 그는 이로부터 문헌학과 담론적 연구의 우위를 끌어내는데, 이 담론적 연구는 니체에 의해 예고되어 이미 말라르메에 의해 수용되었다.

기호가 최초 기의와 관계를 단절했기 때문에 해석학이 무한히 계속되는 해석의 해석이 될 때, 그것은 기호학으로 변모된다. 인본주의는 결핍·비존재의 허구적 토대 위에 위안의 형태로 구축되었다. 그래서 왜, 그리고 어떤 조건들 속에서 인간은 자신에게 영원히 외재하는 위치에 있을 그 무엇을 사유하느냐가 중심적 문제가 된다.

푸코가 보기에 니체는 인류학을 최초로 뿌리에서 뽑아 버린 것이다. 그래서 인류학의 붕괴는 '인간의 죽음이 임박했음'[30]을 예고한다. 또한 니체의 계보학은 기원의 불가능한 탐구 속에 뿌리 내리지 않고, 현실성, 즉 역사적 현재에 뿌리 내리는 작업을 고취시킨다. 푸코는 우리의 세계를 진술하면서 동시에 예고하는 연속성들을 포착하려 하지 않고, 반대로 에피스테메들의 불연속성들과 동요들을 드러내고자 한다. 역사적 지식의 효율성은 항구적인 것들과, 식별의 위안적인 유희를 문제화하고 파괴하는 것이다.

고고학자로서 푸코의 작업은 그로 하여금 기념물처럼 포착된 고문서와 자료에 특별한 관심을 기울이게 만드는데, 이는 균열선들을 재추적하고, 모든 목적론적 궁극 목적으로부터 해방된 사건들의 특이성을 식별하기 위한 것이다. 푸코는 역사가들과 대화를 나누었지만 대부분의 경우 상호 이해의 벽을 드러냈다. 어쨌든 이런 사실과 그가 역사가들과 함께 작업을 할 정도 까지(미셸 페로 · 아를레트 파르주) 역사를 탐구 영역으로서 우선시하고, 인생의 말기에 폴 베인의 조언을 받았다는 점은 모두가 우연한 것이 아니라 그의 계보학적 방법에 부합한다. "계보학은 기원의 망상을 쫓아내기 위해 역사를 필요로 한다."[31] 이질성을 밝히고, 역사를 해체하고, 사라진 무수한 사건들을 사건화하는 방향으로 작업을 하는 것, 이것이 니체 철학을 역사적인 것의 영역으로 옮겨 놓은 푸코의 방향이다.

또한 우리는 보다 정도는 덜하지만, 니체의 영향을 레비 스트로스의 작품에서도 간파할 수 있다. 이것이 장 뒤비뇨가 《슬픈 열대》에서, 그리고 《벌거벗은 인간》의 '피날레'에서 알아차리는 점이다. 이 저서들에서 레비 스트로스의 전체적 비전은 니체에게서 그 기원을 찾아야 할 매우 미학적인 의지의 흔적을 보이고 있기 때문이다. "미학은 역사가 제거되자마자 끊임없이 나타난다."[32] 그리하여 레비 스트로스의 구조주의가 지닌 순환성은 니체의 영원 회귀로 귀결된다 할 것이다. 이 순환성에 입각해 신화들은 탁월한 논리학자적 구축 속에서 서로를 지시하기 때문이다.

이성의 검열

하이데거의 흔적은 더욱더 분명하고 구조주의의 모든 구성 요소들에 걸쳐 있다. 푸코는 이렇게 선언했다. "나에게 하이데거는 언제나 매우 중요한 철학자였다."[33] 그러나 푸코의 작품이 하이데거를 명시적으로 참조하는 부분은 아주 적다. 끊임없이 참조되는 니체와는 달리, 하이데거는 푸코의 방향에 암묵적으로 영향을 미친다. 그러나 푸코는 이 독일 철학자의 작품에 매우 신속하게 익숙해졌다. 그의 친구 팽게는 울름 가의 고등사범학교에서 젊은 푸코와 최초로 만난 일을 이야기한다.[34] 이때 푸코는 몇몇 친구들과 여기에 있는 존재(Dasein), 죽음을 위한 존재와 같은 개념들을 중심으로 매우 정열적인 모습을 보이며, 금속성의 목소리로 박식하게 이야기하고 있었다. 이는 하이데거의 철학이 모든 철학자의 공통어를 나타냈던 시기인 1950년에 젊은 고등사범학교생에게는 매우 평범한 것에 지나지 않는다. 그러나 우리는 미셸 푸코의 작품 자체에서 하이데거의 흔적과 만난다.

《말과 사물》에서 푸코는 칸트에 대해 '유한성의 분석적 판단'이라는 전형적으로 하이데거적인 표현을 수용하고 있다. 이 분석적 판단에 따라 인간은 자신이 '언제나 이미' 세계 속에 있으며, 따라서 기원을 찾는 일이 헛되다는 사실을 발견한다는 것이다. "인간은 모든 기원으로부터 분리되어 이미 여기에 있다."[35] 불연속적인 에피스테메들로의 재단은 또한 니체의 계보학과 동시에 하이데거의 유산으로부터 비롯된다. 우리는 《광기의 역사》에서도 하이데거를 만난다. 이 책에서 "배제를 통해서만 이성으로 성립되는 이성의 모든 주제는 전형적으로 하이데거적이다."[36] 《지식의 고고학》은 하이데거의 《인본주의에 대한 편지》와 나누는 암묵적인 토론이다. 마찬가지로 《감시와 처벌》에서 처벌적 사회가 계몽 사회 뒤에서 전개되고 있는 것을 보는 방식은 하이데거에게 나타나는 이성의 검열에 대응한다. 따라서 그것은 서구 운명에 대한 근본적으로 비관적인 비전으로 귀결된다. 물론 이와 같은 진단으로부터 끌어내야 할 가르침과 관련해서는 아무런 유사성이 없다. 왜냐하면 실천 활동의 차원에서 볼 때, 권력에 저항한다는 의미에서 푸코의 참여와 하이데거의 '참여' 사이에는 거의 관계가 없기 때문이다.

레비 스트로스의 경우, 하이데거의 영향은 푸코와는 달리 직접적이지도 주장되지도 않는다. 그러나 그것은 현대성에 관한 레비 스트로스의 엄청난 회의주의 속에, 세계의 기술화(技術化)에 대한 그의 비판 속에, 이 기술화가 문화 말살을 가져오는 파괴적 성격의 고발 속에 산발적으로 나타난다. 지구적 차원의 균질화, 차이들의 제거를 문제삼는 것은 동일한 감수성을 드러내고 있다.

라캉과 하이데거

라캉에 대한 하이데거의 영향 역시 결정적이다. 엘리자베트 루디네스코가 지적하고 있듯이, 라캉은 전후의 모든 지식인들이 그랬던 것처럼 하이데거의 문체에 매혹되었다. 최초의 만남은 1950년에 이루어진다. 그러나 특히 하이데거 사상의 프랑스 신봉자인 장 보프레가 있다. 그는 1946년경 라캉한테 정신 분석을 받았다. 따라서 라캉은 프랑스에서 하이데거 철학을 보급시킨 원천 자체에 접근한 것이다. 그는 이 원천을 자신의 정신 분석 의자에 가지고 있었을 뿐 아니라 그 이상이었다. 왜냐하면 장 보프레와 자크 라캉은 정신분석자에게 하이데거의 언어가 배어드는 것을 수월하게 하면서 친구 관계를 맺고 있었다는 점 때문이다.

하이데거에 대한 최초의 참조는 분명 이 시기에 이루어진다. "1946년에 라캉은 자신이 '정신적 인과 관계에 대한 고찰'을 발표하는 본느발의 학회에서, 하이데거가 1941-1942년에 출간한 《플라톤과 진리의 학설》을 읽었다는 암시를 한다."[37] 이어서 라캉은 프라이부르크로 하이데거를 방문한다.[38] 그는 이윽고 〈로고스〉라는 글을 번역해 하이데거에게 보여 주고, 1953년 자신의 잡지인 《정신분석학》에 이것을 게재한다. 라캉은 이 기회에 철학자 하이데거에게 다음과 같이 감동적인 경의를 표한다. "여기에 실린 하이데거 선생의 글이 그것 자체만으로 세계에서 가장 고차원적 사색이 어디에 있는지 아는 사람들에게 단언하는 것은, 현상학에 대한 정평 있는 자라면 아무 옹호자나 되풀이할 만큼 그렇게 값싼 사상을 보여 주지 않는 프로이트를 읽는 방법이 최소한 하나는 있다는 점이다."[39]

이와 같은 심취에도 불구하고 라캉이 텍스트를 5분의 4만 번역하고, 하이데거가 시적 글쓰기를 인간 존재의 비극을 해결하는 탈출구로 인식하는 마지막 부분을 삭제하고 있다는 점은 의미심장하다. 라캉이 볼 때 가능한 탈출구도 없고, 가능한 구원도 없다. 그는 존재(l'Être)가 일시적이나 밝아짐을 전혀 보지 못한다. 엘리자베트 루디네스코는 하이데거의 최초 프랑스 여행을 이야기한다. 그 당시 1955년 8월에 프랑스에는 그림 같은 풍경이 없지 않았다. 하이데거는 장 보프레와 코스타 악셀로스가 마련한 스리지라살의 대담에 참여하기 위해 왔다. 이 기회를 이용해 라캉은 기트랑쿠르에서 초대받은 이 저명한 인물에 경의를 표하기 위해 작은 모임을 마련한다. "하이데거는 프레보테에 머물다가 샤르트르 성당을 방문하러 가게 되었다. 라캉은 자신의 자동차를 환자를 치료하는 속도로 몰았다. 앞좌석에 앉아 있던 하이데거는 불평하지 않았지만, 그의 부인은 끊임없이 항의했다. 실비아[2]는 라캉에게 불안감을 나타냈다. 그래도 아무 소용이 없었다. 선생님은 점점 더 빨리 차를 몰았다. 돌아오는 길에 하이데거는 조용히 있었고, 그의 아내의 항의는 증폭되었다. 그럼에도 라캉은 액셀러레이터를 밟았다. 여행은 끝나고, 각자는 자기 집으로 돌아갔다."[40] 두 사람의 관계가 이보다 더 따뜻했었을 것이라고 생각할 수도 있다. 어쨌든 중요한 것은 하이데거가 진정한 언어는 독일어밖에 없다고 생각했기 때문에 어렵게 되었던 직접적 소통을 넘어서 개념적인 차용을 했다는 점이다. 라캉은 독일어를 말할 줄 모르고 번역만 할 수 있

---

2) 라캉의 부인이다.

었다.

라캉은 실존이라는 개념을 받아들인다. 그것은 인간이 모든 형태의 본질과 분리되어 있다는 관념이다. 라캉은 존재(l'Être)가 존재자에 대해 지니는 거리로부터 영감을 받는다. 그가 하이데거를 인용할 때마다, 그 이유는 실존이라는 개념과 죽음을 위한 존재를 이용하기 위해서이다. 실제적 삶이 실제적 삶이 아니라 상징적 삶이라는 라캉의 사상은 "우리가 하이데거의 작품 도처에서 만나는 사상이다. 그것은 그의 철학의 본질 자체이다."[41]

이와 같은 영향은 바로 라캉의 패러다임들 속에서 쉽게 간파된다. 우리는 그 속에서 하이데거의 근본적인 비관론, 인간의 탈중심화, 자기 자신에 결코 도달할 수 없이 균열된 상황에 처한 주체의 해체, 거울 구조의 단계로부터 존재의 망각, 즉 상실의 긴 여정과 다시 만날 뿐 아니라 하이데거의 어휘에서 빌린 것들도 식별해 낼 수 있다. 진리 및 진실성과의 관계, 충만 및 공허의 말과 관련되는 모든 것은 정신분석학의 영역 속에 옮겨 놓은 하이데거의 방법에 속한다. 그리스 철학과 진리에 관한 모든 설명은 그들에게 공통적이다. 《도둑맞은 편지에 관한 세미나》에서 구조주의적 모델로 귀결되는 편지의 순환성은 편지의 장소 자체, 즉 편지가 제자리에 없는 장소인 진실이 드러나는 장소에 관한 하이데거의 주제에 의해 동시에 뒷받침된다. 따라서 50년대 초기에 라캉은 하이데거에게 실질적으로 매혹되어 있었다. 그러나 이 매혹은 일방적이었다. 왜냐하면 하이데거는 줄곧 라캉의 작업에 관심이 없게 되기 때문이다. 따라서 우리는 "라캉이 하이데거 철학의 지지자인 적이 없다"[42]고 말할 수 없고, 그가 빌린 것들을 어휘의 문제로 축소할 수 없다. 비록 실제로 과학의 문제에 관해서 그들의 입장이 모순적이라 할지라도 말이다. 본질적으로 볼 때, 다시 말해 하이데거가 모든 인문과학을 위한 공통 언어로 철학을 제안했다는 사실에 비추어 볼 때 라캉과 라캉 이론을 훨씬 뛰어넘는 계보가 있다.

자크 데리다의 하이데거 수용

이와 같은 영향은 자크 데리다의 경우 더욱 분명하다. 그가 '파리아 사건'[3] 이후로 무슨 말을 하건 말이다. 그는 하이데거적이라는 수식어가 그가 인정하지 않는 어이없는 말이라고 생각한다.[43] 동시에 그는 레비 스트로스·알튀세·푸코가 하이데거의 영향을 결코 받지 않았다고 주장한다! 프랑스에서 하이데거 철학의 침투가 전혀 없었다는 자신의 주장을 뒷받침하기 위해, 자크 데리다는 1967-1968년까지 거슬러 올라가는 하나의 일화를 이야기한다. 그가 푸코와 자동차를 타고 갈 때, 그는 푸코에게 왜 하이데거에 대해 전혀 말하지 않는지 물었다. 푸코는 그의 영향력을 넘어서 너무도 중요하고 너무도 어렵기 때문이다라고 대답했다.

그러나 우리가 데리다의 텍스트들 자체를 참고하면, 하에데거의 영향은 분명할 뿐 아니라 그대로 주장되고 있다. "하이데거적 문제들이 제기되지 않았다면 (…) 하이데거가 존재(l'Être)와 존재자 사이의 차이, 다시 말해 어떤 면에서 철학이 사유하지 않고 놓아둔 존재적-존재론적(ontique-ontologique) 차이라고 부른 것에 대한 관심이 없었다면 내가 시도하는 것 가운데 어떤 것도 불가능했을 것이다."[44] 물론 자크 데리다는 하이데거의 사상을 맹목적으로 받아들이지 않는다. 그의 해체는 또한 이 사상의 핵심 자체를 공격하고, 라캉처럼 그것의 주장들을 급진화시키려 한다.

데리다가 볼 때, 인간이라는 **사건**(l'Ereignis)과 존재의 목자는 하이데거의 작품에서 파괴되어야 할 인본주의의 잔재이다. 그럼에도 데리다의 출발점은 하이데거가 존재의 매개자로서 언어에 부여한 특권이고, 의식철학에서 언어철학으로의 이동이다. 우리는 데리다가 해설에 대해 느끼는 한결같은 매

---

3) 빅토르 파리아(Victor Farias)가 1987년 《하이데거와 나치즘》이라는 책을 출간해 하이데거가 심층적으로 나치로부터 벗어난 적이 없다는 점을 보여 줌으로써 프랑스 지성계에 큰 논란을 일으킨 사건을 말한다.

혹과 만나는데, 그는 이 해설에 입각해 구조주의의 전반적 방향에 동참하면서도 이 방향과 자신을 차별화시킨다. 그렇게 하여 데리다는 《그라마톨로지에 대하여》에서는 클로드 레비스트로스를, 《글쓰기와 차이》에서는 미셸 푸코를, 《진리의 요인》에서는 라캉을 비판한다. 우리가 앞으로 다시 다룰 터이지만, 이와 같은 비판들은 우리를 프랑스의 니체-하이데거 철학의 다양한 반향으로 안내한다. 이 반향들은 인문과학의 모든 지식 영역에서 매우 다양한 연구의 잠재력을 발휘하기 위해 구조주의를 상징으로 삼았던 것이다.

38

사회과학의 성장 위기

구조주의의 성공을 이해하는 데에는 구조주의 현상의 폭넓은 역사적 맥락을 복원하거나 철학적 성격의 몇몇 계보를 드러내는 것만으로는 충분치 않다. 사회과학 영역 자체의 상태, 그것의 형태와 특수성을 환기해야 한다. 왜냐하면 모든 환원주의자들이 생각하는 것과는 반대로 각각의 학문, 각각의 과학의 역사는 그것들을 산출한 역사에 대해 폭넓은 자율성을 누리고 있기 때문이다. 이러한 수준에서 우리는 질 가스통 그랑제가 언급하듯이 개념들의 자율적 삶에 대해 이야기할 수 있다. 구조주의 같은 이론이 출현하고 변모하는 조건들은 연구와 교육의 영역 내에서, 그리고 보다 폭넓게는 지적 풍경 내에서 학제간 관계를 고려함으로써 부분적으로 밝혀질 수 있다.

사회과학의 강도 높은 사회화

구조주의적 활동이 개화하는 시기는 사회과학이 눈부시게 발전하고, 특히 이미 가득 차 있는 화단에 햇볕이 잘 드는 탐나는 자리를 차지하려는 새로운 싹들이 돋아나는 시기였다. 그런데 이와 같은 새로운 사회과학들은 정당성을 찾고 있었다. 이 정당성을 정복하기 위해 그것들은 단절에 토대를 둔 정체성을 획득하게 되고, 그 50년대와 60년대에 증가하는 지적 독자층을 확보하려고 한다. 이는 이미 확립된 전통적 입장들을 포위하기 위한 것이었다. 여기서 자신의 깃발 아래 많은 학문 영역을 광범위하게 끌어내려 하면서 과학적 혁명으로 자처하는 구조주의의 단절은 게임에 승리하기 위해 강도 높은 사회화를 추구한다. 이로부터 이 시기에 과학적인 측면들과 이데올로기적인 측면들을 분리할 수 없는 성격이 비롯된다. 왜냐하면 강도 높게 추구된 이와 같은 사회화는 과학적 담론의 이데올로기화를 야기하기 때문이다. 따라서 구조적 방법만을 붙들기 위해 이데올로기적 요소들을 어둠 속으로 밀어내는 것은 쓸데없는 태도로부터 비롯된다. 왜냐하면 우리는 "과학적 혁명들이란 바로 이와 같은 강도 높은 사회화가 아닌지"[1] 자문할 수 있기 때문이다.

이런 관점에서 그 어떤 과학도 이데올로기화와 사회화를 피할 수 없다. 그렇기 때문에 코페르니쿠스와 갈릴레오 시대에 물리학적 관찰은 지구 중심적 모델에서 태양 중심적 모델로 이동함으로써, 그것이 야기한 신학적 갈등을 동반한 전적으로 이데올로기적 쟁점이었던 것이다. 폴 리베는 새로운 프랑스 민족학의 제도화에 성공하기 위해서 이와 같은 사회화의 필요성을 느꼈다. 식민지의 조건에서 태어난 민족학은 이데올로기적인 것과 동일선상에 있었다. 그리하여 폴 리베는 이런 조건들을 이용해 이 조건들을 뒤집을 수 있고, 사회적·문화적 이타성의 인식에서 근본적 변화를 가능하게 할 수 있다고 생각했다. 민족학은 조건지어진 상태로부터, 하나의 윤리와 반인종차별주의적인 정치를 가져오는 조건짓는 상태가 되는 것이다. 따라서 폴 리베는 30년대에 지적 논쟁에서 의도적으로 민족학을 이데올로기적 무기로, 주요한 요소로 만들었고, 그렇게 하여 민족학의 제도화를 가능하게 했다. 그런 만큼 사회화와 이데올로기화는 개념적 차원에서 새롭게 무장한 과학, 그렇지만 제도적 정당성의 차원에서는 무장 해제된 과학의 존재 양식에 부합한다 할 것이다. 50년대와 60년대의 기호과학이 그런 경우라는 것은 이론의 여지가 없다. 이 경우는 30년대 민족학의 경우보다 훨씬 더 주목을 받았다. 왜냐하면 당시에 기호과학은 매체들의 지원을 받았기 때문이다. 매체들은 사회화 능력을 확대시켜 주면서 지적 영역에서 증대되는 역할을 했다.

과연 매체들은 60년대의 논쟁을 독점하여 공적인 광장에서 이 논쟁의 쟁점들을 제시했다. 심지어 사람들은 바르트/피카르 사이의 그 문제적 싸움과 관련해 드레퓌스 사건에 대해 말할 수 있었다. 어떤 사람들은 이와 같은 지나친 매체화를 구조주의의 유일한 구체적 현실이라고 간주했다. 우리가 매체적인 소란에서 벗어나면 "구조주의는 더 이상 존재하지 않았다."[2] 데카르트 · 스피노자 · 파스칼 혹은 홉스 사이가 그런 것처럼, 보다 중요한 것은 불일치들과 모순들이었다. 구조주의자들이 보기에도, 같은 시대에 사유한다는 사실에 기인하는 공통점들이 있긴 하지만 대립들이 더 타당한 것 같았고, 그들이 지닌 동질성의 환상 뒤에서는 모든 연구자들을 동요시킨 갈등과 논쟁이 매우 강렬했다. 그러나 이러한 매체적 중계는 구조주의를 보급하고, 인정받고, 학문적 정당성을 탐색하려는 고심 속에서 추구되었다.

한편으로 사상 및 과학과 다른 한편으로 이데올로기를 분리하려는 또 다른 시도로서, 모리스 고들리에[3]는 한편으로 친족 관계 및 신화 구조 등의 적절하고 엄격한 과학적 분석인 구조적 방법과, 다른 한편으로 사상의 진보 · 인류 · 사회에 관한 일반적인 사변적 표명, 즉 이데올로기적인 것에 속하는 구조주의를 철저하게 구별한다. 이 둘 사이의 분리는 총체적이다. 비록 우리가 동일한 연구자들에게서 방법과 이데올로기적인 것이 함께 결합된 모습을 만난다 할지라도 말이다. "나는 신화의 구조적 분석에서 클로드 레비스트로스가 자신의 구조주의를 전혀 끌어들이지 않는다고 주장한다. 자신의 방법을 중지시키는 것은 그 자신이다. 이는 그의 방법이 한정되어 있기 때문이 아니라, 그가 다른 이유들로 인해 그것을 중지시키고 싶기 때문이다."[4] 구조주의는 과학 · 이데올로기 · 사회화 · 매체화로서 동시에 이 모든 것이다. 우리가 그것의 시기들 · 사조들 · 쟁점들을 판별해 내지 못할지라도, 그것은 풀어야 할 까다로운 실타래이다.

사회과학의 도전에 응하는 철학자들

따라서 구조주의에 대한 열광은 사회과학의 강도 높은 사회화에 부합하고, 50년대말부터 인문과학의 진정한 발전 전략으로 변모된 하나의 폭발적 현상에 부합한다. 레이몽 아롱의 주도 아래 사회학이 사회학 학사제를 설립해 제도적으로 정착되어 발전하게 되는 때는 1958년이다. 보다 전반적으로 보면 열기가 가득 찬 사회과학의 주도자들은 "철학자들의 인정을 구하지 않았고, 반대로 그들은 보란 듯이 철학자들과 차별되고자 애썼다."[5] 이러한 차원에서 우리는 구조주의의 성공을 사회과학이 던진 도전에 대한 철학자들의 반응으로 이해할 수 있다. 본질적으로 사회과학이 동일한 철학적 기반으로부터 나왔지만 말이다. 보다 과학적이고 보다 실용적인 목적을 지닌 학문들의 경쟁에 의해 뒤흔들린 철학자들은 개념들과 영역 사이에 분절을 실현하면서, 지적 영역에서 자신들의 위치를 되살리기 위해 이들 학문들의 프로그램을 자기 것으로 수용하는 반응을 나타냈다.

그 당시에 철학은 생명력이 고갈되어 가는 2개의 프로그램을 보고 있었다. 하나는 모든 것, 모든 종류의 의미가 비롯되는 구성적 주체, 전능하고 전적으로 추상적인 초월적 그 주체를 중심으로 윤곽이 잡힌 사르트르의 실존주의이다. 이 철학은 60년대에 완전히 파산 상태에 있었고, 우리가 본 바와 같이 역사의 암초에 직면해 좌초하려 하고 있었다. 그것은 "프랑스 대학이 낳은 관념론의 마지막 모델들 가운데 하나"[6]였던 것이다.

주체의 이 관념론으로부터 구별되고자 한 철학자들은 구조주의에서 방법을 발견해 구조들이 지닌 부동성의 우위를 통해, 주체의 소멸은 아닐지라도 탈중심화 등을 통해 철저히 대응하게 된다. 사르트르는 공적 논쟁의 쟁점으로서 새로운 양식의 철학을 창시했었고, 이는 전후와 50년대에 그의 인기에 강력하게 기여했다. 그러나 그는 구조주의자들 쪽으로 기울기 위해 그로부터 벗어나는 독자와의 새로운 관계 방식의 최초 희생자가 된다. 구조주의자들은 그에 대항해 그가 군림하기 위해 사용했던 바로 그 무기들을 사용했다. 경제 상황, 알제리 전쟁의 종말, 탈정치 참여, 환멸은 긴장 완화의 속죄적 희생자인 사르트르가 더 이상 구현하지 못하는 새로운 스타일의 지식인을 생성시키게 된다.

구조주의 철학자들이 벗어나게 되는, 철학적 사유의 두번째 중심축은 현상학이다. 물론 구조주의는 현상학에서 몇몇 방향들, 예컨대 구조에 부여된 특권, 의미의 추구와 같은 것들을 포착해 수용하게 된다. 그리하여 구조주의에 관해 최초로 박사 학위 논문을 낸 장 비에트는 현상학을 구조주의의 특수한 경향으로 인식할 정도였다.[7] 그러나 현상학은 여전히 의식의 철학으로 남았고, 본질적으로 현상들의 기술에 집착했다. 자크 데리다가 볼 때, 현상학은 주체의 원칙을 유지함으로써 여전히 '표상의 울타리 속에 갇혀' 있었다. 그래서 "해체는 기술(記述)의 자리를 차지했다."[8] 모든 구조주의적 사유에 방향을 주게 될 해체는 하이데거의 la destruktion을 번역하기 위해 데리다에 의해 이미 도입되어 있었다. 이 용어는 부정적 의미도, 긍정성도 내포해서는 안 되었다. "해체의 목적은 철학적 담론의 이론을 제안하는 것이다. 이러한 프로그램은 분명 비판적이다."[9]

따라서 이러한 철학적 구조주의는 현상학에 대한 이론(異論)으로부터 태어남으로써 비판적 패러다임을 가장 높은 수준으로 끌어올리고, 도약하는 사회과학의 탐구 영역에 대한 개방 및 유입 수단으로 이 패러다임을 사용할 수 있게 된다. 대부분의 구조주의자들은 철학을 공부했다. 레비 스트로스 · 피에르 부르디외 · 자크 라캉 · 루이 알튀세 · 자크 데리다 · 장 피에르 베르낭, 이들 모두는 철학적 수련을 거쳤다. 그러나 그들의 공통점은 전통적인 대학 철학과 단절했다는 것이다. 그들은 전혀 다른 것을 추구했다. 그들은 사회과학의 도전을 의식하고, 대학에서 훈련하는 수사학과 단절한 철학적 세대였다. 그렇기 때문에 현실에 대한 특수한 관점을 통해서 철학의 새로운 대상들을 선택함으로써, 또 사유를 사회적 영역들과 제도들에 연결함으로써 인간행동학적(praxéologique)[1] 가치를 획득해 지식인들에게 직접적으로 호소하기 위해서는 제도의 합법적이고 틀에 박힌 낡은 기구들을 피하고 벗어나야 한다.

뿐만 아니라 이들 철학자들에게 구조주의는 보다 과학적이 된 담론, 인문과학에 대한 하나의 대응책을 그들에게 제공했던 그런 담론을 혁신시키는데 도움이 되었다. 이것이 피에르 부르디외가 '결과론(l'effet-logie)'[10]이라 부르는 것인데, 그는 이것을 고고학 · 그라마톨로지 · 기호학 등의 성공을 보며 확인한다. 이와 같은 파장이 환기시키는 것은 과학의 역사에서 전적으로 지위를 차지하는 학문적 중심축을 확립하기 위해, 언어학과 수학논리학에서 도움을 얻고 있는 사변적 구조주의의 과학적 야망이다. 푸코는 그가 강조하는 이와 같은 균열선을 기술하는데, 이 균열선은 모든 다른 형태의 대립을 초월한다. "그것은 하나의 철학을 경험 · 의미 · 주체와 분리시키고, 하나의 철학을 지식 · 합리성 · 개념과 분리시키는 균열선이다. 한쪽에는 사르트르와 메를로 퐁티의 계보가 있고, 다른 한쪽에는 카바예스 · 바슐라르 · 코이레 · 캉길렘의 계보가 있다."[11]

사회과학은 구조주의의 깃발 아래, 당시까지 철학적 사색의 특권이었고 철학적 전위였던 일련의 문제들을 자기 것으로 수용함으로써 성공적으로 역공을 취한다. 증대하는 독자층에 의해 열려졌고, 혁신되었고, 지탱된 철학이라는 학문은 논쟁으로 활기를 되찾아 나왔고, 교육자가 대폭 늘어나는 혜택을 누리게 되었다.[12] 고등학교에서 철학 담당 직위의 숫자는 1960년 9백5명에서 1965년에는 1천3백11명으로, 1970년에는 1천6백73명으로 늘어났다. 대학에서 철학 담당 교육자의 숫자는 1963년 1백24명이었던 것이 1967년에는 2백67명이 되었다.

구조주의의 지도자들이 사회과학을 흡수하려고 했지만, 그들은 사회과학의 실증적 모델을 비판하면서 그것과 싸웠다. 구조주의 철학자들은 사회과

---

1) 인간행동학(praxéologie)은 기술의 과학인 기술공학과 대립되는 개념으로 행동의 가장 보편적인 형태들과 가장 고차원적 원리들에 관한 과학이다.

학의 과학만능주의적 주장들에 대한 독설적인 공격을 증폭시켰다. 라캉은 심리학을, 알튀세는 역사를, 푸코는 인문과학의 분류 방법을 공격했다. 우리는 허구, 다시 말해 과학성에 대한 확신에 안주해 있는 인문과학의 허구로 나타난 것에 대항하는 진정한 탄막(彈幕)을 목도한다. 인문과학에 대항해 구조주의자들은 가스통 바슐라르와 조르주 캉길렘으로부터 힘을 얻은 인식론적 비판을 내세운다.

에티엔 발리바르는 이와 같이 성공한 반전을 잘 기술하고 있다. 이 반전은 구조주의의 비판에 의해 정화된 인문과학이 철학자들에 의해 개발된 모델들과 개념들에 입각해 자신의 실증성을 찾도록 유도하게 된다. "그렇게 하여 내가 《자본론 읽기》(1965)에 게재한 텍스트는 인류학자들과 몇몇 역사가들을 관심을 끌었다. 왜냐하면 나는 생산 양식이라는 개념을 구축했고, 그들은 그것이 작동적(조작적) 개념이라고 생각했기 때문이다."[13] 구조주의는 본질적으로 개념적 · 이론적 담론을 우선시함으로써, 그리고 재단이나 경계들, 다시 말해 도약하고 있는 다양한 신생 사회과학의 경계들에 혼미가 있다고 봄으로써 혁신된 철학의 우위를 지킬 수가 있었다. 혁신된 철학은 일종의 '타협 형식'[14]을 토대로 구축되었다. 이 타협은 한편으로 인본주의에 대한 역동적이고 비판적인 재규정, 과학적인 근본적 단절을 가져온 그런 재규정과, 다른 한편으로 철학이란 학문이 지닌 높은 위상의 보존 사이에 이루어진 것이다. 비록 철학의 종말에 대한 빈번한 환기가 이와 같은 현상을 가려 버리는 것 같았지만 말이다. 루이 핀토가 지적하고 있듯이,[15] 바로 이와 같은 고심을 한 결과 푸코에게서 나타나는 고고학의 형식은 다음과 같은 이중적 요구를 충족시키게 해주었다. 즉 인문과학에 대한 역사적 담론을 제안해야 하고, 이 담론이 인문과학을 철학적으로 사유하는 수단이 되어야 한다는 점이다. 인문과학이 스스로 할 수 있는 것과는 다르게, 그리고 보다 낮게 사유하는 수단 말이다.

이러한 차원에서 전위적인 철학은 사회과학의 도전을 전적으로 받아들였다. 뿐만 아니라 그것은 체계 내에서 가장 권위 있는 자리를 철학에 보존해

주면서 60년대 사회과학의 도약에 유리하게 작용했다. 그것은 중등교육 학업과정의 정상(頂上)에서 지배적 위치를 차지하고, 또 엘리트 생산의 역할에서 매우 대표적인 보루들, 즉 고등사범학교 입시준비반과 고등사범학교가 있음으로써 여전히 '최고의 학문'으로 남았다. 이런 관점에서 철학은 루이 알튀세가 '소위 사회과학'을 배척하면서 보여 준 그 자신감이 입증하듯이 공격에 훌륭하게 저항했다. '소위 사회과학'이라는 말은 "사회과학이 50년대에 처한 제도적(그리고 흔히 지적) 취약성의 상태를 참조하지 않고는 설명될수 없는"[16] 저주를 나타낸다. 이러한 차원에서 사회과학에 대해 인문학이 벌인 투쟁은 엘리트 생산에서 고등사범학교와 국립행정학교 사이에, 다시 말해고전적 엘리트와 새로운 기술 엘리트 사이에 벌어진 싸움을 재현했다.

역사 앞에서 해방

구조주의가 틀에 박힌 철학에 대립했다면, 그것은 또한 정착되고, 전범화되고, 자신과 자신의 방법을 확신하는 또 하나의 오래된 학문, 즉 역사학을공격했다. 대학의 학문으로서 역사학뿐 아니라, 역사성 일반을 불안정하게만드는 것은 구조주의의 또 다른 지배적인 특징이다. 그리하여 구조주의자들은 항구적인 것들, 불변수들, 공시성, 닫혀진 텍스트를 우위에 두기 위해역사주의, 역사적 맥락, 기원의 탐구, 통시성, 목적론을 쳐부수기 위한 전쟁을 하러 떠났다. 아날학파는 두 번에 걸쳐 이와 같은 도전에 대응했다. 먼저1958년에 페르낭 브로델은 역사학자의 지휘를 받는 모든 사회과학에 공통되는 언어로서 장기 지속과 시간적인 3등분을 권장했다. 그리고 60년대말에 역사가 해체되었다. 《아날》지의 제3세대가 역사를 파편화시켰고, 인류학화시켰던 것이다.[17] 구조주의적 문학 비평으로서 기호학은 역사를 거부하면서 스스로를 규정하기 시작했다. 물론 그것은 전통적인 아카데믹한 문학사, 즉 인간과 작품의 역사와 단절해야 했다. 그러나 그것은 모든 심리학적 혹은 역사적 지시 대상과 그것을 단절시킨 형식화를 염려한 나머지 역사적 관점의 부인을 매우 멀리 밀고 나갔다.

다른 사회과학들과의 대화에 가장 개방적이었던 자들을 포함해 역사가들은 구조주의의 도전에 위협을 느끼지 않을 수 없었다. 따라서 그들은 이미 오래 전부터 그들 자신의 프로그램에 속했던 것, 즉 경제-사회적 구조들과 반복적 주기들 및 현상들에 대한 연구를 우선시함으로써 이러한 위협에 대처했다. 그렇지만 그들은 자신들을 구조주의자로 선언하지 않았다. 왜냐하면 모순이 너무도 컸기 때문이다. 따라서 역사로부터 해방되고자 하는 급진적 의지가 있었고; 이 의지는 모든 역사적 토대를 터무니없이 부정하는 정도로 지나쳤다. 그렇기 때문에 당시 파리 7대학 교수로서 역사학에서 모더니즘의 선두에 있었던 미셸 페로는 문학교수들과 세미나를 열었지만, 이 세미나는 귀머거리들의 대화가 되고 말았다. 그녀는 학제적인 적극적 제안을 실현시키겠다는 생각을 했다. 그러나 그녀는 역사적 맥락에 대한 어떠한 참조도 반대하는 공격을 받자 자신이 '매우 무능하다는 느낌'을 받았다. 실제로 새로운 문학 비평의 지지자들에게는 "맥락이라는 말 자체가 화나게 만들었고, 그래서 그것은 추방되었다. 닫혀진 텍스트를 벗어나서는 안 되었고, 이것이 대화를 매우 어렵게 만들었다."[18]

반아카데미즘

전통적 철학이 되었든, 역사학이 되었든, 심리학이 되었든 전범화된 학문들과 투쟁하려는 이와 같은 의지는 반아카데미즘적 저항이라는 보다 광범위한 맥락 속에 들어간다. 이러한 저항은 전위적 철학이나 기호과학에게는 제도권에서 자리를 잡는 유일한 방법이었다. 사실 구조주의의 대부분 지지자들은 지위가 불안정했다.

대부분의 경우 새로운 것은 당시에 변방으로 간주되었던 제도들, 예컨대 실천고등연구원의 제6분과나 콜레주 드 프랑스 같은 기관들로부터 왔다. 물론 콜레주 드 프랑스는 학문적 합법성의 정상에 있는 것으로 간주되었지만, 대학이라는 중심적 연구 교육 기관의 변방에 있었다.

이런 관점에서 볼 때, 구조주의자들이 그린 궤적들은 의미심장하다. 왜냐하면 그것들은 대개의 경우 대학과 동떨어져 이루어졌기 때문이다. 특히 그 중에서도 이런 점을 기꺼이 인정한 레비 스트로스가 그런 경우이다. "따라서 그것은 파란 많은 대학교수 경력이었는데, 가장 놀라운 특징은 엄밀하게 말해서 언제나 대학 밖에서 이루어졌다는 점일 것이다."[19] 또한 바르트 · 그레마스 · 알튀세 · 뒤메질 · 토도로프 · 라캉 등의 경우도 마찬가지이다. 우리가 1967년 소르본대학 강좌들의 편성표를 검토하면, 앙드레 마르티네를 제외하면 우리가 오늘날 알고 있는 어떤 연구자도 언어학 교육을 담당하지 않았다는 점을 확인하고 놀라움을 느끼지 않을 수 없다. "1967년에는 소르본에 언어학과 자체가 없었고, 다만 단순한 언어학연구소가 있었다. (…) 내가 고등학교에서 교편을 잡으면서 언어학 박사학위 논문을 집필했지만, 그것은 실업자가 되기 위한 것이었다. 그것은 아무 쓸모가 없었다."[20]

전통의 무게, 그리고 새로운 영향에 폐쇄적인 오래된 소르본의 보수주의는 프랑스 대학을 납덩이로 덮고 있었고, 수구주의 속에 가두었다. 이 수구주의는 반항과 필연적인 단절을 키웠다. 하나의 자리를 차지하기 위해 기호과학은 제도권을 포위해야 했고, 대중적이고 효율적인 지지를 찾아내야 했다. 다양한 학문들의 전위대들을 규합하게 해주었던 구조주의는 은밀하게 일어나는 반항을 혁명으로 변모시켜 줄 수 있었다.

바로 이와 같은 상황에서 니체 · 마르크스 · 소쉬르에 대한 준거가 작동되게 된다. 이 준거는 대학의 특권적 지식 계급의 정통성을 지지하는 자들에 대항한 반아카데즘적 비판의 진정한 무기였다. 사실 구조주의자들은 하나의 보다 오래된 프로그램을 수용하여 시대에 맞게 수정하고 혁신시킨 것이다. 인간과학의 영역 속에 특수한 합리성을 따르는 분야들이 나타나게 하려는 의지는, 이미 오귀스트 콩트의 작품에서 작용하고 있는 것이 발견되는 발상이다.

구조주의의 또 다른 중심적 패러다임에 따르면, 결정적인 것은 개별적으로 취한 요소들이 아니라 그것들의 객관적인 관계이다. 이때 의식은 이 관계망에 개입하지 않는다. 이와 같은 패러다임과 관련해 행동과 의식 사이의 괴리가 있다는 그 관념, 그와 같은 비전은 이미 뒤르켐이나 헤겔 사상의 비전이었다.

혁신적인 것은 프로그램의 내용에 있다기보다는 프로그램의 잠재력을 현재에 맞게 현실화시키는 데 있으며, 구체적인 과학적 결과들을 획득하는 프로그램 작동의 가속화에 있다.

공동 프로그램: 언어학

사회과학을 과학적으로 혁신시키겠다는 희망은 변화를 강제할 수 있는 방법과 공통의 언어를 구조언어학에서 찾아냈다. 그러니까 언어학은 형식적 틀이 없어 고심하는 일련의 학문들에 방법으로 나타난 셈이다. 그것은 군데 군데 인류학·문학 비평·정신분석학의 방향으로 보급되었고, 철학적 문제 제기의 방식을 심층적으로 쇄신시켰다. 그러나 상당수의 사회과학은 본질적으로 이와 같은 동요와 여전히 동떨어져 있었거나, 단순히 부차적인 영향을 받았다. 이 사회과학들은 그것들의 근본적인 실증주의에 의해 지탱되었는데, 토론 자체 쪽으로 이동했다. 심리학이 그런 경우인데, 그것은 형이상학적 문제가 없는 모델화 체계들, 과학적 장치들을 전개시키면서 시대를 가로질러 갔다. 또 본질적으로 경제학이 그런 경우이다.

언어학의 전염에 의해 가장 영향을 받은 분야들은 제도적 차원에서 여전히 불안정한 상황에 있었던 학문들이다. 혹은 과학적 실증성의 요구와 이 요구가 정치적인 면과 맺는 관계 사이의 내적 모순으로 인해 정체성을 추구하고 있었던 학문들, 예컨대 사회학 같은 학문들이다. 끝으로 문학 연구나 철학과 같이 신구 논쟁에 전적으로 가담한 학문들이다. 이와 같은 상황은 학문들 사이의 경계를 약화시키는 데 기여했다. 구조주의는 여기서 통일적 기획으로 제시되었다. "60년대말에 인문과학을 쇄신하려는 다양한 시도들을 언어학보다는 더 일반적인 단 하나의 학문으로까지는 아닐지라도, 단 하나의 사조로 반드시 통합시켜야 할 것처럼 보였다."[21] 이러한 유혹은 롤랑 바르트나 움베르토 에코에 의해 가장 분명하게 표현되었다. 그들은 기호의 연구를 중심으로 모든 인문과학들을 재결집할 수 있는 일반기호학을 제안하자는 데 일치했다.

따라서 현대화는 학제간의 상호 연관성과 결합되었다. 왜냐하면 인문과학의 모든 영역에 언어학적 모델이 침투토록 하기 위해서는 그 신성 불가침한 경계를 위반하는 것이 필요했기 때문이다. 모든 것이 언어적이고, 우리 모두가 언어 활동을 하고, 세계가 언어인 순간부터 "모든 것은 상호 교환할 수 있고, 침투할 수 있고, 변형될 수 있고, 전환할 수 있다. 모든 것이 말이다."[22] 이와 같은 학제간 상호 연관성은 각각의 학문이 엄격한 한계 내에서 자기 자리를 차지하는 훔볼트적 대학 모델을 위반하는 것인데, 형식주의의 모든 변형들에 대한, 그리고 지식 자체에 내재하는 지식에 대한 진정한 열광을 야기시켰다. 그 당시의 지배적인 말은 커뮤니케이션이라는 말이었다. 이 말은 같은 이름의 잡지[2]를 넘어서, 학제간 연구가 주는 그 행복감을 환기시킨다.

통일적 학문의 야망

레비 스트로스는 제2차 세계대전 후부터 인문과학을 통일시키는 이러한 프로그램을 표명한 최초의 인물이었다. 물론 그가 개발해 낸 성좌는 그가 대표였던 사회인류학, 유일하게 이와 같은 총합적 기도를 성공시킬 수 있었던

---

2) 《코뮈니카시옹》이란 잡지를 말한다.

그 사회인류학을 중심으로 맴돌고 있다. 레비 스트로스가 볼 때, 인류학의 특별한 소명을 성립시키는 것은 이 학문이 자연과학과 인문과학의 교차점에 있을 수 있는 능력이다. 이런 이유로 인류학은 "최후의 심판 때 자연과학 사이에서 깨어난다 해도 실망하지 않는다."[23]

따라서 레비 스트로스는 자연과학과 정밀과학으로부터 영감을 받아 자신의 인류학을 구축토록 하기 위해 그것들 속에서 일정 수의 논리-수학적, 혹은 기술적 작동 모델을 끌어냈다. 그의 야망은 과학적 엄격성을 통해 자연과학과 인문과학의 경계를 없애는 것이었다.

제2차 세계대전 동안 미국에서 야콥슨과 유익한 만남에 힘입어 레비 스트로스는 자신의 인류학적 방법에서 언어학적 모델에 특권적 위치를 부여한다. 불변수들을 연구하고, 계열체적·통합체적 해체를 시도하는 과정에서 야콥슨의 음운론의 가르침, 예컨대 이항 대립, 차이적 편차와 같은 것들을 자기 것으로 수용한다. 야콥슨 덕분에 언어학은 매우 풍요로운 지식의 영역을 일구게 되었다. 레비 스트로스가 언어에, 기호의 해독에 부여한 우월적 지위를 통해 인류학을 문화적 방향으로 전환시키지만, 그렇다고 통일성에 대한 자신의 야망을 포기하는 것은 아니다. 정신적 울타리들에 대한 그의 탐구는 또한 생물학적인 것의 영역을 노린다. 그의 구조인류학에서 생물학적인 것에 부여된 위상은 전적으로 매우 중요하다. 비록 이 분야가 진정으로 탐사되지는 않지만 말이다. 구조적 분석은 이미 '육체에서 그 모델'을 찾아낸다. "이미 나는 다양한 동물들에게서 나타나는 시각적 지각의 메커니즘에 관한 매우 진전된 연구들에 주의를 환기시켰다."[24] "의식의 직접 여건은 하나의 텍스트처럼, 감각 기관들과 두뇌에 의해 이미 코드화되어 중도에 위치한다."[25]

그러니까 레비 스트로스가 마르셀 모스의 '총체적 사회 현상'의 구축 야망을 자기 것으로 수용하면서 열망하는 총체성이 노리는 것은, 과학적인 모든 영역을 포괄하는 것이고, 궁극적으로 구조인류학을 총칭적 인간과학으로 만드는 것이다. 논리-수학적인 모델들, 음운론의 기여, 경계가 없는 연구 영역에 힘입어 이 총칭적 인간과학은 보조적이 된 과학들을 연합시키는 학문이다. 여기서 연구 영역은 역사가 없고 문자가 없는 사회들을 지구적 차원에서 동일한 시각 속에 포용한다.

이때 인류학자는 사회적 행위의 무의식에 도달할 수 있고, 모든 인간 사회들에 통용되는 법칙들의 복잡한 결합 관계를 복원시킬 수 있다. 이와 같은 야망이 인간을 대상으로 했던 모든 과학들의 주요한 도전을 대변했다는 것, 또 그것이 다른 지식 분야들에 입각해 그런 프로그램을 경쟁적으로 실현시키려는 반작용을 유발했거나, 아니면 반대로 합법성을 쟁취하기 위해서 그와 같은 정복적인 역동성에 기대려는 반응을 야기시켰다는 것은 당연하다. 그처럼 규정된 야망은 인류학이 초창기 제도적으로 위치를 차지하는 데 경험하는 어려움에 상응한다. "이미 확립된 틀 속에 진입하는 데 겪는 어려움은 신생 학문들의 운명이다. (…) (인류학이) 말하자면 자연과학에 발을 내디딘다 할지라도 그것은 인문과학에 기대고 있다. 또 그것은 사회과학 쪽을 바라본다."[26] 인류학이 홀로서 인간과학을 평정하는 데 성공하지 못했지만, 그 뒤를 이어받은 구조주의는 통일된 통합과학의 구축이라는 동일한 방향에서 작용하는 일련의 학문들에 공통적인 학파가 되지는 않았지만 사실상 공통의 패러다임이었다.

프랑스인들을 둘로 나눈 현상

기본적으로 구조주의의 불꽃은 국제적으로 영향을 미친 프랑스 본토의 현상이었다. 구조주의의 시대를 설명했던 다양한 저서들은 영미 세계에서 **프랑스 비평**이라는 이름으로 규합되었다.

어떤 면에서 프랑스는 다른 곳보다 구조주의적 활동의 시작과 개화에 유리한 토양을 제공했는가? 이와 관련해 우리는 몇몇 가정을 제시할 수 있다. 우선 프랑스와는 반대로 미국에서 승리를 구가했던 사회과학의 유입을 차단하는 역할을 한 인문학의 무게가 프랑스에 있었다. 프랑스에서 사회과학의 도약에 대한 철학적 전위의 대응은 구조주의의 프로그램을 독점하면서 신구 논쟁에서 혁신된 인문학을 우위에 서게 해주었다.

뿐만 아니라 전통 지지자들과 모더니즘의 지지자들 사이의 싸움 또한 매우 프랑스적인 특징이었고, '신' 소르본와 '구' 소르본 사이의 세기초 논쟁을 재연시켰을 뿐이다. 더욱이 인문학의 무게는 프랑스 지식인으로 하여금 인류의 이름으로 말하고 인류를 끌어들이게 해주었고, 자신의 특수한 전문 영역을 넘어서 대변인의 입장에 서게 해주었다.

또한 본질적으로 18세기로 거슬러 올라가지만 19세기에 드레퓌스 사건과 더불어 증폭되었고, 20세기에는 장 폴 사르트르에 의해 구현된 전통이 있었다. 비록 구조주의가 이러한 참여 지식인의 모습과 거리를 두고 있다 할지라도, 여전히 구조주의 사조는 자신의 동료들을 뛰어넘어 자신의 주장을 강제하기 위해 독자층에 직접적으로 호소하려는 의도에서 제도적 기관들을 포위하는 그 방법을 광범위하게 이용하게 된다. 반대로 미국에서 대학교수는 달러로 평가되고, "인류의 이름으로 말할 수 있는 어떠한 특별한 권리"[27]도 없다. 독일과 미국에서는 경우에 따라서 창구를 마련할 수 있는 매체적 회로에 뛰어드는 교수들은 거의 없다. 캐나다의 맥루안의 경우가 있었지만, 이로 인해 대학 기관은 그에게 비싼 대가를 치르게 했다.

프랑스에서는 반대로 대학 이외의 다른 공인 교육 기관들과 경쟁 관계로 인해 대학 영역의 자율성이 약화되는 모습이 확인된다. 구조주의의 이론적 논쟁에서 감추어진 권력적인 목적은 전통적인 인문학의 독점 상황에 직면한 신생 사회과학의 새로운 야망에 의해 대변되었다. 여기서도 우리는 매우 중앙집권화되고 관례적인 대학의 프랑스적 특성과 다시 만나게 되는데, 이는 나폴레옹 시대의 오랜 유산으로서 50년대와 60년대도 변하지 않고 있었다. 또한 인문학의 무게는 구조주의 패러다임의 개발에 있어서 울름 가의 고등사범학교와 같은 기관이 차지했던 중심적 위치에 의해 드러난다. 이 학교는 《분석을 위한 연구》와 《마르크스-레닌주의 연구》 같은 당시의 주요 잡지들을 창간하고 제작한 곳이다. 바로 이 울름 가에서 우리는 알튀세·데리다·라캉 등을 다시 만난다.

대학의 영역에서 벗어나 있던 당시의 또 다른 여건은 프랑스 지식인들이 자기 나라의 역사와 유지했던 관계이다. 그들이 탈식민화되고 평화롭게 된 프랑스에서 갑자기 자각한 것은, 자신들이 1789년 이후로 인류의 등불로 주어졌던 것 속에 더 이상 머물지 않고 있었다는 점이다. 이때 프랑스는 더 이상 강대국이 아니었고, 다원적 유럽의 단순하고 평범한 구성 요소에 불과했다. 이로부터 프랑수아 퓌레가 정확히 인식했듯이, 프랑스 지식인은 "드골주의의 수사학에도 불구하고 인류의 역사를 만들어 간다는 느낌이 더 이상 들지 않았다. 역사로부터 추방된 이 프랑스는 역사를 추방하는 것을 그만큼 잘 받아들였다."[28] 이것이 장 뒤비뇨가 확인했던 것이다. 그는 구조주의의 성공이 지닌 프랑스적 특성을 '역사 앞에 도피'[29]로 인식했다. 프랑스인들이 프랑스 본토에 웅크리고 자신들과 머리를 맞대게 되자, 프랑스 지식인들은 확실한 응집력, 새로운 야망을 창조할 수 있는 이데올로기의 뼈대를 구축할 필요성을 느꼈다. "기사도적이고 주도적 의미에서 어떤 질서의 추구가 있었다."[30]

역사의 근본적인 불안정화에 기여하게 되는 이와 같은 새로운 측면에, 다시 말해 프랑스 땅에서 구조주의의 성공에 덧붙여야 할 것은 반대로 프랑스 지식인들 사이에 반현대적인 정신주의적 전통의 우위에 속하는 하나의 요소이다. 이러한 전통은 과학에 대립하지는 않는다 할지라도, 과학을 종속시키면서 적어도 그것과 거리를 유지하여 구축된 철학의 지배에 의해 강화되었다. "이런 측면은 알튀세가 과학자들에게 과학성에 대한 강의를 하는 모습을 보이는 그 믿을 수 없는 일로 귀결되었다."[31] 마르셀 고셰는 지식인 사회의 이와 같은 반현대주의의 표현에서 정신과 산업 사이의, 예술과 대중 문명의 '끔찍함' 사이의 오랜 대립을 재발견하는데, 이 대립은 프랑스 지식사에서 되풀이되는 오래된 테마이다.

왜 프랑스가 구조주의를 확립한 땅이 되었는지를 이해하게 해주는 또 다른 가정은 토마 파벨에 의해 제시된다. 파벨이 설명의 요소로 우선시하는 것은 프랑스에서 인식론이 발전한 내적 논리이다. 구조주의에 대한 열광은 프랑스가 이웃 유럽 국가들에 비해 많이 뒤처져 있다는 데서 비롯되었다는 것이다. 프랑스는 언어의 문제들을 중심으로 한 세기초의 논쟁과 동떨어져 있었다. 그리하여 빈학파(루돌프 카르나프 · 오토 노이라트 · 허버트 피에글 · 카를 포퍼 등)는 30년대 프랑스에서 알려지지 않았고, 그 결과 나치즘이 도래해 이 학파가 망명하는 시기에 분산된 학자들은 영미계 나라, 주로 미국으로 피난을 갔다. 그렇게 그들은 가능한 망명의 나라로서 프랑스를 사실상 무시함으로써 프랑스의 인식론적 편차를 분명히 하고 이를 부각시킨 것이다. "클로드 레비 스트로스, 초기 바르트, 그리고 부분적으로 라캉의 작업은 프랑스에서 지식의 인식론과 언어에 대한 감추어진 토론이 지연되어——그래서 그만큼 더 가시적이 되어——나타난 폭발을 표시했다."[32] 언어학을 구조인류학의 구축을 위한 모델로 흡수한 레비 스트로스 이후로, 분석적 사조와 단절되어 있었던 전위 철학자들 역시 이윽고 언어학적 모델을 차지하려 덤벼들었다. 그러나 그들은 인식론적 조심성이 없었으며, 언어철학의 선구적 제안들이 이미 초월해 버린 소쉬르의 언어학을 자기 것으로 수용했다.

대학의 인정된 전통적 전문 학업과정을 뛰어넘게 해주는 강렬한 파리의 삶은 구조주의 패러다임의 주창자들을 매체의 스타들로 만들었고, 60년대 문학과 인문학에서 학생들의 수가 현저하게 증가함으로써 확대된 독자층의 새로운 스승들로 변모시켰다. 그렇게 하여 그것은 프랑스 문화 시장에서 구조주의 패러다임의 신속한 보급을 보장하기 위한 나머지 일을 해주었다. 따라서 프랑스, 오직 프랑스의 3색기 아래서 구조주의가 다른 나라들을 매혹시킬 정도까지 개화되게 되었던 것이다. 그러나 구조주의는 외국인들이 이국 풍취에 대한 욕구로 맛보는 프랑스산 특산물이었다.

원 주

22. 도전받는 소르본: 신구 논쟁

1) 알랭 부아시노, 필자와의 대담.
2) 같은 대담.
3) 앙드레 마르티네, 필자와의 대담.
4) 장 클로드 슈발리에, 필자와의 대담.
5) 같은 대담.
6) 장 클로드 슈발리에, 〈문법학자들에 나타난 보어의 개념〉, 드로즈, 1968.
7) 장 클로드 슈발리에, 필자와의 대담.
8) 같은 대담.
9) 츠베탕 토도로프, 필자와의 대담.
10) 츠베탕 토도로프, 필자와의 대담.
11) 같은 대담.
12) 마리나 야겔로, 필자와의 대담.
13) 프랑수아즈 가데, 필자와의 대담.
14) 같은 대담.
15) 필리프 아몽, 필자와의 대담.
16) 같은 대담.
17) 엘리자베트 루디네스코, 필자와의 대담.
18) 프랑수아 에발드, 필자와의 대담.
19) 같은 대담.
20) 로제 폴 드루아, 필자와의 대담.
21) 같은 대담.
22) 실뱅 오루, 필자와의 대담.
23) 제라르 주네트, 필자와의 대담.
24) 필리프 아몽, 《20세기 프랑스에서 언어과학》, B. 포티에 책임 편집, 프랑스 언어인류학회, 1980, p.289.
25) 루이 에, 필자와의 대담.
26) 같은 대담.
27) 앙리 미트랑, 필자와의 대담.
28) 모리스 그로스, 〈60년대에 잡지의 창간〉, in 《프랑스어》 63호, 장 클로드 슈발리에, P.

앙크르베, 1984년 9월, p.91.

29) 장 뒤부아, 같은 대담.

30) 앙드레 조르주 오드리쿠르, 필자와의 대담.

31) 앙리 미트랑, 필자와의 대담.

32) 같은 대담.

33) 장 클로드 슈발리에, P. 앙크르베, 같은 대담, p.97.

34) 필리프 아몽, 〈문학〉, in《20세기에서 프랑스의 언어과학》, B. 푸아티에 책임 편집, 앞의 책, p.289.

35) 클로드 레비 스트로스, 〈구조와 형태〉, in《응용경제학회 연구 Cahiers de l'ISEA》, no 99, 1960년 3월, M 시리즈 no 7. 이 논문은《구조인류학》, 앞의 책에서 다시 다루어진다.

36) 클로드 레비 스트로스 및 로만 야콥슨, 《인간》, II, no 1, 무통, 1962년 1월-4월.

37) 장 루세, 《형태와 의미 작용. 코르네유에서 클로델까지 문학적 구조들에 대한 시론》, 조세 코르티, 1962.

38) 같은 책, 1986년판, p.VII.

39) 같은 책, p.XX.

23. 1964년: 기호학적 모험을 위한 돌파구

1) 조제프 숨프, 필자와의 대담.

2) 같은 대담.

3) 같은 대담.

4) 미셸 푸코, 〈구조주의와 문학 분석〉, in《프랑스 문화의 사명과 인포메이션》, 튀니지 프랑스 대사관, 1987년 4월 10일-5월 10일(1965), 타하르 하다드 클럽에서 행한 미셸 푸코의 두 강연 가운데 미간된 녹음, p.11, 미셸 푸코 센터, 솔슈아르 도서관.

5) 같은 책.

6) 츠베탕 토도로프, 〈문학에서 의미 작용의 기술〉, 《코뮈니카시옹》 no 4, 쇠이유, 1964, p.36.

7) 클로드 브레몽, 〈서술적 메시지〉, 《코뮈니카시옹》, no 4, 쇠이유, 1964, p.5.

8) 같은 책, p.31.

9) 롤랑 바르트, '오세아니크' 프로그램, FR3(텔레비전 방송), 1988년 1월(대담: 1970).

10) 알지르다스 쥘리앵 그레마스, 필자와의 대담.

11) 롤랑 바르트, 《모드의 체계》, 쇠이유, 푸앵-쇠이유, 1973(1967), p.9.

12) 롤랑 바르트, 〈기호학 요강〉, 《코뮈니카시옹》, no 4, 1964.《기호학적 모험》, 쇠이유, 1985, p.28에 재수록됨.

13) 롤랑 바르트, 《기호학적 모험》, 같은 책, p.29.

14) 같은 책, p.51.

15) 같은 책, p.82.

16) L. -J. 칼베, 《롤랑 바르트》, 앞의 책, p.83.

17) 롤랑 바르트, 〈구조주의적 활동〉, 《새로운 문학》, 1963; 《비평적 에세이》, 앞의 책, p.214에 재수록됨.

18) 같은 책, p.215.

19) 롤랑 바르트, 〈기호의 상상력〉, 《논쟁》, 1962. 《비평적 에세이》, 앞의 책, 1967, p.207에 재수록됨.

20) 같은 책, p.209.

21) 롤랑 바르트, 조르주 샤르보니에와의 대담, 라디오 프랑스 퀼튀르, 1967년 12월. 1988년 11월 21일 및 22일에 재방송됨.

22) 같은 책.

23) 같은 책.

24) 롤랑 바르트, 조르주 샤르보니에와의 대담, 라디오 프랑스 퀼튀르, 1967년 12월. 1988년 11월 21일 및 22일에 재방송됨.

24. 형식적 사유의 황금시대

1) 알지르다스 쥘리앵 그레마스, 필자와의 대담.

2) 같은 책.

3) 앙드레 마르티네, 필자와의 대담.

4) 알지르다스 쥘리앵 그레마스, 필자와의 대담.

5) 장 클로드 코케, 〈기호학〉, in 《20세기 프랑스에서 언어과학》, B. 포티에 책임 편집, 셀라프, 1980, p.175.

6) 알지르다스 쥘리앵 그레마스, 《구조적 의미론》, 1966, p.6.

7) 같은 책, p.8.

8) 그레마스, 필자와의 대담.

9) 그레마스, 《구조적 의미론》, 앞의 책, p.31.

10) 같은 책, p.60.

11) 같은 책, p.233.

12) Th. 파벨, 《언어학적 신기루》, 미뉘, 1988, p.151.

13) 클로드 브레몽, 《이야기의 논리학》, 쇠이유, 1972.

14) 클로드 브레몽, 필자와의 대담.

15) 같은 대담.

16) 같은 대담.

17) 자크 오아로, 필자와의 대담.

18) 마르크 베르네, 필자와의 대담.

19) 루이 에, 필자와의 대담.

20) 장 클로드 코케, 필자와의 대담.

21) 같은 대담.

22) 같은 대담.

23) 클로드 브레몽, 필자와의 대담.

24) 클로드 브레몽, 필자와의 대담.

25) 앙드레 마르티네, 필자와의 대담.

26) 알지르다스 쥘리앵 그레마스, 필자와의 대담.

27) 같은 대담.

28) 롤랑 바르트, 《모드의 체계》, 쇠이유, 푸앵-쇠이유, 1983(1967), p.16.

29) 같은 책, p.17.

30) 같은 책, p.18.

31) 같은 책, p.38.

32) 같은 책, p.282.

33) 장 프랑수아 르벨, 〈쥐와 유행〉, in 《렉스프레스》, 1967, 5월 22일.

34) 레이몽 벨루르, 〈바르트와의 대담〉, in 《프랑스 문학》, no 1172, 1967년 3월 2일.

35) 줄리아 크리스테바, 〈의미와 유행〉, in 《비평》, no 247, 1967년 12월, p.1008.

36) 롤랑 바르트, 〈과학에서 문학으로〉, 《타임즈 문학 부록》 1967. 《언어의 속삭임》, 쇠이유, 1984, p.17에 재수록됨.

37) 롤랑 바르트, 조르주 샤르보니에와의 대담, 라디오 프랑스 퀼튀르, 1967년 12월.

38) 같은 대담.

39) 자크 오아로, 필자와의 대담.

40) 같은 대담.

41) 실뱅 오루, 필자와의 대담.

42) 장 피아제, 《심리학과 인식론》, 앞의 책, p.145.

43) 오스발트 뒤크로, 필자와의 대담.

44) 같은 대담.

45) 고틀로브 프레게, 《산술의 토대》, 쇠이유, 1969, p.12.

46) 엘리자베트 루디네스코, 《심리학의 역사》, 앞의 책, t. 2, p.410.

47) 같은 책, p.413.

48) 조엘 도르, 필자와의 대담.

49) 자니 르무안, 필자와의 대담.

25. 커다란 투쟁

1) 롤랑 바르트, 〈인간과 문학: 라신에 관하여〉, in 《아날》, 1960년 5월-6월, p.524-537.

2) 롤랑 바르트, 같은 논문, in 《라신에 관하여》, 푸앵-쇠이유, 1979(1963), p.157.

3) 같은 책, p.146.

4) 같은 책, p.13.

5) 같은 책, p.14.

6) 같은 책, p.21.

7) 같은 책, p.60.

8) 레이몽 피카르, 《신비평과 새로운 협잡》, J. -J. 포베르, 1965, p.30-34.

9) 같은 책, p.52.

10) 같은 책, p.66.

11) 롤랑 바르트, '오세아니크' 프로그램, FR3(텔레비전 방송), 1988년 2월 8일(1970년 11월-1971년5월).

12) 장 뒤부아, 필자와의 대담.

13) 올리비에 르보 달론, 필자와의 대담.

14) 자클린 피아티에, 《르 몽드》, 1965년 10월 23일. L. -J. 칼베, 《롤랑 바르트》, 앞의 책, p.187에서 재인용.

15) 같은 책, p.188.

16) L. -J. 칼베, 같은 책, p.188에서 재인용.

17) 롤랑 바르트, 《비평과 진실》, 쇠이유, 1966, p.13.

18) 같은 책, p.35.

19) 같은 책, p.56.

20) 같은 책, p.57.

21) 같은 책, p.71.

22) 르네 포미에, 《충분한 해독 Assez décodé》, 로블로, 1978; 그리고 《롤랑 바르트, 지긋지긋하다!》, 로블로, 1987 참조. 후자의 책에서 그는 바르트와 '순진한 바르트 추종자'들을 공격한다. 우리는 그 속에서 이런 표현들을 읽을 수 있다. "롤랑 바르트의 무지막지함은 나에게 인간 지성에 대한 모욕이다."(p.40) "내가 바르트를 읽을 때, 나는 그가 너무 지적이라고 결코 생각지 않는다. 나는 언제나 새로워지는 놀라움을 느끼며 끊임없이 이렇게 생각한다. 어떻게 이처럼 멍청할 수 있을까?"(p.21) 독자는 수준을 평가할 수 있을 것이다!

23) 조르주 귀르비치, 〈사회 구조의 개념〉, in 《사회학 국제 연구》, XIX, 1955.

24) 같은 책, p.31.

25) 클로드 레비 스트로스, 《구조인류학》, 앞의 책, p.356.

26) 질 가스통 그랑제, 〈인간과학에서 사건과 구조〉, in《응용경제학회 연구》, 1959년 12월.

27) 질 가스통 그랑제, 같은 책, p.168.

28) 같은 책, p.174.

29) 같은 책, p.175.

30) 질 가스통 그랑제, 필자와의 대담.

31) 같은 대담.

32) 로제 에스타블레, 필자와의 대담.

33) 같은 대담.

34) 피에르 앙사르, 필자와의 대담.

35) 같은 대담.

36) 장 뒤비뇨, 필자와의 대담.

37) 장 뒤비뇨, 《잃어버린 언어》, PUF, 1973, p.215.

38) 클로드 레비 스트로스, 《야생적 사고》, 앞의 책, p.355.

39) 같은 책, p.3.

40) 클로드 레비 스트로스, 《오늘날의 토테미즘》, 플롱, p.25.

41) 같은 책, p.128.

42) 클로드 레비 스트로스, 《야생적 사고》, 앞의 책, p.138.

43) 클로드 로이, 〈개화된 위대한 책:《야생적 사고》〉, in《리베라시옹》지, 1962년 6월 19일.

44) 에드몽 오르티게스, 《비평》, no 189, 1963년 2월, p.143.

45) 장 라크르아, 《르 몽드》, 1962년 11월 27일.

46) 로베르 캉테르, 《르 피가로 리테레르》, 1962년 6월 3-23일.

47) 롤랑 바르트, 〈사회학과 사회-논리학〉, in《사회과학 정보》, no 4, 1962년 12월, p.242.

48) 클로드 레비 스트로스, 《야생적 사고》, 앞의 책, p.336.

49) 같은 책, p.336.

50) 같은 책, p.342.

51) 같은 책, 345.

52) 같은 책, p.347.

53) 피에르 베르스트래턴, 《현대》, no 206, 1963년 7월, p.83.

54) 클로드 레비 스트로스, 장 마리 도므나크가 간직했다가 필자와의 대담에서 인용한 말.

55) 장 마리 도므나크, 필자와의 대담.

56) 폴 리쾨르, 《에스프리》, 1963, p.605.

57) 같은 책, p.644.

58) 같은 책, p.618.

59) 클로드 레비 스트로스, 앞의 책, p.637.

60) 앙드레 그린, 〈역사와 구조의 대립 앞에서 정신분석학〉, in《비평》, no 194, 1963년 7월.

61) 같은 책, p.661.

26. 의미 작용적인 연쇄

1) 장 라플랑슈, 〈끊임없이 은폐된 변혁〉, 《국제정신분석사학회의 과학적 일정에서 커뮤니케이션》, 1988년 4월 23-24일.

2) 자크 라캉, 〈파문〉, in 《오르니카르?》, 1977.

3) E. 루디네스코, 《정신분석학의 역사》, 앞의 책, t. 2, p.399-403 참조 바람.

4) 같은 책, p.383.

5) 자크 라캉, 《에크리》, 앞의 책, p.805.

6) M. 아리베, 《언어학과 정신분석학》, 클랭크시에크, 1987, p.12.

7) J. 알루크, 《리토랄(연안 지대)》, no 23-24, 1987년 10월, p.5.

8) 장 다비드 나지오, 《정신분석학의 일곱 가지 주요 개념》, 리바주, 1988.

9) 마르틴 하이데거, 《에세이와 강연》, 갈리마르, 1958, p.215.

10) A. 쥐랑빌, 《라캉과 철학》, PUF, 1988(1984), p.167.

11) 세르주 레클레르, 필자와의 대담.

12) J. -A. 밀러, 《오르니카르?》, no 24, 1981, p.43.

13) 자크 라캉, 《에크리》, 앞의 책, p.863.

14) A. 쥐랑빌, 《라캉과 철학》, 앞의 책, p.175.

15) 같은 책, p.195.

16) 같은 책, p.286.

17) 제니 르무안, 필자와의 대담.

18) S. 르클레르, 〈치료법에서 대상 a〉, in 《꿈에서 깨어나기》, 앵테르 에디시옹, 1981(1971), p.174.

19) 장 클라브뢸, 필자와의 대담.

20) 조엘 도르, 필자와의 대담.

21) 장 라플랑슈, 필자와의 대담.

22) 앙드레 그린, 〈강렬한 즐거움〉, 라디오 프랑스 퀼튀르, 1989년 2월 25일.

23) 같은 대담.

24) 앙드레 그린, 필자와의 대담.

25) 앙드레 그린, 〈정신 분석에서 이미지〉, 《언어들》, 1983년 엑상프로방스 정신분석학회 모임, 레 벨 레트르, 1984.

26) 자크 라캉, 《에크리》, 앞의 책, p.873.

27) 앙드레 그린, 〈정신 분석에서 언어〉, 앞의 책, p.231.

28) 장 마리 브누아, 필자와의 대담.

29) 제라르 망델, 필자와의 대담.

30) 베르나르 시셰르, 필자와의 대담.

31) 같은 대담.

32) 자크 라캉, 〈프로이트의 무의식에서 주체의 전복과 욕망의 변증법〉, 로요몽학회, 1960년 9월 19-23일, 《에크리 II》, 푸앵-쇠이유, 1971(1966), p.158.

33) 앙드레 그린, 《정서》, PUF, 1970.

34) 앙드레 그린, 필자와의 대담.

35) 같은 대담.

36) 샤를 발리, 《언어와 삶》, 드로즈, 1965(1913).

37) 세르주 비데르만, 필자와의 대담.

38) 블라디미르 그라노프, 필자와의 대담.

39) F. 루스탕, 《라캉》, 앞의 책, p.58.

40) 장 클라브뢸, 필자와의 대담.

41) 세르주 르클레르, 필자와의 대담.

42) 장 라플랑슈, 필자와의 대담.

43) 클로드 뒤메질, 필자와의 대담.

27. 신화의 지구는 둥글다

1) 레비 스트로스, 《날것과 익힌 것》, 플롱, 1964, p.11.

2) 레비 스트로스, 《벌거벗은 인간》, 플롱, 1971, p.571.

3) 레비 스트로스, 《날것과 익힌 것》, 앞의 책, p.251.

4) 레비 스트로스, 《꿀에서 재까지》, 플롱, 1966, p.406.

5) 레비 스트로스, 《표명된 말》, 플롱, 1984, p.14.

6) 레비 스트로스, 〈신화의 구조〉(1955), 《구조인류학》에 재수록됨, 앞의 책, p.227-256.

7) 같은 책, p.234.

8) 레비 스트로스, 《야생적 사고》, 앞의 책, p.155.

9) 레비 스트로스, 《구조인류학》, 앞의 책, p.248.

10) 레비 스트로스, 《야생적 사고》, 앞의 책, p.32.

11) J. -M. 브누아, 《구조적 혁명》, 앞의 책, p.260.

12) 레비 스트로스, 《날것과 익힌 것》, 앞의 책, p.26.

13) 레비 스트로스, 〈민족학의 미래, 1959-1960〉, in 《표명된 말》, 앞의 책, p.34.

14) 레비 스트로스, 《날것과 익힌 것》, 앞의 책, p.346.

15) 레비 스트로스, 《꿀에서 재까지》, 앞의 책, p.259.

16) 같은 책, p.201.

17) 레비 스트로스, R. 벨루르와의 대담, 《프랑스 문학》, no 1165, 1967년 1월 12일, 《타자의 책》, 10/18, 1978, p.38에 재수록됨.

18) 같은 책, p.38.

19) 레비 스트로스, 《꿀에서 재까지》, 앞의 책, p.305.

20) J. 푸이용, 《라 캥잰 리테레르》, 1968년 8월 1-31일, p.21.

21) 레비 스트로스, R. 벨루르와의 대담, 《르 몽드》, 1971년 11월 5일.

22) 레비 스트로스, 《벌거벗은 인간》, 앞의 책, p.535.

23) 같은 책, p.556.

24) 같은 책, p.562-563.

25) 바케스 클레망, 《르 마가진 리테레르》, 1971년 11월.

26) 레비 스트로스, 《벌거벗은 인간》, 앞의 책, p.580.

27) 같은 책, p.584.

28) 같은 책, p.614.

29) 같은 책, p.614.

30) 레비 스트로스, 《르 마가진 리테레르》, 1971년 11월.

31) J. 뒤비뇨, 《잃어버린 언어》, 앞의 책, p.243.

32) 레비 스트로스, 《날것과 익힌 것》, 앞의 책, p.346.

33) 같은 책, p.246.

34) Th. 파벨, 《언어학적 신기루》, 앞의 책, p.48.

35) 레비 스트로스, 《날것과 익힌 것》, p.144.

36) M. 프랑크, 《신(新)구조주의란 무엇인가?》, 세르, 1989, p.56.

37) 레비 스트로스, 《날것과 익힌 것》, 앞의 책, p.23-24.

38) 레비 스트로스, 《꿀에서 재까지》, 앞의 책, p.408.

39) 레비 스트로스, 《벌거벗은 인간》, 앞의 책, p.542.

40) 같은 책, p.542.

41) 같은 책, p.502. 마르셀 프루스트, 《되찾은 시간》, 갈리마르, 1954, II, p.15에서 인용함.

42) J. -M. 브누아, 《구조적 혁명》, 앞의 책, p.275.

43) 레비 스트로스, 《벌거벗은 인간》, 앞의 책, p.620.

44) J. -M. 도므나크, 〈구조주의의 진혼곡〉, in 《야생인과 컴퓨터》, 쇠이유, 1976, p.81.

45) 같은 책, p.85.

46) 장 마리 도므나크, 필자와의 대담.

28. 아프리카: 구조주의의 한계

1) 조르주 발랑디에, 필자와의 대담.

2) 같은 대담.

3) 레비 스트로스, 《야생적 사고》, 앞의 책, p.311.

4) 조르주 발랑디에, 필자와의 대담.

5) 조르주 발랑디에, 필자와의 대담.

6) 같은 대담.

7) 조르주 발랑디에, 《타자의 역사》, 스톡, 1977, p.187.

8) 같은 책, p.183.

9) 조르주 발랑디에, 《정치적 인류학》, PUF, 1967, p.22.

10) 《아프리카 정치 체계》, E. 프리차드 및 M. 포티스 공동 편집, 1940.

11) 조르주 발랑디에, 《정치적 인류학》, 앞의 책, p.27.

12) 〈역사의 월요일〉, 라디오 프랑스 퀼튀르, 1968년 3월 11일.

13) 같은 방송 프로그램.

14) 마르크 오제, 필자와의 대담.

15) 같은 대담.

16) 같은 대담.

17) 단 스페르버, 필자와의 대담.

18) 같은 대담.

19) 같은 대담.

20) 같은 대담.

21) 클로드 메야수, 필자와의 대담.

22) 같은 대담.

23) 같은 대담.

24) 장 뒤비뇨, 필자와의 대담.

25) 장 뒤비뇨, 《체비카》, 갈리마르, 1968. 1991 플롱사에서 재출판.

26) 장 뒤비뇨, 〈기능주의와 구조주의 이후는 무엇인가?〉, in 《소요의 인류학. 조르주 발랑디에에게 바치는 경의》, 베르 엥테르나시오날, 1985, p.151.

27) 같은 책, p.152.

28) 미셸 이자르, 필자와의 대담.

29) 장 푸이용, 필자와의 대담.

29. 잡지주의

1) 《정신 분석》, no 1, 1956, p.IV.

2) 《언어학》, no 1, 1966, 편집장: 앙드레 마르티네. 총무: 조르주 무냉.

3) 《언어들》, no 1, 1966년 3월, 라루스, 편집위원: R. 바르트, J. 뒤부아, A. -J. 그레마스,

B. 포티에, B. 케마다, N. 뤼베.

4) 같은 책, 소개글.

5) J. -C. 슈발리에, P. 앙크르베,《프랑스어》, 앞의 책, p.95.

6) A. -J. 그레마스,《언어들》, no 1, 1966년 3월, p.96.

7) 장 뒤부아, 필자와의 대담.

8)《코뮈니카시옹》, no 1, 쇠이유, 1961, 소개글, p.1-2.

9)《코뮈니카시옹》, 편집위원회: 롤랑 바르트, 클로드 브레몽, 조르주 프리드만, 에드가 모랭, 비올레트 모랭.

10)《코뮈니카시옹》8, R. 바르트, A. -J. 그레마스, Cl. 브레몽, U. 에코, J. 그리티, V. 모랭, C. 메츠, T. 토도로프, G. 주네트가 이 특별호에 참여한다.

11)《텔켈》. 총무 겸 편집장: 장 에데른 알리에, 편집위원: 브와루브레, J. 쿠돌, J. -E. 알리에, J. -R. 위게냉, R. 마티뇨, Ph. 솔레르스.

12) 장 피에르 페이, 필자와의 대담.

13)《텔켈》, no 1, 쇠이유, 니체의 인용.

14)《텔켈》, no 1, 쇠이유, 1960, 선언문, p.3.

15) 마르슬랭 플레네, 필자와의 대담.

16) 같은 대담.

17) 같은 대담.

18) 같은 대담.

19) 같은 대담.

20)《텔켈》, no 47, 1971년 가을, p.142.

21) 같은 대담.

22) 클로드 브레몽, 필자와의 대담.

23) R. 바르트,《오세아니크》, FR3 텔레비전(1970-1971), 1988년 1월 27일 방영.

24) J. 크리스테바, 〈행복한 즐거움〉, 라디오 프랑스 퀼튀르, 1988년 12월 10일.

25) 장 피에르 페이, 필자와의 대담.

26) F. 마통티, 〈아르장퇴유와 방책 사이에서:《신비평》과 사회과학〉,《현대 역사연구소 논문집》, no 11, 1989년 4월, p.102.

27). L. 알튀세, 〈프로이트와 라캉〉,《신비평》, no 161-162, 1964.

28) J. 밀로, 〈60년대 찰학적 논쟁〉,《신비평》, no 130, 1980, p.50-51.

29)《〈텔켈〉의 응답: 설명》,《신비평》, 1967년 11월-12월, p.50.

30) F. 마통티에 의해 확인됨, 〈아르장퇴유와 방책〉, 앞의 책, p.108.

31) J. 콜롱벨, 〈푸코의 말과 사물〉,《신비평》, 4, 1967. P. 빌라르, 〈경제적 사고에 있어서 말과 사물〉,《신비평》, 5, 1967. G. 무냉, 〈언어학, 구조주의 그리고 마르크시즘〉,《신비평》, 7, 1967. L. 세브, 〈마르크시즘과 인간과학〉,《신비평》, 2, 1967.

32) R. 리나르, H. 아몽 및 P. 로트망, 《세대 I》, 쇠이유, 1967, p.313에서 재인용.

33) 도미니크 르쿠르, 필자와의 대담.

34) 같은 대담.

35) 같은 대담.

36) 같은 대담.

37) 《분석을 위한 연구》, 소시에테 뒤 그라프 재판, 1-2, 쇠이유, 1969.

30. 울름 혹은 생클루: 알튀인가, 투키인가?

1) J. -T. 드상티, 《어느 철학적 운명》, 그라세, 1982, p.129.

2) 실뱅 오루, 필자와의 대담.

3) 장 투생 드상티, 필자와의 대담.

4) 같은 대담.

5) J. -T. 드상티, 《오트르망 Autrement》, no 102, 1988년 11월, p.116.

6) 장 투생 드상티, 필자와의 대담.

7) 같은 대담.

8) 실뱅 오루, 필자와의 대담.

9) 같은 대담.

10) 같은 대담.

11) 자크 부베레스, 필자와의 대담.

12) 같은 대담.

13) 같은 대담.

14) L. 알튀세, 《포이어바흐의 철학적 선언》, PUF, 1960.

15) 피에르 마슈레, 필자와 대담.

16) 같은 대담.

17) 로제 에스타블레, 필자와의 대담.

18) 같은 대담.

19) E. 루디네스코, 《프랑스에서 정신 분석의 역사》, 앞의 책, t. 2, p.386 참조.

20) 피에르 마슈레, 필자와의 대담.

21) 같은 대담.

22) 자크 랑시에르, 필자와의 대담.

23) 같은 대담.

24) 같은 대담.

25) 같은 대담.

26) 같은 대담.

27) 같은 대담.

28) J. -A. 밀러,《프랑스에서 정신 분석의 역사》, 앞의 책, t.2, p.387.

31. 알튀세 이론의 폭발

1) V. 데콩브,《동일한 것과 다른 것》, 앞의 책, p.147.

2) 장 기통에게 보낸 알튀세의 편지, 1972년 7월, in《읽기 Lire》, no 148, 1988년 1월, p.85.

3) J. 기통, 같은 책, p.89.

4) 뱅상 데콩브, 필자와의 대담.

5) 같은 대담.

6) 에티엔 발리바르, 필자와의 대담.

7)《신비평》, no 164, 1965년 3월, p.1,〈논쟁의 시작: 마르크시즘과 인본주의〉.

8) M. 플롱, 같은 책, no 165, 1965년 4월, p.127.

9) P. 마슈레, 같은 책, no 166, 1965년 5월,〈마르크시즘과 인본주의〉, p.132.

10) M. 베레, 같은 책, 1965년 7월-8월, no 168, p.96.

11) R. 가로디, 1966년 1월 슈아지의 철학자 회합에 대한 보고서 전문, p.125, 128, 148. J. 베르데 르루,《몽유병자들의 깨어남》, 페이야르, 1987, p.296에서 재인용.

12) D. 린데르베르,《찾아낼 수 없는 마르크시즘》, 10/18, 1979 재판, p.38.

13) 대담 64, J. 베르데 르루,《몽유병자들의 깨어남》, 앞의 책, p.297.

14) 공산당 중앙위원회, 1966년 3월 11-13일,《공산주의 연구》지, 1966년 5-6월. J. 베르데 르루,《몽유병자들의 깨어남》, 앞의 책, p.119-120에서 재인용.

15) 로제 폴 드루아, 필자와의 대담.

16) 자크 부베레스, 필자와의 대담.

17) 도미니크 르쿠르, 필자와의 대담.

18) 피에르 마슈레, 필자와의 대담.

19) J. 베르데 르루,《몽유병자들의 깨어남》, 앞의 책, p.295.

20) L. 알튀세,《자본론 읽기》, t. 1, 프티트 콜렉시옹 마스페로, 1971(1965), p.16.

21) 같은 책, p.20.

22) 다니엘 베크몽, 필자와의 대담.

23) L. 알튀세,《자본론 읽기》, 앞의 책, t. 1, p.26.

24) 도미니크 르쿠르, 필자와의 대담.

25) L. 알튀세,《마르크스를 위하여》, 마스페로, 1969(1965), p.27.

26) 같은 책, p.39.

27) 같은 책, p.171.

28) 같은 책, p.108.

29) 같은 책, p.196.

30) 피에르 빌라르, 필자와의 대담.

31) 폴 발라디에, 필자와의 대담.

32) L. 알튀세, 《마르크스를 위하여》, 앞의 책, p.248.

33) L. 알튀세, 《자본론》, 앞의 책, t. 2, p.59.

34) 같은 책, p.47.

35) K. 나이르, 〈마르크시즘 혹은 구조주의〉, in 《알튀세에 반대하여》, 10/18, 1974, p.192.

36) L. 알튀세, 《자본론 읽기》, 앞의 책, t. 2, p.171.

37) J. -M. 뱅상, 〈이론주의와 그것의 수정〉, in 《알튀세에 반대하여》, 앞의 책, p.226.

38) 뱅상 데콩브, 필자와의 대담.

39) L. 알튀세, 《마르크스를 위하여》, 앞의 책, p.212, 주 48.

40) J. -M. 브누아, 《구조적 혁명》, 앞의 책, p.85.

41) L. 알튀세, 《마르크스를 위하여》, 앞의 책, p.236.

42) 에티엔 발리바르, 필자와의 대담.

43) E. 발리바르, 《자본론 읽기》, t. 2, 마스페로, 1967(1965), p.204.

44) 같은 책, p.205.

45) 에티엔 발리바르, 《자본론 읽기》, 앞의 책, t. 2, p.249.

46) L. 알튀세, 《자본론 읽기》, 앞의 책, t. 1, p.170.

32. 마르크시즘의 두번째 바람

1) 알랭 바듀, 〈변증법적 유물론의 (재)시작〉, 《비평》, 1967년 5월.

2) 피에르 마슈레, 필자와의 대담.

3) A. 바듀, 《비평》, 앞의 책, p.441.

4) 조엘 프루스트, 필자와의 대담.

5) 폴 앙리, 필자와의 대담.

6) 같은 대담.

7) Th. 에르베르, 〈사회과학, 특히 사회심리학의 이론적 상황에 관한 고찰〉, 《분석을 위한 연구》, no 2, 1996년 4월, 재판 1-2, p.141-167. Th. 에르베르, 〈이데올로기의 일반 이론을 위한 고찰〉, 《분석을 위한 연구》, no 9, 1968년 여름, p.74-92.

8) M. 페쉐, 《담론의 자동분석》, 뒤노, 1969.

9) P. 앙리, 〈미셸 페쉐의 《담론의 자동 분석》에 나타난 인식론〉, in 《미셸 페쉐의 '담론의 자동 분석' 번역본 서문》(폴 앙리가 제시한 텍스트임).

10) 같은 책.

11) P. 앙리, 〈미셸 페쉐의 《담론의 자동 분석》에 나타난 인식론〉, 같은 책.

12) 에마뉘엘 테레, 필자와의 대담.

13) E. 테레, 《원시 사회 앞에서 마르크시즘》, 마스페로, 1969.

14) 에마뉘엘 테레, 필자와의 대담.

15) 마르크 오제, 필자와의 대담.

16) 마르크 오제, 《알라디앙족의 해안》, 해외과학기술연구국, 1969.

17) 마르크 오제, 필자와의 대담.

18) Ch. 베텔하임, 《경제적 계산과 소유의 형태》, 쇠이유-마스페로, 1970.

20) R. 리나르, 《레닌, 농부, 테일러》, 쇠이유, 1976.

21) L. 알튀세, 〈프로이트와 라캉〉, 《신비평》, no 161-162, 1964년 12월-1965년 1월.

20) L. 알튀세, 〈프로이트와 라캉〉, 같은 책, 《입장들》, 소시알사, 1976, p.16에 재수록됨.

22) 같은 책, p.15.

23) 같은 책, p.26.

33. 1966년: 빛의 해 / I 구조의 해

1) G. 라포주, 〈한 번만 더 노력하면 나는 나의 시대와 하나가 될 것이다〉, 《라 캥잰 리테레르》, no 459, 1986년 3월 16-30일, p.30.

2) R. 바르트, 《비판적 에세이》, 푸앵-쇠이유, 1981, 〈서문: 1971〉, p.7.

3) 필립 아몽, 필자와의 대담.

4) R. 마티뇽, 《렉스프레스》, 1966년 5월 2일.

5) A. -J. 그레마스, J. -C. 슈발리에 및 P. 앙크르베, 《프랑스어》, 앞의 책, p.97에서 재인용.

6) 장 푸이용, 필자와의 대담.

7) 프랑수아 왈, 필자와의 대담.

8) 《르 누벨 옵세르바퇴르》, no 91, 1966년 8월 10일. 안느 소피 페리오, 《프랑스에서 구조주의》, 박사준비과정 논문, J. 쥘리아르 지도, 1987년 9월, p.34에서 재인용.

9) 피에르 노라의 정보.

10) 피에르 노라, 필자와의 대담.

11) 같은 대담.

12) G. 뒤메질, 장 피에르 살가와의 대담, 《라 캥잰 리테레르》, 1986년 3월 16일.

13) 필리프 아몽, 필자와의 대담.

14) J. 라캉, 《분석을 위한 연구》, no 3, 1966년 5월, p.5-13.

15) A. -J. 그레마스, 〈이야기의 구조적 분석〉, 《코뮈니카시옹》, 8, 1966. 푸앵-쇠이유 1981 재판, p.34.

16) 클로드 브레몽, 필자와의 대담.

17) 같은 대담.

18) Cl. 레비 스트로스, 《구조와 형태》, 《응용경제학연구소 연구지》, no 9, 1960년 3월, 시리즈 M, no 7, p.3-36.

19) 레비 스트로스, 같은 논문, 《구조인류학》, 앞의 책, p.159에 재수록됨.

20) V. 프로프, 《민담 형태론 Morphologia della fiaba》의 부록, 토리노, p.1966.

21) V. 프로프, 《민담의 역사적 뿌리》, 갈리마르, p.1983.

22) 클로드 브레몽, 필자와의 대담.

23) U. 에코, 《코뮈니카시옹》, no 8, 1966. 푸앵-쇠이유 1981 재판, p.98.

24) T. 토도로프, 같은 책, p.131.

25) 《현대 Les Temps modernes》 〈구조주의의 문제들〉, no 246, 1966년 11월, J. 푸이용 · A.-J. 그레마스 · M. 고들리에 · P. 부르디외 · P. 마슈레 · J. 에르만의 글들이 게재됨.

26) J. 푸이용, 같은 책, p.769.

27) 같은 책, p.772.

28) A. -J. 그레마스, 같은 책. 《의미에 대하여》, 쇠이유, 1970, p.106에 재수록됨.

29) 같은 책, p.107.

30) M. 고들리에, 《《자본론》에 나타난 체계, 구조, 그리고 모순〉, 《현대》, no 246, 1966년 11월, p.832.

31) M. 고들리에, 《현대》지, no 246, art. p.829 인용.

32) P. 부르디외, 〈지식장과 창조적 계획〉, 같은 책, p.866.

33) R. 바르트, 《알레테이아 Aléthéia》, 1966년 2월, p.218.

34) 《에스프리 Esprit》, 〈구조주의, 이데올로기 그리고 방법〉, no 360, 1967년 5월, J. -M. 도므나크 · M. 뒤렌 · P. 리쾨르 · J. 라드리에르 · J. 퀴즈니에 · P. 뷔르즐랭 · Y. 베르테라 · J. 코르닐의 글들이 실림.

35) J. -D. 도므나크, 〈체계와 개인〉, 《에스프리》, no 360, 1967년 5월, p.771-780.

36) M. 뒤프렌, 같은 책, 〈신실증주의의 철학〉, p.781-800.

37) P. 리쾨르, 같은 책, 〈구조, 낱말, 사건〉, p.801-821.

38) 《라르크 L'Arc》, no 30, 1966년 4분기, 사르트르 특별호.

39) B. 팽고, 같은 책, p.1.

40) J. -P. 사르트르, 앞의 책, p.87-88.

41) 같은 책, p.89.

42) 같은 책, p.91-92.

43) 같은 책, p.93.

44) 같은 책, p.93.

45) J. 라캉, 《르 피가로 리테레르》, 1966년 12월 29일, p.4.

46) 같은 책, p.4.

47) J. −F. 라벨, 〈결전을 기다리는 사르트르〉, 《렉스프레스》, no 802, 1966년 11월 7-13일, p.97.

48) E. 루디네스코, 《프랑스에서 정신분석학의 역사》, 앞의 책, t. 2, p.414에 발췌한 정보.

49) J. 데리다, 〈그라마톨로지에 대하여〉, 《비평》, no 223-224, 1965년 12월.

50) 《구조주의자의 논쟁. 비평의 언어와 인간과학》, 리처드 막세이 및 으제니오 도나토 책임 편집, 존스홉킨스대학출판부, 볼티모어 및 런던, 1970 및 1972.

51) 장 피에르 베르낭, 필자와의 대담.

52) 같은 대담.

34. 1966년: 빛의 해 / Ⅱ 작은 빵 같은 푸코

1) M. 푸코, 《말과 사물》, 앞의 책, p.221.

2) M. 푸코, 〈모두를 위한 독서〉, 1966, INA 자료. 1988년 1월 13일, 텔레비전 방송 FR3, 〈오세아니크〉 프로에 방영.

3) 같은 텔레비전 프로.

4) 같은 방송 프로.

5) 같은 방송 프로.

6) J. 라크루아, 〈인본주의의 종말〉, 《르 몽드》, 1966년 6월 9일.

7) R. 캉테르, "너는 끊임없이 수다를 떤다. 이것이 네가 할 줄 아는 모든 것이다." 《르 피가로》, 1966년 6월 23일.

8) F. 샤틀레, 〈인간, 그 불확실한 나르시스〉, 《라 캥잰 리테레르》, 1966년 4월 1일.

9) M. 샤프살, 《렉스프레스》, no 779, 1966년 5월 23-29, p.119-121.

10) 질 들뢰즈, 〈인간, 의심스러운 존재〉, 《르 누벨 옵세르바퇴르》, 1966년 6월 1일.

11) M. 푸코, 대담, 《라 캥잰 리테레르》, no 5, 1966년 5월 15일.

12) R. 벨루르, 《프랑스 문학》, no 1125, 1966년 3월 31일, 《타자들의 책》, 10/18, 1978, p.14에 재수록됨.

13) D. 에리봉, 《푸코》, 앞의 책, p.189.

14) J. 피아제, 《구조주의》, PUF, 〈크세주〉, p. 108.

15) 프랑수아 에발드, 필자와의 대담.

16) M. 푸코, 《말과 사물》, 앞의 책, p.15.

17) J. −M. 브누아, 《구조적 혁명》, 앞의 책, p.202.

18) M. 푸코, 라디오 퀼튀르 프랑스, 1984년 6월 재방송.

19) J. −M. 브누아, 《구조적 혁명》, 앞의 책, p.27.

20) Cl. 레비 스트로스, 《슬픈 열대》, 앞의 책, p.447.

21) M. 푸코, 《말과 사물》, 앞의 책, p.390-391.

22) 같은 책, p.391.

23) J. -M. 브누아, 《구조적 혁명》, 앞의 책, p.38.

24) M. 푸코, 《말과 사물》, 앞의 책, p.380.

25) 같은 책, p.337.

26) 같은 책, p.380.

27) M. 푸코, 《말과 사물》, 앞의 책, p.221.

28) 같은 책, p.343.

29) 피에르 앙사르, 필자와의 대담.

30) M. 푸코, 《말과 사물》, 앞의 책, p.13.

31) 같은 책, p.32.

32) 같은 책, p.45.

33) 같은 책, p.61.

34) 같은 책, p.75.

35) 같은 책, p.136.

36) 같은 책, p.238.

37) 같은 책, p.296.

38) 같은 책, p.382.

39) M. 푸코, 라디오 프랑스 퀼튀르, 1969년 7월 10일.

40) H. -L. 드레퓌스와 라비노우, 《푸코, 철학적 여정》, 갈리마르, 1984, p.71.

41) M. 푸코, 《말과 사물》, 앞의 책, p.274.

42) 에티엔 발리바르, 필자와의 대담.

35. 1966년: 빛의 해 / III 줄리아가 파리에 도착할 때

1) Ph. 솔레르스, 〈줄리아 크리스테바의 유쾌함〉, 라디오 프랑스 퀼튀르, 1988년 12월 10일.

2) Ph. 솔레르스, 〈문학과 총체〉, 1966, in 《글쓰기와 한계의 경험》, 푸앵-쇠이유, 1968, p.73.

3) S. 말라르메, 필리프 솔레르스, 같은 책, p.87에서 재인용.

4) 장 뒤부아, 필자와의 대담.

5) P. 마슈레, 《문학 생산 이론을 위하여》, 마스페로, 1966.

6) 같은 책, p.165.

7) 같은 책, p.167.

8) 같은 책, p.174.

9) G. 주네트, 〈구조주의와 문학 비평〉, 《라르크》, no 26. 《문체론 I》, 쇠이유, 1966 및 푸앵-쇠이유, 1976, p.161에 재수록됨.

10) 같은 책, p.156.

11) P. 마슈레, 《문학 생산 이론을 위하여》, 앞의 책, p.88.

12) A. 푸크, 〈유쾌함〉, 라디오 프랑스 퀼튀르, 1989년 6월.

13) J. 라캉, 〈과학과 진실〉, 《분석을 위한 연구》, no 1, 1966. 《에크리》, 앞의 책, t. 2, p.226
에 재수록됨.

14) 같은 책, p.226.

15) J. 라캉, 《에크리》, 앞의 책, t. 1, p.80, 주(註).

16) 모리스 고들리에, 필자와의 대담.

17) M. 고들리에, 《경제에 있어서 합리성과 비합리성》, 마스페로, 1966, p.95.

18) 모리스 고들리에, 필자와의 대담.

36. 포스트모더니티의 시대

1) C. 스코르스키, 《세기말 빈》, 앨프레드 A. 크노프트, 뉴욕, 1979, 프랑스어 번역판, 쇠
이유, 1983.

2) F. 토레스, 《이미 본 *Déjà vu*》, 람세, 1986, p.142.

3) J. -L. 마리옹, 〈미래가 없는 현대성〉, 《토론》, no 4, 1980년 9월, p.54-60.

4) M. 푸코, 《말과 사물》, 앞의 책, p.221.

5) 폴 발라디에, 필자와의 대담.

6) 장 자맹, 필자와의 대담.

7) J. -F. 리요타르, 《르 마가진 리테레르》, no 225, 1985년 12월, p.43.

8) M. 푸코, K. 보에세르와의 대담, 〈고문, 그것은 이성이다〉, 《문학 잡지》 8, 레이벡, 로올
트, 1977.

9) M. 푸코, 1977년 베즐레의 모리스 클라벨의 집에서 한 말, 《오세아니크》, 1988년 1월
13일.

10) 모리스 고들리에, 필자와의 대담.

11) 다니엘 도리, 필자와의 대담.

12) 마르셀 고셰, 필자와의 대담.

13) J. -A. 드 콩도르세, 《인간 정신의 진보에 대한 역사적 일람 개괄》, 1793.

14) R. 드브레, 《정치적 이성 비판》, 갈리마르, 1981, p.290.

15) 같은 책, p.299.

16) 같은 책, p.52.

17) J. 쉐스노, 《모더니티에 대하여》, 마스페로, 1973, p.50.

18) F. 퓌레, 〈프랑스 지식인들과 구조주의〉, 《프뢰브 *Preuves*》, no 92, 1967년 2월. 《역사의
아틀리에》, 플라마리옹, 1982에 재수록됨.

19) M. 푸코, 《아르 *Arts*》, 1966년 6월 15일.

20) G. 들뢰즈, 《르 누벨 옵세르바퇴르》, 1967년 4월 5일. L. 세브, 《구조주의와 변증법》, 소시알사, 1984에 재수록됨.

21) P. 노라, 《기억의 장소, 공화국》, 갈리마르, 1984, t. I, p.XVIII.

22) G. 리포베트스키, 《비어 있음의 시대》, 갈리마르, 1993, p.11.

23) J. -F. 리요타르, 《포스트모던의 조건》, 미뉘, 1979, p.11.

24) 같은 책, p.65.

25) 같은 책, p.77.

26) Cl. 레비 스트로스, J. -M. 브누아와의 대담. 《르 몽드》, 1979년 1월 21일.

27) 레비 스트로스, 《구조인류학 II》, 앞의 책, p.65.

28) 레비 스트로스, 《벌거벗은 인간》, 앞의 책, p.620.

29) M. 푸코, B. -H. 레비와의 대담, 《르 누벨 옵세르바퇴르》, 1977년 3월 12일. 1984년 6월 29일에 다시 실림.

30) P. 덱스, 《구조주의와 문화 혁명》, 카스테르망, 1971, p.29.

31) 폴 발라디에, 필자와의 대담.

37. 니체-하이데거적 뿌리

1) M. 하이데거 《문제들 I》, 갈리마르, p.188.

2) 피에르 푸제롤라, 필자와의 대담.

3) F. 니체, 《인간적인, 너무나 인간적인 I》, 갈리마르, 1968(1878), p.225.

4) 같은 책, p.327.

5) J. 하버마스, 《현대성에 대한 철학적 담론》, 갈리마르, 1988, p.105.

6) F. 니체, 《비시대적 고찰 2》, 오비에(1876), p.327.

7) 같은 책, p.207.

8) F. 니체, 《인간적인, 너무나 인간적인》, 앞의 책, p.219.

9) 같은 책, p.335.

10) 같은 책, t. 2, p.172.

11) G. 바티모, 《모더니티의 종말》, 쇠이유(1985), 1987, p.11.

12) L. 페리 및 A. 르노, 《하이데거와 현대 작가들》, 그라세, 1988, p.82.

13) M. 하이데거, 〈대학총장 연설〉, 1933년 5월 27일, 《토론 Le Débat》, no 27, 1983년 11월, p.97.

14) G. 스타이너, 《마르틴 하이데거》, 플라마리옹, 1981, p.87.

15) F. 니체, 《인간적인, 너무나 인간적인 I》, 앞의 책, p.95.

16) 같은 책, p.112.

17) M. 하이데거, 《형이상학 입문》, 갈리마르, 1967(1958), p.157.

18) J. -P. 사르트르, 《실존주의는 인본주의이다》, 나겔, 1966, p.22.

19) M. 하이데거, 《인본주의에 대한 편지》, 오비에, 1983(1946), p.107.

20) J. 하버마스, 《현대성에 대한 철학적 담론》, 갈리마르, 1988, p.172.

21) F. 니체, 《즐거운 지식》, 10/18 출판사, p.373.

22) J. -M. 레이, 《철학의 역사》('과학적·산업적 세계의 철학'), F. 샤틀레 책임 편집, 아셰트, 1973, p.151-187.

23) M. 푸코, 《이폴리트에 바치는 경의》, PUF, 1971, p.168.

24) F. 니체, 《힘에의 의지》, 갈리마르, t. 1, p.79 및 p.141.

25) L. 페리 및 A. 르노, 《68 사상》, 갈리마르, 1985, p.28-36.

26) 조르주 엘리아 사르파티, 필자와의 대담.

27) M. 푸코, 《문학 소식》, 1984년 6월 28일.

28) M. 푸코, 《로요몽 학회 보고서: 니체, 프로이트, 마르크스》, 미뉘, 1967(1964), p.189.

29) M. 푸코, 《말과 사물》, 앞의 책, p.396-397.

30) 같은 책, p.353.

31) M. 푸코, 《이폴리트에 바치는 경의》. 앞의 책, p.150.

32) 장 뒤비뇨, 《잃어버린 언어》, 앞의 책, p.225.

33) M. 푸코, 《문학 소식》, 1984년 6월 28일 인터뷰.

34) M. 팽게, 《토론》, 1986년 9월 no 41.

35) M. 푸코, 《말과 사물》, 앞의 책, p.343.

36) 마르셀 고셰, 필자와의 대담.

37) E. 루디네스코, 《50년대의 철학적 쟁점》, 조르주퐁피두센터출판부, 1989, p.93.

38) E. 루디네스코, 《프랑스에서 정신분석학의 역사》, 앞의 책, t. 2, p.309.

39) J. 라캉, 《정신분석학 I》, PUF, 1956, p.6.

40) E. 루디네스코, 《프랑스에서 정신분석학의 역사》, 앞의 책, p.309-310, 실비아 라캉과의 대담.

41) 베르트랑 오질비, 필자와의 대담.

42) 엘리자베트 루디네스코, 필자와의 대담.

43) J. 데리다, 라디오 프랑스 퀼튀르, 1988년 3월 21일.

44) J. 데리다, 《입장들》, 미뉘, 1972, p.18.

38. 사회과학의 성장 위기

1) 장 자맹, 필자와의 대담.

2) 베르트랑 오질비, 필자와의 대담.

3) 모리스 고들리에, 필자와의 대담.

4) 같은 대담.

5) J. -L. 파비아니, 《50년대의 찰학적 쟁점들》, 앞의 책, p.125.

6) 폴 발라디에, 필자와의 대담.

7) J. 비에트, 《구조주의의 방법들》, 무통, 1965, p.11.

8) V. 데콩브, 《동일한 것과 다른 것》, 앞의 책, p.96.

9) 같은 책, p.98.

10) P. 부르디외, 《언급된 것들》, 미뉘, 1987, p.16.

11) M. 푸코, (1977), 《형이상학 및 도덕 잡지》, no 1, 1985년 1월-3월, p.4.

12) L. 핀토, 《고등학교와 전위 사이에 있는 철학자들》, 라르마탕, 1987. p.68.

13) 에티엔 발리바르, 필자와의 대담.

14) L. 핀토, 《고등학교와 전위 사이에 있는 철학자들》, 앞의 책, p.78.

15) 같은 책, p.96.

16) J. -L. 파비아니, 《50년대의 철학적 쟁점들》, 앞의 책, p.116.

17) F. 도스, 《파편화된 역사》, 앞의 책.

18) 미셸 페로, 필자와의 대담.

19) 레비 스트로스, 《리베라시옹》지와의 대담, 1983년 6월 2일.

20) 루이 장 칼베, 필자와의 대담.

21) Th. 파벨, 《언어학의 신기루》, 앞의 책, p.61.

22) 조르주 발랑디에, 필자와의 대담.

23) 레비 스트로스, 〈콜레주 드 프랑스 교수 취임 기념 강의〉, 1960년 1월 5일. 《구조인류학 II》, 앞의 책, p.27.

24) 레비 스트로스, 《벌거벗은 인간》, 앞의 책, p.619.

25) 레비 스트로스, 《멀어진 시선》, 앞의 책, p.164.

26) 《구조인류학》, 앞의 책, p.395.

27) 모리스 고들리에, 필자와의 대담.

28) F. 퓌레, 〈프랑스 지식인들과 구조주의〉, 《증거 Preuves》, 1967년 2월, p.6. 《역사의 아틀리에》, 앞의 책, p.42에 재수록됨.

29) 장 뒤비뇨, 필자와의 대담.

30) 같은 대담.

31) 마르셀 고셰, 필자와의 대담.

32) Th. 파벨, 《언어학의 신기루》, 앞의 책, p.188.

참고 문헌

Marc ABÉLÈS, anthropologue, chercheur au laboratoire d'anthropologie sociale, EHESS.

Alfred ADLER, anthropologue, chercheur au laboratoire d'anthropologie sociale, EHESS.

Michel AGLIETTA, économiste, professeur d'économie à l'université Paris-X.

Jean ALLOUCH, psychanalyste, directeur de la revue *Littoral*.

Pierre ANSART, sociologue, professeur à l'université Paris-VII.

Michel ARRIVÉ, linguiste, professeur à l'université Paris-X.

Marc AUGÉ, anthropologue, directeur d'études à l'EHESS, président de l'EHESS.

Sylvain AUROUX, philosophe et lunguiste, directeur de recherche au CNRS.

Kostas AXELOS, philosophe, ancien rédacteur en chef de la revue *Arguments*, enseigne à la Sorbonne.

Georges BALANDIER, anthropologue, professeur à la Sorbonne, directeur d'études à l'EHESS.

Étienne BALIBAR, philosophe, maître de conférences à l'université Paris-I.

Henri BARTOLI, économiste, professeur à l'université Paris-I.

Michel BEAUD, économiste, professeur à l'université Paris-VIII.

Daniel BECQUEMONT, angliciste et anthropologue, professeur à l'université de Lille.

Jean-Marie BENOIST, philosophe, sous-directeur de la chaire d'histoire de la civilisation moderne au Collège de France, décédé en 1990.

Alain BOISSINOT, littéraire, professeur de lettres en classe préparatoire au lycée Louis-le-Grand.

Raymond BOUDON, sociologue, professeur à l'université Paris-IV, directeur du groupe d'études des méthodes de l'analyse sociologique(GEMAS).

Jacques BOUVERESSE, philosophe, professeur à l'université Paris-I.

Claude BRÉMOND, linguiste, directeur d'études à l'EHESS.

Hubert BROCHIER, économiste, professeur à l'université Paris-I.

Louis-Jean CALVET, linguiste, professeur à la Sorbonne.

Jean-Claude CHEVALIER, linguiste, professeur à l'université Paris-VII, secrétaire général de la revue *Langue française*.

Jean CLAVREUL, psychanalyste.

Claude CONTÉ, psychanalyste, ancien chef de clinique à la faculté de médecine de Paris.

Jean-Claude COQUET, linguiste, professeur à l'université Paris-VIII.

Maria DARAKI, historienne, professeur à l'université Paris-VIII.

Jean-Toussaint DESANTI, philosophe, a enseigné à l'université Paris-I et à l'ENS de Saint-Cloud.

Philippe DESCOLA, anthoropologue, directeur adjoint du laboratoire d'anthropologie sociale.

Vincent DESCOMBES, Philosophe, professeur à la John Hopkins University.

Jean-Marie DOMENACH, Philosophe, ancien directeur de la revue *Esprit*, créateur de CREA.

Joël DOR, psychanalyste, directeur de la revue *Esquisses psychanalytiques*, professeur à l'université Paris-VII.

Daniel DORY, géographe, chercheur au CNRS, à Paris-I.

Roger-Pol DROIT, philosophe, éditorialiste au *Monde*.

Jean DUBOIS, linguiste, professeur à l'université Paris-X, revue *Langages*.

Georges DUBY, historien, professeur au Collège de France.

Oswald DUCROT, linguiste, directeur d'études à l'EHESS.

Claude DUMÉZIL, psychanalyste.

Jean DUVIGNAUD, sociologue, professeur à l'université Paris-VII.

Roger ESTABLET, sociologue, membre du CERCOM(EHESS), maître de conférences à l'université d'Aix-Marseille.

François EWALD, philosophe, président de l'association pour le centre Michel-Foucault.

Arlette FARGE, historienne, directeur de recherches à l'EHESS.

Jean-Pierre FAYE, philosophe, linguiste, professeur à l'Université philosophique européenne.

Pierre FOUGEYROLLAS, sociologue, professeur à l'université Paris-VII.

Fran oise GADET, linguiste, professeur à l'université Paris-X.

Gilles GASTON-GRANGER, philosophe, professeur au Collège de France.

Marcel GAUCHET, historien, responsable de la rédaction à la revue *Le Débat*.

Gérard GENETTE, linguiste, sémiologue, directeur d'études à l'EHESS.

Jean-Christophe GODDARD, philosophe, professeur en classe préparatoire HEC.

Maurice GODELIER, anthropologue, directeur scientifique au CNRS, directeur d'études à l'EHESS.

Wladimir GRANOFF, psychanalyste, médecin-chef du centre médico-psychologique de Nanterre.

André GREEN, psychanalyste, ancien directeur l'Institut de psychanalyse de Paris.

Algirdas-Julien GREIMAS, linguiste, directeur d'études honoraire à l'EHESS.

Marc GUILLAUME, économiste, professeur à l'université de Paris-Dauphinc, maître de conférences à l'École polytechnique, directeur de l'IRIS.

Claude HAGÈGE, linguiste, professeur au Collège de France.

Philippe HAMON, linguiste, professeur à l'université Paris-III.

André-Georges HAUDRICOURT, anthropologue et linguiste.

Louis HAY, littéraire, fondateur de l'ITEM.

Paul HENRY, linguiste, chercheur au CNRS.

Françoise HÉRITIER-AUGÉ, anthropologue, professeur au Collège de France, directrice du laboratoire d'anthropologie sociale.

Jacques HOARAU, philosophe, professeur au centre de formation des professeurs de Monlignon.

Michel IZARD, anthropologue, directeur de recherches au CNRS, codirecteur de la revue *Gradhiva*.

Jean-Luc JAMARD, anthropologue, chercheur au CNRS.

Jean JAMIN, anthropologue, chercheur au laboratoire d'ethnologie du musée de l'Homme, codirecteur de la revue *Gradhuva*.

Julia KRISTEVA, linguiste, professeur à l'université Paris-VII.

Bernard LAKS, linguiste, chercheur au CNRS.

Jérôme LALLEMENT, économiste, maître de conférences à l'université Paris-I.

Jean LAPLANCHE, psychanalyste, professeur à l'université Paris-VII, directeur de la revue *Psychanalyse à l'Université*.

Francine LE BRET, philosophe, professeur au lycée Jaques-Prévert de Boulogne-Billancourt.

Serge LECLAIRE, psychanalyste.

Dominique LECOURT, philosophe, professeur à l'université Paris-VII.

Henri LEFEBVRE, philosophe, ancien professeur aux universités de Strasbourg, Nanterre, Paris-VIII, Californie.

Pierre LEGENDRE, philosophe, Professeur à l'université Paris-I.

Gennie LEMOINE, psychanalyste.

Claude LÉVI-STRAUSS, anthropologue, professeur au Collège de France.

Jacques LÉVY, géographe, chercheur au CNRS, coanimateur de la revue *Espaces-Temps*.

Alain LIPIETZ, économiste, chargé de recherche au CRNS et au CEPREMAP.

René LOURAU, sociologue, professeur à l'université Paris-VIII.

Pierre MACHEREY, philosophe, maître de conférences à Paris-I.

René MAJOR, psychanalyste, enseigne au Collège international de philosophie, directeur des *Cahiers Confrontations*.

Serge MARTIN, philosophe, professeur au lycée de Pontoise.

André MARTINET, linguiste, professeur émérite à l'université René-Descartes, et à la IVᵉ section de l'EPHE.

Claude MEILLASSOUX, anthropologue, directeur de recherche au CNRS.

Charles MELMAN, psychanalyste, directeur de la revue *Discours psychanalytique*.

Gérard MENDEL, psychanalyste, ancien interne de l'hôpital psychiatrique de la Seine.

Henri MITTERAND, linguiste, professeur à la Sorbonne nouvelle.

Juan-David NASIO, psychanalyste, anime le séminaire de psychanalyse de Paris.

André NICOLAÏ, économiste, professeur à l'université Paris-X.

Pierre NORA, historien, directeur d'études à l'EHESS, directeur de la revue *Le Débat*, éditeur chez Gallimard.

Claudine NORMAND, linguiste, professeur à l'université Paris-X.

Bertrand OGILVIE, philosophe, professeur à l'école normale de Cergy-Pontoise.

Michelle PERROT, historienne, professeur à l'université Paris-VII.

Marcelin PLEYNET, écrivain, ancien secrétaire de la revue *Tel Quel*.

Jean POUILLON, philosophe et anthropologue, chercheur au laboratoire d'anthropologie social, EHESS.

Jöelle PROUST, philosophe, groupe de recherche sur la cognition, CREA, CNRS.

Jacques RANCIÈRE, philosophe, enseignant à l'université Paris-VIII.

Alain RENAUT, philosophe, professeur à l'université de Caen, fondateur du Collège de philosophie.

Olivier REVAULTD'ALLONNES, philosophe, professeur à l'université Paris-I.

Élisabeth ROUDINESCO, écrivain et psychanalyste.

Nicolas RUWET, linguiste, professeur à l'université Paris-VIII.

Moustafa SAFOUAN, psychanalyste.

Georges-Elia SARFATI, linguiste, enseignant à l'université Paris-III.

Bernard SICHÈRE, philosophe, professeur à l'université de Caen, ancien membre de l'équipe *Tel Quel*.

Dan SPERBER, anthropologue, chercheur au CNRS.

Joseph SUMPF, sociologue et linguiste, professeur à l'université Paris-VIII.

Emmanuel TERRAY, anthropologue, directeur d'études à l'EHESS.

Tzvetan TODOROV, linguiste, sémiologue, chercheur au CNRS.

Alain TOURAINE, sociologue directeur de recherche à l'EHESS.

Paul VALADIER, philosophe, ancien rédacteur en chef de la revue *Études*, professeur au Centre Sèvres à Paris.

Jean-Pierre VERNANT, helléniste, professeur honoraire au Collège de France.

Marc VERNET, sémiologue du cinéma, professeur à l'université Paris-III.

Serge VIDERMAN, psychanalyste, docteur en médecine.

Pierre VILAR, historien, professeur honoraire à la Sorbonne.

François WAHL, philosophe, éditeur au Seuil.

Marina YAGUELLO, linguiste, professeur à l'université Paris-VII.

색 인

가데 Gadet, F. 14,167
가로디 Garaudy 126,137,138,147,148,149
가르댕 Gardin, J. -C. 31
갈릴레오 Galileo 167,233,255
게랭 Guérin, D. 114
게루 Guéroult, M. 135,165
고델 Gödel, K. 50,97
고들리에 Godelier, M. 117,184,212,213,256
고세 Gauchet, M. 269
골드만 Goldmann, L. 56,62,189,207
곰브로비치 Gombrowicz, W. 128
괴테 Goethe, J. W. von 81
구루 Gourou, P. 119
구베르 Goubert, P. 177
귀르비치 Gurvitch, G. 59,60,61,62,63,106,115
그랑제 Granger, G. -G. 31,60,61,166,177,254
그레마스 Greimas, A. -J. 17,18,19,21,24,35,36,
   37,38,39,40,41,42,43,46,51,56,120,121,146,175,179,
   180,183,184,263
그로리샤르 Grosrichard, A. 130
그로스 Gross, M. 19,35,120
그리올 Griaule, M. 116,176
그리티 Gritti, J. 179
그린 Green, A. 72,80,81,83,84,86
기통 Guitton, J. 144,145
길베르 Guilbert, L. 21,24,148
나델 Nadel, S. -F. 109
나빌 Naville, P. 25,114
나지오 Nasio, J. -D. 76
나폴레옹 3세 Napoléon III 122
노라 Nara, P. 176,177,191
노르망 Normand, C. 25,167
노이라트 Neurath, O. 270
뉴턴 Newton, I. 155
니덤 Needham, R. 113
니체 Nietzsche, F. 122,139,195,206,233,234,235,
   236,237,239,240,242,243,244,245,246,247,248,253,
   263
다르벨 Darbel, A. 177
다비 Davy, G. 62
다빌라 d'Avilla, T. 145
다얀 Dayan, S. 63
다윈 Dawin, C. R. 27,196,233
데데얀 Dédéyan 14
데리다 Derrida, J. 78,79,124,150,173,189,245,250,
   252,253,258,269
데카르트 Descartes, R. 11,50,138,148,195,198,
   202,211,241,243,244,256
데콩브 Descombes, V. 146
데티엔 Détienne, M. 97
덱스 Daix, P. 125
도므나크 Domenach, J. -M. 69,70,105,185
돌토 Dolto, F. 82
뒤르켐 Durkheim, É. 16,20,60,61,99,219,264
뒤리 Durry, M. -J. 14
뒤마예 Dumayet, P. 191
뒤메질 Dumézil, C. 87
뒤메질 Dumézil, G. 31,177,191,194,263
뒤부아 Dubois, C. 25
뒤부아 Dubois, J. -A. 18,19,20,24,25,35,120,121,
   175,209
뒤비 Duby, G, 126
뒤비뇨 Duvignaud, J. 62,63,106,115,116,247,269
뒤크로 Ducrot, O. 21,35,36,49,120
뒤프렌 Dufrenne, M. 185
드골 de Gaulle, C. -A. -M. -J. 113,122,188,
   207,221
드레퓌스 Dreyfus, A. 174,256,268
드루아 Droit, R. -P. 16,149
드브레 Debray, R. 109,137
드상티 Desanti 48,132,133,134,135
들로프르 Deloffre, F. 14

들뢰즈 Deleuze, G. 193,226

디에테를랭 Dieterlin, G. 116

라마르크 Lamark, J. -B. de M. 196,203

라스티에 Rastier, F. 41

라신 Racine, J. 52,53,54,55,57

라캉 Lacan, J. 15,29,36,39,45,48,49,50,51,58,73,74,
75,76,77,78,79,80,81,82,83,84,85,86,87,88,89,94,102,
118,123,124,126,129,130,140,141,142,146,149,152,
153,158,159,160,162,167,171,172,185,178,186,187,
188,189,190,192,193,194,205,208,211,212,219,244,
249,250,251,252,253,258,260,263,269,270

라크루아 Lacroix, J. 67,193

라파사드 Lapassade, G. 184

라포주 Lapouge, G. 174

라플랑슈 Laplanche, J. 73,83

랑시에르 Rancière, J. 137,138,140,141,151

랭보 Rimbaud, A. 33,173

레뇨 Régnault, F. 130,137

레닌 Lenin, V. 128,129,133,145,170,268

레리스 Leiris, M. 106,107

레비 브륄 Lévi-Bruhl, L. 64,222

레비 스트로스 Lévi-Strauss, C. 18,21,22,27,29,
31,32,36,37,39,40,43,51,58,59,60,61,62,63,64,65,66,
67,68,69,70,71,72,75,88,89,90,91,92,93,94,95,96,97,
98,99,100,101,102,103,104,105,106,107,110,111,112,
113,115,116,117,119,129,130,138,139,148,159,160,
162,166,176,179,180,181,183,184,185,187,189,191,
192,193,194,197,199,204,205,208,211,212,213,219,
222,229,230,231,244,247,249,252,256,258,263,265,
266,270

로렌스 Lawrence, D. H. 55

로뱅 Robin, R. 167

로브 그리예 Robbe-Grillet, A. 186

로슈 Roche, D. 124

로이 Roy, C. 66

롱샹봉 Longchambon, H. 108

루디네스코 Roudinesco, É. 15,50,127,211,249,
250

루세 Rousset, J. 22,23,178

루소 Rousseau, J. -J. 99,235

루스탕 Roustang, F. 82

루아예 콜라르 Royer-Collard, P. -P. 70

뤼베 Ruwet, N. 35,70,97,120,189

르 고프 Le Goff, J. 110

르루아 구랑 Leroi-Gourhan, A. 126

르 루아 라뒤리 Le Roy Ladurie, E. 177

르무안 Lemoine, G. 211

르베이롤 Rebeyrol, P. 57

르벨 Revel, F. 45,188

르보 달론 Revault d'Allonnes, O. 56

르쿠르 Lecourt, D. 128,129

르클레르 Leclaire, S. 77,79,83,86

르페브르 Lefevre, H. 62,225

르포르 Lefort, C. 63

리나르 Linhart, R. 128,129,130,170

리베 Rivet, P. 255

리샤르 Richard, J. -P. 23,31,130

리센코 Lysenko, T. D. 126,149

리요타르 Lyotard, J. -F. 220,229

리치 Leach, E. 109

리카도 Ricardo, D. 152,173,196,203

리카르두 Ricardou 124

리쾨르 Ricœur, P. 69,70,71,72,74,185

리파테르 Riffaterre 21

린네 Linné, C. von 27

마르셀시 Marcellesi, J. -B. 25

마르쿠제 Marcuse, H. 228

마르크스 Marx, K. 20,37,49,71,99,117,124,126,
127,128,129,133,137,138,139,141,144,147,148,151,
152,153,154,155,156,160,164,165,167,168,169,171,
172,177,184,187,205,206,208,210,212,213,217,226,
263,268

마르티네 Martinet, A. 10,11,12,14,25,36,43,119,
120,263

마슈레 Macherey, P. 137,138,141,148,151,177,
210,211,213

마스페로 Maspero, F. 126,136,138,151,177,212

마오쩌둥 毛澤東 124,125,128,129,141,147

마토레 Mathoré, G. 18

마티뇽 Matignon, R. 174

만델라 Mandala, N. R. 112
만델스탐 Mandelstam 173
말라르메 Mallarmé, S. 46,208,209,246
말리노프스키 Malinowski, B. K. 66,88
망데스 프랑스 Mendès France, P. 108
맥루안 McLuhan, H. M. 268
머독 Murdock, G. -P. 59
메를로 퐁티 Merleau-Ponty, M. 133,259
메쇼닉 Meschonnic, H. 21
메야수 Meillassoux, C. 25,113,114,115,168
메츠 Metz, C. 21,37,179
모랭 Morin, V. 179
모롱 Mauron, C. 56
모리악 Mauriac, C. 67
모스코비치 Moscovici, S. 166
몬드리안 Mondrian, P. 31
몽테스키외 Montesquieu, C. -L. de S. 137,
    138
몽튀클라르 Montuclard, M. 147
무냉 Mounin, G. 127
뮈리 Mury, G. 148
미들턴 Middleton, J. 109
미쇼 Michaud, R. 144
미트랑 Mitterand, H. 18,20
밀네르 Milner, J. -C. 138
밀러 Miller, J. -A. 15,49,50,80,128,130,138,141,
    178
바그너 Wagner, R. 98,99,104
바듀 Badiou, A. 164,165,168,213
바르뷔 Barbut, M. 183
바르트 Barthes, R. 13,15,18,19,21,25,28,29,30,31,
    32,33,36,42,43,44,45,46,47,52,53,54,55,56,57,58,59,
    67,120,121,122,123,124,174,175,179,184,189,208,
    210,211,256,263,265,270
바슐라르 Bachelard, G. 15,23,143,153,154,259,
    260
바스티드 Bastide, R. 106
바케스 클레망 Backès-Clément, C. 97,99,127
바타유 Bataille, G. 33
바흐친 Bakhtine, M. 209

발랑디에 Balandier, G. 62,106,107,108,109,110,
    111,112,113,114,115,116,117
발레리 Valéry, P. 22,67
발리 Bally, C. 85
발리바르 Balibar, É. 137,138,141,151,160,161,168,
    170,260
버크 Burke, E. 230
베레 Verret, M. 148
베르낭 Vernant, J. -P. 97,189,190,258
베르데스 르루 Verdès-Leroux, J. 63
베르크 Berque, J. 126
베스 Besse, G. 148,151
베인 Veyne, P. 247
베텔하임 Bettelheim, C. 169,170
벤베니스트 Benveniste, É. 21,41,118,119,173,
    176,189,208
벨루르 Bellour, R. 45,97,193,194
보나페 Bonnafé, P. 111
보들레르 Baudelaire, C. 22
보들로 Baudelot, C. 137
보르헤스 Borges, J. L. 128
보카라 Boccara, P. 148
보프레 Beaufret, J. 140,241,249,250
볼테르 Voltaire 235
부르데 Bourdet, C. 114
부르디외 Bourdieu, P. 177,184,258,259
부베레스 Bouveresse, J. 136,137
부시 글럭스만 Buci, G. 127
불레즈 Boulez, P. 31
브누아 Benoist, J. -M. 82
브레몽 Brémond, C. 27,39,179,181
브로델 Braudel, F. 29,74,177,183,261
브뤼노프 Brunoff, S. de 169
블로크 Bloch, M. L. B. 109
비노그라도프 Vinogradov 20
비달 나케 Vidal-Naquet, P. 110
비데르만 Viderman, S. 85
비릴리오 Virilio, P. 229
비에트 Viet, J. 258
비트겐슈타인 Wittgenstein, L. J. J. 242

비티 Beattie, J. 109
빌라르 Villar, P. 127,156
사르트르 Sartre, J. -P. 15,64,68,69,72,105,107,
    164,168,183,186,187,188,191,194,231,240,241,257,
    258,259,268
산 안토니오 San Antonio 48
상고르 Senghor, L. S. 108
상프룅 Semprun, J. 147,148
생 시몽 Saint-Simon, C. -H. de R. 217
샤르보니에 Charbonnier, G. 46
샤틀레 Châtelet, F. 193,226
샤프 Schaff, A. 126
샤프살 Chapsal, M. 193
성 아우구스티누스 St. Augustinus 81
성 요한 St. John the Baptist 81
성 토마스 St. Thomas 84
세르토 Certeau, M. de 82
세박 Sebag, L. 35,184
세브 Sève, L. 127,148
소쉬르 Saussure, F. de 25,26,28,29,31,35,37,38,
    42,44,45,49,50,75,77,78,84,85,91,99,139,173,180,183,
    185,186,189,192,223,263,270
소크라테스 Socrates 235
솔레르스 Sollers, P. 82,124,182,208
숨프 Sumpf, J. 25
슈발리에 Chevalier, J. -C. 11,12,19,20,21
슈펭글러 Spengler, O. 217,234
스미스 Smith, M. -G. 109,152,196
스탈린 Stalin, J. 125,126,143,144,146,149,150,155,
    156,157,171
스탕달 Stendhal 173
스트라카 Straka, G. 17,18
스페르버 Sperber, D. 112,113
스펜서 Spencer, H. 217
스피노자 Spinoza, B. de 74,161,256
스피처 Spitzer, L. 22
시세르 Sichère, B. 83
식수 Cixous, H. 97
아도르노 Adorno, T. W. 57,220
아라공 Aragon, L. 125,128

아롱 Aron, R. 15,62,257
아르토 Artaud, A. 33
아리스토텔레스 Aristoteles 40,60,137,182
아리에스 Ariès, P. 230
아몽 Hamon, P. 14
아인슈타인 Einstein, A. 220
아폴리네르 Apollinaire, G. 14
악셀로스 Axelos, K. 184,250
알리에 Hailler, J. -E. 124
알튀세 Althusser, L. 12,49,74,123,124,125,126,
    127,128,129,130,132,133,135,136,137,138,139,140,
    141,142,143,144,145,146,147,148,149,150,151,152,
    153,154,155,156,157,158,159,160,161,162,163,164,
    165,166,167,168,169,170,171,172,177,187,194,206,
    209,210,212,213,252,258,260,261,263,269
앙사르 Ansart, P. 62
앱터 Apter, D. 109
야겔로 Yaguello, M. 14
야콥슨 Jakobson, R. 21,22,30,43,55,58,125,173,
    175,181,266
에리봉 Éribon, D. 194
에리티에 오제 Héritier-Augé, F. 117
에발드 Ewald, F. 15,194
에번스 프리차드 Evans-Pritchard, E. 110
에스타블레 Establet, R. 61,137,151
에카엥 Hécaen, H. 120
에코 Eco, U. 179,181,182,265
엘리아데 Éliade, M. 189
옐름슬레우 Hjelmslev, L. 19,21,28,29,30,37,41,
    43,44,47,48,173,179,183
오드리쿠르 Haudricourt, A. -G. 20
오루 Auroux, S. 134,135
오르티게스 Ortigues, E. 67
오스틴 Austin, J. L. 242
오제 Augé, M. 109,111,112,117,169
와그너 Wagner, R. -L. 20,21,24
요한 바오로 2세 John Paul II 145
우푸에 부아니 Houphouët-Boigny, F. 108
위니코트 Winnicott 79,80
융 Jung, C. G. 23,90

은크루마 Nkrumah, K. 108
이자르 Izard, M. 97,114,116
이잠베르 Isambert, L. 25
이폴리트 Hyppolite, J. 108,144
잔네이 Jeanneney, J. -N. 109
장베 Jambet, C. 149
장켈레비치 Jankélévitch 144
장티옴므 Gentilhomme, Y. 37
조나벤드 Zonabend, F. 97
조들레 Jodelet, F. 13
조이스 Joyce, J. A. A. 192
존슨 Johnson, A. 188
주네트 Genette, G. 13,36,124,175,179,182,210
쥐랑빌 Juranville, A. 81
지다노프 Jdanov, A. A. 126
촘스키 Chomsky, N. 19,48,120,121
카나파 Kanapa, J. 126
카네티 Canetti, E. 176
카르나프 Carnap, R. 270
카르트리 Cartry, M. 116
카바예스 Cavaillès, J. 133,259
카사노바 Casanova, A. 126
카스텍스 Castex, G. 14
카이사르 Caesar, L. J. 143
칸트 Kant, E. 71,154,205,206,248
칼람 그리올 Calame-Griaule, G. 176
칼베 Calvet, L. -J. 57
캉길렘 Canguilhem, G. 16,129,130,139,166,177,
    195,211,259,260
캉테르 Kanters, R. 67,193
케마다 Quémada, B. 18,24
코앙 Cohen, M. 20,35
코이레 Koyré 259
코케 Coquet, J. -C. 37,40,41
코페르니쿠스 Copernicus, N. 196,197,253,255
콜롱벨 Colombel, J. 127
콩도르세 Condorcet, M. -J. -A. -N. de C.
    223
쿠르노 Cournot 16
퀴비에 Cuvier, G. 196,203

퀴즈니에 Cuisenier, J. 70
퀼리올리 Culioli, A. 14,20,35,49
크리스테바 Kristeva, J. 12,36,45,124,207,208,209,
    212
클라브뢸 Clavreul, J. 86
클라인 Klein, M. 79
타르디츠 Tarditz 116
타르드 Tarde, G. 60
테레 Terray, E. 109,114,117,168,168,213
테일러 Taylor, F. W. 170
텍시에 Texier, J. 148
토도로프 Todorov, T. 12,13,26,27,35,36,120,124,
    175,179,182,189,207,208,263
토레즈 Thorez, M. 149
토르 Tort, M. 138
토제비 Togeby, K. 19
투레 Touré, S. 108
트로츠키 Trotski, L. 73
트리스타니 Tristani 63
티보도 Thibaudeau 124,182
파르주 Farge, A. 247
파벨 Pavel, T. 270
파스칼 Pascal, B. 81,145,256
파제스 Pagès, R. 166
팽게 Pinguet, M. 248
팽고 Pingaud, B. 186
퍼스 Peirce, C. S. 242
페로 Perrot, M. 247,262
페리 Ferry, L. 245
페브르 Febvre, L. 53
페쉐 Pêcheux, M. 137,139,149,166,167,168
페이 Faye, J. -P. 125
포미에 Pommier, R. 59
포이어바흐 Feuerbach, L. A. 154
포티스 Fortes, M. 109,110
포티에 Pottier, B. 16,24,25,35
포퍼 Popper, K. R. 40,270
퐁탈리스 Pontalis, J. -B. 84
푸앵카레 Poincaré, J. -H. 35,36
푸이용 Pouillon, J. 117,183

푸코 Foucault, M. 12,26,31,72,127,130,138,153,
    156,173,175,176,186,191,192,193,194,195,196,197,
    198,199,200,201,204,205,206,211,219,230,231,244,
    246,247,248,249,252,253,259,260
푸크 Fouque, A. 211
풀레 Poulet, G. 23,189
퓌레 Furet, F. 226,269
프랑카스텔 Francastel, P. 126
프레게 Frege, G. 49,50,80
프로이트 Freud, S. 50,55,66,72,73,78,79,81,82,83,
    84,85,93,99,118,119,126,130,139,141,153,159,162,
    167,171,172,173,175,187,189,196,197,208,211,212,
    219,250
프로프 Propp, V. 22,27,31,39,40,89,173,180,181,
    196
프루스트 Proust, J. 103,165
프루스트 Proust, M. 104
프리드만 Friedmann, G. 121
플라톤 Platon 61,84,135,137,182,195,210,243
플레네 Pleynet, M. 123,124
플레밍 Fleming, I. L. 181,182

플로렌 Florenne, Y. 67
플롱 Plon, M. 147,166,189
피비달 Pividal 63
피아제 Piaget, J. 25,48,244
피아티에 Piatier, J. 57
피에글 Feigl, H. 270
피오 Piot, C. 25,114
피카르 Picard, R. 52,55,56,57,58,174,175,210,256
피콩 Picon, G. 22
피헤테 Fichte, J. G. 154
핀토 Pinto, L. 260
하버마스 Habermas, J. 238,239
하이데거 Heidegger, M. 77,118,140,233,234,235,
    237,238,239,240,241,242,243,244,245,248,249,250,
    251,252,253,258
해리스 Harris, Z. S. 25
헤겔 Hegel, G. W. F. 143,154,155,184,226,237,
    241,242,264
홉스 Hobbes, T. 256
후설 Husserl, E. 133,140
훔볼트 Humboldt, K. W. F. von 265

김웅권
한국외국어대학교 불어과 졸업
프랑스 몽펠리에3대학 불문학 박사
현재 한국외국어대학교 연구교수
학위 논문: 〈앙드레 말로의 소설 세계에 있어서 의미의 탐구와 구조화〉
저서: 《앙드레 말로-소설 세계와 문화의 창조적 정복》
논문: 〈앙드레 말로의 《왕도》에 나타난 신비주의적 에로티시즘〉
(프랑스의 《현대문학지》 앙드레 말로 시리즈 10호),
〈앙드레 말로의 《인간의 조건》에서 광인 의식〉 (미국 《앙드레 말로 학술지》 27권)
역서: 《천재와 광기》《니체 읽기》《상상력의 세계사》
《순진함의 유혹》《영원한 황홀》《파스칼적 명상》《기식자》 등

문예신서
137

구조주의의 역사 · II

초판발행 : 2002년 11월 10일

지은이 : 프랑수아 도스
옮긴이 : 김웅권
총편집 : 韓仁淑
펴낸곳 : 東文選
제10-64호, 78. 12. 16 등록
110-300 서울 종로구 관훈동 74번지
전화 : 737-2795

편집설계 : 李姃旻 李惠允

ISBN 89-8038-044-5 94160
ISBN 89-8038-042-9 (세트)

【東文選 現代新書】

1 21세기를 위한 새로운 엘리트	FORESEEN 연구소 / 김경현	7,000원
2 의지, 의무, 자유 — 주제별 논술	L. 밀러 / 이대희	6,000원
3 사유의 패배	A. 핑켈크로트 / 주태환	7,000원
4 문학이론	J. 컬러 / 이은경 · 임옥희	7,000원
5 불교란 무엇인가	D. 키언 / 고길환	6,000원
6 유대교란 무엇인가	N. 솔로몬 / 최창모	6,000원
7 20세기 프랑스철학	E. 매슈스 / 김종갑	8,000원
8 강의에 대한 강의	P. 부르디외 / 현택수	6,000원
9 텔레비전에 대하여	P. 부르디외 / 현택수	7,000원
10 고고학이란 무엇인가	P. 반 / 박범수	근간
11 우리는 무엇을 아는가	T. 나겔 / 오영미	5,000원
12 에쁘롱 — 니체의 문체들	J. 데리다 / 김다은	7,000원
13 히스테리 사례분석	S. 프로이트 / 태혜숙	7,000원
14 사랑의 지혜	A. 핑켈크로트 / 권유현	6,000원
15 일반미학	R. 카이와 / 이경자	6,000원
16 본다는 것의 의미	J. 버거 / 박범수	10,000원
17 일본영화사	M. 테시에 / 최은미	7,000원
18 청소년을 위한 철학교실	A. 자카르 / 장혜영	7,000원
19 미술사학 입문	M. 포인턴 / 박범수	8,000원
20 클래식	M. 비어드 · J. 헨더슨 / 박범수	6,000원
21 정치란 무엇인가	K. 미노그 / 이정철	6,000원
22 이미지의 폭력	O. 몽젱 / 이은민	8,000원
23 청소년을 위한 경제학교실	J. C. 드루엥 / 조은미	6,000원
24 순진함의 유혹 〔메디시스賞 수상작〕 P. 브뤼크네르 / 김웅권		9,000원
25 청소년을 위한 이야기 경제학	A. 푸르상 / 이은민	8,000원
26 부르디외 사회학 입문	P. 보네위츠 / 문경자	7,000원
27 돈은 하늘에서 떨어지지 않는다 K. 아른트 / 유영미		6,000원
28 상상력의 세계사	R. 보이아 / 김웅권	9,000원
29 지식을 교환하는 새로운 기술	A. 벵토릴라 外 / 김혜경	6,000원
30 니체 읽기	R. 비어즈워스 / 김웅권	6,000원
31 노동, 교환, 기술 — 주제별 논술	B. 데코사 / 신은영	6,000원
32 미국만들기	R. 로티 / 임옥희	근간
33 연극의 이해	A. 쿠프리 / 장혜영	8,000원
34 라틴문학의 이해	J. 가야르 / 김교신	8,000원
35 여성적 가치의 선택	FORESEEN연구소 / 문신원	7,000원
36 동양과 서양 사이	L. 이리가라이 / 이은민	7,000원
37 영화와 문학	R. 리처드슨 / 이형식	8,000원
38 분류하기의 유혹 — 생각하기와 조직하기 G. 비뇨 / 임기대		7,000원
39 사실주의 문학의 이해	G. 라루 / 조성애	8,000원
40 윤리학 — 악에 대한 의식에 관하여 A. 바디우 / 이종영		7,000원
41 흙과 재 〔소설〕	A. 라히미 / 김주경	6,000원

42 진보의 미래	D. 르쿠르 / 김영선	6,000원
43 중세에 살기	J. 르 고프 外 / 최애리	8,000원
44 쾌락의 횡포·상	J. C. 기유보 / 김웅권	10,000원
45 쾌락의 횡포·하	J. C. 기유보 / 김웅권	10,000원
46 운디네와 지식의 불	B. 데스파냐 / 김웅권	8,000원
47 이성의 한가운데에서 — 이성과 신앙	A. 퀴노 / 최은영	6,000원
48 도덕적 명령	FORESEEN 연구소 / 우강택	6,000원
49 망각의 형태	M. 오제 / 김수경	6,000원
50 느리게 산다는 것의 의미·1	P. 쌍소 / 김주경	7,000원
51 나만의 자유를 찾아서	C. 토마스 / 문신원	6,000원
52 음악적 삶의 의미	M. 존스 / 송인영	근간
53 나의 철학 유언	J. 기통 / 권유현	8,000원
54 타르튀프 / 서민귀족 (희곡)	몰리에르 / 덕성여대극예술비교연구회	8,000원
55 판타지 공장	A. 플라워즈 / 박범수	10,000원
56 홍수·상 (완역판)	J. M. G. 르 클레지오 / 신미경	8,000원
57 홍수·하 (완역판)	J. M. G. 르 클레지오 / 신미경	8,000원
58 일신교 — 성경과 철학자들	E. 오르티그 / 전광호	6,000원
59 프랑스 시의 이해	A. 바이양 / 김다은·이혜지	8,000원
60 종교철학	J. P. 힉 / 김희수	10,000원
61 고요함의 폭력	V. 포레스테 / 박은영	8,000원
62 고대 그리스의 시민	C. 모세 / 김덕희	7,000원
63 미학개론 — 예술철학입문	A. 셰퍼드 / 유호전	10,000원
64 논증 — 담화에서 사고까지	G. 비뇨 / 임기대	6,000원
65 역사 — 성찰된 시간	F. 도스 / 김미겸	7,000원
66 비교문학개요	F. 클로동·K. 아다-보트링 / 김정란	8,000원
67 남성지배	P. 부르디외 / 김용숙·주경미	9,000원
68 호모사피언스에서 인터렉티브인간으로	FORESEEN 연구소 / 공나리	8,000원
69 상투어 — 언어·담론·사회	R. 아모시·A. H. 피에로 / 조성애	9,000원
70 촛불의 미학	G. 바슐라르 / 이가림	근간
71 푸코 읽기	P. 빌루에 / 나길래	근간
72 문학논술	J. 파프·D. 로쉬 / 권종분	8,000원
73 한국전통예술개론	沈雨晟	10,000원
74 시학 — 문학 형식 일반론 입문	D. 퐁텐느 / 이용주	8,000원
75 《시민 케인》	L. 멀비 / 이형식	근간
76 동물성 — 인간의 위상에 관하여	D. 르스텔 / 김승철	6,000원
77 랑가쥬 이론 서설	L. 옐름슬레우 / 김용숙·김혜련	10,000원
78 잔혹성의 미학	F. 토넬리 / 박형섭	9,000원
79 문학 텍스트의 정신분석	M. J. 벨멩-노엘 / 심재중·최애영	9,000원
80 무관심의 절정	J. 보드리야르 / 이은민	8,000원
81 영원한 황홀	P. 브뤼크네르 / 김웅권	9,000원
82 노동의 종말에 반하여	D. 슈나페르 / 김교신	6,000원
83 프랑스영화사	J. -P. 장콜 / 김혜련	근간

84 조와(弔蛙)	金敎臣 / 노치준·민혜숙	8,000원
85 역사적 관점에서 본 시네마	J. -L. 뢰트라 / 곽노경	8,000원
86 욕망에 대하여	M. 슈벨 / 서민원	8,000원
87 산다는 것의 의미·1—여분의 행복	P. 쌍소 / 김주경	7,000원
88 철학 연습	M. 아롱델-로오 / 최은영	8,000원
89 삶의 기쁨들	D. 노게 / 이은민	6,000원
90 이탈리아영화사	L. 스키파노 / 이주현	8,000원
91 한국문화론	趙興胤	10,000원
92 현대연극미학	M. -A. 샤르보니에 / 홍지화	8,000원
93 느리게 산다는 것의 의미·2	P. 쌍소 / 김주경	7,000원
94 진정한 모럴은 모럴을 비웃는다	A. 에슈고엔 / 김웅권	8,000원
95 한국종교문화론	趙興胤	10,000원
96 근원적 열정	L. 이리가라이 / 박정오	9,000원
97 라캉, 주체 개념의 형성	B. 오질비 / 김 석	9,000원
98 미국식 사회 모델	J. 바이스 / 김종명	7,000원
99 소쉬르와 언어과학	P. 가데 / 김용숙·임정혜	10,000원
100 철학적 기본 개념	R. 페르버 / 조국현	8,000원
101 철학자들의 동물원	A. L. 브라-쇼파르 / 문신원	근간
102 글렌 굴드, 피아노 솔로	M. 슈나이더 / 이창실	7,000원
103 문학비평에서의 실험	C. S. 루이스 / 허 종	근간
104 코뿔소 (희곡)	E. 이오네스코 / 박형섭	8,000원
105 《제7의 봉인》 비평연구	E. 그랑조르주 / 이은민	근간
106 《쥘과 짐》 비평연구	C. 르 베르 / 이은민	근간
107 경제, 거대한 사탄인가?	P. -N. 지로 / 김교신	7,000원
108 딸에게 들려 주는 작은 철학	R. 시몬 셰퍼 / 안상원	7,000원
109 도덕에 관한 에세이	C. 로슈·J. -J. 바레르 / 고수현	6,000원
110 프랑스 고전비극	B. 클레망 / 송민숙	8,000원
111 고전수사학	G. 위딩 / 박성철	근간
112 유토피아	T. 파코 / 조성애	7,000원
113 쥐비알	A. 자르댕 / 김남주	7,000원
114 증오의 모호한 대상	J. 아순 / 김승철	8,000원
115 개인—주체철학에 대한 고찰	A. 르노 / 장정아	7,000원
116 이슬람이란 무엇인가	M. 루스벤 / 최생열	8,000원
117 간추린 서양철학사·상	A. 케니 / 이영주	근간
118 간추린 서양철학사·하	A. 케니 / 이영주	근간
119 느리게 산다는 것의 의미·3	P. 쌍소 / 김주경	7,000원
120 문학과 정치 사상	P. 페티티에 / 이종민	8,000원
121 하느님의 가장 아름다운 이야기	A. 보테르 外 / 주태환	근간
122 시민 교육	P. 카니베즈 / 박주원	9,000원
123 스페인영화사	J.- C. 스갱 / 정동섭	근간
124 포켓의 형태	J. 버거 / 이영주	근간
125 내 몸의 신비—세상에서 가장 큰 기적	A. 지오르당 / 이규식	7,000원

126 세 가지 생태학	F. 가타리 / 윤수종	근간
127 모리스 블랑쇼에 대하여	E. 레비나스 / 박규현	근간
128 위비 왕	A. 자리 / 박형섭	근간
129 번영의 비참	P. 브뤼크네르 / 이창실	근간
130 무사도란 무엇인가	新渡戶稻造 / 沈雨晟	7,000원

【東文選 文藝新書】

1 저주받은 詩人들	A. 뻬이르 / 최수철·김종호	개정근간
2 민속문화론서설	沈雨晟	40,000원
3 인형극의 기술	A. 훼도토프 / 沈雨晟	8,000원
4 전위연극론	J. 로스 에반스 / 沈雨晟	12,000원
5 남사당패연구	沈雨晟	10,000원
6 현대영미희곡선(전4권)	N. 코워드 外 / 李辰洙	절판
7 행위예술	L. 골드버그 / 沈雨晟	절판
8 문예미학	蔡 儀 / 姜慶鎬	절판
9 神의 起源	何 新 / 洪 熹	16,000원
10 중국예술정신	徐復觀 / 權德周 外	24,000원
11 中國古代書史	錢存訓 / 金允子	14,000원
12 이미지 — 시각과 미디어	J. 버거 / 편집부	12,000원
13 연극의 역사	P. 하트놀 / 沈雨晟	절판
14 詩 論	朱光潛 / 鄭相泓	9,000원
15 탄트라	A. 무케르지 / 金龜山	10,000원
16 조선민족무용기본	최승희	15,000원
17 몽고문화사	D. 마이달 / 金龜山	8,000원
18 신화 미술 제사	張光直 / 李 徹	10,000원
19 아시아 무용의 인류학	宮尾慈良 / 沈雨晟	절판
20 아시아 민족음악순례	藤井知昭 / 沈雨晟	5,000원
21 華夏美學	李澤厚 / 權 瑚	15,000원
22 道	張立文 / 權 瑚	18,000원
23 朝鮮의 占卜과 豫言	村山智順 / 金禧慶	15,000원
24 원시미술	L. 아담 / 金仁煥	16,000원
25 朝鮮民俗誌	秋葉隆 / 沈雨晟	12,000원
26 神話의 이미지	J. 캠벨 / 扈承喜	근간
27 原始佛敎	中村元 / 鄭泰爀	8,000원
28 朝鮮女俗考	李能和 / 金尙憶	24,000원
29 朝鮮解語花史(조선기생사)	李能和 / 李在崑	25,000원
30 조선창극사	鄭魯湜	7,000원
31 동양회화미학	崔炳植	18,000원
32 性과 결혼의 민족학	和田正平 / 沈雨晟	9,000원
33 農漁俗談辭典	宋在璇	12,000원
34 朝鮮의 鬼神	村山智順 / 金禧慶	12,000원
35 道敎와 中國文化	葛兆光 / 沈揆昊	15,000원

36 禪宗과 中國文化	葛兆光 / 鄭相泓·任炳權	8,000원
37 오페라의 역사	L. 오레이 / 류연희	절판
38 인도종교미술	A. 무케르지 / 崔炳植	14,000원
39 힌두교의 그림언어	안넬리제 外 / 全在星	9,000원
40 중국고대사회	許進雄 / 洪 熹	22,000원
41 중국문화개론	李宗桂 / 李宰碩	15,000원
42 龍鳳文化源流	王大有 / 林東錫	25,000원
43 甲骨學通論	王宇信 / 李宰碩	근간
44 朝鮮巫俗考	李能和 / 李在崑	20,000원
45 미술과 페미니즘	N. 부루드 外 / 扈承喜	9,000원
46 아프리카미술	P. 윌레프 / 崔炳植	절판
47 美의 歷程	李澤厚 / 尹壽榮	22,000원
48 曼茶羅의 神들	立川武藏 / 金龜山	19,000원
49 朝鮮歲時記	洪錫謨 外/李錫浩	30,000원
50 하 상	蘇曉康 外 / 洪 熹	절판
51 武藝圖譜通志 實技解題	正 祖 / 沈雨晟·金光錫	15,000원
52 古文字學첫걸음	李學勤 / 河永三	14,000원
53 體育美學	胡小明 / 閔永淑	10,000원
54 아시아 美術의 再發見	崔炳植	9,000원
55 曆과 占의 科學	永田久 / 沈雨晟	8,000원
56 中國小學史	胡奇光 / 李宰碩	20,000원
57 中國甲骨學史	吳浩坤 外 / 梁東淑	35,000원
58 꿈의 철학	劉文英 / 河永三	22,000원
59 女神들의 인도	立川武藏 / 金龜山	19,000원
60 性의 역사	J. L. 플랑드렝 / 편집부	18,000원
61 쉬르섹슈얼리티	W. 챠드윅 / 편집부	10,000원
62 여성속담사전	宋在璇	18,000원
63 박재서희곡선	朴栽緖	10,000원
64 東北民族源流	孫進己 / 林東錫	13,000원
65 朝鮮巫俗의 研究(상·하)	赤松智城·秋葉隆 / 沈雨晟	28,000원
66 中國文學 속의 孤獨感	斯波六郎 / 尹壽榮	8,000원
67 한국사회주의 연극운동사	李康列	8,000원
68 스포츠인류학	K. 블랑챠드 外 / 박기동 外	12,000원
69 리조복식도감	리팔찬	절판
70 娼 婦	A. 꼬르뱅 / 李宗旼	22,000원
71 조선민요연구	高晶玉	30,000원
72 楚文化史	張正明 / 南宗鎭	26,000원
73 시간, 욕망, 그리고 공포	A. 코르뱅 / 변기찬	18,000원
74 本國劍	金光錫	40,000원
75 노트와 반노트	E. 이오네스코 / 박형섭	절판
76 朝鮮美術史研究	尹喜淳	7,000원
77 拳法要訣	金光錫	20,000원

78 艸衣選集	艸衣意恂 / 林鍾旭	14,000원
79 漢語音韻學講義	董少文 / 林東錫	10,000원
80 이오네스코 연극미학	C. 위베르 / 박형섭	9,000원
81 중국문자훈고학사전	全廣鎭 편역	23,000원
82 상말속담사전	宋在璇	10,000원
83 書法論叢	沈尹默 / 郭魯鳳	8,000원
84 침실의 문화사	P. 디비 / 편집부	9,000원
85 禮의 精神	柳肅 / 洪熹	20,000원
86 조선공예개관	沈雨晟 편역	30,000원
87 性愛의 社會史	J. 솔레 / 李宗敗	18,000원
88 러시아미술사	A. I 조토프 / 이건수	22,000원
89 中國書藝論文選	郭魯鳳 選譯	25,000원
90 朝鮮美術史	關野貞 / 沈雨晟	근간
91 美術版 탄트라	P. 로슨 / 편집부	8,000원
92 군달리니	A. 무케르지 / 편집부	9,000원
93 카마수트라	바쨔야나 / 鄭泰爀	10,000원
94 중국언어학총론	J. 노먼 / 全廣鎭	18,000원
95 運氣學說	任應秋 / 李宰碩	8,000원
96 동물속담사전	宋在璇	20,000원
97 자본주의의 아비투스	P. 부르디외 / 최종철	6,000원
98 宗敎學入門	F. 막스 뮐러 / 金龜山	10,000원
99 변 화	P. 바츨라빅크 外 / 박인철	10,000원
100 우리나라 민속놀이	沈雨晟	15,000원
101 歌訣(중국역대명언경구집)	李宰碩 편역	20,000원
102 아니마와 아니무스	A. 융 / 박해순	8,000원
103 나, 너, 우리	L. 이리가라이 / 박정오	12,000원
104 베케트연극론	M. 푸크레 / 박형섭	8,000원
105 포르노그래피	A. 드워킨 / 유혜련	12,000원
106 셸 링	M. 하이데거 / 최상욱	12,000원
107 프랑수아 비용	宋勉	18,000원
108 중국서예 80제	郭魯鳳 편역	16,000원
109 性과 미디어	W. B. 키 / 박해순	12,000원
110 中國正史朝鮮列國傳(전2권)	金聲九 편역	120,000원
111 질병의 기원	T. 매큐언 / 서 일 · 박종연	12,000원
112 과학과 젠더	E. F. 켈러 / 민경숙 · 이현주	10,000원
113 물질문명 · 경제 · 자본주의	F. 브로델 / 이문숙 外	절판
114 이탈리아인 태고의 지혜	G. 비코 / 李源斗	8,000원
115 中國武俠史	陳 山 / 姜鳳求	18,000원
116 공포의 권력	J. 크리스테바 / 서민원	23,000원
117 주색잡기속담사전	宋在璇	15,000원
118 죽음 앞에 선 인간(상 · 하)	P. 아리에스 / 劉仙子	각권 8,000원
119 철학에 대하여	L. 알튀세르 / 서관모 · 백승욱	12,000원

120 다른 곳	J. 데리다 / 김다은 · 이혜지	10,000원
121 문학비평방법론	D. 베르제 外 / 민혜숙	12,000원
122 자기의 테크놀로지	M. 푸코 / 이희원	16,000원
123 새로운 학문	G. 비코 / 李源斗	22,000원
124 천재와 광기	P. 브르노 / 김웅권	13,000원
125 중국은사문화	馬 華 · 陳正宏 / 강경범 · 천현경	12,000원
126 푸코와 페미니즘	C. 라마자노글루 外 / 최 영 外	16,000원
127 역사주의	P. 해밀턴 / 임옥희	12,000원
128 中國書藝美學	宋 民 / 郭魯鳳	16,000원
129 죽음의 역사	P. 아리에스 / 이종민	18,000원
130 돈속담사전	宋在璇 편	15,000원
131 동양극장과 연극인들	김영무	15,000원
132 生育神과 性巫術	宋兆麟 / 洪 熹	20,000원
133 미학의 핵심	M. M. 이턴 / 유호전	14,000원
134 전사와 농민	J. 뒤비 / 최생열	18,000원
135 여성의 상태	N. 에니크 / 서민원	22,000원
136 중세의 지식인들	J. 르 고프 / 최애리	18,000원
137 구조주의의 역사(전4권)	F. 도스 / 이봉지 外	각권 15,000원
138 글쓰기의 문제해결전략	L. 플라워 / 원진숙 · 황정현	20,000원
139 음식속담사전	宋在璇 편	16,000원
140 고전수필개론	權 瑚	16,000원
141 예술의 규칙	P. 부르디외 / 하태환	23,000원
142 "사회를 보호해야 한다"	M. 푸코 / 박정자	20,000원
143 페미니즘사전	L. 터틀 / 호승희 · 유혜련	26,000원
144 여성심벌사전	B. G. 워커 / 정소영	근간
145 모데르니테 모데르니테	H. 메쇼닉 / 김다은	20,000원
146 눈물의 역사	A. 뱅상뷔포 / 이자경	18,000원
147 모더니티입문	H. 르페브르 / 이종민	24,000원
148 재생산	P. 부르디외 / 이상호	18,000원
149 종교철학의 핵심	W. J. 웨인라이트 / 김희수	18,000원
150 기호와 몽상	A. 시몽 / 박형섭	22,000원
151 융분석비평사전	A. 새뮤얼 外 / 민혜숙	16,000원
152 운보 김기창 예술론연구	최병식	14,000원
153 시적 언어의 혁명	J. 크리스테바 / 김인환	20,000원
154 예술의 위기	Y. 미쇼 / 하태환	15,000원
155 프랑스사회사	G. 뒤프 / 박 단	16,000원
156 중국문예심리학사	劉偉林 / 沈揆昊	30,000원
157 무지카 프라티카	M. 캐넌 / 김혜중	25,000원
158 불교산책	鄭泰爀	20,000원
159 인간과 죽음	E. 모랭 / 김명숙	23,000원
160 地中海(전5권)	F. 브로델 / 李宗旼	근간
161 漢語文字學史	黃德實 · 陳秉新 / 河永三	24,000원

162 글쓰기와 차이 　　　J. 데리다 / 남수인 　　　　　　　28,000원
163 朝鮮神事誌 　　　　李能和 / 李在崑 　　　　　　　　근간
164 영국제국주의 　　　　S. C. 스미스 / 이태숙·김종원 　　16,000원
165 영화서술학 　　　　　A. 고드로·F. 조스트 / 송지연 　17,000원
166 美學辭典 　　　　　　사사키 겡이치 / 민주식 　　　　22,000원
167 하나이지 않은 성 　　　L. 이리가라이 / 이은민 　　　18,000원
168 中國歷代書論 　　　　郭魯鳳 譯註 　　　　　　　　　25,000원
169 요가수트라 　　　　　鄭泰爀 　　　　　　　　　　　15,000원
170 비정상인들 　　　　　M. 푸코 / 박정자 　　　　　　25,000원
171 미친 진실 　　　　　　J. 크리스테바 外 / 서민원 　　25,000원
172 디스텡숑(상·하) 　　　P. 부르디외 / 이종민 　　　　　근간
173 세계의 비참(전3권) 　　P. 부르디외 外 / 김주경 　　각권 26,000원
174 수묵의 사상과 역사 　　崔炳植 　　　　　　　　　　　근간
175 파스칼적 명상 　　　　P. 부르디외 / 김웅권 　　　　22,000원
176 지방의 계몽주의 　　　D. 로슈 / 주명철 　　　　　　30,000원
177 이혼의 역사 　　　　　R. 필립스 / 박범수 　　　　　25,000원
178 사랑의 단상 　　　　　R. 바르트 / 김희영 　　　　　근간
179 中國書藝理論體系 　　熊秉明 / 郭魯鳳 　　　　　　　23,000원
180 미술시장과 경영 　　　崔炳植 　　　　　　　　　　　16,000원
181 카프카 — 소수적인 문학을 위하여 　G. 들뢰즈·F. 가타리 / 이진경 　13,000원
182 이미지의 힘 — 영상과 섹슈얼리티 　A. 쿤 / 이형식 　　13,000원
183 공간의 시학 　　　　　G. 바슐라르 / 곽광수 　　　　근간
184 랑데부 — 이미지와의 만남 　J. 버거 / 임옥희·이은경 　　근간
185 푸코와 문학 — 글쓰기의 계보학을 향하여 　S. 듀링 / 오경심·홍유미 　　근간
186 각색, 연극에서 영화로 　A. 엘보 / 이선형 　　　　　16,000원
187 폭력과 여성들 　　　　C. 도펭 外 / 이은민 　　　　18,000원
188 하드 바디 — 할리우드 영화에 나타난 남성성 　S. 제퍼드 / 이형식 　18,000원
189 영화의 환상성 　　　　J. -L. 뢰트라 / 김경온·오일환 　18,000원
190 번역과 제국 　　　　　D. 로빈슨 / 정혜욱 　　　　　16,000원
191 그라마톨로지에 대하여 　J. 데리다 / 김웅권 　　　　근간
192 보건 유토피아 　　　　R. 브로만 外 / 서민원 　　　　근간
193 현대의 신화 　　　　　R. 바르트 / 이화여대기호학연구소 　20,000원
194 중국회화백문백답 　　郭魯鳳 　　　　　　　　　　　근간
195 고서화감정개론 　　　徐邦達 / 郭魯鳳 　　　　　　　근간
196 상상의 박물관 　　　　A. 말로 / 김웅권 　　　　　　근간
197 뒤빈의 일요일 　　　　J. 뒤비 / 최생열 　　　　　　22,000원
198 아인슈타인의 최대 실수 　D. 골드스미스 / 박범수 　　근간
199 유인원, 사이보그, 그리고 여자 　D. 해러웨이 / 민경숙 　25,000원
200 공동생활 속의 개인주의 　F. 드 생글리 / 최은영 　　근간
201 기식자 　　　　　　　M. 세르 / 김웅권 　　　　　　24,000원
202 연극미학 — 플라톤에서 브레히트까지의 텍스트들 　J. 셰레 外 / 홍지화 　근간
203 철학자들의 신(전2권) 　W. 바이셰델 / 최상욱 　　　근간

204 고대세계의 정치   M. I. 포리 / 최생열   근간
205 카프카의 고독   M. 로베르 / 이창실   근간
206 문화 학습 ─ 실천적 입문서   J. 자일즈 · T. 미들턴 / 장성희   근간
207 호모 아카데미쿠스   P. 부르디외 / 임기대   근간
208 朝鮮槍棒敎程   金光錫   40,000원
209 자유의 순간   P. M. 코헨 / 최하영   16,000원
210 밀교의 세계   鄭泰爀   16,000원
211 토탈 스크린   J. 보드리야르 / 배영달   19,000원
212 영화와 문학의 서술학   F. 바누아 / 송지연   근간
213 텍스트의 즐거움   R. 바르트 / 김희영   15,000원
214 영화의 직업들 · 1   B. 라트롱슈 / 김경온 · 오일환   근간
215 영화의 직업들 · 2   B. 라트롱슈 / 오일환   근간
216 문화와 계급 ─ 부르디외와 한국 사회   홍성민 外   18,000원
217 작은 사건들   R. 바르트 / 김주경   근간
218 연극텍스트분석론   J. -P. 링가르 / 박형섭   근간

【기 타】
▨ 모드의 체계   R. 바르트 / 이화여대기호학연구소   18,000원
▨ 라신에 관하여   R. 바르트 / 남수인   10,000원
▨ 說 苑 (上 · 下)   林東錫 譯註   각권 30,000원
▨ 晏子春秋   林東錫 譯註   30,000원
▨ 西京雜記   林東錫 譯註   20,000원
▨ 搜神記 (上 · 下)   林東錫 譯註   각권 30,000원
■ 경제적 공포〔메디시스賞 수상작〕 V. 포레스테 / 김주경   7,000원
■ 古陶文字徵   高 明 · 葛英會   20,000원
■ 古文字類編   高 明   절판
■ 金文編   容 庚   36,000원
■ 고독하지 않은 홀로되기   P. 들레름 · M. 들레름 / 박정오   8,000원
■ 그리하여 어느날 사랑이여   이외수 편   4,000원
■ 딸에게 들려 주는 작은 지혜   N. 레흐레이트너 / 양영란   6,500원
■ 노력을 대신하는 것은 없다   R. 쉬이 / 유혜련   5,000원
■ 미래를 원한다   J. D. 로스네 / 문 선 · 김덕희   8,500원
■ 사랑의 존재   한용운   3,000원
■ 산이 높으면 마땅히 우러러볼 일이다   유 향 / 임동석   5,000원
■ 서기 1000년과 서기 2000년 그 두려움의 흔적들   J. 뒤비 / 양영란   8,000원
■ 서비스는 유행을 타지 않는다   B. 바게트 / 정소영   5,000원
■ 선종이야기   홍 희 편저   8,000원
■ 섬으로 흐르는 역사   김영희   10,000원
■ 세계사상   창간호~3호: 각권 10,000원 / 4호: 14,000원
■ 십이속상도안집   편집부   8,000원
■ 어린이 수묵화의 첫걸음(전6권)   趙 陽 / 편집부   각권 5,000원
■ 오늘 다 못다한 말은   이외수 편   7,000원

東文選 文藝新書 162

글쓰기와 차이

자크 데리다

남수인 옮김

해체론은 데리다식의 '읽기'와 '글쓰기' 형식이다. 데리다는 '해체들'이라고 복수형으로 쓰기를 더 좋아하면서 해체가 '기획' '방법론' '시스템'으로, 특히 '철학적 체계'로 이해되는 것을 거부한다. 왜 해체인가? 비평의 관념에는 미리 전제되고 설정된 미학적 혹은 문학적 가치 평가에 의거한 비판이라는 부정적인 이미지, 부정성이 필연적으로 내포되어 있는 바, 이러한 부정적인 기반을 넘어서는 讀法을 도입하기 위해서이다. 이 독법, 그것이 해체이다. 해체는 파괴가 아니다. 비하시키고 부정하고 넘어서는 것, '비평의 비평'을 하는 것이 아니다. 해체는 "다른 시발점, 요컨대 판단의 계보·의지·의식 또는 활동, 이원적 구조 등에서 출발하여 다른 가능성을 생각해 보는 것," 사유의 공간에 변형을 줌으로써 긍정이 드러나게 하는 읽기라고 데리다는 설명한다.

《글쓰기와 차이》는 이러한 해체적 읽기의 전형을 보여 준다. 이 책은 1959-1966년 사이에 다양한 분야, 요컨대 문학 비평·철학·정신분석·인류학·문학을 대상으로 쓰어진 에세이들을 수록하고 있다. 이 책은 루세의 구조주의에 대한 '비평'에서 시작하여, 루세가 탁월하지만 전제된 '도식'에 의한 읽기에 의해 자기 모순이 포함될 수밖에 없음을 지적함으로써 자신의 읽기가 체계적 읽기, 전제에 의거한 읽기, 전형(문법)을 찾는 구조주의적 읽기와 다름을 시사한다. 그것은 "텍스트의 표식, 흔적 또는 미결정 특성과, 텍스트의 여백·한계 또는 체제, 그리고 텍스트의 자체 한계선 결정이나 자체 경계선 결정과의 연관에서 텍스트를 텍스트로 읽는" 독법이 될 것이다. 이러한 독법을 통해 후설의 현상학을 바탕으로, 데리다는 어떻게 로고스 중심주의가 텍스트의 방향을 유도하고 결정하고 있는지 보여 주는 한편, 사유의 새로운 지평을 열어 보고자, 중요하지 않은 것으로 간주되어 경시되거나 방치된 문제들을 발견하고 있다.

東文選 文藝新書 142

"사회를 보호해야 한다"

미셸 푸코 / 박정자 옮김

왜 다시 푸코인가? 푸코의 콜레주 드 프랑스에서의 강의는 이미 알려진 대로 수백 명의 청강생들이 발디딜 틈도 없이 몰리는 대단한 명강의였다고한다.

그는 1971년 1월부터 1984년 6월 사망할 때까지 줄곧 콜레주 드 프랑스에서 강의를 하였다. 그 강의의 내용이 프랑스의 갈리마르 출판사와 쇠이유 출판사의 공동작업으로 기획된 〈고등연구총서〉로 순차적으로 발간되고 있다. 본서는 그 첫번째 강의록으로서 1997년에 발간되었다.

그가 강의 준비를 위해 메모한 노트와 청강생들의 녹음에 의해 사후 17년 만에 세상의 빛을 보게 된 이것들은 엄밀하게 미공개된 원고의 출판이라고 할 수는 없으나, 매년 새로운 연구업적을 발표해야 하고 또 매번 강의 내용도 바뀌어야 한다는 콜레주 드 프랑스의 특이한 수업규칙 때문에, 본서의 내용은 그동안 출간된 그의 저서 중 어느것과도 내용상으로 중복되지 않는 특징이 있다. 따라서 그 강의에 직접 참석치 않은 거의 모든 이들에게는 전혀 새로운 내용의 책이라 할 수 있다. 마치 푸코가 다시 살아서 생생한 육성으로 읽는 이를 매료시키고 있는 듯하다.

푸코의 콜레주 드 프랑스에서의 강좌명은 〈사유체계의 역사〉였다. 이번 강의는 "사회를 보호해야 한다"라는 인종차별을 합리화하는 인종주의자들의 말을 푸코가 비꼬는 어조로 인용한 것이다. 그는 이 강의에서 권력관계를 분석하는 데 있어서 전쟁의 모델이 적합한지를 묻고, 앎과 권력의 관계에 대한 독특한 계보학에 따라 자신의 작업을 성찰해 나가고 있다.

東文選 文藝新書 153

시적 언어의 혁명

줄리아 크리스테바

김인환 옮김

미셸 푸코는 《말과 사물》에서 19세기 이후 문학은 언어를 자기 존재 안에서 조명하기 시작하였고, 그런 맥락에서 휠덜린·말라르메·로트레아몽·아르토 등은 시를 자율적 존재로 확립하면서 일종의 '반담론'을 형성하였다고 지적한다. 그러한 작가들의 시적 언어는 통상적인 언어 표상이나 기호화의 기능을 초월하기 때문에 다각적이고 종합적인 연구를 필요로 한다. 본서는 바로 그러한 연구를 구체적으로 보여 주는 시도이다.

20세기 후반의 인문과학 분야를 대표하는 저작 중의 하나로 꼽히는 《시적 언어의 혁명》은 크게 시적 언어에 대한 일반적인 특징을 종합한 제1부, 말라르메와 로트레아몽의 텍스트를 분석한 제2부, 그리고 그 두 시인의 작품을 국가·사회·가족과의 관계를 토대로 연구한 제3부로 구성된다. 이번에 번역 소개된 부분은 이론적인 연구가 망라된 제1부이다. 제1부 〈이론적 전제〉에서 저자는 형상학·해석학·정신분석학·인류학·언어학·기호학 등 현대의 주요 학문 분야의 성과를 수렴하면서 폭넓은 지식과 통찰력을 바탕으로 시적 언어의 특성을 다각적으로 조명 분석하고 있다.

크리스테바는 텍스트의 언어를 쌩볼릭과 세미오틱 두 가지 층위로 구분하고, 쌩볼릭은 일상적인 구성 언어로, 세미오틱은 원초적이고 본능적인 언어라고 규정한다. 그리하여 시적 언어로 된 텍스트의 최종적인 의미는 그 두 가지 언어 층위의 상호 작용에 의해서 결정된다고 본다. 그리고 시적 언어는 표면적으로 보기에 사회적 격동과 관계가 별로 없어 보이지만, 실상은 사회와 시대 위에 군림하는 논리와 이데올로기를 파괴하는 힘이 있다는 것을 말라르메와 로트레아몽의 《말도로르의 노래》에 대한 연구를 통하여 증명한다.

東文選 文藝新書 211

토탈 스크린

장 보드리야르
배영달 옮김

　우리 사회의 현상들을 날카로운 혜안으로 분석하는 보드리야르의 《토탈 스크린》은 최근 자신의 고유한 분석 대상이 된 가상(현실)·정보·테크놀러지·텔레비전에서 정치적 문제·폭력·테러리즘·인간 복제에 이르기까지 현대성의 다양한 특성들을 보여 준다. 특히 이 책에서 보드리야르는 오늘날 우리를 매혹하는 형태들인 폭력·테러리즘·정보 바이러스와 관련하여 기호와 이미지의 불가피한 흐름, 과도한 커뮤니케이션, 프로그래밍화된 정보를 분석한다. 왜냐하면 현대의 미디어·커뮤니케이션·정보는 이미지의 독성에 의해 증식되며, 바이러스성의 힘을 지니기 때문이다.

　보드리야르는 현대성은 이미지의 독성과 더불어 폭력을 산출해 낸다고 말한다. 이러한 폭력은 정열과 본능에서보다는 스크린에서 생겨난다는 의미에서 가장된 폭력이다. 그리고 그것은 스크린과 미디어 속에 잠재해 있다. 사실 우리는 미디어의 폭력, 가상의 폭력에 저항할 수가 없다. 스크린·미디어·가상(현실)은 폭력의 형태로 도처에서 우리를 위협한다. 그러나 우리는 스크린 속으로, 가상의 이미지 속으로 들어간다. 우리는 기계의 가상 현실에 갇힌 인간이 된다. 이제 우리를 생각하는 것은 가상의 기계이다. 따라서 그는 "정보의 출현과 더불어 역사의 전개가 끝났고, 인공지능의 출현과 동시에 사유가 끝났다"고 말한다. 아마 그의 이러한 사유는 사유의 바른길과 옆길을 통해 새로운 사유의 길을 늘 모색하는 데서 비롯된 것일 터이다. 현대성에 대한 탁월한 통찰력을 보여 주는 보드리야르의 이 책은 우리에게 우리 사회의 현상들을 비판적으로 읽게 해줄 것이다.

東文選 文藝新書 175

파스칼적 명상

피에르 부르디외
김웅권 옮김

어느 정도 성취를 이룬 인간은 인간에 대한 관념을 내놓아야 한다. 《파스칼적 명상》이라는 제목이 암시해 주듯이, 본서는 기독교 옹호론자가 아닌 실존철학자로서의 파스칼의 심원한 사유 영역으로부터 출발해 인간과 세계에 대한 새로운 통찰을 제시하고 있다. 본서의 입장에서 볼 때 파스칼의 사상에서 중요한 것은, 인간 사유의 선험적 토대를 전제하지 않고 인간 정신의 모든 결정물들을 이것들을 낳은 실존적 조건들로 되돌려 놓고 있다는 것이다.

사실 사유에 대한 가장 근원적인 문제 제기들은 세계와 실제에 대해 거리를 두고 있는 상태에 대한 문제 제기에서 출발한다. 우리는 이러한 방법적 비판을 파스칼 속에서 이루어 낼 수 있다. 왜냐하면 그의 인류학적 고찰은 학구적 시선이 무시할 수밖에 없는 인간 존재의 특징들로 향하고 있기 때문이다. 그리고 또 하나의 이유는 그가 인간학이 스스로의 해방을 이룩하기 위해 수행해야 하는 상징적 슬로건을 제공하기 때문이다. 이 슬로건은 "진정한 철학은 철학을 조롱한다"이다.

이 책은 실제의 세계와 단절된 고독한 상아탑 속에 갇힌 철학자들이 추상적인 사유를 통해 주조해 낸 전통적 인간상을 송두리째 뒤흔들고 있다. 부르디외는 사회학자로서 기존 철학에 정면으로 도전하면서, 인간 존재의 실존적 접근을 새로운 각도에서 모색함으로써 전혀 다른 존재의 모습을 제시하고 있다. 그것은 사르트르류의 실존적 인간과는 또 다른 인간의 이미지이다. 그것은 관념적 유희로부터 비롯된 당위적이거나 이상적 이미지, 즉 허구가 아니라 삶의 현장 속에 살아 움직이는 실천적 이미지인 것이다.